우리는 빠창게로!

멕시코 사람들의 축제와 의례

우리는 빠창게로!

제1판 1쇄 발행 2010. 3. 30.
제1판 3쇄 발행 2016. 10. 12.

지은이　김 세 건
펴낸이　김 경 희
펴낸곳　(주)지식산업사
　　　　본사 ● (10881) 경기도 파주시 광인사길 53(문발동)
　　　　　　전화 (031) 955-4226~7 팩스 (031)955-4228
　　　　서울사무소 ● (03044), 서울시 종로구 자하문로6길 18-7
　　　　　　전화 (02)734-1978 팩스 (02)720-7900
　　　　한글문패 지식산업사
　　　　영문문패 www.jisik.co.kr
　　　　전자우편 jsp@jisik.co.kr
　　　　등록번호 1-363
　　　　등록날짜 1969. 5. 8.

책값은 뒤표지에 있습니다.

이 책을 읽고 저자에게 문의하고자 하는 이는
지식산업사 전자우편으로 연락 바랍니다.

우리는 빠창게로!

멕 시 코 사 람 들 의 축 제 와 의 례

김 세 건 지음

차례

들어가며

일러두기

1. 멕시코에서 사용되는 나우아뜰 언어와 스페인어를 구별하기 위해 나우
   아뜰어는 이탤릭체로 표기하였다.
2. 나우아뜰어와 스페인어는 되도록 원어 발음에 가깝게 표기하였다.
3. 자주 나오는 스페인어 낱말은 그 뜻을 부록에 '주요 용어'로 정리해
   두었다.

1. 빠꼬야, 고맙다!

2005년 12월 31일 해질 무렵 필자는 박사논문 현지 연구지였던 멕시코의 산 안드레스 데 라 깔(San Andrés de la Cal, 이하 산 안드레스)에 도착하였다. 1999년 2월, 박사학위를 마치고 한국으로 돌아온 뒤 6년 만에 산 안드레스에서 새해를 맞이하게 되었다. 필자는 이곳에서 오랜만에 새해를 맞이한다는 데 설레며 이 집 저 집에 새해 인사를 하러 다녔다. 집집마다 가족끼리 옹기종기 모여 새해 첫 만찬 때 먹을 음식들을 장만하느라 정신이 없었다. 밤 11시쯤 필자가 논문을 위해 현지 연구를 하는 동안 가장 자주 드나들며 가족처럼 지냈던 마마 쁠라시다(mamá Plácida)* 집에 들렀다. 때마침 모든 가족들이 식탁에 모여 따말(tamal : 음식의 일종**)을 만들고 있었다. 필자도 그들과 함께 따말을 만들며 이런 저런 이야기를 나누었는데, 쁠라시다의 막내아들 빠꼬(Francisco : 빠꼬는 프란시스꼬의 애칭)가 나에게 한국에서는 연말을 어떻게 지내는지 물었다.

이런 질문을 받는 것은 오늘만이 아니었다. 멕시코에서 공부하기 시작한 1996년부터 멕시코 사람들에게 축제 또는 의례에 대해 물으면, 꼭

---

* 이 글에 등장하는 이름은 가능한 한 실명을 사용하였으나, 신원보호가 필요할 때나 동명이인(同名異人)의 경우 등에는 가명을 사용하였다.

** 산 안드레스 축제에서 주로 먹는 음식에 대해서는 '부록'에 자세히 설명하였다.

필자에게 "한국에서는 어떻게 하느냐?"는 질문이 돌아왔다. 그럴 때마다 한국에서 나고 자라면서 보고 듣고 경험한 것들을 바탕으로 모르면 모르는 대로, 알면 아는 대로 설명해 주었다. 물론 필자가 잘 알지 못하면서 아는 척 이야기하여도 그들은 어떤 반론도 제기하지 않았다. 아니 할 수 없었을 것이다. 그들의 눈에는 필자가 곧 한국 문화였으니 말이다. 멕시코 생활을 하면서 축제는 가장 부담 없는 한 순간의 이야깃거리였다. 논문을 쓰던 그 당시에 축제는 필자의 주요 관심사가 아니었기 때문에 그들의 물음에 큰 의미를 부여하지 않은 채 그냥 넘겼었다.

그런데 그날따라 빠꼬의 질문이 필자의 가슴에 박혔고, 말문도 갑자기 막혀 버렸다. 어려서부터 구정(舊正)을 쇠 온 필자는 양력 새해를 그냥 일하지 않고 쉴 수 있는 공휴일 정도로 생각하였다. 다만 광주에서 초등학교를 다니던 시절 구정 대신 신정(新正)이 공식 휴일이 되면서 구정 때 고향인 완도 청산도(靑山島)에 가지 못하고 타향에서 명절을 쇠던, 정확히 말하면 그냥 시간을 보내던 그때가 '슬픈' 추억으로 남아있을 뿐이다. 그렇다고 필자가 구정에 대해서 잘 알고 있는 것도 아니다. 한국인으로 살아 왔고, 게다가 사회문화를 연구한다고 하는 인류학자라고 스스로 말하지만, 빠꼬에게 설명할 것이 별로 없었다. 빠꼬에게 한국의 새해는 어떻고, 구정은 어떻고, 추석은 어떻고 등등 나름대로 설명을 하면서도 여러 생각이 엇갈렸다.

이 부끄러운 기억은 멕시코 농촌에서 어떤 축제가 열리고 있는지, 멕시코 농민들에게 축제는 어떤 의미가 있는지, 왜 한국과 달리 멕시코 농촌에서는 축제들이 풍요롭게 남아 있는지, 멕시코에는 많은 축제가 어떻게 이어지고 있고, 그것을 유지하는 힘은 무엇인지 등의 질문으로 번졌다. 그리고 이 질문들이 바로 이 책을 만들게 했다.

빠꼬야, 고맙다!

2. 축제로 사회와 문화 읽기

축제는 한 사회의 문화를 가장 잘 드러내는 요체라고 할 수 있다. 저마다 개인은 태어나면서 축제를 통해 자연스럽게 그 사회와 문화를 몸으로 익히며 그 성원이 된다. 따라서 개인은 일상에서 축제와 의례를 접하고 행하며 살아가기 때문에 이에 대하여 잘 알고 있다고 생각한다. 필자도 한국 사회의 여러 축제와 의례를 그렇게 접하고 행해왔다. 그런데 아이러니하게도 필자에게는 축제에 대한 흔적이 너무도 빈약하게만 느껴졌다. 설과 추석을 제외하고 큰 의례가 없었던 것이다.

어릴 때 고향 청산도에서는 다른 지역과 달리 설 전날 어둑어둑 해가 질 무렵이면 집·배·양어장 등에 음식을 차려 놓고 차례(茶禮)를 지냈다. 설날 이른 아침에는 먼저 할아버지를 비롯한 모든 친척 어르신들께 세배를 드렸다. 그리고 20~30여 명의 친척들이 모여 청산도 곳곳에 모셔져 있는 조상들의 묘를 찾아 길을 나섰다. 고개를 몇 개 넘고 이 산 저 산을 오르내리며 성묘를 하러 다녔다. 성묘를 끝내고 집으로 돌아오면 해가 서쪽 바다에 걸려있곤 하였다. 당시에는 아버지, 아저씨, 삼촌, 형들을 따라다니는 것이 마냥 좋았고 물론 세뱃돈으로 호주머니가 두둑해지는 보람도 있었다. 그러다가 조금씩 철이 들면서(?) 어떻게 하면 성묘를 가지 않고 친구들과 놀 수 있을까 궁리하였다.

서울에서 한 가정을 이루고 살고 있는 오늘날, 설과 추석은 필자에게 고속도로에서 하루를 보내며 고향을 찾아가는 것이 유일한 의례가 되었다. 고향에 가서도 귀향길에서 쌓인 피로를 푸느라 차례를 지내는 둥 마는 둥 하고, 집안 어르신과 조상님께 드리는 세배도 대충이다. 세배를 드려야 할 어르신도 많지 않지만 더러 생략하고 만다. 그리고 성묘도 가까운 친척 몇 명이 모여 차를 타고 휘돌고 만다. 누구의 묘인지 가물가물하고, 사람의 발걸음이 뜸하다 보니 산길도 없어져 차가 닿는 산소의 입구에 모여 산소를 향해 합동 재배(再拜)를 하고 만다. "조상님들 저희들 왔다 갑니다!" 그리고 차로 꽉 막혀 있을 귀성길이 겁나 바삐 고향을 떠난다. 이러한 필자의 설날 모습이 한국의 일상 의례와 축제의 현주소라고 하면 지나친 과장일까?

이렇게 우리는 한때 한국인의 삶을 풍요롭게 하였던 의례와 축제를 빠르게 잃어가고 있다. 오히려 근대화가 되면 전통 의례와 축제는 사라지는 것이 당연한 일인 것처럼 생각하였다. 더욱이 '우리도 한번 잘 살아보세'라는 구호로 상징되던 새마을운동 속에서 축제는 쓸모없는 사치와 미신으로 여겨졌다. 따라서 당제(堂祭)와 같은 마을의례는 근대화된 '새마을'을 위해 아주 쉽게 폐지되었고, 이와 더불어 안택제(安宅祭)로 대표되는 가정신앙도 점차 그 의미를 잃어갔다. 한마디로 내세(來世)와 현세(現世)의 차이를 드러내던 공간과 이승과 저승의 경계를 넘나들며 삶과 현실을 살찌우던 축제의 한마당이 주변에서 자취를 감추었다. 그저 '잘 살아보세'라는 현재적 명제와 살아 숨쉬는 자만을 위한 노동의 근대 공간만이 남았다.

그럼에도 우리는 이런 축제와 의례의 소멸이 얼마나 크나큰 손실인지 모르고 있다. 콕스(Cox)는 서구 중세시대에 성행했던 '바보제(祭)'가 반종교개혁 시기에 까다로운 성직자와 고위층에 의해 자취를 감춘 것은 서구 문화에서 중대한 변화가 일어나고 있음을 보여 주는 신호라고 하였다.[1] 중세 시기 유럽의 여러 지역에서는 대체로 정월 초하루쯤 '바보제'라고 불리는 명절을 맞으면 경건하기만 하던 사제들도, 근엄하기 이를 데 없던 어르신네들도 모두가 징글맞은 가면을 쓰고 거리로 뛰쳐나와 세상을 발칵 뒤집어 놓았다. 이 기간에는 풍속이나 관례를 아무리 조롱하여도 상관이 없었으며 국가 최고 명사들에게 야유를 퍼부어도 용납이 되었다. 이런 '바보제'를 고위층들이 좋아할 리 없었고, 기회가 있을 때마다 '바보제'를 비난하고 혹평하였다. 16세기까지 이어지던 '바보제'는 반종교개혁 시기에 사라졌다. 이는 서구 사회가 축제와 환상을 용납할 수 없을 만큼 쇠약해졌다는 것을 뜻한다고 하겠다. 나아가 콕스는 '바보제'가 사라짐으로써 국가 관례와 종교적 관습을 대담하게 풍자하고 조소하던 능력을 잃어버린 민중들이 무기력한 눈으로 자신들의 사회적 소임을 방관하기 시작했다고 지적하였다. 이런 맥 빠진 민중한테서는 통렬한 풍자를 시도할 수 있는 여유나 담력을 기대할 수 없다고 하였다. 과연 이런 현실은 남의 나라만의 이야기일까?

한국 사회도 물질적 풍요만 추구하며 민중의 삶과 꿈이 가득 찬 축제와 의례를 희생시켜 왔다. 한국 사회는 그렇게 자신의 축제와 의례를 무시하였고 점차 무지해졌다. 필자도 그 속에서 자랐다. 한마디로 한국의 축제와 의례 대하여 아무런 생각이 없었기에 필자는 멕시코 사람들의 축제도 그저 그렇게 무심하게 보아 넘겼고, 멕시코 사회와 문화에서 축제가 지니는 의미에 대하여 크게 고민하지 않았다. 아니할 수가 없었다. '우리도 한 번 잘 살아보세'의 시대에 자랐기에 오히려 노동과 근대문명에 대한 우상에 가까운 믿음으로, 현실적으로 우리보다 가난하다고 여겨지는 멕시코 사회를 비하하고 있었는지도 모르겠다. 이런 모습은 서병훈이 지적한 라틴아메리카 사회에 대한 한국인의 자세와 별반 다름이 없다.[2] 곧 '제3세계의 우등생'이라는 찬사에 익숙해져 있는 한국인들의 눈에 라틴아메리카는 이미 경쟁 대상이 아닌 듯이 보인다. 한국이 라틴아메리카보다는 앞서 간다는 자긍심은 일련의 경제적 지표를 중심으로 한 비교평가에 그 바탕을 두고 있어 부분적으로는 타당하게도 보인다. 그러나 이와 같은 우월감은 물질적 총량에다 모든 것을 거는 자본주의적 우주관의 경박함과, 라틴아메리카의 역사와 사회문화에 대한 무지에서 비롯되었다고 할 수 있다.

근대적 물질우선주의로 똘똘 뭉친 우리의 '몸뚱이 사고 체계'는 멕시코와 라틴아메리카 국가들을 이른바 '경제적 지표'에 따라 재단하고 있는 것이다. 우리는 '우리보다 가난하다고 여겨지는' 멕시코를 비롯한 라틴아메리카 사람들을 놀기 좋아하고 게으른 이들로 쉽게 치부한다. 특히 멕시코의 겔라게짜(*Guelaguetza*), 브라질 리우데자네이루의 카니발, 페루의 태양제(*Inti Raymi*) 등으로 대표되는 라틴아메리카의 다양한 축제들의 명성은 우리의 편견을 뒷받침한다. 축제가 많다는 것을 일하기보다 놀기를 좋아한다는 증거로 이해한다. 일과 놀이가 나뉘고, 성실과 근면이 최고의 미덕인 근대사회에서 놀기 좋아한다는 것은 한마디로 게으르고 정신 못 차린 사람들에게나 어울리는 말이다. 결국 라틴아메리카 사회가 경제적으로 가난한 까닭은 놀기 좋아하는 것과 밀접한 관계가 있다고 생각한다. 그러므로 이따금 "놀기 좋아하니 못 살지!"라는 말로 멕시코 나아가 라틴아메리카 사람들의 일상을 쉽게 평가절하 하는 것이 현실이다. 이런 인식은 자신도 모르는 사이에 필자의 몸뚱이에 각인되어 있었고, 이런 시각으로 멕시코의 축제를 바라보고 있었던 것이다.

더욱 심각한 것은, 라틴아메리카 사회와 문화에 대한 우리의 이해가 주체적으로 이루어지기보다는 타인, 무엇보다 서구(미국)의 시각에 따라 일방적이고 비체계적으로 강요된 측면이 강하다는 점이다. 예로 멕시코 혁명가 가운데 대표적 인물인 빤초 비야(Pancho Villa)는 서부영화 속에는 마적의 괴수가 되었고, 나아가 멕시코는 아예 범죄자들의 도피처로 그려지기도 한다. 이처럼 서구 중심적 시각에서 구성된 라틴아메리카 사회와 문화에 대한 담론은, 무서운 힘을 발휘하며 우리의 삶을 지배하고 있는 것이다. 이는 멕시코를 비롯한 라틴아메리카 사회와 문화에 대한 몰이해에서 비롯되고, 나아가 더욱 강화되고 있다.

담론은 "단지 투쟁들이나 지배의 체계들을 번역하는 것일 뿐만 아니라 사람들이 그를 위해 그를 가지고 싸우는 것, 사람들이 탈취하고자 하는 그 권력"[3]으로서, 라틴아메리카를 경제적 지표로 판단하고 비하하는 서구 중심적 담론의 권력성은 해체될 필요가 있다. 이를 위해서는 기본적으로 라틴아메리카 사회와 문화에 대한 이해가 선행되어야 한다. 멕시코 사회와 문화 속으로 들어가기 위한 첫걸음으로 멕시코 농촌의 축제, 특히 세시풍속과 통과의례를 살펴보고자 한다. 축제는 "인간 문화의 가장 본질적 요소"라는 바흐친의 말처럼 축제를 통하여 그 사회의 문화적 토대를 구성하고 있는 요소들이 뚜렷하게 드러나기 때문이다.[4] 무엇보다 멕시코 문화의 바탕을 이루고 농촌에서 일 년 동안 행해지고 있는 세시풍속과 개인이 한평생을 살면서 거치는 통과의례는 멕시코 사람들의 삶과 문화의 특징을 잘 보여줄 것으로 생각한다.

이 글은 1996년부터 1998년까지 박사논문을 위해 산 안드레스에 살면서 모은 현지연구 자료와 이후, 특히 2005년부터 2007년까지 방문할 때마다 모은 자료를 바탕으로 하였다. 필자는 1999년에 한국으로 돌아온 뒤, 2003년부터 거의 1년 단위로 산 안드레스를 방문하였다. 그런데 공교롭게도 방문 시기가 모두 여름방학이었다. 여름은 바쁜 농사철이므로 별다른 의례가 없었다. 마을에서 가장 큰 축제인 8월의 산 살바도르 성당의 수호성인 축제도 시기적으로 가장 바쁜 농사철이기 때문에 간단하게 미사를 하는 정도로 끝낸다. 그리고 본 축제는 1월 셋째 일요일로 옮겨서 연다. 이처럼 여름철에는 축제를 보기 힘들다. 필자는 박사논문에서 몇몇 생산의례를 다룬 것 외에 마을에서 열리는 많은 축제와 의례에 대해서는 크게 관심을 두지 않았었다. 그래서 2005년 12월부터 2006년 1월까지는 새해, 동방박사의 날, 산 살바도르 성당의 축제 등을 즐기면서 마을의 축제에 대한 잃어버린 단상들을 다시 불러내었다. 그리고 본격적으로 축제와 의례에 대한 자료들을 모으기 시작하였다. 이때 세례·성인식·결혼식·장례식 등 개인의 통과의례를 연구하였다. 2007년 4~5월에 방문했을 때에는 오랜만에 동굴기우제에 참여하였다.

연구를 진행하고 글을 쓸수록 부족한 부분이 눈에 많이 띈다. 무엇보다 축제와 의례의 많은 행위들을 만족스럽게 설명하지 못한 채 미완으로 남아 있다. 사실 지난 세월 속에서 의미를 더해 온 축제의 행위를 본질적으로 완전하게 설명하는 것은 불가능한 것인지 모른다. 그렇다고 설명을 멈출 수는 없다. 잘못 이해했거나 부족한 부분은 앞으로 더 조금씩 채워나갈 것이다.

3. 감사의 말

　필자에게 제2의 고향인 산 안드레스의 주민들께 진심으로 감사드린다. 그 분들의 도움이 있었기에 멕시코를 연구하며 살아가는 필자의 오늘이 가능하였다. 무엇보다 필자를 가족으로 받아들여 주고 격려해 준 리베라 데사이다(Rivera Desaida), 데메사 리베라(Demesa Rivera), 소또 쁘로비소르(Soto Provisor), 헤리노 아만떼(Gerino Amante), 멘도사 플로레스(Mendoza Flores) 가족에게 특별한 고마움을 전한다. 마리아 데메사(María Demesa), 이달리아 리베라(Idalia Rivera), 빅또리아 소또(Victoria Soto) 등은 이 책을 집필하는 과정에서 이메일을 보내주며 필자의 궁금증을 풀어 주었다. 산 안드레스 사람들은 필자를 아들처럼, 친구처럼, 아저씨처럼 대하였다. 남녀노소를 가리지 아니하고 마주치는 사람마다 "올라, 김(Hola, Kim)"이라고 인사를 건네며 안부를 물었다. 이 인사 속에서 고향의 포근함을 느꼈고, 그 힘으로 멕시코에서 유학 생활을 행복하게 할 수 있었다. 이 순간에도 산 안드레스를 그리워하고 있다.

　필자에게 멕시코 사회에 대한 문제의식을 키워 준 국립멕시코대학교의 지도교수 마갈리 달따부이트(Magalí Daltabuit), 라파엘 뻬레스(Rafael Pérez), 엘레나 라소스(Elena Lazos) 선생님들께도 감사드린다. 필자를 멕시코 연구자의 길로 인도해 준 전경수 선생님을 비롯한 서울대 인류학과 은사님들과 단국대 고혜선, 프란시스꼬 까란사(Francisco

Carranza) 은사님들께 감사드린다. 책을 기획하고 집필하는 데 유명기 선생님을 비롯한 한국문화인류학회원들의 도움이 컸다. 항상 즐겁고 열린 마음으로 학문공동체를 만들어가는 강원대 사회과학대학 모든 선생님들의 격려와 지원에 감사드린다. 멕시코 유학시절부터 지금까지 물심양면으로 지원해 주며 멕시코 나아가 라틴아메리카 사회와 문화에 대하여 함께 고민해 온 서성철·김은중·박병규·김태중·오준승·유영식·김영채·이광석·임상래·권봉철·윤영순·김태성·옥영란·최병철·최춘식·김윤경·최금좌 선생님들께 고마움을 전한다. 특히 메소아메리카 역사를 공부하는 권봉철 선생은 원주민의 역사와 사회문화에 대하여 많은 조언을 해 주었다. 김윤경 선생님은 엉성한 초고를 읽고 귀중한 의견을 주었다. 가톨릭 세계를 이해하는 데에는 광주대교구 김재기 신부님의 도움이 컸다. 신부님은 유학 초기에 멕시코에서 만나 지금까지 한결같은 마음으로 필자를 이끌어주고 계시다.

부족한 글을 아껴 주고 흔쾌히 출판의 기회를 주신 지식산업사 김경희 사장님께 감사드린다. 언제나 그렇듯이 서정혜 선생님은 꼼꼼히 글을 읽으시고 교정하며 글 하나하나에 온 정성을 담아 주었다. 서정혜 선생님이 보낸 교정지를 받아볼 때마다 부끄럽고 감사할 따름이었다.

언제나 변함없는 믿음으로 후원해 주시는 청산도와 광주의 양가(兩家) 부모님과 가족들에게 감사드린다. 그리고 동반자 박순덕, 딸 명은, 아들 민혁에게 사랑과 고마움을 전한다. 방학이면 외국에서, 학기 중에는 춘천에서 많은 시간을 보내는 필자를 보아 온 딸은 어느 날 "아빠가 교수가 아니었으면 좋겠다"는 말로 서운함을 살짝 내비쳤다. 이 책이 그 서운함에 위안이 되고, 나아가 필자가 연구하고 있는 멕시코 사회를 이해하고 함께 호흡할 수 있는 발판이 되기를 바란다.

1 Cox, Harvey, 1969, *The Feast of Fools*, 김천배 옮김, 1977, 《바보祭:제축과 환상의 신학》, 현대사상사, 11~12쪽 참조.

2 서병훈, 1991, 〈라틴아메리카 연구의 경향과 과제〉, 서병훈 엮음, 《라틴아메리카의 도전과 좌절》, 나남, 15~16쪽 참조.

3 Foucault, Michel, 1971, *L'ordre du discours*, Callimard, 이정우 옮김, 1995, 《담론의 질서》, 새길 신서.

4 남덕현, 2006, 〈문화이론을 통해 본 축제의 의미: 문화적 정체성과 열린 축제의 문제를 중심으로〉, 유럽사회문화연구소 엮음, 《축제와 문화적 본질》, 연세대학교 출판부, 3쪽 참조.

1장

멕시코 축제의 특징

1. 우리는 빠창게로!

2. 혼종성: 상생의 문화

1. 우리는 빠창게로!

    멕시코는 축제의 땅이다. 1년 365일 가운데 100일은 축제라고 말하기도 한다. 물론 사람들이 1년 가운데 3분의 1이나 차지하고 있는 축제에 모두 참여하며 생활하고 있는 것은 아니다. 그러나 축제가 멕시코 사회와 사람들의 삶을 이루는 바탕이라는 점은 부정할 수 없다. 멕시코 사람들은 축제와 더불어 일상을 살아가는 자신들을 조금 비하하여 '빠창게로(pachanguero)'라고 부른다. 빠창가(pachanga)는 피에스따(fiesta : 축제)의 속어로, 빠창게로는 '축제를 좋아하는 사람'이라고 할 수 있다.

    멕시코의 대문호 옥따비오 빠스(Octavio Paz)는 《고독의 미로》에서 "축제는 멕시코 사람들의 유일한 사치이다. 바로 이 축제가 영화, 휴가, 앵글로색슨족의 주말 칵테일파티, 부르주아지의 리셉션, 지중해 사람들의 커피를 대신하고 있다"[1]고 역설하였다. 한마디로 멕시코 사람들에게 축제는 일상으로, 이에 대해 사라우스(Zarauz)는 다음과 같이 말한다. "멕시코 사회에서 의례와 놀이는 기본이다. 멕시코 사회는 한계와 부족함이 많지만 그 자신들을 축하하고, 기뻐하고, 기념하는 것을 단념하지는 않는다. 기념하기 위해서는 어떤 핑계거리라도 좋다. 따라서 멕시코 사람들은 1년을 가득 채운 매우 광범위한 축제력(祝祭歷)을 가지고 있다. 축제들이 없는 멕시코 사람들의 일상을 생각할 수 있는가? 결코 아니다!"[2]

축제를 흔히 축(祝)과 제(祭), 이른바 '축하'와 '제의'를 포괄적으로 표현하는 문화현상이라고 정의한다. 우리는 보통 축하의 뜻이 강한 '축제'와 제의의 의미가 강한 '의례'를 구분하여 사용하기도 한다. 물론 이 책에서 다루고 있는 멕시코 한 농촌의 다양한 축제들에서 보이듯이 의례보다는 축하(놀이)의 성격이 강하거나, 축하(놀이)보다는 의례의 성격이 강한 경우가 있어, 이런 구별이 타당해 보이기도 한다. 그렇지만 축제와 의례는 동전의 양면이라고 할 만큼 그 경계가 뚜렷하지 않다. 어떤 대상·사건 등을 축하하고 기린다는 것은 그에 대한 의례를 포함한다. 또한 의례도 의례로만 끝나지 않고 축하(놀이)로 이어진다. 따라서 이 글에서는 축제와 의례 용어를 크게 구별하지 않고 두 용어를 필요에 따라 함께 사용하였다.

또한 축제가 제의를 포함하고 있듯이, 축제는 종교와 매우 밀접한 관계를 맺고 있다. 특히 고대사회를 비롯한 전통사회에서 벌어지는 축제들은 성스러운 종교적 제의에서 출발하는 경우가 많았다. 서구에서도 축제를 의미하는 'festival'은 성스러운 날[聖日]을 뜻하는 'festivalis'라는 라틴어에서 유래한 말로, 이것은 축제의 뿌리가 종교의례에 있다는 것을 보여 준다.[3] 오늘날에도 종교의 신성성은 축제를 유지하는 힘이 되고 있다.

멕시코의 축제는 고대 종교, 무엇보다 가톨릭에 바탕을 두고 있다. 멕시코에서 다양한 형태로 행해지고 있는 많은 축제는 기본적으로 가톨릭의 종교·의례적 사건, 특히 예수의 탄생을 기다리는 대림절(待臨節), 성탄절(聖誕節), 부활을 기리는 사순절(四旬節), 성모의 발현 등에 바탕을 두고 있다. 따라서 종교·의례적 성격을 띤 축제 속에서 사람들은 세속으로부터 단절된 시·공간으로 이동하고, 종교적 신성성에 접근할 수 있게 된다. 한마디로 축제는 때로 성스러운 존재나 힘을 만날 수 있는 의사소통의 길이 된다. 이를 통해 멕시코 사람들은 가톨릭의 가치를 자연스럽게 받아들이며 가톨릭 교인으로서 정체성을 획득하게 된다. 이처럼 멕시코의 축제는 가톨릭, 나아가 가톨릭 종교의 심층에 살아 숨 쉬고 있는 원주민의 신앙과 관계없이는 설명될 수 없을 정도로 종교·의례적 성격과 신성성을 지니고 있다.

그렇지만 종교·의례적 성격으로 축제를 모두 설명할 수 없다. 축제에는 축제만의 매력이 있다. 그 매력 가운데 가장 대표적인 것이 일상의 전도(顚倒)와 일상으로부터 해방이다. 축제는 날마다 반복되는 일상의 흐름을 깨뜨리는 것에서 시작된다. 축제에서는 흔히 일상이 뒤집히기도 하고 비현실적인 것이 현실처럼 느껴지기도 한다. 축제는 순간적일지라도 우리들 내부에 잠재하고 있는 출구 없는 욕망과 격정적인 욕구를 모두 자유롭게 한다.

멕시코에서 벌어지는 축제의 빈번한 횟수, 축제에서 나타나는 화려함, 많은 사람들이 참여하는 열정 등을 보면, 마치 멕시코 사람들의 삶은 축제 없이는 폭발해버릴 것만 같아 보인다. 축제가 벌어지는 동안 조용했던 멕시코 사람들은 휘파람을 불고 소리치고 노래하고, 공중에 폭죽을 쏜다. 축제를 벌이면서 한 사회는 부과된 규범으로부터 자유로워진다. 그들의 신을, 원칙을 그리고 법을 조롱한다. 그리고 자신을 부정한다. 옥따비오 빠스는 이를 "영혼의 무게를 내려놓는다"[4]고 표현하였다. 무엇보다 스페인에 의한 식민지 지배와 그에 따른 강간의 산물인 메스띠소(에스파냐계 백인과 원주민의 혼혈 인종), 멕시코 사람들의 역사적 뿌리는 멕시코 사회와 문화에 깊숙이 영향을 주었다. 이런 맥락에서 "멕시코인은 진정한 자신을 가면 뒤에 숨기고 1년에 한차례 열광적인 축제 기간에만 그 가면을 벗으며,

축제가 끝나면서 다시 병적인 은둔생활로 돌아온다"[5]는 평가가 비롯되었다고 하겠다. 물론 광적이고 때로는 요란한 멕시코의 축제를, 멕시코 사람들의 어깨를 짓누르고 있는 식민·빈곤·억압 등의 역사적 무게로부터 벗어나려는 몸짓으로만 설명하는 것에 필자는 동의할 수 없다. 또한 멕시코 사람들의 일상을, 병적인 은둔생활 또는 가면을 쓴 거짓으로 바라보고, 축제에서만 그들의 진정성을 보인다는 시각은 더욱더 받아들일 수 없다. 그러나 멕시코 사람들이 스페인의 정복으로 말미암은 상실감과 고달픔을 위로받고, 오늘까지 자신들만의 삶과 문화를 유지해올 수 있었던 힘이 축제에 있다는 점을 무시할 수는 없다.

이처럼 축제는 일상으로부터 단절, 초자연적인 존재에 대한 의식이 치러지는 신성하고 종교적인 순간과 장소가 된다. 인류학자 터너(Victor Turner)는 이러한 신성하고 종교적인 순간을 '리미날리티(liminality) 단계'라 일컫고, 이 단계에 머물러 있는 사람들이나 그들이 모여 있는 상황 또는 공간을 '코뮤니타스(communitas)'라고 불렀다. 그러나 리미날리티는 영원히 또는 장기간 지속되는 것이 아니라 일시적으로 끝나는 단계이다. 대단히 압축적으로 비일상적인 상황이 드러나기 때문에 신성한 단계로 여겨진다.[6] 이는 의례를 통해 변화가 일어나는 전(全) 과정에서 모호한 행동을 특징으로 하는 잠정적 단계이다. 다시 말해 이전 상태는 더 이상 작동하지 않는데 새로운 단계는 아직 오지 않아 재분류가 일어나지 못하는 단계이다. 결국 이는 어떤 것도 분명히 드러나지 않는 무정체성의 단계이다. 그래서 리미날리티는 죽음이나 자궁 안에 있는 것, 보이지 않는 것, 어두움, 양성성, 황폐함, 일식 또는 월식 등과 자주 연결되기도 한다. 한마디로 리미날리티의 순간은 드러나는 것[現]과 드러나지 않는 것[實]에 대한 적나라하고 대담한 풍자와 비판, 상상력 그리고 새로운 변화를 향한 소망을 담고 있다고 하겠다.

멕시코 사람들은 축제로 다양한 형태의 사회적 구속에서 벗어나 평상시에는 입어볼 수 없는 옷을 입거나 옷을 다 벗어버릴 수도 있고 요란한 치장과 화장, 분장을 할 수 있는 '자유'를 만끽한다. 성탄절, 부활절, 사자의 날 등 비일상적인 상황에서 신, 성인, 죽은 조상, 다른 영혼 등을 만나는 행위로 현실적인 삶의 고단함이나 정체성의 혼란을 이겨낼 수 있는 힘을 얻게 된다. 현실적으로 축제는 멕시코 사람들이 자신을 드러내고, 신성(神聖)뿐만 아니라 국가, 지역사회, 가족 또는 친구와 소통할 수 있는 기회를 제공한다. 따라서 멕시코 사람들은 축제를 통해 다른 사람들에게 자신을 개방하고 타인과 함께하며 역사, 가치, 규범을 새롭게 인식하고 집단 정체성을 형성하기도 한다.

이처럼 리미날리티의 순간은 영원히 지속되는 것이 아니고, 곧 현실적인 세상으로 다시 태어나게 되며 일상적 삶이 새로운 전환기를 맞이하게 된다. 터너의 표현에 따르면, "통과의례에서 인간은 구조로부터 코뮤니타스로 해방되고, 그리고 그들의 코뮤니타스 경험으로 말미암아 다시 활력을 얻는 구조로 되돌아간다. 한마디로 여기에는 일종의 변증법이 존재한다"는 것이다.[7]

결국 축제는 비일상적이면서 일상으로 수렴되며, 일상의 연장선 위에 있다. 물론 축제를 통한 비판과 새로운 소망이 담긴 일상은 과거와 동일한 일상이 아닐 것이다. 축제가 지속적으로 일상을 전복한다면, 그것은 축제가 아니라 혁명이다. 축제는 일상으로부터 단절 또는 해방되어 일상생활을 넘어서는 것이 아니다. 프랑스 프로방스 지역의 축제를 연구한 류정아가 지적하듯,[8] 축제가 사회·문화적이고 정치적 또는 경제적 삶을 구성하는 여러 부분의 하나를 형성하는 경우도 자주 나타나기 때문에, 현대 사회의 축제에서 드러나는 연희 현상을 일상생활과 분리해 설명하는 시각은 한계를 지닐 수밖에 없다. 한 지역의 축제는 보통 종교 행사, 생산활동, 역사적 또는 특정한 사건의 기념 등 다양한 성격을 지닌 행사들로 구성되어 있다. 그리고 이러한 축제는 일상에서 일정한 주기로 되풀이된다. 한마디로 축제는 비일상적인 특별 행위라기보다는 일상생활의 한 과정인 경우가 많다. 1년을 가득 채우고 있는 멕시코 사회의 수많은 축제 역시 일상생활의 한 부분으로 벌어지고 있다고 하겠다. 많은 축제가 탈-일상성을 확대·강화하기보다는 일상으로 돌아와 일상생활을 풍요롭게 하는 축제의 일상성에서 멕시코의 축제가 지속되는 힘을 찾을 수 있을 것이다.

축제는 호모 루덴스(Homo ludens), 이른바 놀이하는 인간[9]의 유희 본능이 사회문화 형태로 표현된 것이라고 할 수 있다. 축제는 이러한 인간의 유희적 본성을 충족시켜 주는 놀이의 가장 대표적인 형태이다. 물론 놀이와 축제에는 차이가 있는데, 뒤비뇨는 이를 다음과 같이 구분하였다.[10] "놀이는 규칙의 수용을 이야기하며 과격한 근육 행위에 기호를 부여하고 자연적인 행위로부터 분리되어 스펙터클로 통합되는 것이다. 이와 달리 축제는 규칙을 위반하는 것뿐만 아니라 더 나아가 모든 규칙을 파괴하는 것이다. 그렇지만 축제는 파괴에 머무르지 않는다. 축제는 스스로 파괴하고, 그것에서 나온 재로부터 다시 태어난다. 여기에서 사람들은 시공의 범위를 넘어서서 서로 의사소통을 할 수 있게 되고 불가능한 것이 실현된다." 하여튼 놀이와 축제는 비일상적, 비생산적인 것이라기보다는 일상과 생산을 위해서 필수불가결한 것이다.

　　호이징하(Huizinga)의 견해를 발전시킨 콕스는, 《바보제(祭)》에서 인간은 본질적으로 사고하는 인간(Homo sapiens)일 뿐만 아니라 '놀이하는 인간, 축제하는 인간(Homo festivus), 환상적인 인간(Homo fantasia)'이라고 말하면서 "축제는 억압되고 간과되었던 감정 표현이 사회적으로 허용된 기회" 또는 "인간은 일상의 이성적 사고와 축제의 감성적 욕망 사이를 넘나들면서 경험과 인식의 지평을 확대할 수 있고, 또 그를 통해서 문화의 발달을 가져올 수 있는 것"이라고 보았다.[11]

　　콕스는 축제 때 평소에는 할 수 없었던 지나친 짓을 하는 고의적 과잉성, 실패와 죽음이 존재함에도 언제나 삶을 긍정하는 축의적 긍정성, 눈에 뜨일 정도로 일상생활과는 매우 다른 대조지대(對照地帶)를 마련하는 대국성(對局性, juxtaposition)을 축제의 본질적 요소라고 하였다.[12] 특히 일상과 축제의 비-일상이 나란히 놓임으로써 서로가 서로를 투영·대조하고, 나아가 긴장을 조성하는 상황을 보여주는 대국성은 축제의 특성과 축제와 일상 사이의 관계를 잘 드러내 준다. 축제는 일상과는 뚜렷하게 대조를 이룰 때 더욱더 실감이 나는 것으로 고의적 과잉성과 축의적 긍정성은 일상과 대조적 관계를 염두에 두고 행해진다고 하겠다. 결국 대국성은 우리가 잠시 일상으로부터 이탈하는 것을 허용함으로써 일상의 연속성을 더 한층 의식하게 만들어 준다. 이처럼 축제는 인간 생활의 한 본질적 요소로 축제의 상실은 인간의 근본을 과거로부터 잘라내고 미래를 향한 발돋움을 막아버린다고 하겠다.

　　그러나 근대사회에 들어 노동과 생산성, 경제적 효율성만이 최고의 가치를 가지며, 궁극적으로 이것들이 인간 행복의 기본적인 조건이 된다는 생각이 지배적이 되었다. 이 과정에서 인간의 유희적 본

성, 놀이와 축제는 그다지 중요성을 갖지 못하였다. 오히려 놀이와 축제는 지극히 비생산적이고 때로는 낭비적이며, 놀이 특히 축제를 통해서 추구하는 환타지적 경험은 가능하면 피해야 하는 부정적인 것으로 여겨졌다.[13] 성(聖)과 속(俗)이 공존하던 일상의 공간이 노동과 생산을 위한 산업적 공간으로 재배치되었고, 그와 더불어 일상의 시간도 놀이와 축제 등과 같은 비생산적 시간을 차츰 생산성 신화를 향한 노동의 시간으로 대체하였다. 한마디로 공간의 균질성을 깨트리고 하늘과 지하세계와 교류하며 우리가 사는 땅을 우주의 중심으로 이끌었던 성스러운 공간은 사라졌다. 결국 성·속이 공존하던 전통적 공간이 생산성에 바탕을 둔 근대적 시공간으로 점차 동질화되면서 시공간의 차이에 바탕을 두고, 그것이 생성하는 다양한 문화는 설 자리를 잃어버렸다. 따라서 축제는 차츰 그 의미를 상실하였고, 무수한 축제들이 자취를 감추었다. 그렇지만 높은 생산성과 경제적 효율성이 약속한 인간의 행복은 오지 않고 있다. 엘리아데(Eliade)의 말처럼 성스러운 공간을 잃어버린 현대 산업사회의 인간들은 불행한 존재일 수밖에 없는지 모르겠다.[14]

이러한 현실에도 멕시코를 비롯한 라틴아메리카에서는 많은 축제들이 유지되고 있고, 때로는 새로운 축제들이 만들어지기도 한다. 이런 모습 때문에 멕시코 사람들을 '빠창게로'라고 부르게 되었다. 왜 멕시코에는 축제와 의례가 많으며, 지금까지 지속되는 그 이유는 무엇일까? 보통 멕시코에 축제가 많은 일차적인 이유를 원주민과 서구 문화의 혼합에서 찾는다. '혼종성(Culturas híbridas)'[15]은 멕시코 나아가 라틴아메리카 문화의 가장 일반적인 특징이라고 한다. 즉 원주민과 스페인, 동양과 서양의 만남이 라틴아메리카의 오늘을 낳았고, 이 만남은 라틴아메리카 사람들의 일상에서 융합되어 혼종성으로 드러난다는 것이다. 무엇보다 다양하고 즐비한 축제의 수는 두 문화의 전통적 축제력의 결합, 다시 말해 원주민 의례와 남부 유럽 가톨릭의 많은 성인의 날이 결합된 것에서 비롯되었다.[16] 멕시코 사회의 축제의 이면에는 멕시코의 어제와 오늘 그리고 내일이 담겨 있다고 할 수 있다.

2. 혼종성 : 상생의 문화

1) 유럽 가톨릭과 만남 : '멕시코 가톨릭'

1492년 콜럼버스(Christopher Columbus)의 신대륙 발견(?)은 세계사를 바꾼 대사건으로 오늘의 세계 체제(world system), 자본주의(capitalism), 근대성(modernity)은 바로 여기에서 출발하고 있다고 하겠다. 신대륙의 발견은 유럽이라고 하는 틀에 갇혀 있던 서구에서 자본주의가 발전하고, 마침내 서구가 세계사의 중심으로 자리 잡는 계기가 되었다. 프랭크(Frank)는 서구가 아메리카에서 착취한 은으로 당시 중국이 주도하던 세계경제 열차의 3등칸 좌석표 하나를 구입하고, 마지막에는 열차 전부를 차지했다고 말했다.[17] 이 말은 신대륙의 발견, 정확하게 말하면 서구의 아메리카 정복이 오늘날까지 이어지고 있는 서구 중심주의와 서구 제일주의의 시작이었음을 압축적으로 표현하고 있다고 하겠다. 하여튼 콜럼버스와 바스코 다가마(Vasco da Gama)가 등장하기 전까지 유럽은 수세기 동안 아시아에 어떻게든 빌붙어 보려고 안간힘을 썼다. 유럽의 항해자들이 죽음을 무릅쓰고 항해에 나선 것도 아시아로 가는 황금항로를 찾기 위해서였다. 결과적으로 서구는 아메리카 대륙으로부터 끊임없이 공급된 금·은을 자금줄로 하여 세계경제에 참여할 수 있었고, 나아가 서구 중심의 세계경

제를 형성하였다.[18]

　유럽 내적 측면에서 볼 때에도 신대륙의 발견은 서구 사회를 변화시키는 원동력이 되었음에는 틀림없다. 스페인 왕실은 이베리아 반도를 지배해 온 이슬람 무어족을 상대로 수백 년 동안 계속 재정복 전쟁과 종교전쟁을 벌여 플랑드르 지방의 은행가들에게 많은 채무를 지고 있었다. 왕실은 아메리카 등의 식민지에서 가져온 금·은으로 그 빚을 갚았다. 이 금·은은 빚더미로 신음하던 스페인의 왕실을 살렸을 뿐만 아니라 실패자 콜럼버스를 역사를 바꾼 위대한 개척자로 만들었다. 휴버먼(Huberman)이 말하듯,[19] 사실 15세기 사람들에게 콜럼버스는 인도를 발견하지 못했기 때문에 실패한 탐험가이었다. 멕시코와 페루의 광산에서 스페인으로 은이 흘러들어가던 16세기에 와서야 콜럼버스의 '발견'의 진가가 인정되었다. 결과적으로 신대륙의 금·은은 다시 서구의 공산품 시장으로 흘러들어 가면서 서구 자본주의와 근대화를 활짝 꽃피우게 하였다. 이에 아르헨티나 출신의 해방철학자 두셀(Dussel)은 "1492년은 서구 자본주의와 근대가 시작된 원년"이라고 말하였다.[20] 물론 서구 자본주의 발전의 이면에는 원주민들에 대한 약탈과 노동력 착취, 중남미 광산 개발, 서인도제도의 플랜테이션이 있었다는 점은 말할 필요도 없다. 나아가 유럽에 대한 라틴아메리카의 종속적 위치는 19세기, 아니 지금까지도 크게 변하지 않았다. 한마디로 유럽과 북아메리카는 자신들의 잔치판을 열었고, 잔치판에 늦게 도착한 라틴아메리카는 그들에게 디저트로 초콜릿·커피·설탕·과일·담배를 제공했다고 할 수 있다.[21]

　신대륙의 발견이 가져온 서구 사회의 변화는 단지 정치·경제적 측면에만 국한된 것이 아니라 사회·문화적 측면에서도 그대로 나타났다. 신대륙의 발견은 서구인들로 하여금 인류의 기원, 문화의 다양성, 사회적 진화(진보)의 연속성 등에 관심을 갖게 하였다. 유럽인 자신뿐만 아니라, 다른 지역 사람에 대한 유럽인의 사고에 커다란 영향을 미쳤다. 당시 세계의 한 지역민에 지나지 않았던 유럽인들은 차츰 자신들을 인종적 의미도 포함하여 세계 제일(第一)의 문명인으로 자리매김하고, 나아가 다른 사람과 사회에 대하여 문명을 전파하고 계몽시켜야 한다는 이른바 '백인의 의무(white man's burden)'를 갖게 되었다. 다시 말해 기술적으로 그리고 문명적으로 앞선(?) 서구인은 자신 스스로가 규정한 '백인의 의무'를 완수하고자 자신들과 다른 사회를 식민화하였다. 식민지 정복에는 기독교로 개종, 그리고 유럽인의 기준에 따른 원주민들의 교육 및 문명화 등을 포함하였다. 한마디로 서구의 인식틀과 문화, 이른바 근대성은 다양한 사회를 식민화하는 과정에서 발명되었다. 이 과정에서 만들어진 서구 제일주의, 백인 우월주의, 인종주의 등에 바탕을 둔 서구의 인식틀과 문화는 끊임없이 새로운 식민주의를 만들며 다른 사회를 서구사회에 복속시켰다. 그리고 정복은 지금도 계속되고 있다. 결국 서구의 인식틀과 문화는 식민주의 그 자체였다. 비(非)서구사회는 식민화 과정에서 서구가 강제한 서구 중심의 인식틀과 문화를 내재화하며, 서구사회를 지향하고 끊임없이 자신들을 부정하였다.

두셀이 '신대륙의 발견(el descubrimiento del nuevo mundo)' 대신 '타자의 은닉(el encubrimiento del otro)'이라는 개념을 사용하며 강조했던 것처럼,[22] 정복 과정에서 신대륙 원주민의 사회와 문화가 철저하게 타자화되고 은폐되었다. 다만 서구의 욕망과 상상은 식민화를 통해 이제까지 지구상에 존재하지 않았던 새로운 대륙, 이른바 '신대륙(新大陸)'이라는 실체 속으로 코드화했다. 한마디로 신대륙은 '발견'된 것이 아니라 서구의 욕망과 상상력에 의해 '발명'되었던 것이다.[23] 식민주의는 정복과 통치의 역사를 통해 유럽과 그 타자들을 발명·재창조하면서 새로운 주장과 주의를 부추기고, 이를 용이하게 만들었다. 이렇게 서구의 힘은 라틴아메리카를 비롯한 서구 외의 다른 사회를 끊임없이 서구의 사회와 문화로 각인하고, 해석하며, 발명하는 담론의 장악에서 비롯되었다.

서구 담론의 중심은 가톨릭이라고 할 수 있다. 1492년 라틴아메리카를 정복한 스페인의 이사벨 여왕이 교황 알렉산더 6세에게 새로 발견된 섬과 대륙에 대한 소유권의 인정을 요청하면서 보낸 글은, 식민지 정복에서 가톨릭의 위상과 역할을 잘 보여준다. 다시 말해 가톨릭은 서구 사회의 정복을 정당화하는 이데올로기적 기제의 핵심이었다.

> 우리들의 궁극적 바람은 가능한 한 모든 노력을 다해 새로운 땅의 주민들을 우리의 성스러운 종교로 개종시키는 것이며 그들에게 올바른 신앙(la fe)을 심어 주고, 기독교적 삶의 방식과 관습을 가르쳐 주고자 신부, 수도사, 주교 그리고 하느님을 믿는 사람들을 파견하는 것입니다.[24]

멕시코 나아가 라틴아메리카에서 일어났던 역사적 사건 가운데 '정복'만큼 원주민의 세계를 송두리째 흔들어버리고, 나아가 새로운 사회의 질서를 형성하였던 일은 없었다. 군사적 정복은 단순히 그 자체에만 머무르는 것이 아니라, '정복당한 자들'의 정치·경제·사회·문화의 정복으로 이어졌다. "하느님과 교황 그리고 황제에게 봉사하고 명성과 부를 쫓아"[25] 신대륙으로 건너온 정복자들은 가톨릭에 바탕을 둔 그들의 이념체계에 따라 원주민 세계를 변화·창조하며 역사의 새로운 주체로 우뚝 섰다. 이제 원주민 마을들과 그들의 삶은 가톨릭과의 관계 속에서만 존재 의미를 지닐 수밖에 없게 되었다. 마을 주민들의 기독교화는 종교의 개종 그 자체를 넘어 식민지 이념을 확산하는 데서 더욱더 큰 의미를 지닌다. 가톨릭은 고해성사, 종교재판, 가톨릭 의례 등으로 개인의 육체와 정신까지도 규율하고 통제하였다. 물론 규율과 통제의 기준은 서구 중심주의와 인종주의였다. 이 과정에서 신대륙 원주민들은 식민지 권력과 담론 속으로 자연스럽게 동화되었다.

그러나 가톨릭으로 강제 개종하는 것이 기존 종교와 믿음 체계, 의례 등의 소멸을 뜻하는 것은 아니었다. 오히려 유연한 가톨릭은 기존의 종교와 전통이 살아 숨쉴 수 있는 공간을 마련해 주었다. 멕시코 원주민들은 다른 지역*에서처럼 가톨릭이라는 틀 속에서 그들의 사회·문화적 전통을 되찾고 유지할 수 있었다. 이렇게 '정복자의 종교' 가톨릭은 원주민의 전통 신앙, 의례 등과 소통·결합하며 자연스럽게 멕시코만의 특징을 지닌 종교, '멕시코 가톨릭'이 되었다. 종교적 측면에서 보면 지난 500여 년은 가톨릭의 멕시코화, 나아가 중남미화의 과정이었다고 해도 지나친 말은 아니다. 가톨릭은 멕시코 사람들

* 노예들은 어떻게 작업장이나 농장에서 요구되는 혹독한 생활에 적응하면서 외로움도 함께 극복할 수 있었을까? 그들은 아프리카의 전통적인 종교의식들은 금지당했지만, 의무적으로 해야 하는 가톨릭 신앙 활동을 구실로 백인들의 감시를 피할 수 있었다. 이제 노예들은 성인 숭배, 각종 성사, 성령 발현, 그리고 다양한 가톨릭 대축일에 적극적으로 참여하였다. 그렇게 함으로써 그들은 아프리카 종교에 보호막을 칠 수 있었다.……그들에게 허용된 유일한 종교는 흑인 매매와 노예제도를 정당화시켜 준 가톨릭뿐이었다. 이미 1635년에 루이 13세는 흑인 매매를 위해 아메리카 대륙의 섬에 설립된 회사가 노예들을 가톨릭으로 교육하고 세례를 받게 해야 한다고 고시했다.……노예제도를 공고히 해 준 세례는 실질적으로 부두교 신앙과 의식을 강화시키는 결과를 낳았다. 노예들은 세례가 마술적인 힘을 키워준다고 믿었기에 세 번에서 여섯 번까지 세례를 받았다(Hurbon, Laénnec, 1997, *Les mystéres de rauau*, 서용순 옮김, 1999 《부두교:왜곡된 아프리카 정신》, 시공사, 24·25·35쪽).

의 삶에 길잡이가 되었다. 더욱이 가톨릭과 전통 신과의 결합은 혼합과 다신(多神)이라는 중남미 가톨릭의 특성을 만들어 냈고, 이는 주민들의 삶의 공간에 그대로 반영되었다.

가톨릭은 멕시코에서 단순한 종교를 넘어 일상생활이며 가장 강력한 정치·사회적 조직이자 힘이기도 하다. 이는 기본적으로 십자가 아래 정복전쟁이 진행되었던 식민지의 역사에서 비롯되었다. 사실 가톨릭은 식민지 정부가 각기 다른 종족성을 교회로 포섭하여 동질화해 내는 기제였다.[26] 그 예로 18세기에 메스띠소, 원주민, 물라토(mulato : 백인 아버지와 흑인 어머니 사이의 혼혈인) 등의 인종 혼합과 계급 혼재를 통합한 것은 멕시코 국민주의(nacionalismo)라기보다는 가톨릭이었고, 가톨릭은 독립 시기에도 내부 종족 갈등, 사회적 갈등을 무마하며 스페인에 공동으로 대항할 수 있게 하였다.[27] 독립한 뒤 가톨릭의 무소불위의 권력과 지배에 대한 수없이 많은 개혁이 이루어졌다. 특히 독립 이후 많은 성직자들이 떠나자 1830년대에 이르러서는 성직자의 수가 과거의 3분의 2로 줄어들어, 오랫동안 성직자를 보유하지 못하는 마을이 많아졌다.[28] 따라서 오늘날 거시적 측면에서 볼 때 멕시코를 비롯한 라틴아메리카 국가들에서 정치와 종교는 분리되었고, 가톨릭의 정치·사회에 대한 영향력도 많이 약화되었다. 그럼에도 일상생활에서 가톨릭이 지니는 영향력은 여전히 그 어떤 것보다 강력하다. 가톨릭은 개인, 마을 그리고 국가 정체성의 핵심이라고 할 수 있다.

멕시코 사람들의 삶 그리고 공동체의 축제와 의례는 가톨릭과 가장 밀접한 관계를 맺고 있다. 모든 축제와 의례는 가톨릭으로 시작해서 가톨릭으로 끝난다. 그런데 멕시코 가톨릭은 보편적 세계 종교인 '로마 가톨릭'이 아닌 '멕시코 가톨릭', 정확히 말하면 '마을 가톨릭'이다. 같은 멕시코라고 할지라도, 가톨릭 의례에는 다양한 각 지역 원주민의 고유한 사회·문화가 그대로 반영되어 그들 마을만의 가톨릭의 의례를 만들어내고 있다. 가톨릭의 형식을 취하고 있지만, 그 내용은 다양하기 그지없다. 이는 멕시코 각 지역의 전통과 의례와의 접합 속에서 가능한 것이었다.

2) 신성한 옥수수: 원주민 문화의 요람

멕시코 나아가 메소아메리카(Mesoamércia : 멕시코 중북부에서 중미의 과테말라, 벨리즈, 엘살바도르 전체와 온두라스, 니카라과, 코스타리카의 일부를 포함하는 고대문화가 번성했던 지역을 통칭) 사회도 자신만의 독특한 종교 세계가 있었다. 멕시코 중앙고원에 스페인의 정복 이전까지 유지되었던 아스떼까 제국의 종교는 많은 신에 대한 제의에 바탕을 두고 있었다. 그러나 서구사회의 정복과 더불어 패배자 원주민의 종교는 부정되고 파괴되었다. 그러나 파괴는 소멸을 의미하지 않았다. 오히려 원주민의 믿음과 의례는 가톨릭과 결합되며 다양한 의례를 만들어 냈다. 이는 한편으로 많은 성인(聖人)에 바탕을 둔 가톨릭의 유연성에서 비롯되었다고 할 수 있지만, 다른 한편으로는 전통 종교 세계가 응축되어 있는 옥수수 생산의 지속성에서 찾을 수 있을 것이다.

옥수수는 메소아메리카 사회에서 농촌의 주 경작물이자 핵심 먹거리이다. 메소아메리카, 특히 멕시코 사람들은 하루 세 끼 옥수수를 먹으며, 옥수수의 힘으로 세상을 산다. 따라서 옥수수는 먹거리를 넘어 메소아메리카 사람들의 삶과 문화의 바탕이다. 이 점은 아스떼까와 마야의 신화에서 잘 드러난다.

아스떼까 신화: 옥수수와 인간

께짤꼬아뜰(Quetzalcóatl)은 따모안찬(Tamoanchan)에서 사람들을 만든 후, 다시 그들이 먹을 식량인 옥수수를 찾아 나섰다. 께짤꼬아뜰은 '우리들의 식량(nuestro sustento)'이 될 옥수수가 숨겨져 있는 곳을 알고 있는 검은 개미와 친분이 있었다. 께짤꼬아뜰은 '우리들의 식량 산', 이른바 옥수수의 산인 또나까떼뻬뜰(Tonacatépetl)로 안내할 때까지 검은 개미를 끈덕지게 졸랐다. 붉은 개미로 변신하여 그곳에서 께짤꼬아뜰은 신과 인간의 식량이 될 옥수수를 얻었다. 그리고 신들이 먼저 께짤꼬아뜰이 가져온 옥수수를 시식하였다. 그런 뒤 께짤꼬아뜰은 최초 인간의 쌍인 옥소모꼬(Oxomoco)와 씨빡또날(Cipactónal)에게 활력을 주고자 옥수수를 그들의 입에 넣어준다.[29]

마야의 신화: 뽀뽈부(Popol Vuh)의 천지 창조

세상은 닷새 동안에 창조되었다. 첫째 날에는 우주와 지구가 창조되었고, 둘째 날에는 식물·사슴·새·파충류 같은 동물을 창조하였으나 모두들 말을 못했다. 셋째 날에는 자신들의 모습을 닮은 존재들을 만들기로 결정하고 진흙으로 사람을 빚었다. 이 진흙 인간들은 말을 했으나, 하루가 지나자 서로 엉기는 바람에 원래의 모습을 찾을 수가 없었다. 얼굴은 한쪽으로 찌그러졌고, 물이 닿자 다시 진흙으로 되돌아갔다. 신들은 이 진흙 인간들을 파괴하고 이튿날 나무 인간을 만들기로 했다. 넷째 날에 만들어진 나무 인간은 말을 했고 개고기를 먹었으며 자손도 가졌으나 영혼이 없었고 이해력도 없었다. 정처 없이 걷기만 할 뿐 신들에게 감사의 제사를 드릴 줄 모르자 불행을 겪기 시작했다. 더욱더 큰 문제는 피가 통하지 않는 것이었다. 이들의 얼굴은 뼈만 있었고, 손이나 피부도 건조했다. 하늘의 심장이 거대한 홍수를 일으켜 나무 인간들의 머리 위에 비를 억수로 퍼부었다. 세상의 얼굴이 어두워졌고 검은 비가 밤낮으로 내렸다. 세상에 있던 모든 동식물들과 부엌의 그릇들은 이 나무 인간들에게 대들어 반란을 일으켰다. 이들은 나무 인간들을 사로잡아 얼굴에 상처를 내고 사정없이 때렸다. 지붕으로 이들이 도망가면 집들은 이들을 내팽개쳤고, 나무에 오르려 하면 나무들은 이들을 멀리 던져버렸다. 겨우 살아남은 이들의 후예들이 지금 숲속에 살고 있는 원숭이의 조상이라 한다. 다섯째 날, 훌륭한 인간을 무엇으로 만들까 고심하던 신들은 옥수수를 발견한다. 비록 지상과 지하의 나쁜 신과 악마가 사라지긴 했지만 아직까지도 신들을 숭배할 인간은 존재하지 않았다. 동이 트기 전 짙은 어둠 속에서 구꾸마츠와 하늘의 심장은 여우, 코요테, 앵무새, 까마귀를 불러 식물의 씨와 과일이 가득한 빡실(*Paxil*)과 까얄라(*Cayala*) 산에서 노란 옥수수와 흰 옥수수를 가져오도록 하였다. 늙은 스무까네는 옥수수를 갈아서 최초의 인간 네 명을 만들었다. 노란 옥수수와 흰 옥수수를 가루로 내어 네 명의 인간을 만들었다. 이들은 피가 통하고, 말을 할 줄 알았으며, 신들에게 감사드릴 줄도 알았다. 이제야 비로소 신들은 자신들의 모습을 닮은 존재들을 땅 위에서 보게 되었다.

이로 말미암아 마야인들은 자신들을 일컬어 '옥수수의 후예'라고 부른다. 그런데 이 옥수수 인간들은 너무나 똑똑해서 땅의 저편에 있는 것도 모두 보고 또 이해했다. 신들은 인간들이 너무 완벽해 자신들을 쳐부수고 반신반인(半神半人)이 될까봐 두려움을 느끼기 시작했고, 결국 인간들의 머리와 눈에 종기를 덧씌우는 벌을 준다. 힘이 약해진 옥수수 인간들은 이 땅에서 흩어져 살기로 결정하고 그들 가운데 세 명은 "우리는 죽지 않는다. 꼭 돌아올 것이다"라는 말을 남기고 바다 건너 동쪽으로 떠났다.[30]

신이 선물한 옥수수로 만들어지거나, 옥수수를 먹으며 생명을 유지한 멕시코 사람들의 삶은 옥수수로부터 시작해서 옥수수로 끝이 난다. 한마디로 멕시코 사람은 옥수수의 사람이다. 옥수수는 삶의 상징이며, 인간을 대표한다. "옥수수는 삶"이라는 언술은 떼뽀스뜰란 농민들이 파종 때 드리는 기도에서도 잘 나타난다. "너(옥수수)는, 나의 육체이고 힘이다. 추위와 폭풍우에 시달림을 당할 것이다. 이 모든 것은 우리들을 대신한 것이다." 옥수수 인간들의 땅, 멕시코의 사회와 문화는 옥수수의 끊임없는 선택과 확산의 자연적, 사회·문화적 과정의 성공적인 결합이 만들어낸 산물이다. 멕시코를 비롯한 메소아메리카 농업의 가장 큰 특징은 도구의 개량보다 오랜 세월 동안 종(種)의 생물학적 개량에 중점을 두었다는 점이다.[31] 최초의 옥수수는 멕시코 떼우아깐(Tehuacán) 계곡에서 발견되었으며 '옥수수의 어머니(madre del maíz)'라고 불리는 떼오씬뜰리(Teocintli)로, 연대는 기원전 7000년대로 추정된다. 기원전 1500년대에 현재와 비슷한 옥수수 종들이 만들어졌다. 오늘날 멕시코에는 약 40여 종의 옥수수가 해발 3천 미터의 고산(高山)에서부터 모래알이 날리는 해안에 이르는 지역에까지 경작되고 있다.

로뻬스(López) 부자(父子)가 지적했듯이,[32] 메소아메리카에는 다른 자연환경·민족·언어·문화 등에 기반을 둔 숱한 마을들이 존재해 왔음에도, 수 세기가 지난 지금까지도 서로 사회·문화적 동질성을 획득해 왔는데, 그것은 바로 '신성한(sagrado)' 옥수수 경작에서 비롯되었다.

멕시코에서 옥수수, 사회, 문화 그리고 역사는 서로 나뉠 수 없다. 옥수수는 농촌 생활의 기초, 나아가 멕시코 문화의 주춧돌이다. 들판이나 가옥의 구조, 일상생활에서 표현되고 속담·전설·의례·신앙

옥수수와 성모 과달루뻬, 서구 가톨릭과 원주민 옥수수 문화의 혼종을 보여
준다. 게레로 주 뽀또이찬 마을 성당 사제관 안에 있는 그림(2007년)

속에서 상징화한 옥수수는 생산활동의 핵, 시간과 공간의 창조자, 요리와 먹거리의 중심, 다양한 수공업의 1차 재료, 수천 년 동안 축적된 인식과 이념체계의 안내자였다.[33] 이처럼 수천 년을 이어 온 전통적인 사고체계는 옥수수에 압축·체화되어 있으며, 농업 주기와 더불어 행해지는 축제와 의례를 통해 재현되었다.

따라서 유럽의 정복자들이 강요한 기독교 인식체계 아래서도 메소아메리카인들이 지녔던 전통 인식체계의 핵심 요소들이 유지될 수 있었던 까닭은, 바로 옥수수 경작에서 찾을 수 있을 것이다. 한마디로 정복자들에 의해 끊임없이 부정을 당하면서도 지금까지 이어진 '심연의 멕시코(México profundo)'[34]는 다름 아닌 신성한 옥수수 그 자체였던 것이다. 옥수수는 멕시코 전통문화의 모성적 바탕이었다. 옥수수에 체화되어 있던 전통적 사고체계와 의례는 옥수수 생산과 소비의 과정을 거쳐 자연스럽게 생명력을 유지하며, 정복자의 종교인 가톨릭과 결합되었다. 물론 이 결합의 과정은 때로는 모순되고 불완전하였다. 그렇지만 이 모든 과정이 현재 우리가 멕시코 농촌의 전통이라고 말하는 사고체계와 축제를 창조하는 바탕이 되었다. 결국 멕시코 농촌의 축제와 의례는 혼종의 결과이기도 하지만, 바로 혼종의 문화를 생성해 나가는 터전이기도 하다.

1 Paz, Octavio, 1993, *La Laberinto de la Soledad*, México: Fonde de Cultura Económica, p. 53.

2 Zarauz López, Héctor L., 2000, *México:Fiestas cívicas, familiares, laborales y nuevos festejos*, México: CONACULTA, p. 11.

3 류정아, 2007, 《축제인류학》, 살림, 5 및 7쪽 참조.

4 Paz, Octavio, 1993, *La Laberinto de la Soledad*, México: Fonde de Cultura Económica, p. 54.

5 크레머 마크 지음, 김경하 옮김, 2005, 《멕시코》, 도서출판 휘슬러, 5쪽.

6 류정아, 1999, 《전통성의 현대적 발견: 남프랑스 마을의 축제문화》, 서울대학교출판부, 17쪽.

7 Turner, Victor, 1969, *The Ritual Process: Structure and Anti-Structure*, Chicago, Illinois: Aldine Pub., 박근원 옮김, 2005, 《의례의 과정》, 한국심리치료연구소, 192쪽.

8 류정아, 1999, 《전통성의 현대적 발견: 남프랑스 마을의 축제문화》, 서울대학교출판부, 260쪽.

9 Huizinga, Johan, 1987, *Homo Ludens*, Harlem, 김윤수 옮김, 1998, 《호모 루덴스》, 까치.

10 Duvignaud, Jean, 1973, *Fêtes et civilisations*, Weber, 류정아 옮김, 1998, 《축제와 문명》, 한길사, 75~77쪽.

11 류정아, 2007, 《축제인류학》, 살림, 10~11쪽 참조.

12 Cox, Harvey, 1969, *The Feast of Fools*, 김천배 옮김, 1977, 《바보祭:제축과 환상의 신학》, 현대사상사, 41~48쪽 참조.

13 류정아, 2007, 《축제인류학》, 살림, 12~13쪽 참조.

14 Eliade, Mircea, 1957, *Das Heilige und Das Profane*, Rowohlt Taschenbuch Verlag GmbH, 이은봉 역, 2008, 《성과 속》, 한길사, 42쪽.

15 García Canclini, Néster , 1990, *Culturas híbridas: estrategia para entrar y salir de la modernidad*, México: Grijalbo.

16 Redfield, Robert, 1930, *Tepoztlan, a Mexican Village*, Chicago: University of Chicago Press, p. 91.

17 Frank, Andre Gunder, 1998, *ReOrient: Global Economy in the Asian Age*, University of California Press, 이희재 옮김, 2003, 《리오리엔트》, 이산.

18 위의 책, 434~435쪽 참조.

19 Huberman, Leo, 1936, *Man's Worldly Goods: The Story of the Wealth of Nations*, New York and London: Monthly Review Press, 장상환 옮김, 2004, 《자본주의 역사 바로 알기》, 책벌레, 115쪽.

20 Dussel, Enrique, 1992, *1492, El encubrimiento del otro: El origen del "mito*

     de la modernidad", Santafé de Bogotá, D.C.: Ediciones Antropos.

21 Fuentes, Carlos, 1992, *El espejo enterrado*, México: Fondo de Cultura Económica, 서성철 옮김, 1997, 《라틴아메리카의 역사》, 까치, 347쪽 참조.

22 Dussel, Enrique, 1992, *1492, El encubrimiento del otro: El origen del "mito de la modernidad"*, Santafé de Bogotá, D.C.: Ediciones Antropos.

23 O'Gorman, Edmundo, 1993(1958), *La invención de América: investigación acerca de la estructura histórica del nuevo mundo y del sentido de su devenir*, México: Fondo de Cultura Económica.

24 Gutiérrez Castillas, José, 1984, "La organización de la iglesia en la Nueva España", *Historia general de la iglesia en América Latina*, Tomo V, México: Paulinas, pp. 55에서 재인용.

25 Florescano, Enrique, 1994, *Memoria Mexicana*, México: Fondo de Cultura Económica, p. 297.

26 김세건, 2003, 〈메소띠소와 원주민 사이에서: 멕시코 국민주의와 원주민 종족성〉, 《한국문화인류학》 36권 2호, 3~36쪽.

27 Brading, David, 1993(1973), *Los orígenes del nacionalismo mexicano*, México: Era, p. 11·23.

28 주종택, 2004, 〈라틴아메리카의 사회변화와 축제: 겔라겟사와 카니발의 사례〉, 《라틴아메리카연구》 17권 3호, 136~137쪽.

29 León-Portilla, Miguel, 1993(1961), *Los antiguos mexicanos*, México: Fondo de Cultura Económica, p. 22.

30 고혜선, 1998, 《메스티소의 나라들: 중남미 문화의 이해》, 단국대학교 출판부, 38~39쪽에서 재인용.

31 Rojas, Teresa, 1988, *Las siembras de ayer: la agriculutra indígena del siglo XVI*, México: Secretaría de Educación Pública, p. 16.

32 López Austin, Alfredo, 1994, *Tamoanchan y Tlalocan*, México: Fondo de Cultura Económica, p. 16; López Austin, Alfredo y Leonardo López Luján, 1996, *El pasado Indígena*, México: Fondo de Cultura Económica, p. 60~61.

33 Bonfil Batalla, Guillermo, 1989, *México profundo: una civilzación negada*, México: Consejo Nacional para la Cultura y las Artes/ Grijalbo, p. 33; Barros, Cristina y Marcos Buenrostro, 1997, "El maíz nuestro sustento", *Arqueología Mexicana* 25, p. 7.

34 Bonfil Batalla, Guillermo, 1989, *México profundo: una civilzación negada*, México: Consejo Nacional para la Cultura y las Artes/ Grijalbo.

떼뽀스뜰란과 산 안드레스

1. 지리적 배경

  필자가 산 안드레스와 첫 인연을 맺은 때는 1995년도로 거슬러 올라간다. 나는 1993년에 멕시코 지역을 연구하고자 멕시코로 유학길에 올랐다. 어학연수와 대학원 예비과정을 거친 뒤 1995년도 학기에 인류학 박사과정에 들어가려고 멕시코 근대화 과정에서 나타나는 농촌공동체의 변화와 환경문제에 대한 연구 계획서를 준비하고 있었다. 이 과정에서 지도교수 마갈리(Magalí Daltabuit)를 만났는데, 당시 지도교수는 모렐로스 북부지역의 환경문제를 연구하고 있었다. 지도교수는 필자에게 연구 계획서를 좀더 구체화하기 위해 자신의 연구에 참여할 것을 제안하였다. 이를 계기로 지도교수를 따라 여러 마을을 돌아다니게 되었다. 그 과정에서 지도교수는 나에게 현지 연구지로 멕시코혁명 이후 석회 생산, 토마토 생산, 미국과 캐나다로 일시 이민 등 때문에 생계 양식에서 커다란 변화를 겪어 온 산 안드레스 마을을 소개해 주었다.

  1995년 11월 1일 지도교수와 함께 산 안드레스에 들어갔다. 마침 그날은 사자의 날로, 마을에 도착하여 소개받은 도냐 델피나(Doña Delfina)와 함께 마을 공동묘지에 가게 되었다. 한마디로 마을의 조상님께 신고식을 한 셈이다. 산 안드레스 마을의 수호성인(守護聖人) 축일은 11월 30일인데, 이날은 나의 양력 생일이기도 하였다. 이것도

석회산에서 바라본 마을 전경. 산 안드레스 성당(사진 가운데, □)과 몰몬 교
회(사진 우측의 가운데, △) 등이 보인다(2007년).

하나의 인연이라는 생각이 들었다.

　사실 산 안드레스가 속해 있는 떼뽀스뜰란(Tepoztlán) 무니시뻬오
(municipio)*는 인류학적으로 매우 중요한 지역이다. 떼뽀스뜰란을 인
류학 연구의 중심으로 이끈 사람은 미국 인류학자 로버트 레드필드
(Robert Redfield)이었다. 그는 1910년부터 시작된 멕시코혁명이 마

---

* 무니시뻬오는 멕시코 행정의 최하부 단위로 한국의 시(市) 또는 군(郡)에 해당된다. 떼뽀스뜰
　란 무니시뻬오는 군 정도의 규모를 가지고 있다. 이 글에서는 떼뽀스뜰란 무니시뻬오 전체를
　말할 때에는 문맥에 따라 떼뽀스뜰란 무니시뻬오 또는 떼뽀스뜰란을 사용하였다. 그리고 떼
　뽀스뜰란 읍은 떼뽀스뜰란 무니시뻬오 정부 소재지를 가리킨다.

무리 되던 1926~1927년에 떼뽀스뜰란을 조사하여, 《떼뽀스뜰란─
멕시코의 마을(*Tepoztlan, a Mexican Village*)》(1930년)을 출간하였다.
레드필드는 이곳에서 전통 사회가 도시 사회로 변화해가는 문화접
변(aculturación) 현상을 연구하였고, 이 변화를 '전통─도시 연속체
(folk-urban continuum)'라는 개념으로 정리하였다. 그 뒤 이 개념은 농
촌 연구에 커다란 영향을 주었다.

　레드필드의 연구 이후 1943년에 미국의 인류학자 오스카 루이스
(Oscar Lewis)가 떼뽀스뜰란을 다시 조사하였다. 그는 1951년 떼뽀스
뜰란 사람들의 삶과 문화를 매우 상세하게 기록한 《어느 멕시코 마
을의 생활─재조사한 떼뽀스뜰란(*Life in a Mexican Village: Tepoztlan
Restudied*)》을 출간하였다. 그 뒤 루이스는 떼뽀스뜰란에서 어떤 변화
가 일어났는지 살펴보고자 1956~1957년 사이에 떼뽀스뜰란을 다시
조사하였다. 이에 대한 내용은 1960년에 출간한 《멕시코의 떼뽀스뜰
란 마을(*Tepoztlan Village in Mexico*)》이라는 책의 마지막 장에 수록되어
있다. 경험적인 사실을 중요시하였던 루이스의 연구 결과는 일반화를
추구하였던 문화주의자 레드필드의 연구 내용과는 매우 달랐다.

　레드필드의 연구에서는 매우 정적(靜的)이고 과거지향적인 사회로
그려졌던 떼뽀스뜰란이, 루이스 연구에서는 멕시코 근대화 과정에서
걷잡을 수 없는 변화를 겪고 있는 매우 동적(動的)이고 미래지향적인
사회로 그려졌다. 떼뽀스뜰란에 대한 레드필드와 루이스의 다른 시각
은 한편으로 역사인류학의 필요성을 제기하였고, 다른 한편으로는 인
류학자의 객관성에 대한 물음을 던지기도 하였다. 그만큼 떼뽀스뜰란
은 인류학자들의 관심의 중심에 놓여있다고 하겠다.

　두 미국 인류학자 이후에 나온 떼뽀스뜰란에 대한 연구는 멕시코 인
류학자 롬니츠─아들레르(Claudio Lomnitz-Adler, 이하 롬니츠)의 《농

촌사회의 진화(*Evolución de una sociedad rural*)》(1982년)를 들 수 있다. 1977년(5~9월)과 1978년(1~5월)에 걸쳐 현지연구를 한 롬니츠는 떼뽀스뜰란 사회가 식민지 시기부터 지역 경제활동의 변화, 외부 정치로의 편입 등 외부 변화에 어떻게 적응해 왔는지 지역 정치체계에 초점을 맞추어 살펴보고 있다. 나아가 떼뽀스뜰란 읍의 바리오(barrio)* 를 위아래로 나누는 상징적·공간적 의미체계가 지역의 정치관계를 반영하고 있음을 보여주고 있기도 하다. 이들의 연구는 필자가 박사 논문뿐만 아니라 이 책을 쓰는 데도 좋은 길잡이가 되었다.

떼뽀스뜰란이 인류학 분야에서 많은 관심을 받았다고 해서, 이 지역이 멕시코에서 특별한 곳이라는 것을 뜻하지는 않는다. 오히려 떼뽀스뜰란은 멕시코 어느 곳에서나 만날 수 있는 마을 가운데 하나일 뿐이다. 물론 떼뽀스뜰란은 다른 마을과 구별되는 축제와 문화가 풍부하게 남아있기도 하다. 한마디로 멕시코의 여느 마을처럼 떼뽀스뜰란은 자신만의 문화와 멕시코 농촌의 일반적 문화현상이 끊임없이 중첩되어 나타나는 마을이다. 따라서 떼뽀스뜰란, 무엇보다 산 안드레스의 세시풍속과 통과의례는 멕시코 다른 마을의 축제와 의례를 이해하는 비교 사례의 하나로 될 것이다.

떼뽀스뜰란은 멕시코의 수도 멕시코시티의 남부지역과 접해 있는 모렐로스 북부 무니시삐오들 가운데 하나이다. 모렐로스 주**의 면적은 4천 941km²로 멕시코 32개 주 가운데서 두 번째로 작은 주이다. 면적은 작지만 인구밀도는 멕시코 주와 더불어 가장 높다. 모렐로스 주를 구성하는 32개 무니시삐오 가운데 하나인 떼뽀스뜰란은 아후

* 시내의 구역 단위로 한국의 통(統) 또는 동(洞)에 해당한다.
** 모렐로스 주는 멕시코에서 가장 컸던 멕시코 주(Estado de México)에 속해 있었는데 1869년 연방화 과정에서 신설되었다.

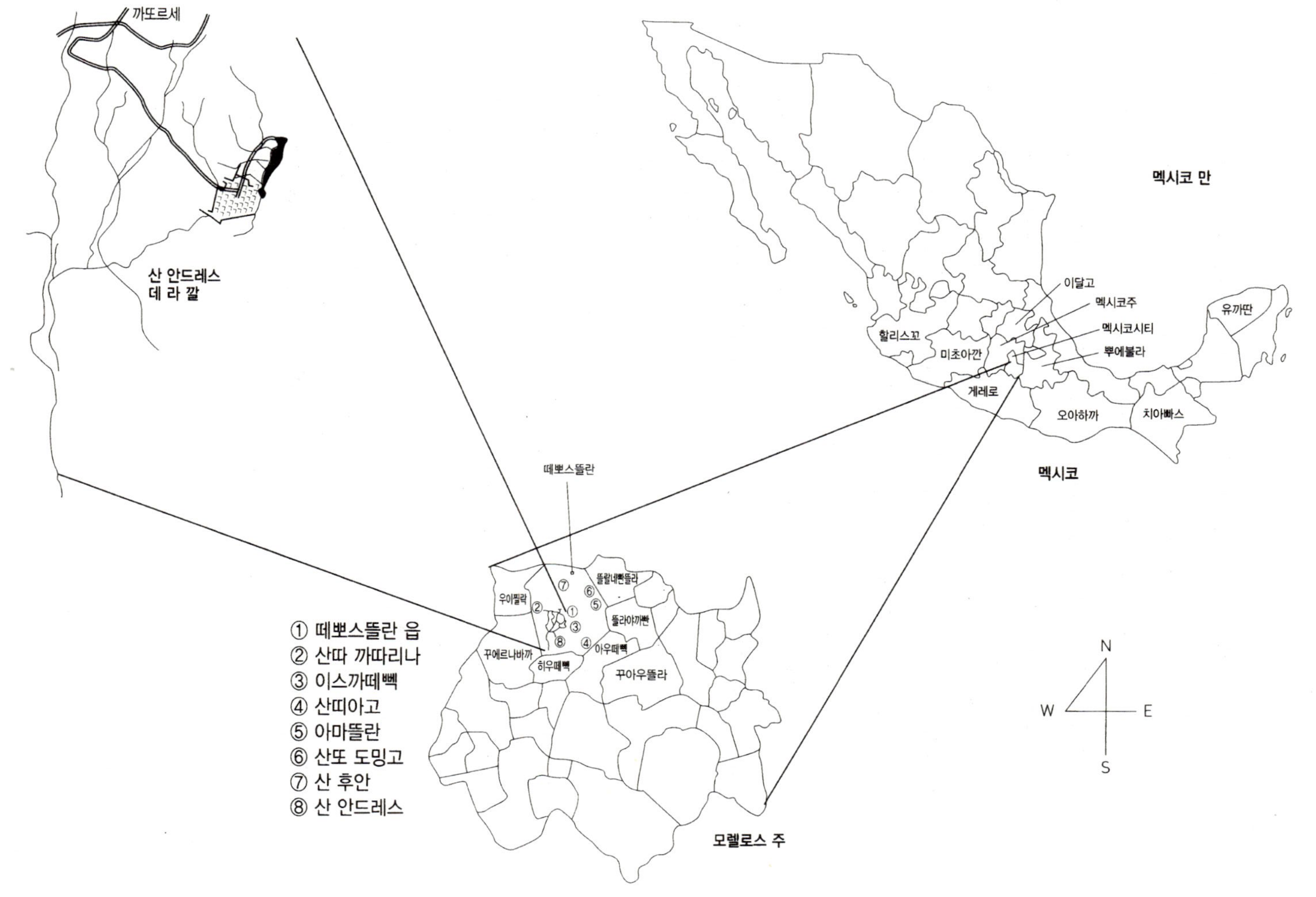

까또르세
산 안드레스 데 라 깔
멕시코 만
이달고
멕시코주
유까딴
할리스꼬
멕시코시티
미초아깐
뿌에블라
게레로
오아하까
치아빠스
멕시코
떼뿌스뜰란
똘람네빤뜰라
우이필락
산또 도밍고
똘라야끼빤
아우떼빽
꾸에르나바까
히우떼빽
꾸아우뜰라
① 떼뿌스뜰란 읍
② 산따 까따리나
③ 이스까떼뻭
④ 산띠아고
⑤ 아마뜰란
⑥ 산또 도밍고
⑦ 산 후안
⑧ 산 안드레스
모렐로스 주
N
W E
S
산 안드레스 마을 위치도

스꼬(Ajusco) 산맥의 남쪽 경사면에 위치하며 멕시코시티, 모렐로스 주도(州都) 꾸에르나빠까(Cuernavaca), 야우떼뻭(Yautepec), 우이찔락(Huitzilac), 뜰랄네빤뜰라(Tlalnepantla), 뜰라야까빤(Tlayacapan) 등과 경계하고 있다.

떼뽀스뜰란 무니시삐오의 정부 소재지인 떼뽀스뜰란 읍은 멕시코시티에서 남쪽으로 74킬로미터 정도 떨어져 있고, 꾸에르나바까로부터는 동북쪽으로 16킬로미터 정도 떨어져 있다. 3천 미터가 넘는 화산들로 둘러싸여 있는 떼뽀스뜰란 무니시삐오는 따뜻하고 쾌적한 기후와 빼어난 경치를 가지고 있어 멕시코시티 근교에서 손꼽히는 휴양지 가운데 하나다. 산 안드레스는 떼뽀스뜰란 읍을 포함한 8개 마을 가운데 하나로, 마을들은 떼뽀스뜰란 읍, 산따 까따리나(Santa Catarina), 산띠아고 떼뻬뜰라빠(Santiago Tepetlapa, 이하 산띠아고), 이스까떼뻭(Ixcatepec), 아마뜰란(Amatlán), 산 후안(San Juán), 산또 도밍고(Santo Domingo)이다.

무니시삐오와 마을의 관계는 언제나 통합적 구심력과 분리의 원심력이라는 원칙이 지켜진다. 즉 아윤따미엔또(ayuntamiento : 무니시삐오 정부) 중심의 정치 구조, 공동 토지, 시장, 공동 축제와 상호 기부, 교회와 의례조직 등을 통해 마을과 마을은 기본적으로 통합되어 있다. 그러면서도 마을은 저마다 독특한 지역적 특색과 사회문화에 바탕을 두고 경쟁하면서 서로 구분되기도 한다. 예로 마을들은 산악지역의 특성에 따라 다양한 고도에 위치해 있다. 떼뽀스뜰란 읍과 산 후안은 거리로는 4마일 정도밖에 떨어져 있지 않은데, 고도는 약 600미터 차이가 난다. 이런 이유로 주민들은 위치를 표현하는 데 동서남북의 방위보다는 위아래 등을 주로 사용한다.[1] 이곳은 고도의 차이에 따라 매우 다양한 식생대를 형성하고 있는데 높은 지역에는 소나무 숲,

저지대에는 아열대성 활엽수림이 많다. 무엇보다 고도의 차이는 농업과 경제생활에 큰 영향을 미쳤다. 예로부터 산 후안과 산또 도밍고의 사람들은 주변의 좋은 산림을 이용하여 멕시코시티, 꾸에르나바까 등 인근 대도시에 땔감을 팔아왔다. 한편 떼뽀스뜰란 읍의 남단에 위치한 산띠아고 마을 사람들은 야우떼뻭 강의 지류인 산 헤로니모(San Jerónimo) 천(川)을 이용하여 토마토, 사탕수수를 재배한다.

산 안드레스는 산따 까따리나와 더불어 떼뽀스뜰란과 꾸에르나바까 사이의 경계에 위치하고 있다. 산 안드레스는 떼뽀스뜰란에서 꾸에르나바까로 연결되는 도로, 이른바 '까또르세(catorce : 14의 뜻으로 꾸에르나바까로부터 14킬로미터 떨어져 있는 지점을 가리킨다)'라고 하는 지점에서 서남쪽으로 약 3킬로미터 떨어져 있다.

산 안드레스는 마을 입구에 도착하기 전까지는 마을이 거의 보이지 않을 만큼 분지 지형 속에 자리잡고 있다. 산 안드레스 도로의 양쪽으로는 널따란 밭(milpa)이 펼쳐져 있다. 밭 둘레에는 동물, 특히 소와 말이 농사철 밭에 들어가는 것을 막으려고 이 지역에서 흔한 현무암으로 쌓은 돌담이 있고 철조망도 쳐져 있다.

마을의 진입도로 주변에는 고급 연회장, 전원주택 등을 비롯한 가옥들이 한두 채씩 보인다. 떼뽀스뜰란이 전원 휴양지로 각광을 받으면서 전원주택들이 인근 마을로 차츰 확대되고 있다. 마을 입구에는 주민들의 생명수인 수돗물 저장고가 있다. 들판에 있는 수원지에서 물을 끌어와 여기에 저장했다가 매일 아침 8시와 저녁 5시 무렵에 한 시간 동안 수돗물을 공급해 준다. 산 안드레스는 떼뽀스뜰란의 마을 가운데 상대적으로 물이 풍부하고 수질도 좋은 편에 속한다. 마을 입구의 삼거리에서 우측으로 나 있는 '뽀로그레소(Progreso) 길'로 가면 공동묘지와 들판으로 연결된다. 삼거리에는 보건소가 있다. 마을의

N
S
E
W
수돗물저장고
보건소
갈레아나
찰치우이떼뻬뜰
십자가 언덕
공동묘지
방송중학교
뿌로그레소
성모 과달루뻬상
마을사무소
레이바
유아원
산 살바도르 성당
구 몰몬교회
꼴로니아
인데뻰덴시아
빅또리아
후아레스
이달고
초등학교
산 안드레스 성당
아옌데
모렐로스
몰몬교회
게레로
유치원
마따모로스
아 손 촘 빤 뜰 라
꼴로니아 뽀블라나
축구장
호수
꼬로나 산
석회산
들판
떼스깔 지대
산 안드레스 마을 지도
* ✝ : 십자가 탑

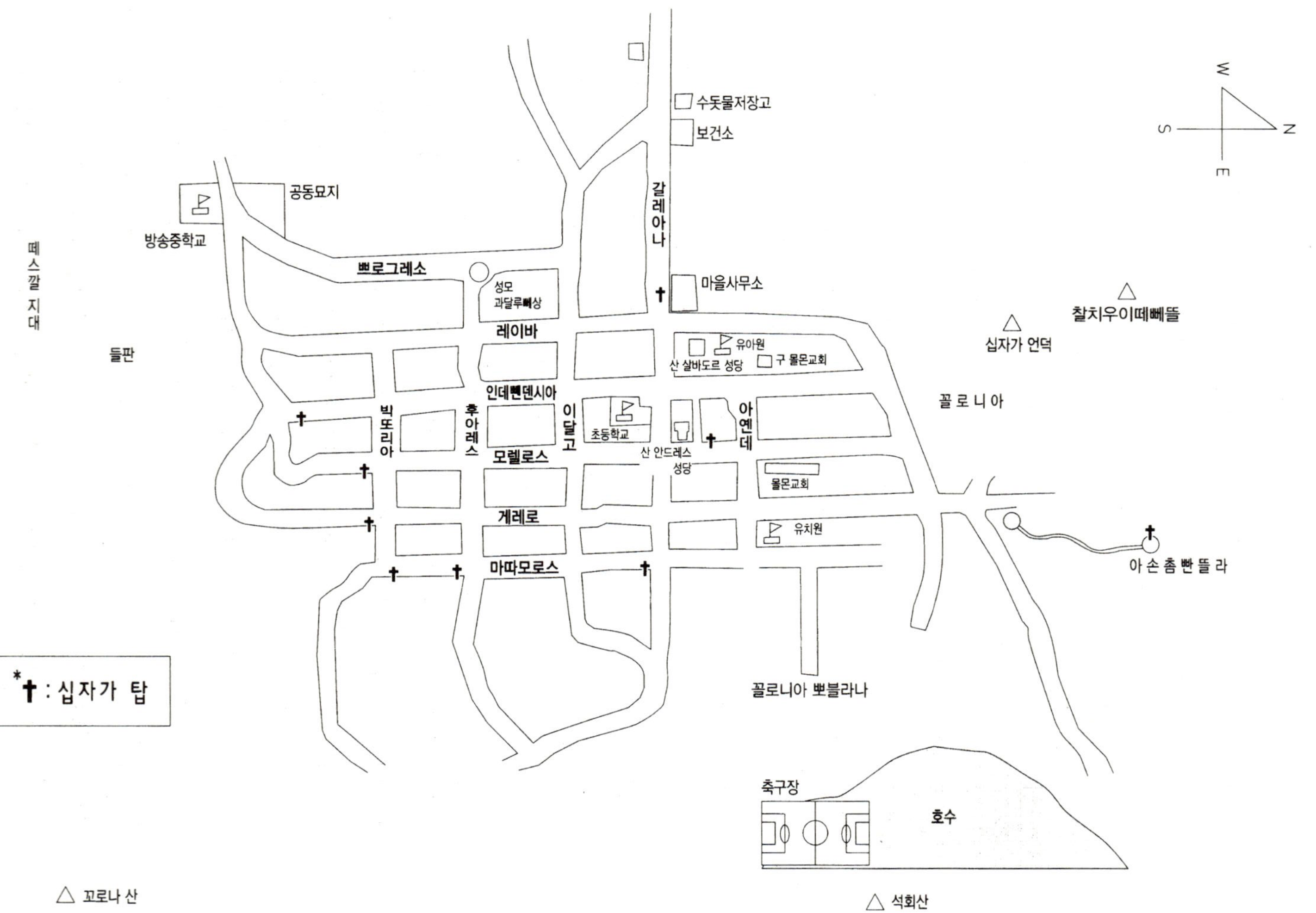

산 안드레스 마을 지도

주 진입도로인 '갈레아나(Galeana) 길'을 따라 내려가면 십자가 탑과, 이 층 슬라브 건물의 아유단띠아(H. Ayudantía Municipal San Andrés de la Cal) 이른바 마을사무소가 있다.

십자가 탑이 언제 세워졌는지 알 수 없지만, 마을 중심가를 빙 둘러 여러 개의 십자가 탑이 세워져 있어 마을을 수호하는 구실을 한다. 마을사무소 앞에 있는 십자가 탑은 가장 대표적인 것으로 마을에서 행해지는 많은 의례와 밀접한 관계를 맺고 있다. 산 안드레스 수호성인 축제 또는 산 살바도르 축제 때 다른 마을에서 순례단이 오면, 산 안드레스

행정의 중심지 아유단띠아에서 회의를 하는 모습(2006년)

또는 산 살바도르 교회의 마요르도모는 성인기를 모시고 이 십자가 탑에 나와 순례단를 맞이하고 같이 교회까지 행진을 한다. 최근에는 이따금 보건소 앞 삼거리에서 순례단을 맞이하는 행사가 이루어지기도 한다.

마을사무소는 원래 마을 중심가에 위치한 초등학교에 접해 있었는데, 약 20년 전에 하천 복개지(覆蓋地)에 2층 건물을 지어 이곳으로 옮겼다. 1층은 마을사무소, 2층은 수도위원회(Comité del Agua Potable) 사무실이다. 마을을 대표하는 공식 행정기관인 아유단띠아는 아유단떼(ayudante : 한국의 마을 이장에 해당)를 비롯하여 부-아유단떼(suplente), 총무(secretario general), 재판관(Juez de la paz), 치안관(comandante) 등으로 구성되는데, 이들은 3년마다 마을 총회(Asamblea pública)에서 선출된다. 1980년대 초반까지만 해도 아유단

떼 등의 임기는 1년 또는 2년이었는데, 그 이후로 무니시뻬오 자치단체장[郡守, presidente municipal]의 임기에 맞추어 3년으로 바뀌었다. 아유단떼와 부-아유단떼는 마을총회에서 선거로 직접 뽑히지만, 재판관과 치안관은 보통 아유단떼가 임명한다. 아유단떼는 직명에서 보이듯이, 떼뽀스뜰란 무니시뻬오 자치단체장의 업무를 보좌하는 임무를 맡아, 무니시뻬오 자치단체장를 대신하여, 마을을 통치한다. 따라서 아유단떼가 무니시뻬오 자치단체장과 어떤 관계를 형성하느냐는 마을 자치와 관련해서 중요한 변수이다.

　아유단떼는 마을을 대표하는 행정 수반으로 재판관, 치안관 등과 더불어 마을 행정을 담당하며, 수도위원회와 같은 산하 위원회를 관리·감독하기도 한다. 부-아유단떼는 보통 아유단떼 선거에서 차점자(次點者)였던 사람이 맡는데, 아유단떼의 자리가 빌 때 그를 대신한다. 총무는 마을의 재정을 담당하며, 서류 작성 등을 하기 때문에 학교 교사 등 마을의 지식인들이 주로 이 직무를 맡아 실제 행정 업무의 전반을 처리한다. 재판관은 마을 안에서 발생하는 분쟁을 해결하는 일을 하는데, 주로 마을에서 덕망이 있는 연장자가 이 직무를 맡는다. 그리고 치안관은 보통 2명의 부치안관과 함께 순찰대(rondero)를 조직·운영하며 마을의 치안을 담당한다. 순찰대는 정기적으로 마을을 순찰할 뿐만 아니라 집행부의 업무 연락을 위한 심부름 등을 하며, 때로는 마을의 공동 작업에 동원되기도 한다. 순찰대원들은 마을의 성인 남성들로 각 가구별로 순번제로 돌아가며 2~3명이 함께 일을 한다. 아유단떼 등은 봉사 직무이기 때문에 공식적인 임금은 없다. 일반적으로 아유단떼 등은 오전에 자신의 본업에 종사하고, 오후 5시나 6시쯤에 출근하여 2~3시간 정도 업무를 본다. 마을사무소의 마당은 그리 넓지는 않지만 행정과 의례의 중심 역할을 한다. 마을 총

60

회 등 주요 회의가 있을 때마다 마을사무소 마당과 울타리 주변에 사람들이 모여 열띤 논쟁을 벌인다. 또한 동굴기우제, 물의 날 등과 같이 교회가 아닌 마을 차원에서 이루어지는 의례를 할 때에는 마을사무소에서 제의 용품을 준비하고 마무리한다.

마을사무소와 유아원으로 이어지는 '레이바(Leyva) 길'을 사이에 두고 산 살바도르 성당이 있다. 원래 이 성당은 조그만 기도원이었는데, 19세기 후반에 기적이 있었다는 예수상을 모시면서 성당으로 증축되어 오늘날까지 이르고 있다. 산 살바도르 성당의 맞은편에는 마을의 수호성인 산 안드레스 성당이 자리를 잡고 있다. 산 안드레스 성당은 16세기 후반에 건설되었다가 17세기 후반에 증축되었다. 2007년에 성당 외부를 시멘트로 보완하면서 예전의 고풍스러운 모습은 조금 사라졌다. '갈레아나 길'과 '인데뻰덴시아(Independencia) 길'이 만나는 곳이 마을 중심가이다. 이곳에 마을사무소가 있었는데, 지금은 초등학교로 사용되고 있다. 산 안드레스의 중심가는 좁고 공원이 없지만 다른 마을에는 공원 등의 쉼터가 함께 있다.

스페인은 라틴아메리카를 식민지화하며 지배의 핵심인 왕권과 교황권이 공존하는 독특한 도시 구조를 만들어 냈다. 도시의 중심지에는 시청·군청·마을사무소와 같은 행정기관과 성당을 축으로 한 커다란 공원이 있다. 중심가에는 평소 많은 사람들이 모이고, 주요 정치적·사회적·문화적 행사도 이곳에서 이루어진다. 산 안드레스에서도 평상시, 특히 오후에는 사람들이 성당과 구 마을사무소 울타리에 걸터앉아 한가롭게 대화를 나눈다. 그리고 이곳은 일상생활과 카니발 등 축제와 의례의 중심지이다. 수호성인 산 안드레스와 산 살바도르 축제가 벌어질 때 이곳은 페리아(feria : 축제 때 열리는 일시적인 장)의 터로 이용된다. 또한 이곳은 전국 선거나 지방 선거 등의 투표

장이 되기도 한다.

마을 도심은 기본적으로 격자형 구조를 가지고 있다. 한 로떼 (lote : 구역)는 보통 60×60미터이고, 로떼는 다시 4등분되어 있다. 따라서 원래 한 로떼에는 4가구가 살았다. 당시 각 가구의 대지는 보통 집, 마당, 텃밭(corral)으로 구성되었다. 텃밭은 옥수수·콩·호박· 야채 등의 경작지뿐만 아니라 가축 방목지, 또는 별도의 화장실이 없었던 시절에는 화장실로까지 이용되었다. 그러나 시간이 흐르면서 대지가 가족원들에게 상속·분배되자 텃밭에서 옥수수 경작을 하는 집은 한두 곳뿐이고, 대신 많은 집들이 밀집하게 되었다. 중심가를 벗어난 주변의 주택가는 중심가처럼 규격화되어 있지는 않고, 길과 대지의 형태에 따라 불규칙적인 모습을 보인다.

중심가에서 남쪽 방향으로 가면 산 안드레스 농토의 대부분이 위치한 들판으로 이어진다. 들판으로 이어지는 입구에는 마을 공동묘지와 2008년에 개교한 중학교가 있다.

두 성당 사이의 '인데뻰덴시아 길'로 내려가면 지금은 비어 있는 구(舊) 몰몬 교회가 있다. 몰몬 교회는 2006년 '아옌데(Allende) 길' 가에 새로 지어져 자리를 옮겼다. 필자가 1996년에 실시한 인구조사에 따르면, 산 안드레스의 전체 주민 1천 58명 가운데 953명(90.1퍼센트)이 가톨릭 신자이고, 나머지는 몰몬교 85명(11가구, 8.0퍼센트), 여호와의 증인 18명(1.7퍼센트), 기타 2명(0.1퍼센트)이었다.[2] 특히 산 안드레스에 있는 몰몬 교회는 모렐로스 주 북부지역의 중심 교회로, 일요일이면 마을 사람들뿐만 아니라 떼뽀스뜰란 읍 등지의 신자들이 예배를 드리러 온다. 필자가 현지연구를 하던 1990년 중후반에 몰몬 교회에서 실제 활동을 하는 마을 사람들은 20명 정도였다. 산 안드레스에서 가톨릭과 몰몬 교인들 사이에 커다란 갈등은 없다. 그렇지만 축제와 관련해서는 이따금 갈등이 드러나기도 한다. 일반적으로 몰몬교인들은 술 마시고 노는 것은 낭비라고 생각하여 마을에서 여는 축제와 의례를 위한 기부에 참여하지 않는 편이다. 그러나 몰몬교인이라고 축제를 그냥 넘어갈 수는 없다. 그들 또한 축제 속에서 자라난 산 안드레스 사람들이기 때문이다. 이와 관련하여 "몰몬교인들은 기부도 하지 않으면서 축제, 특히 까스띠요(폭죽놀이) 때에는 맨 앞자리에 앉아 있다"고 비판을 받기도 한다.

'인데뻰덴시아 길'을 따라가면 '십자가 언덕(Cerro de la Cruz)' 자락에 집들이 많이 들어서 있다. 이곳을 보통 '꼴로니아(Colonia)'라고 부른다. 이 길은 수도(水道)가 설치되기 전 마을의 상수도원이었던 아손촘빤뜰라로 이어지고, 계속 가면 야우떼뻭 읍으로도 연결된다.

마을에서 '갈레아나 길' 등을 따라 석회산 방향으로 내려가면 유치원과 새로운 주택지가 보인다. 주택지는 '꼴로니아 뽀블라나(Colonia poblana)'라고 불린다. 이는 토마토 재배가 활성화되던 1970·1980년대에 토마토 농장에 일을 하러 왔다가 마을에 터를 잡은 뿌에블라 주(州) 출신의 사람들이 많이 살면서 붙여진 이름이다. 석회산과 접하여 호수와 축구장이 있다. 우기에는 축구장까지 물이 찬다. 거의 주말마다 축구 경기가 열리는데, 이때에는 마을의 남녀노소가 축구장에 모여 함께 즐긴다. 축구장을 지나 꼬로나(Corona) 산 방향으로 가면 밭과 꾸에르나바까의 호야(Joya) 지역으로 이어지지만, 길은 그리 좋지 않다. 마을과 꾸에르나바까 사이에는 '떽스깔(Texcal : 현무암)'이라고 불리는 커다란 화산석 지대가 있다. 주민들은 떽스깔에서 화산석을 가져와 집을 짓거나 또는 담을 쌓기도 한다.

2. 역사적 배경

스페인의 정복 이전 떼뽀스뜰란에는 나우아뜰(náhuatl) 언어를 말하는 부족* 가운데 하나인 뜰라우이까(Tlahuica) 부족이 주로 거주하였다. 이 부족은 뒤에 아스떼까 제국에 정복되어 조공을 바쳤다. 스페인의 정복전쟁은 떼뽀스뜰란에 직접 영향을 미쳤다. 1521년 꾸에르나바까로 향해 가던 꼬르떼스(Hernán Cortés)의 정복군은 떼뽀스뜰란을 점령하여 마을의 반 정도를 불태웠다. 1529년에 이 지역은 꼬르떼스에게 영지로 불하되었고, 이 영지는 식민지 기간 내내 유지된 유일한 후작령(侯爵領)이었다. 식민지 시기의 가장 큰 변화는 전염병과 정복자들의 착취(부역 동원) 등으로 말미암은 급격한 인구감소였다. 1540년대 1만 2천 24명이었던 떼뽀스뜰란 읍의 인구는 독립 직전인 1807년에 2천 540명으로 줄어들었다. 한편으로 떼뽀스뜰란에 쟁기, 도끼 같은 철제 농기구 등 서구의 농업기술이 도입되었다.

특히 꾸아우뜰라를 비롯한 모렐로스 주 남부지역에 도입된 사탕수수는 지역의 경제체계를 새롭게 재편하였다. 또한 사탕수수는 떼뽀스뜰란의 역사를 바꿔 놓았다. 사탕수수 경제체계 이후 진행된 떼뽀

---

* 나우아뜰어를 하는 다른 부족들은 아스떼까(Azteca), 소치밀까(Xochimilca), 찰까(Chalca), 떼빠네까(Tepaneca), 아꼴우아(Acolhua), 뜰락스깔떼까(Tlaxcalteca)이다.

스뜰란의 역사는 다음 노래[3]에서 잘 드러난다.

아버지는 아시엔다의 뻬온이었고,	Mi padre fue peón de hacienda
나는 혁명가였다.	Y yo revolucionario
나의 아들들은 가게를 냈고,	Mis hijos pusieron tienda
나의 손자는 공무원이다.	Y mi nieto es funcionario

독립 시기에 떼뽀스뜰란은 정치·경제·사회적 측면에서 극적인 변화를 경험하였다. 식민지 정부, 꼬르떼스 후작령 및 가톨릭교회 등 기존 통치체제가 붕괴되었고, 1820년에 첫 떼뽀스뜰란 무니시뻬

떼뽀스뜰란의 조상신 떼뽀스떼까뜰을 모신 피라미드 전경

오 정부가 구성되었다.[4] 경제체제 측면에서도 식민지 정부와 교회를 중심으로 형성되었던 조공경제체계가 무너지고, 점차 아시엔다(hacienda : 대농장)를 중심으로 한 임금경제체제가 핵을 이루었다. 다른 한편으로 식민지 시기에 마을과 아주 밀접한 관계를 맺으며 사회·종교 조직, 종교 행사, 믿음 체계 등을 지도하던 사제들의 영향력이 약화되었다. 이 과정에서 잠복되어 있던 각 지역의 전통들이 되살아나기도 하였다.

19세기 후반 사탕수수 재배가 활성화되면서 떼뽀스뜰란은 경제적으로 크게 발전하였다. 사탕수수 재배는 뽀르피리오 디아스 집권기(1870~1910년)에 국제 사탕수수 가격이 오르면서 활발하게 이루어졌다. 모렐로스 주의 지역경제는 사탕수수를 통해 세계자본주의 경제체제로 편입되었다. 아센다도(hacendado : 대농장주)들은 이제까지 버려져 있던 주변지뿐만 아니라 인근 마을들의 소규모 농지들을 사탕수수 재배지, 목축지, 원료(장작) 공급지 등으로 활용하고자 강제로 점유하였다. 떼뽀스뜰란 대부분의 땅이 사탕수수 재배에 부적합한 산악지대여서 아센다도들의 강탈은 심하지 않았으나 떼뽀스뜰란을 비껴가지는 않았다. 떼뽀스뜰란의 주변에 위치한 야우떼뻭의 오아깔꼬(Oacalco), 산 가스빠르(San Gaspar), 아빤께짤꼬(Apanquetzalco)의 아센다도들은 가축 목초지 및 벌목지를 위해 떼뽀스뜰란의 산따 까따리나, 산 안드레스, 산띠아고 마을의 구릉지와 산 일부를 점유하였다.

또한 사탕수수 재배의 활성화에 따른 경제체계의 재편은 지역의 정치·사회·문화 체계의 전반에서 변화를 일으키는 원동력으로 작동하였다. 사탕수수 재배가 불가능하였던 떼뽀스뜰란은 인근 사탕수수 농장의 노동력 공급지로 변화되고 차츰 주변부적 위치로 자리매김하게 되었다. 떼뽀스뜰란 사람들은 옥수수 추수가 시작되는 12월 중순부터 오아깔꼬 아시엔다의 **뻬온**(peón : 일일 농업노동자)으로 일을 하러 갔다. 이들은 보통 1주일에 두 번 정도 옷과 음식 등을 가지러 집에 왔는데, 이때 "부인들은 밤낮으로 옥수수를 **빻아** 가루로 만들어 남편들이 아시엔다에서 3일 동안 일하며 먹을 또르띠야(tortilla : 옥수수 전병), 이따까떼(itacate : 도시락), 고르디따(gordita : 큰 옥수수 부침) 등의 음식을 장만하였다."[5] 결과적으로 떼뽀스뜰란은 인근 사탕수수 경제로 편입되었고, 사탕수수 경제는 "떼뽀스뜰란의 생산과 노동력 전체를 거의 흡수해 버렸다."[6] 이런 상황에서 주민들의 삶은 고단할 수밖에 없었다.

산 안드레스도 예외는 아니었다. 마을 이름(la cal : 석회)에서 보이듯이 산 안드레스의 주민들은 건기 동안에 설탕 정제, 또르띠야용 첨가제, 건축 등에 필수적인 석회를 생산하였다. 따라서 이곳 사람들은 대농장에 노동력을 파는 경우가 적었고, **뻬온**으로 생계를 유지하던 다른 마을의 사람들보다 경제적으로 일정 정도 여유가 있었다고 하지만 어려운 사정은 마찬가지였다.

사탕수수 경제 활성화 시기의 큰 변화 가운데 하나는 철도 건설이다. 1881년 멕시코시티와 모렐로스 주의 사탕수수 경제 중심지였던 꾸아우뜰라를 잇는 철도가 개설되었다. 1897년에는 멕시코 – 꾸에르나바까 – 발사스(Balsas)를 잇는 철도가 들어서면서 떼뽀스뜰란의 산 후안 마을에 '공원역(estación del Parque)'이 개설되었다. 철길을 따라 오얏(ciruela) 및 숯 등이 상품화했고, 이는 주민들의 어려운 살림살이에 큰 도움이 되었다.

1910년 멕시코혁명은 이런 상황을 변화시켰다. 혁명의 주요 세력 가운데 하나였던 농민군의 근거지가 모렐로스 주이었다. 1915년과 1916년에 떼뽀스뜰란의 마을들은 소거(消去)되기도 하였다. 주민의 일부는 혁명에 직접 참여하기도 하였지만, 많은 사람들은 멕시코시티 등의 인근 지역으로 피난을 갔다. 혁명이 끝난 뒤에도 일부는 마을로 돌아오지 않았는데, 산 안드레스의 경우에는 인구의 절반 정도가 돌아오지 않았다고 한다. 결국 1910년 9천 715명이던 떼뽀스뜰란 무니시삐오의 인구는 1921년 3천 836명으로 감소하였다.[7]

혁명이 끝난 뒤 떼뽀스뜰란은 엄청난 변화를 경험하였다. 먼저 아시엔다가 해체되면서 빼앗긴 땅이 떼뽀스뜰란으로 되돌아왔다. 예로 오아깔꼬 아시엔다에 빼앗긴 아밀싱고 지역이 다시 떼뽀스뜰란 사람들에게 돌아와, 1929년 떼뽀스뜰란 에히도(Ejido de Tepoztlán, 2천 100has.)가 되어 지금까지 이어지고 있다.

혁명 이후 안정을 찾아가던 떼뽀스뜰란은 1940년대에 근대화 물결이 밀려오면서 외부 세계에 본격적으로 노출되기 시작하였다. 먼저 1940년대에 미국으로 계절적 농업이민, 즉 브라세로(bracero)가 시작되었다. 브라세로는 1950년대에 절정을 이루었는데, 일부 농민들은 브라세로를 통해 소규모 자본을 형성하였다. 이들 가운데 상업 등에 종사하는 사람들이 늘기 시작하였다.

다음으로 이 시기에 새로운 농업기술과 작물이 도입되었다. 비료, 농약, 관개, 트랙터, 트럭 등 근대 농업기술과 더불어 히또마떼(jitomate : 토마토), 글라디올라(gladiola : 꽃)를 재배하기 시작하였다. 무엇보다 토마토는 떼뽀스뜰란 지역뿐만 아니라 모렐로스 북부지역의 주요 농산물로 자리 잡으며 지역경제의 핵심 작물이 되었다. 환금작물 재배가 활성화되면서 오아하까 주, 뿌에블라 주, 게레로 주 등의 인근 마을들에서 이들 농장에서 일하려고 계절 이주를 해 왔다. 이른바 떼뽀스뜰란은 인근 지역의 잉여 노동력을 흡수하는 '작은 미국(El Norte Chico)'[8]이 되었다. 농작물들은 멕시코시티의 라 메르셋(La Merced)과

하마이까(Jamaica) 시장에서 팔렸고, 이렇게 떼뽀스뜰란 농민들은 국내 자본시장과 밀접한 관계를 맺게 되었다. 도로의 발달은 이를 더욱 강화하였다. 1933년에 멕시코시티와 꾸에르나바까를 잇는 도로가 개설되었고, 1936년에는 꾸에르나바까와 떼뽀스뜰란이 연결되었다. 그리고 1965년에 멕시코시티와 꾸에르나바까 사이에 고속도로가 개설되었다. 이때 멕시코시티와 떼뽀스뜰란, 야우떼뻭, 꾸아우뜰라를 잇는 고속도로도 개설되면서 떼뽀스뜰란과 멕시코시티 사이의 이동 시간이 1시간으로 줄어들었다.

1960년에는 CIVAC(Centro Indurstrial del Valle de Cuernavaca : 꾸에르나바까 산업단지)이 히우떼뻭(Jiutepec)에 건설되었다. CIVAC이 건설될 때 떼뽀스뜰란과 히우떼뻭은 무니시삐오 경계와 관련하여 커다란 갈등을 빚었다. 다른 한편으로 CIVAC의 입주로 말미암아 떼뽀스뜰란 주민들은 공장에 취직할 수 있는 기회를 얻게 되었다. 농민이었던 지역의 많은 사람들이 산업 노동자가 되었다.

토마토의 상업적 재배가 활성화하고, 인근 도시에 공업단지가 조성되면서 일자리 걱정이 없었던 1960~1970년대는 경제적으로 가장 풍요로운 때였다. 산 안드레스 주민들은 1970년대가 다시 돌아가고픈 향수를 자아낼 정도로 "가장 좋은 시기"였다고 말한다.

또한 고속도로 건설 등으로 관광객이 급증하기 시작하였고, 차츰 떼뽀스뜰란 읍은 관광지와 휴양지로서 명성을 떨치게 되었다. 이렇게 되면서 읍내와 아똥고 계곡(Valle de Atongo)에 외부인의 별장들이 들어섰고, 토지 가격도 올라갔다. 주거지 근처의 농경지는 높은 가격에 외지 사람들에게 팔려 나갔다. 롬니츠가 조사하던 1970년대 후반에 떼뽀스뜰란 읍내 아똥고 계곡의 땅 $1m^2$는 400뻬소(peso : 멕시코 화폐단위)에 거래되었다.[9] 만약 이 지역에 0.5헥타르를 가지고 있는 농민이 이 땅을 팔면 약 200만 뻬소를 받을 수 있었는데, 이 돈은 농부가 옥수수 농사를 평생 지어도 결코 만질 수 없는 액수이었다. 떼뽀스뜰란 읍이 휴양지로 변하면서 물 부족 문제에 부딪치기 시작하는데, 이는 오늘날까지 지속적으로 마을 주민들의 불만과 갈등의 소지가 되고 있다. 그러나 떼뽀스뜰란 읍이 휴양지로 변화하는 것을 막을 수는 없었다. 오히려 떼뽀스뜰란 읍은 휴양지와 관광지로 이름을 널리 알리고 있다. 떼뽀스뜰란 읍뿐만 아니라 주변 마을들로 별장, 전원주택 등이 확산되고 있다.

1980년대 후반에 들어 높은 투자 비용, 불안한 시장 가격, 토질의 저하에 따른 낮은 생산성으로 말미암아 토마토 재배는 쇠퇴하고, 거기에 국내 경제 위기에 따른 인근 공업단지의 일자리마저 줄어들었다. 떼뽀스뜰란, 특히 산 안드레스 사람들은 옥수수와 콩 등의 기본 생계작물 재배로 돌아갔다. 그렇지만 산 안드레스 주민의 옥수수 생계 농업은 영세성을 벗어나지 못하고 있다. 산 안드레스 농민들의 토지 소유 양태를 보면 다음과 같다. 총 203가구 가운데 92가구(1997년 기준)가 토지를 소유하고 있을 뿐이고, 그 가운데 1헥타르 미만이 31.5퍼센트, 1~2헥타르가 28.3퍼센트, 2~3헥타르가 18.5퍼센트, 3~4헥타르가 10.9퍼센트, 4~5헥타르가 4.3퍼센트 그리고 5헥타르 이상은 6.6퍼센트다.[10]

지역에 따라 차이가 있지만 보통 멕시코에서 농업만으로 가족의 생계를 유지할 수 있는 중농(中農)의 토지 소유량은 5~25헥타르이다. 산 안드레스에서는 토지 규모가 적을 뿐만 아니라 땅이 메말라 농업 조건은 그리 좋은 편은 아니다. 무엇보다도 농사의 필수 요소인 강우는 5월이나 6월 초에 시작하여 10월 무렵에 끝나는 우기에 집중되어 있고, 게다가 이 지역은 화산지대로 침투성이 강하여 관개시설을 만드는 데 큰 어려움이 있다. 그러므로 북부지역에 내린 비가 복류(伏流)하는 물과 비옥한 토지를 바탕으로 사탕수수·벼 등의 상업 농업이 발달한 모렐로스 남부지역과는 달리, 북부지역인 떼뽀스뜰란은 옥수수·콩·호박 등의 전통적인 생계 농업이 중심을 이루었다.

이 점을 고려해 보면 산 안드레스를 비롯한 떼뽀스뜰란 농민의 대부분은 생계를 유지하고자 끊임없이 다른 수입에 의존해야 하는 소토지 소유의 농민으로 규정할 수 있다. 이들은 미국·캐나다로 가는 일시 농업이민과 미국으로의 불법이민을 통하여 그들이 처한 경제적 위기 상황을 극복하려고 노력하였다. 무엇보다 산 안드레스 사람들의 수입의 대부분은 '북(北)', 다시 말해 미국과 캐나다에서 온다고 할 만큼, 1990년대부터 브라세로는 새로운 절정기를 맞고 있다. 계절 농업 이민은 주로 3월부터 12월 사이에 이루어지는데, 이 시기에 마을의 젊은 사람들이 거의 빠져나가 마을의 정치·경제·사회·문화 활동에 커다란 영향을 미쳤다. 2000년대에 들어 이런 경향은 더욱 심화되고 있다. 이 과정에서 산 안드레스를 비롯한 떼뽀스뜰란 마을의 정치·경제·사회·문화는 새로운 변화를 경험하고 있다.

3. 가톨릭의 도입과 축제의 구성

모렐로스 주는 스페인 왕이 정복자 에르난 꼬르떼스에게 정복의 공로로 할애한 영지, 이른바 '마르께사도(el Marquesado)'의 핵심지역이었다. 에르난 꼬르떼스의 궁전은 꾸에르나바까에 있었다. 아스떼까 제국의 수도였던 떼노츠띠뜰란(Tenochtitlán)을 정복하고 2년이 지난

꾸에르나바까에 위치한 에르난 꼬르떼스 궁전, 지금은 박물관으로 사용되고 있다. 궁전 밑의 돌 등은 정복 이전에 있었던 피라미드의 잔해이다(2007년).

1523년에 꼬르떼스는 자신의 영지인 뜰랄떼낭고(Tlaltenango)에 산 호세(San José) 성당을 세우고 이를 프란시스코 수도회에 맡긴다.[11] 프란시스코 신부들은 이 지역을 바탕으로 점차 주변 오악스떼뻭(Oaxtepec), 예까삑스뜰라(Yecapixtla), 딱스꼬(Taxco), 말리날꼬(Malinalco) 등지까지 전교(傳敎)를 하였다. 그렇지만 프란시스꼬 수도회만으로는 모렐로스 주의 모든 지역을 전교하는 데 어려움이 많았다. 이에 아구스띤 수도회, 도미니꼬 수도회가 모렐로스 지역에 들어오게 되었다. 도미니꼬 수도회는 1929년 모렐로스의 오악스떼뻭에 교구를 신설하였다.

　이 과정에서 모렐로스 주의 전교는 수도회에 따라 크게 세 지역으로 나뉘었다. 모렐로스 주를 세로 방향으로 삼등분하여 서부지역은 프란시스꼬 수도회, 동부지역은 아구스띤 수도회 그리고 중앙지역은 도미니꼬 수도회가 전교를 맡았다. 중앙지역에 속한 **떼뽀스뜰란**은 정복 초기 야우떼뻭과 오악스떼뻭 교구신부들의 영향 아래에 있었다. 그러나 그들은 주변 지역인 떼뽀스뜰란에 크게 관심을 둘 수 없었다. 그러자 부왕에게 떼뽀스뜰란에도 신부들을 보내줄 것을 요구하였다.

　1532년 도미니꼬 수사들이 떼뽀스뜰란에 들어오면서 전교가 본격화되었다. 도미니꼬 수도회 신부들은 원주민들에게 전교 활동을 하며 수도원을 포함된 떼뽀스뜰란 교구교회(Diócesis)* 산따 마리아 데라 나띠비닷(Santa María de la Natividad, 이하 라 나띠비닷)을 신축하였다. 1588년에 완공된 이 교회는 지금까지 그때의 모습을 유지하고 있

---

* 떼뽀스뜰란 무니시삐오 안의 교회는 마을별로 차이가 있다. 무니시삐오 소재지 즉 떼뽀스뜰란 읍에 위치한 교구교회(Diócesis), 마을과 바리오 등의 교회 또는 성당(Iglesia), 그리고 새로 생긴 꼴로니아 등의 예배당 또는 공소(Oratorio)이다. 신부는 교구교회에 거주하며, 미사 등 일이 있을 때에만 교회와 예배당을 방문한다. 이 글에서는 구별이 필요한 경우를 제외하고, 위계서열과 상관없이 교회 또는 성당이라는 용어를 같은 뜻으로 사용한다.

는데, 1994년에는 유네스코(UNESCO)의 세계문화유산으로 지정되었다. 떼뽀스뜰란 사람들의 개종에 선도적인 역할을 한 사람이 도밍고 데 라 아눈시아시온(Fr. Domingo de la Anunciación) 신부라고 한다. 그는 멀리 치아빠스에서부터 순례를 올 정도로 유명한 오메또치뜰리(*Ometochtli* : 두 마리 토끼), 이른바 떼뽀스뜰란의 조상신(祖上神) 떼뽀스떼까뜰(*Tepoztécatl* : 떼뽀스뜰란의 사람)을 정복하였다. 그는 떼뽀스떼까뜰 신의 전능함을 직접 실험해 보자고 주민들을 설득하였다. 즉 신의 형상을 계곡 절벽에서 던져 그것이 부서지면 신의 전능함이 없는 것이라고 하여, 그것을 실천에 옮겼다. 형상은 산산조각이 났고, 그 조각들은 라 나띠비닷 교구교회들을 짓는 데 사용되었다고 한다.[12]

떼뽀스뜰란 읍내의 라 나띠비닷 교회 전경(2008년)

이처럼 가톨릭은 전통 종교를 대체하며 차츰 지역에 자리를 잡았다. 가톨릭은 신앙을 넘어 지역, 마을 정체성의 핵심이었다. 마을 수준에서는 조상신 떼뽀스떼까뜰을 '라 나띠비닷' 성녀로 대체한 것처럼, 산 안드레스 사람들은 성인 안드레스를 통해 마을의 정체성을 상징화하였다.

모렐로스 주의 북부지역을 연구한 데 라 뻬냐(De la Peña)에 따르면[13], 식민지 시기에 식민지 정부, 아센다도, 교회, 원주민 귀족, 마을 사이에 다양한 관계들이 맺어졌다고 한다. 이들 동맹관계의 한 측면을 잘 보여주고 있는 것이 마을의 축제이다. 신부의 측면에서 보면 마을 축제는 가톨릭 전교의 성공과 원주민 마을에서 자신들의 위상을 확인시켜 주는 기제였다. 다시 말해 신부들은 축제를 통해 식민지 정부로부터 자신들의 합법적 위상을 확인받으려는 데 관심이 있었다. 다른 한편으로 원주민들은 왕실의 사법권과 신부들의 보호 없이는 아센다도 등의 침탈에 속수무책이었다. 한마디로 축제는 원주민 지도자와 신부 사이의 동맹을 표현하는 주요한 기회였다. 축제의 화려함과 축제에 참여하려는 원주민들의 열망은 공동체의 부와 신앙심을 반영할 뿐만 아니라, 왕실과 원주민 사이의 비대칭적 협력과 보호의 상징적 확신이었다.

마을은 축제를 통해 이웃하는 다른 마을과 차별되는 집단 정체성을 확립하는 계기를 마련하였다. 오늘날에도 새로운 바리오 또는 마을이 형성되면 교회가 신설되고, 또한 축제도 새롭게 구성된다. 한 예로 떼뽀스뜰란 읍 산따 끄루스(Santa Cruz) 바리오의 10월 7일 성처녀 로사리오 축제를 들 수 있다. 산따 끄루스 바리오의 수호성인 축제는 '산 살바도르(San Salvador : 구원자, 예수)'로 8월 6일에 열린다. 이 축제와는 다르게 성처녀 로사리오 축제는 1980년대 후반 어느 날 밤에 마을 길모퉁이에서 술을 마시던 5명의 술꾼들이 의기투합하면서 시작되었다. 이들은 교회가 위치한 구역(manzana)을 도는 달리기 경주를 하였다. 그리고 이것이 축제의 주된 내용이 되어 축제 때마다 배구와 달리기 등의 경기를 한다.[14] 이처럼 산 안드레스 나아가 떼뽀스뜰란의 축제는 오랜 시간을 두고 주민들의 일상 속에서 끊임없이 생성·변화되어 왔다.

4. 산 안드레스 축제의 구성과 축제력

1) 마요르도미아의 구성

축제는 기본적으로 교회를 중심으로 조직된다. 앞에서 말한 것처럼 산 안드레스에는 두 개의 성당이 있는데, 산 안드레스처럼 한 마을에 두 개의 성당이, 그것도 서로 마주보고 있는 경우는 매우 드물다. 두 성당 가운데 하나는 마을의 수호성인 안드레스를 모시는 산 안드레스 성당이다. 이 성당은 마을의 아랫부분에 위치해 '아랫성당'이라고도 불린다. 산 안드레스 성당은 마을의 본 성당으로 15일 단위로 있는 정기 미사, 대부분의 의례 그리고 결혼식 및 장례 미사 등이 이곳에서 행해진다. 다른 하나는 보통 '윗성당'이라고 불리는 산 살바도르 성당이다. 이곳에서는 산 살바도르 축일과 십자가의 날, 결혼식 등의 미사와 의례가 행해진다. 산 살바도르 성당은 마을의 수호성인을 모시는 산 안드레스 성당에 견주면 부차적인 성당이라고 할 수 있다. 그렇지만 마을 사람들이 산 살바도르 성당을 바라보는 시선은 남다르다. 이 성당에서 모시는 산 살바도르, 즉 구원자 예수는 마을의 수호성인 산 안드레스보다 위계가 높을 뿐만 아니라 마을 사람들이 일상에서 가장 많이 의지하는 존재이기 때문이다. 따라서 산 살바도르 성당에서는 세례, 성인식, 결혼식 등의 개인 의례가 많이 행해진다.

저마다 교회는 '마요르도미아(mayordomía)'라는 조직을 구성한다. 산 안드레스에는 보통 마요르도미아를 '회사'라는 뜻의 꼼빠니아(compañía)라고 부르기도 한다. 마요르도미아는 교회에서 일어나는 모든 행위의 주체이다. 지역에 따라서 마요르도미아는 단순한 종교적 조직을 넘어 행정·정치 조직의 성격도 지니고 있다. 마요르도미아는 앞에서 설명한 공식 행정체계인 아유단띠아(ayudantía)나 공동토지위원회와 상호 통합되어, 이른바 시민적—종교적 위계구조인 까르고 체계(cargo sistema)를 형성하기도 한다. 다시 말하면 까르고 체계는 전통 공동체를 유지하는 종교·정치·경제·사회·윤리적 과정과 역할이 매우 복잡하고 긴밀한 방식으로 연결되어 있는 종교·시민·행정 조직이라고 할 수 있다.[15]

마을의 성인 남자라면 의무적으로 일정 기간 까르고 체계 안의 직책 하나를 맡아 보수를 받지 않고 봉사를 해야 한다. 보통 낮은 단계에서 시작하여 나이를 먹으면서 높은 단계의 직책을 맡는다. 일정한 단계의 의무를 모두 마치면 원로로 인정받고 높은 사회적 위신을 차지하게 된다.[16] 까르고 체계는 원주민 메소아메리카에 뿌리를 두고 있다고 하지만, 식민지 과정에서는 가톨릭교회와 식민지 권력에 따라 형성되었고 원주민을 통치하고 착취하는 구실을 하였다.[17] 그렇지만 까르고 체계는 차츰 농촌공동체의 기본 사회구조로 자리매김되었다. 예로 칸시안(Cancian)은 마야 원주민 공동체인 시나깐딴(Zinacantan)이 주변의 라디노(ladino : 메스띠소) 사회와 구분되는 독특한 원주민 공동체성을 유지하고 있는데, 바로 이 지속성의 중심에 까르고 체계가 있다고 하였다.[18] 이런 점을 고려한다면 멕시코 농촌의 축제는 까르고 체계 없이는 불가능하다고 할 수 있다.

그러나 이 까르고 체계가 멕시코 농촌 사회에서 일률적으로 나타나는 것은 아니다. 산 안드레스에서 시나깐딴 사회와 같은 엄격한 직무 체계를 갖춘 까르고 체계는 보이지 않으며, 행정·종교 체계가 상호 독립적이다. 산 안드레스에서 마요르도미아는 시민·행정 기능보다는 종교적 기능이 중심이며, 구성도 매우 단순하다. 물론 마요르도모를 역임한 사람들이 마을 시민·행정체계 아유단띠아의 아유단떼, 재판관, 공동토지위원회의 위원장 등 주요 직책을 맡는 경우가 많다. 루이스는 이 점을 멕시코의 많은 원주민 마을의 특징인 세속적인 직무와 종교적 직무가 결합되어 있음을 보여 주는 특징으로 해석하였다.[19]

그렇지만 산 안드레스를 비롯한 떼뽀스뜰란에서 종교·시민·행정 기능이 하나의 체계로 결합되어 한 사람이 차례로 위계적 직무들을 맡는 것은 아니다. 예를 들어 아유단떼가 되기 위해서 먼저 마요르도모를 역임해야 하는 것은 아니다. 오히려 마을에서 신망받는 사람이 종교·시민·행정 체계를 넘나들며 마요르도모, 아유단떼, 재판관 등의 역할을 맡는 것은 매우 자연스러운 일이다. 따라서 한 사람이 여러 직책을 돌아가며 맡는 점이, 루이스가 지적하듯, 세속적 직무와 종교적 직무가 결합되어 있다는 것을 나타내는 지표가 될 수는 없다.

산 안드레스에서 마요르도미아는 보통 마요르도모, 부-마요르도모 그리고 후원자로 구성된다. 평상시 활동은 마요르도모와 부-마요르도모를 중심으로 이루어지지만, 축제 때에는 교회 마요르도미아 외에 각 행사, 예로 까스띠요(castillo) 마요르도미아, 음악 마요르도미아가 구성된다. 이들이 모여 하나의 종교 까르고 체계를 형성한다고 할 수 있다. 이들 가운데 교회 마요르도미아가 핵심이다. 그런데 각 마요르도미아는 서로 서열화되어 있지는 않으며 상호 독립적이다.

　마요르도모가 맡은 첫 번째 일은 교회를 돌보는 것이다. 교회 안팎을 청소하고, 초를 켜고 꽃을 갈아주는 등 제단을 정리·정돈한다. 물론 매주 일요일마다 아침 6시부터 저녁 8시까지 그리고 수호성인 축제, 성주간 등을 비롯하여 특별 미사 때마다 교회 문을 열고 하루 내내 지키는 일은 기본이다. 그리고 미사가 있을 때에는 신부를 보조해야 한다.

　산 안드레스에는 신부가 살고있지 않기 때문에 마요르도모가 신부를 대신하여 교회 활동의 중심이 된다. 신부는 떼뽀스뜰란 교구교회인 라 나띠비닷 성당에 거주하고, 미사 때에만 방문한다. 1990년대까지 교구신부 1명이 떼뽀스뜰란 무니시뻬오 안의 모든 마을과 바리오를 담당하였다. 필자가 현지연구를 하던 1990년대 후반에도 노르베르또(Norberto) 신부가 혼자 떼뽀스뜰란 교구 안에 있는 마을 8개, 바리오 7개 등의 성당과 공소 등을 담당하였다. 따라서 산 안드레스에서는 일반 미사가 2주 단위로 이루어지고 있었다. 수호성인 축제 등의 미사에는 교구신부가 참석하였지만, 성인식·결혼식·장례식 등의 미사는 꾸에르나바까 등 다른 교구의 신부가 왔다. 새로운 바리오와 꼴로니아가 늘어나면서 2003년 무렵부터 떼뽀스뜰란 교구 소속의 신부가 3명으로 늘어났다. 그렇지만 신부 3명으로는 모든 마을에서 동시에 미사를 집전할 수 없기 때문에 일반 미사는 여전히 2주 단위로 이루어지고 있다. 다만 특별 미사 등에 교구신부를 모셔오기가 훨씬 수월해졌다고 한다.

　신부의 빈자리는 마을의 레산데로(rezandero : 기도를 드리는 사람)에 따라 채워진다. 레산데로는 까예스(Plutarco Elías Calles) 정부(1926~1929년)의 반교회 정책의 산물이다. 까예스 정부는 교회가 운영하는 학교와 수도회를 폐쇄하고 외국인 성직자를 추방했으며, 신앙심이나 종교에 관련된 행위는 무엇이든 바깥으로 내보이는 것을 금했다.[20] 이에 멕시코 중서부지역 13개 주에서 끄리스떼로(cristero : 기독교인) 반란이 일어났다. 연방군은 반란 지역 사람들의 목을 매달고 마을을 불태웠으며, 때때로 사제들을 총살하였다. 전쟁 당시 사제의 90퍼센트 정도가 처형당하였다.[21] 많은 교회가 문을 닫았다. 그럼에도 마을에서 행해지는 다채로운 종교 축제와 의례를 막을 수는 없었다. 이때 등장한 레산데로들이 신부를 대신하여 임종과 장례 의례 등을 집전하였다.[22] 레산데로들은 막강한 힘을 가지고 종교 활동을 좌지우지하기도 하였다. 오늘날 레산데로는 예전처럼 신부를 대신한다기보다는 보조하는 측면이 강하지만, 여전히 일상의 종교 활동에서 큰 역할을 하고 있다. 떼뽀스뜰란 읍의 교구교회에 거주하는 신부는 공식 또는 특별 미사가 있을 경우에만 마을에 오고, 그 밖에 주요 축제 의례의 기도회, 장례, 제사 기도회 등은 레산데로가 주도한다.

레산데로가 되기 위해서는 4년 동안 토요일마다 한 시간 이상 성경 공부를 해야 한다. 또한 이를 마친 뒤에도 토요일마다 오후 4~6시쯤에 산 안드레스 성당의 별실에 모셔져 있는 성모 산띠시마(La Vírgen Santísima)를 모셔야 한다. 마을에는 약 20명의 레산데로가 있다. 레산데로들의 역할은 무엇보다 세례, 성체례(primera comunión), 견진례(confirmación), 성인식, 결혼식을 하기 전에 해야 하는 약 네 번의 설교대화(plática)를 진행하고, 이를 증명해 주는 것이다. 사람들이 이 증명서를 가지고 신부에게 가면, 신부는 세례 등의 날짜를 잡는다. 그런데 이 과정에 이따금 부정이 발생하기도 한다. 설교대화도 하지 않고 그냥 돈을 받고 증명서를 주기도 하는 것이다.

이와 더불어 신부를 대신하여 미사가 아닌 로사리오(rosario : 기도회), 무엇보다 장례 로사리오를 진행하는 것이 레산데로가 맡은 중요한 역할이다. 예로 장례식이 있는 날에 장례미사는 신부가 집도하지만, 사망일부터 8일 동안 날마다 행해지는 장례 로사리오는 레산데로가 맡는다. 로사리오는 설교와 성체의식 등이 없고, 단순히 기도문을 암송하고 찬송가를 부르는 것이 전부다. 이때에는 레산데로에게 사례를 한다. 모든 레산데로가 이 일을 하는 것은 아니고, 한두 명이 전담한다. 1980년대부터 돈 살로메(Don Salomé)가 거의 모든 로사리오를 주도하였으나, 최근에 나이가 들어 기력이 떨어지면서 도냐 루끄레시아(Doña Lucresia), 도냐 후스띠나(Doña Justina), 도냐 레오노르(Doña Leonor) 등이 많이 한다.

마요르도모가 맡은 두 번째 구실은 성당의 수호성인 축제를 비롯한 각종 축제와 의례를 주관하는 것이다. 마요르도모는 축제와 의례의 행사를 원활하게 하고자 마요르도미아 구성원의 회합을 갖고 준비를 한다. 이때 가장 중요한 일은 축제 비용을 산정하고, 이를 구성원들에게 나누어 기부금을 모으는 것이다. 기금의 일부는 교회 재산에서 충당되기도 한다. 산 안드레스 성당은 밭(milpa)을 소유하고 있다. 마요르도모는 마요르도미아의 소속원, 즉 마을 주민의 도움을 받아 경작하고, 이곳에서 나온 이익을 성당 경비로 사용한다. 그렇지만 그 액수가 그리 크지 않기 때문에 평소 성당에서 사용하는 초, 꽃 등을 사는 일반 경비에도 부족함이 있다. 따라서 대부분의 축제 기금은 마을 사람, 특히 마요르도미아 구성원들의 기부금으로 채워진다. 산 안드레스에서 열리고 있는 축제와 의례는 마요르도미아가 있기에 가능하다. 이 점은 산 안드레스뿐만 아니라 멕시코 모든 농촌이 마찬가지이다. 다시 말해 멕시코, 무엇보다 농촌의 축제는 공동체 조직, 이른바 마요르도미아 또는 까르고 체계가 있기에 가능하다고 할 수 있다.

마요르도미아의 규모는 마요르도모의 신망과 관계가 있다. 특히 산 안드레스에는 두 개의 성당이 있어서 두 마요르도모 사이에 위세 경쟁이 은근히 치열하다. 사실 한 마을이기 때문에 많은 사람들이 동시에 두 마요르도미아에 참여한다. 그럼에도 마요르도미아마다 참여하는 수는 차이가 있기 마련이며, 이는 마요르도모의 위세로 해석되기도 한다. 꼼빠니아의 주된 임무는 행사에 필요한 기금을 모아주는 것이다.

기금의 종류는 크게 전액(entero), 반액(mediano), 자율(volutario) 3단계로 나뉜다. 예로 2007년 산 살바도르 성당의 마요르도모였던 엘페고(Elfego)의 꼼빠니아는 약 150명인데, 그 가운데 30명이 전액 기부자(150뻬소), 100명이 반액 기부자(75뻬소), 그리고 20여 명이 자율 기부자였다. 엘페고에 따르면, 산 안드레스 성당의 마요르도미아 규모는 자신의 꼼빠니아의 반(半)인 약 80명 정도로, 구성원 개인이 내야 할 기부금은 두 배 정도 높다고 하였다. 마요르도미아의 구성원이 적으면 그만큼 각 구성원이 내야 할 기부금 규모가 커지기 때문이다.

기부자의 세 층위가 서로 계층적 성격을 가지고 있지는 않다. 꼭 부자라고 전액 기부자가 되는 것이 아니다. 오히려 자신의 경제적·종교적 신념 또는 마요르도모와의 관계에 따라 기부액을 약속한다. 기부금은 축제가 시작되기 한 달 정도 전에 마요르도모의 집에 꼼빠니아 구성원들이 모여 축제에 들어갈 비용을 산정하고, 이를 꼼빠니아 구성원에 맞게 전액·반액·자율금의 액수를 정한다. 기부는 한 번에 그치지 않고 주요 행사 때마다 행해진다. 예로 산 살바도르 꼼빠니아는 크게 세 번의 행사에 따라 기부를 하게 된다. 첫 번째는 부활절과 십자가의 날(5월 3일)이고, 두 번째는 산 살바도르 축일인 8월 6일인데 이때는 부-마요르도모가 전담한다. 그리고 세 번째는 1월 셋째 주 일요일에 열리는 산 살바도르 성당의 수호성인 축제이다. 꼼빠니아의 구성원들은 기부하는 것 밖에도 교회를 수리하고 축제 동안 청소하거나 준비하는 것을 도와주는데, 이것은 자발적으로 이루어진다.

이 모든 행위의 중심에 마요르도모와 부-마요르도모가 있다. 마요르도모의 역할을 수행하는 데에는 많은 시간, 정성, 돈을 필요로 한다. 따라서 마요르도모가 되고자 할 때에는 한마디로 마음을 굳게 먹어야 한다. 경제적 측면에서만 보더라도 마요르도미아 구성원들의 기부금으로 교회 살림살이를 한다고 하지만, 늘 비용은 부족하기 마련이다. 이 부족한 부분을 채우고 넘치게 하는 일은 마요르도모와 부-마요르도모의 몫이다. 이 일을 잘 못하면 마요르도모를 하지 않은 것보다 못한 평판을 얻게 된다. 무엇보다 마요르도모는 한 개인보다는 한 가족의 책무라고 할 정도로 가족, 친인척, 친구 등의 도움이 절대적이다.

마요르도모의 교체는 성주간에 이루어지는 것이 보통이다. 필자가 박사논문을 위해 현지연구를 하는 동안에 산 안드레스 성당은 돈 시릴로(Don Cirilo), 산 살바도르 성당은 돈 셀소(Don Celso)가 5년이 넘게 마요르도모를 맡고 있어서 마요르도모 교체 의례를 볼 수 없었다. 이는 많은 시간과 돈을 투자해야 하는 마요르도모를 서로 하지 않으려고 하기 때문이었다. 이런 사정은 인류학자 오스카 루이스가 떼뽀스뜰란을 조사했던 1950년대에도 크게 차이가 없었던 것 같다. 루이스는 "예전에는 마요르도모는 1년만 봉사하기로 되어 있었으나 최근에는, 더욱이 작은 바리오에서는 마땅한 적임자를 찾기 어렵기 때문에 어떤 마요르도모는 5년씩이나 그 직을 수행하기도 한다"고 기록하고 있다.[23] 필자가 조사를 마치고 돌아온 뒤에는 산 안드레스 마을의 어른들 몇 명이 이래서는 안 되겠다고 하며 자발적으로 마요르도모를 1년 단위로 맡으면서 몇 번 교체되었다. 2007년에는 엘

부활절 의례 기간에 마요르도모 집의 수호성모 과달루뻬 제단에 모셔져 있
는 산 살바도르 성당의 알깐시아(2007년)

페고가 산 살바도르 마요르도모를 맡았다. 그는 초등학교 교장을 정
년퇴임한 뒤 2008년 무렵에 마요르도모를 할 생각이었다. 그런데 몇
년 전에 수술을 받았었고 2006년에도 다시 병이 도졌는데, 산 살바
도르의 은혜로 빨리 낫게 되었다고 한다. 병으로부터 쾌유된 것뿐만
아니라 직장 생활, 자식들의 성장 등, 이 모든 것이 신의 축복으로 가
능했기에 뭔가 보답하고자 1년 먼저 마요르도모를 하기로 결심했다
고 하였다.

84

성주간 둘째 주의 일요일에 엘페고와 그의 부인, 자신을 도와 부-마요르도모가 되기로 한 후안(Juán)과 그의 부인, 네 명은 당시 마요르도모였던 돈 에라스모(Don Erasmo)를 찾아가 차기 마요르도모를 하겠다고 하였다. 성주간 셋째 주 일요일에 다른 사람들과 함께 꽃, 초 등을 가지고 에라스모를 찾아갔다. 이때 마을의 연장자인 돈 에스떼반(Don Esteban, 엘페고의 아버지)과 도냐 호비따(Doña Jovita)가 함께 가서 마요르도모의 교체에 관련된 조언을 해 주었다. 그리고 마요르도모 에라스모는 동행한 사람들에게 커피와 빵을 대접하였다. 이때부터 엘페고는 자신을 도와 줄 마요르도미아를 구성하였고, 마요르도모 인계식, 사순절·부활절 의례, 십자가의 날 등에 쓸 비용을 걷기 시작하였다. 그리고 사순절의 다섯째 주 일요일 오후에 산 살바도르 성당의 알깐시아(alcancía : 조그만 십자가의 예수상이 모셔져 있는 헌금함으로 크기는 30×20×20센티미터 정도이다)를 가져오는 의례를 행하였다. 먼저 마요르도모 에라스모가 알깐시아를 산 살바도르 성당으로 가져오고, 다시 이를 새 마요르도모 엘페고의 집으로 가져갔다. 마요르도모가 알깐시아를 안고, 양쪽 옆으로 부-마요르도모와 다른 한 사람(보통 가족 가운데 한 명)이 알깐시아와 연결된 빨간색 인조리본(Folres de Fomi)을 잡고 행진하였다. 길이가 약 5미터 폭은 5센티미터인 인조리본으로 알깐시아 십자가를 장식하고 양옆으로 130센티미터 정도를 부-마요르도모와 다른 사람이 잡았다. 뒤에는 사람들이 양쪽으로 줄을 서서 따르고, 행렬의 마지막에는 밴드가 연주를 하였다. 이렇게 하여 알깐시아가 새 마요르도모 집에 도착한다. 또한 교회의 열쇠와 재산 등록증 등도 넘겨준다. 이렇게 함으로써 그는 공식적으로 마요르도모가 되었다. 물론 이때 새 마요르도모는 빵과 아똘레 등을 참석자들에게 제공한다.

축제를 할 때에는 성당 마요르도미아뿐만 아니라 음악 마요르도미아와 까스띠요 마요르도미아가 구성된다. 이른바 세 명의 마요르도모가 축제를 이끌어 간다. 멕시코 축제에서 음악이 빠진다면 그것은 축제가 아니다. 따라서 마을마다 밴드가 있으며 조금 큰 마을에는 여러 개의 밴드가 있다. 이 밴드는 수호성인 축제, 카니발, 결혼식, 성인식, 장례식 등에서 음악을 맡는다. 현재 산 안드레스에는 두 개의 밴드가 있다. 정확하게 말하면 이제 두 개가 결성되었다고 하는 것이 맞을 것이다. 필자가 처음 마을에 들어왔을 때에는 밴드가 없었다. 원래는 밴드가 있었는데 구성원이 충원되지 않아 오래 전에 없어졌다. 단지 그때 참여했던 돈 프란시스꼬(Don Francisco)와 돈 알프레도(Don Alfredo) 등만 활동하고 있었다. 이들은 독자적으로 팀을 구성할 수 없기 때문에 다른 마을의 밴드에 참가하는 정도였다. 산 안드레스에서 축제와 의례 등을 할 때는 외부에서 밴드를 불러왔다.

그러다 1997년 무렵 '산 안드레스 데 라 깔'이라는 밴드가 구성되었는데, 구성원은 호세(José)의 가족으로 아버지와 그의 남동생과 여동생이었다. 이 밴드는 구성원이 적어 활동이 많은 편은 아니었다. 그러다가 2005년 초반에 로베르또(Roberto) 등 젊은이 20명이 밴드 '로스 뻬스까도레스(Los Pescadores : '어부들', 안드레스 성인이 어부였다는 점에서 유래)'를 결성하였다. 필자가 2007년에 마을을 방문하였을 때 이들은 저녁이면 마을 중심가에 있는 한 집에 모여 연습을 하였다. '불협' 화음이 오후 내내 마을의 고요함을 깨뜨렸다. 그러나 어느 누구도 이들에게 불만을 터트리지 않았고, 오히려 그들의 성장을 그저 지켜보았다. 이들은 마을의 크고 작은 축제와 의례가 있으면 그곳에서 그동안 갈고 닦은 실력을 발휘하였다. 이들은 2006년 1월 9일에 있었던 돈 피델(Don Fidel)의 장례식, 1월 15일 산 살바도르 축제의 춤판에 초대되어 연주하였다. 그리고 2007년 부활절 카니발에서는 '산 안드레스 데 라 깔' 밴드와 함께 연주하였다. 두 밴드가 생기면서 외부에서 밴드를 불러오는 횟수는 줄어들었다. 그렇지만 두 밴드가 완전한 구성을 이루지 못하고 연주 능력이 아직 미숙하기 때문에 여전히 마을 밖에서 밴드를 불러오는 경우가 많았다.

하여튼 축제에는 음악이 빠지지 않는데 이를 담당하는 것은 음악 마요르도모이다. 이들 또한 마요르도미아를 구성하며, 여기에서 모은 기금으로 밴드를 초대하고 대접한다. 2006년 1월 15일 산 살바도르 축제 때 음악 마요르도모는 '라 크리스탈(La Cristal)'이라는 음악 밴드를 다른 마을에서 불러왔다. 이들은 축제 전날 6시쯤에 도착하여 성당의 쁘로메사(promesa)*, 알깐시아 등을 가져오는 일부터 시작하여 미사와 축제 기간의 모든 행사를 맡았다. 이들은 축제 당일 밤 12시까지 음악을 연주하는데, 비용은 2만 8천 뻬소라고 하였다. 비용이 아무리 많이 들더라도 밴드를 불러와야 한다. 축제와 의례에서 음악과 춤이 빠진다면 이처럼 허전한 일은 없을 것이다. 무엇보다 춤은 사람들의 활력소로서 부모와 자식, 남녀노소 등이 함께 어울려 즐긴다. 아마 한국에서 어머니와 아들, 할아버지와 손녀가 서로 마주보며 춤을 춘다면 그 집안은 망조가 든 콩가루 집안이라고 할 것이다.

그러나 멕시코에서 이는 너무도 자연스러운 모습이다. 이들은 춤으로 서로 소통한다. 살사(salsa), 꿈비야(cumbia), 메렝게(merengue), 께브라디따(quebradita), 블루스 등의 춤으로 아이들은 자신의 문화를 배우고, 연인들은 서로의 마음을 전하고, 가족들은 서로의 사랑을 확

---

* 쁘로메사는 '약속'이라는 뜻으로 개인 · 집단 · 마을과 성당 사이에, 정확하게 말하면 성당의 수호성인 사이에 맺어지는 약속 관계이다. 보통 개인 · 집단 · 마을이 수호성인 축일 때 꽃, 화분, 초 등을 바친다.

인한다고 해도 지나친 말이 아니다. 음악, 특히 춤과 더불어 멕시코 축제의 백미는 까스띠요, 바로 폭죽놀이다. 폭죽을 설치한 구조물이 성탑(城塔)과 비슷하여 '까스띠요'라고 부른다. 폭죽놀이는 산 안드레스 수호성인 축제와 산 살바도르 축제 때에만 행해진다. 폭죽놀이를 준비하기 위해서는 기본적으로 폭약을 잘 다루는 특별한 기술을 필요로 한다. 그러나 마을에서 이 일을 할 수 있는 사람이 없기 때문에 뿌에블라, 게레로의 딱스꼬(Taxco), 미초아깐 등지에서 기술자를 불러온다.

까스띠요는 그 어떤 것보다 돈이 많이 든다. 한 번 까스띠요를 하는 데 보통 3만~5만 뻬소가 들어간다. 까스띠요 마요르도미아 구성원의 분담금도 큰 편으로 전액 기부자의 기부액이 보통 500뻬소에 이른다. 따라서 까스띠요 마요르도모는 비용을 분담하고자 여러 명이 함께 맡는 경우가 많다. 특히 요즈음에는 미국과 캐나다에 일하러 갔다 온 사람들이 많이 맡는다. 비용 부담이 큰 만큼 까스띠요 마요르도모는 거의 1년마다 교체되는 편이다. 교체할 때 조촐한 축제가 벌어진다. 전임 마요르도모가 '꽃을 꽂은 병'을 새로운 마요르도모에게 넘김으로써 임무가 교대된다. 먼저 마요르도모들이 이 병을 들고 춤을 추고, 그 뒤 가족과 마요르도미아 구성원들이 서로 돌아가며 병을 들고 춤을 춘다. 물론 이때 마요르도모는 참석자들에게 음식과 술을 대접한다.

축제 5~6일 전부터 기술자들이 와서 까스띠요를 준비한다. 산 안드레스 수호성인 축제나 산 살바도르 축제 때에도 기술자들은 산 안드레스 성당의 창고 앞에서 작업을 시작한다. 작업은 한 변이 약 1미터 정도인 가느다란 나무로 만든 정육면체형, (반)원형 등의 구조물에 폭죽을 설치하는 것이다. 이 구조물은 해마다 잘 보관했다가 수리

마요르도모 교체 때 '꽃을 꽂은 병'을 들고 춤을 추는 사람들(1996년)

하여 다시 사용된다. 두 성당은 저마다 자신만의 구조물을 가지고 있는데, 산 안드레스 성당의 구조물이 조금 많은 편으로 산 안드레스 성당의 까스띠요가 산 살바도르 성당의 것보다 조금 크고 높다. 기술자들이 작업하는 모습을 바라보고 있으면 단순히 폭죽을 설치하고 연결하는 것 같지만, 폭죽은 타오르면서 안드레스 성인, 예수, 성모, 비둘기, 별 등 다양한 모양을 만든다. 축제 전날 오후나 축제 당일 오전부터 교회 마당에 까스띠요를 설치한다. 구조물을 밑에서부터 하나씩 쌓아 올리는데, 높이는 보통 20~25미터에 이르기 때문에 많은 노동력과 주의가 필요하다. 까스띠요 마요르도모를 비롯한 청년들이 도와준다.

까스띠요는 보통 밤 10~11시에 시작된다. 이번 축제에는 까스띠요가 어떤 상징물과 이벤트를 보여줄까 궁금해 하며 사람들이 하나둘씩 교회 주변으로 모여든다. 기술자 또는 까스띠요 마요르도모가 폭죽의 발화선에 불을 붙이면서 폭죽놀이가 시작된다. 기술자나 마요르도모 모두 긴장된 모습이다. 그들이 긴장하는 까닭은 위험한 폭약을 다루기 때문이기도 하겠지만, 무엇보다 자신들이 준비한 까스띠요가 주민들과 참석자들로부터 어떤 평가를 받을지가 초미의 관심사이기 때문이다. 까스띠요는 축제의 마지막을 장식할 뿐만 아니라 축제의 위세 경쟁에서 그 기준이 되기도 한다. 까스띠요 마요르도모의 경제적 사정과 기부금을 모으는 그의 역량이 까스띠요의 내용을 결정한다. 그렇지만 마을이 크고 부유하면 대체로 까스띠요 규모도 크고 화려하다. 한마디로 산 안드레스 성당의 까스띠요 규모는 떼뽀스뜰란 읍의 라 나띠비닷 교구교회 축제 때의 까스띠요와 비교될 수 없다. 따라서 마을의 까스띠요 마요르도모들은 작년 폭죽놀이에 비해 올해 얼마나 화려하고 멋있었는지 등 참석자의 평가에 귀를 기울인다. 이 평가는 축제가 끝난 뒤에도 며칠 동안 계속된다.

성당·음악·까스띠요 마요르도미아 외에도 카니발, 독립기념일 등 각 행사에 따라 마요르도미아가 구성된다. 이런 행사의 마요르도미아는 엄격한 조직 구성을 이루고 있다기보다 기부금을 위한 자발적인 모임이라고 할 수 있다.

이처럼 마을에서 열리는 모든 축제는 마을 주민 전체가 참여하고 만들며 이끌어간다고 한다. 무엇보다 축제와 의례의 비용을 경제적 사정에 따라 차별적으로 기부하는 행위는 마을 내 주민 사이의 경제적 차이를 평준화하는 재분배 기제로 작용하기도 한다.[24] 예로 산 안드레스에서 한 사람이 일 년 동안 행해지는 주요 축제에 전액 기부를 한다면 기부 총액은 족히 5천 뻬소 정도에 이른다. 일일 농업 노동자의 하루 일당이 보통 40~50뻬소인 점을 고려하면 결코 작은 돈이 아니다. 그렇지만 축제 때의 기부가 마을 안의 빈부격차를 평준화하는 기제로써 효과가 크다고 할 수는 없다. 다시 말해 기부금은 축제에서 소비되는 것이 보통이고 수입의 원천인 토지, 가축 등의 재분배와는 크게 상관이 없다. 이런 측면에서 볼 때, 축제의 기부 행위는 부유층의 월등한 경제적 지위와 영향력을 확인하는 계기가 된다.

그럼에도 축제는 마요르도미아 등을 통해 가족, 친인척, 친구, 이웃의 호혜적 사회관계를 형성·유지하고, 나아가 마을이 한판 어울림으로써 마을 정체성을 형성하는 중요한 기제라고 할 수 있다. 축제와 의례를 통해 다져진 마을 결속력은 떼뽀스뜰란을 비롯한 멕시코, 나아가 라틴아메리카 사회에서 벌어지고 있는 다양한 대안(代案) 사회운동을 가능하게 하는 물적 토대가 되기도 한다.

2) 축제력

멕시코의 어느 마을이나 그렇듯이 산 안드레스는 일반 주택과 교회 등으로 성(聖)과 속(俗)의 공간이 어우러져 있다. 마을의 중앙에 위치한 산 안드레스 성당과 산 살바도르 성당은 사람들의 일상생활과 믿음 체계에서 중심적인 역할을 하고 있다. 마을에서 성과 속의 공간을 가르는 경계는 열려 있으며, 특히 부활절과 수호성인 축제의 순례 등을 통해 일상의 공간도 성스러운 공간으로 변화된다. 또한 집(casa)도 단순한 주거 공간이 아니라 종교 활동의 공간을 포함한다.

가정마다 수호성인을 모시는 사당 또는 제단이 있다. 이곳이 종교와 의례 활동의 중심지이다. 사당과 제단의 규모는 각 가정의 다양한 사정에 따라 다르다. 어떤 집에는 사당이 별도의 공간으로 꾸며져 있기도 하다. 보통 출입문의 정면, 즉 집에 들어설 때 잘 보이는 곳에 조그마한 제단이 마련되어 있다. 사당이나 제단이 출입문을 바라보는 곳에 있는 것은 나쁜 기운이 집 안으로 들어오는 것을 수호성인들이

동굴기우제 제사장 도냐 호비따 집의 제단(2004년)

막아주기 때문이라고 한다. 제단에는 다신(多神) 숭배의 중남미 가톨
릭이 지닌 특성을 보여 주듯 자신들이 존경하고 좋아하는 많은 성인
들의 사진과 상이 모셔져 있다. 모셔진 성인들의 일부는 석고상 또는
목각상이고 대부분은 사진이다. 산 안드레스에서 가장 많이 모셔져
있는 상은 과달루뻬 성모, 예수, 아기 예수, 산 안드레스 등이다. 제
단 앞에는 사우메리아(sahumeria : 꼬빨 향로), 꽃병, 촛대, 부활절 기간
에 축복 받은 야자수 등이 놓여 있다. 사우메리아는 도기로 만든 작은
항아리 모양의 향로(香爐)로, 향로에는 숯과 꼬빨(copal)이 담겨 있다.
보통 꼬빨 향로는 특별한 날에 태운다. 꼬빨은 일종의 나무진으로 숯

92

불 위에 놓으면 독특한 향과 연기가 난다. 사람들은 꼬빨 향과 연기가 악하고 나쁜 것을 없애고 정화한다고 믿는다. 의례를 행할 때 가장 먼저 사우메리아, 즉 꼬빨 향로를 들어 향과 연기로 제단 또는 사람들을 향해 성호를 그으며 정화의식을 한다. 촛대에는 날마다 촛불이 타오른다. 이 촛불은 보통 부활절 때 성당에서 축복을 받고 가져온 불로 그리스도를 상징한다. 이 촛불은 일 년 내내 끄지 않는 것이 원칙이다. 꽃병에도 글라디올라 등의 꽃이 가득하다. 꽃은 보통 1주일 간격으로 갈아준다. 산 안드레스 사람들은 집을 드나들 때마다 제단을 향해 성호를 그으며 기도한다.

한마디로 사람들의 하루는 제단에 모셔진 집안의 수호성인들께 기도를 드리는 것에서 시작해서 기도 드리는 것으로 끝이 난다고 할 수 있다. 이러한 가톨릭에 바탕을 둔 일상은 생계 활동인 농업과 어울리면서 산 안드레스만의 축제, 이른바 1년을 주기로 관습적으로 되풀이되는 세시풍속을 만들어 낸다. 산 안드레스의 축제력은 〈표 2-1〉과 같다. 축제의 시기는 가톨릭의 사순절, 부활절이나 건기와 우기를 중심으로 한 생산의례 등에서 보이는 것처럼 일상의 태양력과 다른 시간력을 가지고 있다고 할 수 있는데, 서술의 편의상 태양력에 따라 설명하겠다.

농촌인 산 안드레스에서 생산의례와 마을의례의 구분은 명확하지 않다. 오히려 마을의례와 생산의례는 서로 맞물려 있다. 한마디로 생산의례는 곧 마을의례이고, 모든 마을의례는 농업생산 활동과 관계를 맺고 있다. 농업 주기는 1년 동안 행해지는 마을의례의 주기를 특징지었다. 여기에서는 축제의 의미를 살리고자 종교적 색채가 짙거나 일상적 특징이 많은 축제는 마을의례, 그리고 농업생산과 연관성이 깊은 것은 생산의례로 나누었다.

<표 2-1> 산 안드레스의 축제력

	마을의례	생산의례	국가의례
1월	6일: 동방박사 날 셋째 주 일요일: 산 살바도르 축제		
2월	2일: 성모 깐델라리아 축일		5일: 제헌절
3월	사순절 – 성(부활)주간		
4월			
5월		3일: 십자가의 날 이스까떼뻭 순례 셋째 주 금요일: 동굴기우제 15일: 산 이시드로 축일	5일: 싱꼬 데 마요
6월			
7월			유치원·초·중·고 졸업식
8월	6일: 산 살바도르 축일		
9월		28일: 뻬리꼰 십자가와 엘로떼의 날	16일/30일: 독립기념일
10월		18일: 물의 날	
11월	30일: 마을 수호성인 축제	10월 28일~11월 2일: 사자(死者)의 날	20일: 멕시코혁명 기념일
12월	12일: 성모 과달루뻬 축일 25일: 성탄절		

1월에는 12월 성탄절 의례의 연장선에 있는 종교의례가 중심을 이루고, 1월 셋째 주 일요일에는 마을의 가장 중요한 축제 가운데 하나인 산 살바도르 축제가 있다. 상반기의 축제는 부활절에 이르러 절정에 이른다. 2~3월에는 농사와 관련된 일이 많지 않다. 건기가 절정에

이르는 이때에 주민들은 집 등을 수리한다. 우기가 시작되는 5월이 되면 농업에 관련된 생산의례가 차츰 많아진다. 옥수수 흙 북돋아주기 등의 농사일이 한창인 6~8월에는 의례가 뜸한 편이다. 앞에서도 말했듯이 산 살바도르 축일은 원래 8월 6일인데, 이때가 농번기이기 때문에 1월 셋째 주 일요일로 옮겨졌다. 최근에는 7월 초에 열리는 유아원, 유치원, 초·중·고 졸업식이 중요한 축제로 자리를 잡아가고 있다. 옥수수가 익어가는 9~10월에 마무리 생산의례가 열리고, 이는 11월 사자의 날로 이어지며, 마을의 가장 중요한 축제인 11월 30일 수호성인 축제 때 절정에 이른다. 12월은 추수의 계절이면서 동시에 의례의 계절이기도 하다. 우기를 전후로 한 농업 활동과 생산의례를 대신하여 성당을 중심으로 한 종교 및 마을의례가 활발하게 이루어진다.

마을의례뿐만 아니라 생산의례의 대부분도 가톨릭의 종교적 제의에 바탕을 두고 있다. 가톨릭 사회에서 나타나듯, 산 안드레스의 축제는 예수의 탄생을 기다리는 대림절(待臨節)·성탄절(La Navidad)과 예수의 부활을 기리는 사순절(四旬節, Cuarezma)·부활절(La Pascua)이라는 두 축을 중심으로 이루어진다.

사순절은 자신을 속죄하고 정화하며 예수의 부활을 준비하는 40여 일의 기간을 뜻한다. 예수 부활 대축일이 음력 날짜로 계산되는 이동축일이기 때문에 사순절의 시작일인 '재의 수요일'도 해마다 달라져 빠르면 2월 4일, 늦으면 3월 10일이 된다.[25] 사순절의 정점은 예수의 수난과 죽음을 기리는 마지막 주간, 이른바 성주간(Semana Santa)이다. 성주간은 곧바로 예수 부활 대축일로 연결되는데, 이 시기에 가톨릭 전례주년(교회력) 가운데 가장 중요한 의례와 축제가 벌어진다.

대림절은 예수의 도착을 기다린다는 뜻으로 곧 성탄절을 준비하는 기간을 말하며, 대림 1주일부터 12월 24일을 포함하는 4주간이다.

대림 시기는 성탄절인 12월 25일이 무슨 요일이 되느냐에 따라서 빠르면 11월 27일, 늦으면 12월 3일부터 시작된다. 대림 시기는 한 해의 전례주년을 시작하는 절기이기 때문에 교회 달력으로 보면 새해의 시작이다.[26] 이 시기에 산 안드레스 마을의 축제는 수호성인 축제, 성모 과달루뻬 축일, 뽀사다와 성탄절, 동방박사의 날, 산 살바도르 축제 그리고 성모 깐델라리아 축제 등으로 이어진다. 산 안드레스와 산 살바도르 수호성인 축제는 대림 시기 축제력에서 비롯된 것이 아니어서 그런지 제의적 성격이 크지는 않다.

사순절과 대림절·성탄절 사이의 시기는 멕시코의 옥수수 생산주기가 맞물리면서 독특한 생산의례를 만들어 낸다. 멕시코는 건기와 우기가 뚜렷한 기후대로 농사는 우기에만 이루어진다. 우연히도 우기가 사순절과 대림절·성탄절 사이에 위치하므로 옥수수 농사와 관련된 원주민의 전통의례도 자유롭게 행해질 수 있는 여지가 있었다. 물론 이는 전통의례가 가톨릭 종교로부터 자유롭다는 것을 뜻하지는 않는다. 오히려 전통적인 생산의례는 가톨릭의 성인들과 결합하면서 가톨릭의 신성성을 획득하였다. 이렇게 마을의례와 생산의례가 맞물려 가면서 1년 축제력을 구성하고 있다.

최근 들어 농업에 종사하는 농민 수의 감소, 기계화 등에 따른 생산과정의 변화로 생산의례가 줄어들고 있다. 이를 대신하여 멕시코 국민주의의 산물인 독립기념일 등의 국가의례들이 차츰 확대되고 있다.

1 Redfield, Robert, 1930, *Tepoztlan, a Mexican Village*, Chicago: University of Chicago Press, p.57.

2 Kim Lim, Segun, 1999, *El cambio, sus características y el ecosistema en un pueblo campesino mexicano*, la tesis de dectorado en antropología, Universidad Nacional Autónoma de México.

3 Lomnitz-Adler, Claudio, 1982, *Evolución de una sociedad rural*, México: Fondo de Cultura Económica, p.215.

4 Redfield, Robert, 1930, *Tepoztlan, a Mexican Village*, Chicago: University of Chicago Press, p. 28.

5 위의 책, p. 109.

6 Lomnitz-Adler, Claudio, 1982, *Evolución de una sociedad rural*, México: Fondo de Cultura Económica, p. 97.

7 Varela, Roberto, 1984, *Expansión de sistemas y relaciones de poder*, Universidad Autónoma Metropolitana, p. 91~93 참조.

8 김세건, 2000c, 〈북을 향하여: 멕시코 농민들의 미국, 캐나다로의 일시이민과 사회문화적 변동의 제양상〉, 《한국사회과학》 22권 2호.

9 Lomnitz-Adler, Claudio, 1982, *Evolución de una sociedad rural*, México: Fondo de Cultura Económica, p. 116~117.

10 Kim Lim, Segun, 1999, *El cambio, sus características y el ecosistema en un pueblo campesino mexicano*, la tesis de dectorado en antropología, Universidad Nacional Autónoma de México.

11 Echeverría, Eugenia, 1994, *Tepoztlán, ¡Qué viva la fiesta!*, Dirrección General de Culturas populares Unidad Regional Morelos, p. 90.

12 Redfield, Robert, 1930, *Tepoztlán, a Mexican Village*, Chicago: University of Chicago Press, p. 28.

13 De la Peña, Guillermo, *Herederos de promesas: Agricultura, política y ritual en los altos de Morelos*, México: La Casa Chata, p. 73~74.

14 Echeverría, Eugenia, 1994, *Tepoztlán, ¡Qué viva la fiesta!*, Dirrección General de Culturas populares Unidad Regional Morelos, p. 110~111 참조.

15 Medina, Andrés, 1996, "Prólogo", en Leif Korsbaek, *Introducción al sistema de cargos*, México: Universidad Autónoma del Estados de México, p. 10.

16 주종택, 2005, 〈라틴아메리카〉, 오명석 외, 《세계의 풍속과 문화》, 한국방송통신대학교 출판부, 357쪽.

17 Adams Dennis, Philip, 1990, *Conflictos por tierras en el Valle de Oaxaca*, México: INI, p. 222 참조.

18 Cancian, Frank, 1965, *Economía y prestigio en una comunidad maya*, México: INI/CNCA.

19 Lewis, Oscar, 1976, *Tepoztlán: un pueblo de México*, México: Joaquín Mortiz, 이덕성 옮김, 1994, 《떼뽀스뜰란 마을: 멕시코 농민 문화》, 교문사, 117쪽.

20 크레머 마크 지음, 김경하 옮김, 2005, 《멕시코》, 도서출판 휘슬러, 34쪽.

21 Krauze, Enrique, 1997, *Biografía del poder*, Ray-Gude Mertin, 이성형 옮김, 2005,《멕시코혁명과 영웅들》, 까치, 268쪽.

22 Echeverría, Eugenia, 1994, *Tepoztlán, ¡Qué viva la fiesta!*, Dirrección General de Culturas populares Unidad Regional Morelos, p. 106.

23 Lewis, Oscar, 1976, *Tepoztlán: un pueblo de México*, México: Joaquín Mortiz, 이덕성 옮김, 1994, 《떼뽀스뜰란 마을: 멕시코 농민 문화》, 교문사, 117쪽.

24 Wolf, Eric, 1959, *Suns of the Shaking earth*, University of Chicago, p. 216.

25 안문기, 2008, 《은혜로운 계절 축제》, 가톨릭출판사, 107쪽.

26 위의 책, 13~14쪽.

3장

세시풍속 : 내세와 현세 사이에서

1. 새해를 맞이하며

　새해(El año nuevo)! 어느 사회에나 시간을 측정하는 것은 중요한 일이고, 그 가운데 시간의 시작과 끝은 남다른 의미를 가지고 있다. 이런 측면에서 본다면, 송구영신(送舊迎新), 묵은 해를 보내고 새로운 해를 맞이하는 자세는 어떤 사회나 큰 차이가 없을 것이다. 다만 사회마다 시기와 방법이 다를 뿐이며, 그 다름이 문화일 것이다.

　시간은 보편적으로 해·달·별 그리고 땅의 운동에 바탕을 두고 있으며, 이에 따른 시간의 구성을 체계화한 것이 달력이다. 많은 문화들은 자신들만의 달력을 가지고 있었다. 예를 들어 멕시코의 원주민 아스떼까 사람들은 두 유형, 260일의 의례력과 365일의 일상력을 가지고 있었다. '또날라마뜰(*Tonalámatl*)'이라고 하는 의례력은 20진법의 20일과 1부터 13까지의 조합에 따라 260일로 구성된다. '시우뜰라뽀우알리(*Xiutlapohualli*)'라고 하는 일상력은 1년이 18개월이고 1개월이 20일로 구성되어 있는데, 여기에 5일의 공일이 더해져 총 365일이다. 두 달력은 52년마다 일치하는데, 한국 60진법의 회갑과 비슷하다. 또한 아스떼까 시대에 새해의 첫날인 설날은 오늘날의 2월 2일이었다. 이날 아스떼까 사람들은 비의 신 뜰랄록(*Tláloc*), 비의 여신 찰치우뜰리꾸에(*Chalchiuhtlícue*), 바람과 옥수수의 신 께짤꼬아뜰(*Quetzalcóatl*) 등에게 의례를 올렸다. 더욱이 산의 정상 등 여러 장소에서 비와 물이 풍부한 좋은 시절을 기원하며 어린이의 심장을 바치는 희생공희를 하였다.[1] 한마디로 아스떼까 사람들은 봄의 길목에서 일 년 동안 이어졌던 세속의 시간으로부터 벗어나 성스러운 시간이 존재하는 신의 세계로 들어가서 그들과 대화하며 새해를 열었다.

아스떼까 사람들의 신년의례는 스페인이 들어오면서 2월 2일 성모 깐델라리아 축일과 결합되었다. 그리고 새해의 시작은 1월 1일*로 바뀌었다. 물론 정복과 함께 1월 1일의 신년의례가 원주민 사회에 정착한 것은 아니며, 시간이 흐르면서 조금씩 바뀌었을 것이다. 멕시코에서 1545년에 1월 1일을 설날로 인정하는 사람이 있었으며, 19세기에 이르러 신년 의례가 구체화되었다고 한다.[2] 오늘날 산 안드레스에서 '1월 1일이 설날이다'라는 점을 의심하는 사람은 아무도 없다.

멕시코에서 가장 큰 명절인 성탄절이 되면 외지에 나가 있는 가족들은 고향으로 돌아온다. 이른바 성탄절 휴가철이다. 더욱이 미국과 캐나다 등지로 일하러 갔던 사람들이 성탄절 전에 돌아오기 때문에 연말연시에는 마을이 활기차다. 성탄절 휴가는 보통 다음해 1월 6일 동방박사의 날까지 이어진다. 바쁜 일이 있어서 동방박사의 날까지 머무

---

* 1월은 야누스(Janus)의 달이었다. 고대 로마의 신 야누스는 1년, 계절, 나이, 시간의 주관자이며 앞뒤로 두 개의 머리를 가졌다. 그는 집이나 도시의 출입구 등 주로 문을 지켰다. 문은 시작을 뜻하기 때문에 야누스는 모든 사물의 출발점을 관장하는 신이었다. 두 개의 얼굴은 앞과 뒤, 시작과 끝, 과거와 미래를 함께 바라보는 눈을 뜻하였다. 로마제국에서도 원래 1월 1일이 새해 첫날이 아니었고, 3월 1일이 한 해를 시작하는 국민 축제일이었다. 그런데 기원전 153년 무렵 황제 율리오가 새해의 첫날을 1월 1일로 앞당겼다. 그리고 성대한 의식과 헌납, 연회, 상호 방문, 새해 선물 교환이 행해졌다. 외교 사절들은 신년의 외교 관계를 협의하고, 1월 3일에 황제를 알현하여 신년 축하 인사를 하였다. 오늘날에도 이 신년 하례가 각국 정부에서 계승되고 있다. 교황 그레고리오 13세는 1582년 율리우스력을 개정하여 현행의 태양력을 도입하였고, 1691년 교황 인노첸시오 12세는 1월 1일이 국제적으로 새해의 첫날임을 공인하였다(안문기, 2008, 《은혜로운 계절 축제》, 가톨릭출판사, 87~88쪽 참조).

102

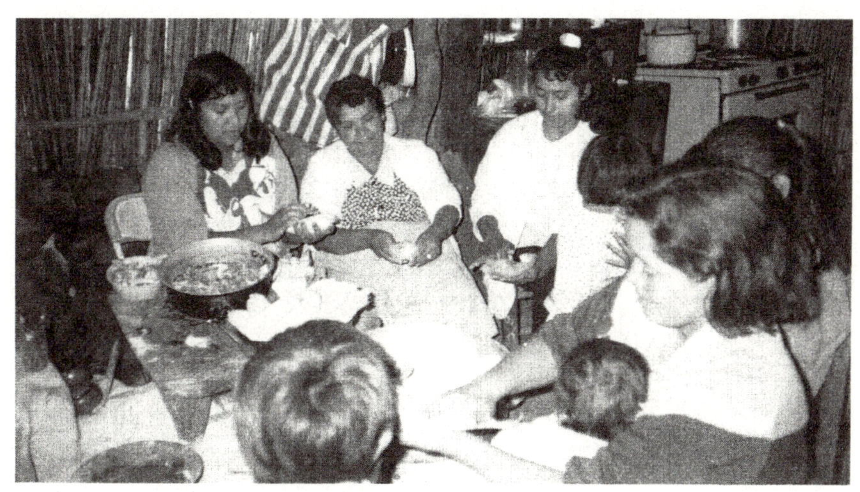

12월 31일 저녁에 새해 첫 음식 따말을 준비하는 모습(1995년)

르지 못한다 할지라도, 가능하면 새해 첫날은 고향에서 맞이한다.

12월 31일이 되면 집집마다 가족들이 옹기종기 모여 새해에, 정확하게 말하면 새해를 알리는 타종이 끝난 뒤에 먹을 음식을 장만하느라 정신이 없다. 새해 음식은 따말(tamal), 뽀솔레 등의 전통 음식부터 비스떽(bistec : 소고기 구이) 등의 현대 음식까지 매우 다양하다. 물론 아이들도 잠을 자지 않고 음식 만드는 일을 돕거나 즐겁게 뛰어논다. 이때 선물을 주고받기도 한다. 멕시코시티 등의 도시에서는 색깔 있는 팬티를 선물하기도 한다. 필자는 멕시코로 유학 온 첫 해인 1993년 연말에 멕시코시티의 자취집 주인 호르헤(Jorge Zepeda)로부터 빨간색 팬티를 받고 '당황'했던 기억이 아직까지 생생하다. 조금 장난기가 있는 40대 후반의 호르헤는 빨간색 팬티를 필자에게 건네며 사랑이 충만한 새해가 되라고 하였다. 이처럼 멕시코 사람들은 빨간색에 사랑, 노랑색에 돈, 초록색에 건강 등의 소망을 담아 선물한다. 산 안드레스에서는 팬티 선물이 그리 일반적이지 않다.

산 안드레스가 가톨릭 사회인 만큼 새해는 교회에서 시작된다. 주민들 가운데 일부는 교회에서 기도를 드리며 새해를 맞이한다. 2005년 연말연시의 풍경을 보고자 필자는 12월 31일에 산 안드레스에 도착하여 이 집 저 집을 돌며 인사를 하고 다녔다. 그러다 한 해 마지막 날의 교회 풍경을 보고자 밤 11시 20분쯤에 성당으로 향했다. 산 안드레스 성당에서는 오랫동안 마요르도모였던 돈 시릴로(Don Cirilo)와 현 마요르도모인 돈 빠울리노(Don Paulino) 등이 종을 울리기 위해 대기하고 있었다. 한국에서는 서울 보신각 종소리가 새해를 알리지만, 이곳에서는 마을의 주 성당인 산 안드레스 성당의 종소리가 새해를 연다. 아마 저 성당의 종은 몇 백 년 동안 산 안드레스 사람들에게 새해를 선물해왔을 것이다. 필자는 수호성인 산 안드레스께 마을에 무사히 도착한 것에 대한 고마움의 인사를 드리고, 새해 기도회가 있는 산 살바도르 성당으로 발길을 돌렸다.

산 안드레스에는 그해의 마지막 날이 되면 한 해를 보내고 새로운 해를 맞이하는 미사 또는 기도회가 있다. 신부가 산 안드레스에서 미사를 집전하는 일은 매우 드물기 때문에 보통 마을의 레산데로가 기도회를 이끈다. 연말과 새해 때 기도회나 미사는 늘 산 살바도르 성당에서 열린다. 이는 산 안드레스 성당과 산 살바도르 성당 사이의 역할 분담에 따른 것이다. 예로 십자가의 날 등의 의례는 산 살바도르 성당, 이스까떼뻭 순례는 산 안드레스 성당의 마요르도모 주관 아래 행해진다. 이런 역할 분담이 언제부터 정해졌는지는 아무도 모른다. 늘 그랬던 것처럼 주민들은 아주 옛날부터 내려온 것이라고 말한다. 굳이 언제, 왜, 누가, 무엇 때문에 이런 역할 분담을 하게 되었는지에 대해 크게 중요하게 생각하지 않는다. 이런 것에 대한 의문과 물음은 인류학자의 몫일 것이다. 주민들은 일상처럼 그렇게 시간을 순례할 뿐이다.

2006년 산 살바도르 성당의 신년 기도회는 언제나 그러했던 것처럼 돈 살로메(Don Salomé)가 주도하였다. 기도회는 31일 밤 11시쯤부터 시작하여 새해 첫날 새벽 1시까지 이어졌다. 로사리오에는 10여 명의 사람들이 열심히 참여하고 있었다. 교회 밖에서도 약 10여 명이 빵과 커피를 마시며 이야기를 나누고 있었다. 참석자들에게 빵과 커피, 아똘레 등을 넉넉하게 제공하는 것이 마요르도모가 할 일이다. 12시가 다가오면 대부분의 사람들은 새해를 가족과 함께 맞이하고자 집으로 돌아가고 교회에는 레산데로, 마요르도모 등 일부의 사람만 남아 있는다. 사람들은 밤늦게까지 잠을 청하지 않고 거실에 모여 새해의 교회 종소리를 기다린다.

요즘 새해맞이에 빠지지 않는 것이 젊은이들의 음악과 춤이다. 12월 31일 저녁 9~11시쯤이면 몇몇 집으로 젊은이들이 삼삼오오 모여든다. 이들의 춤과 음악이 마을을 가득 채우며 새해 첫날을 기다린다. 물론 술도 빠지지 않는데, 대부분 맥주이지만 '꾸바 리브레(cuba libre : 럼주와 코카콜라로 만든 칵테일 일종)'와 떼낄라[tequila : 용설란(maguey)으로 빚은 멕시코의 전통 술]가 곁들어지기도 한다. 2006년 새해맞이 때의 일이다. 꾸에르나바까 교육대학 1학년인 벤하민(Benjamín)의 집에서 젊은 친구들이 모여 새해를 맞이한다고 하여, 그 모습을 보고자 자정이 다가올 무렵 그의 집으로 갔다. 그런데 집이 너무 조용하여 이상하였다. 알고 보니 이는 술 때문이었다. 몇 명이 일찍 모여 춤판이 벌어지길 기다리다가 술을 마시기 시작하였는데, 중학교 3학년생인 베로니까(Verónica)가 빈속에 맥주와 떼낄라를 거푸 마시다가 인사불성이 되었다. 함께 술을 마신 네 명의 친구들이 걱정스럽게 앉아 있었다. 베로니까는 죽겠다고 소리치고 때로 남자 친구의 이름을 부르며 횡설수설하였다. 베로니까의 술주정을 듣고 있는데 종소리가 울렸다. 그리고 폭죽 소리가 요란하게 들렸다. 새해이다. 이렇게 술에 취해 흔들리는 산 안드레스 젊은이들과 함께 2006년이 시작되었다.

12시가 되면 마을 수호성인 산 안드레스 교회의 종소리가 열두 번울린다. 사람들은 열두 번의 종소리에 맞춰 건강과 행운을 기원하며청포도 열두 알을 먹기도 한다. 종소리가 끝난 뒤 폭죽 소리가 산 안드레스 마을을 가득 채운다. 사람들은 서로 포옹하며, "행복한 새해(el feliz año nuevo o felicidades)"라는 인사말을 건넨다. 한 해의 순간에서 가장 행복하고 진정한 목소리로 말이다. 그리고 가족들은 함께모여 준비한 음식을 먹는다. 이렇게 새해가 시작된다.

새해 아침에는 산 살바도르 성당에서 미사가 있다. 신부의 일정에따라 미사 시간이 바뀌지만, 미사는 보통 10시 또는 11시 무렵에 시작된다. 2006년 새해 미사는 11시부터 시작되었다. 서로 포개어 앉아도 한 20명 정도만 겨우 앉을 만큼 비좁은 산 살바도르 성당의 안은 말할 것도 없고, 성당 밖에도 20~30명의 사람들이 앉아 있었다.역시 미국과 캐나다로 일을 하러 갔다가 돌아온 사람들이 많아서 그런지 마을도 교회도 그리고 사람들도 모두 생기가 넘쳤다.

농민들은 신년 초기의 기후를 통해 새해 1년 동안의 날씨를 예측하기도 하는데, 이를 '까바뉴엘라(cabañuela)'라고 한다. 1일부터 12일까지, 각 하루는 1년의 12달에 해당한다. 즉 1월 8일은 8월을 상징하며,이날 아침에 구름 많이 끼었다면 8월 초순에 구름이 끼거나 비가 올 것이라고 추측한다. 주민들은 할아버지들이 구름 모양, 색깔, 흐름 등을정확하고 세밀하게 읽으며 그해의 농사를 대비했는데, 요즘 사람들은 하늘을 보며 그냥 까바뉴엘라 시늉만 낸다고 하였다. 물론 까바뉴

산 살바도르 성당의 새해 첫 미사(2006년)

엘라 시늉을 낼 수 있는 사람도 많지 않다. 하긴 매일 실시간으로 기상예보를 해 주는 과학의 시대에 애써 하늘을 쳐다보고 날씨를 예측 할 필요가 있겠는가? 게다가 최첨단 과학기구도 정확하게 예측하기 힘든 기상을 한 인간이 경험과 지혜를 통해 그것도 몇 달 뒤의 날씨를 예측한다는 것이 가당한 소리인가? 하늘을 바라볼 일도 많지 않은 세상사처럼, 우리는 자연 그리고 오랫동안 쌓아 온 전통문화와 소통하는 기회도 점점 잃어가고 있는지 모르겠다.

2. 동방박사 축일

  1월 6일은 가스빠르(Gaspar), 멜초르(Melchor), 살라사르(Salazar) 등 세 명의 동방박사가 예수 탄생을 축하하고자 방문하였던 것을 기리는 동방박사의 날(los Reyes Magos), 이른바 '예수공현절'이다.* 동방교회에서는 동방박사들에게 경배를 받은 이날 예수가 이방인에게까지 구세주로 나타났다고 하여 성탄절보다 더 큰 축제, 이른바 예수 공현 대축일을 지낸다. 일반적으로 동방박사의 날은 성탄 시기의 마지막 날로, 멕시코에서도 크리스마스 방학은 동방박사의 날을 기준으로 끝이 난다.

  동방박사의 날은 전날 로스까(rosca de reyes) 빵을 먹는 것으로부터 시작된다. 로스까는 도너츠처럼 가운데 부분이 비어 있는 둥그런 꽈배기 모양의 빵이다. 로스까 빵 안에는 이른바 무녜끼또(muñequito : 인형)라고 불리는 몇 개의 아기 예수 인형이 숨어 있다. 무녜끼또의 크기는 손가락 두 마디 정도이며, 도자기나 플라스틱으로 만들어진다. 보통 10여 명이 먹을 수 있는 로스까에는 3~4개 정도의 이 인형이 있다. 가정마다 동방박사의 날을 하루 앞둔 저녁에 빵집에서 가족

* 동방교회는 300년 무렵 로마교회보다 먼저(2세기) 1월 6일을 성탄 축일로 정했다. 이때 세 가지의 축제 의미가 있었는데 첫째는 예수 탄생, 둘째는 동방박사의 방문, 셋째는 예수의 세례 기념이다(안문기, 2008, 《은혜로운 계절 축제》, 가톨릭출판사, 99쪽 참조).

가족들이 모여 로스까를 하는 모습(2006년)

수에 맞는 크기의 로스까 빵을 사온다. 저녁에 온 가족이 식탁에 둘러앉아 아똘레, 커피, 초콜렛 등과 로스까 빵을 먹는다. 이때 저마다 자신이 원하는 로스까 빵의 일부분을 자른다. 자기가 자른 부분에서 아기 예수 인형을 찾아낸 사람은 올해 행운이 있다고 한다. 아기 예수를 만난 동방박사가 되는 것이다. 대신 그 대가로 아기 예수 인형을 찾아낸 사람은 2월 2일 성모 깐델라리아 날에 한턱을 내야 한다. 다시 말해 아기 예수 인형을 찾은 사람은 아똘레, 따말 등의 음식을 준비해 로스까를 한 집으로 가거나, 사람들을 집으로 초대해서 로스까를 함께 한 이들과 점심을 먹는다.

로스까는 직장에서도 많이 한다. 한 예로 초등학교 교사인 이달리아(Idalia)는 2006년 1월 6일 동방박사의 날 수업을 끝내고 직장 동료들과 함께 로스까를 하였다. 이 지역에서 초등학교 오전반은 8시에 수업을 시작해서 보통 오전 12시나 오후 1시쯤에 끝난다. 아기 예수

크리스마스트리에 걸려 있는 소원을 적은 편지와 동방박사를 위한 물 잔과
사탕들(2006년)

를 찾은 동료들은 성모 깐델라리아 축일에 동료들이 원하는 음식을 마련하기 위한 비용을 부담한다. 예로 동료들이 몰레를 원하면 몰레를 직접 하거나 사 먹는 비용을 다 부담하는 것이다. 물론 비용을 부담하기 원하지 않는 사람은 인형을 찾은 것을 감추기도 한다. 그렇지만 대부분은 인형을 찾으면 즐겁게 동료들에게 자랑한다. 이것을 하나의 축복이라고 생각하기 때문이다.

게다가 인형을 찾았다 할지라도 산 안드레스에 산다면 2월 2일에 한턱을 내는 것을 크게 걱정하지 않아도 된다. 바로 2월 2일은 성모 깐델라리아 축일로 이른바 니뇨 디오스(El Niño Dios : '아기 신'이라는 뜻으로 아기 예수를 말한다)의 날이기도 하여, 집의 제단에 아기 예수를 모시고 있는 집은 아기 예수의 의복을 마련해 오는 대부모와 방문객을 접대하고자 충분히 음식을 준비하기 때문이다. 산 안드레스에서 아기 예수를 모시지 않는 집은 거의 없다. 따라서 직장 동료들을 초대하여 동방박사의 날에 얻은 행운에 대해 한턱내는 것은 큰 고민거리가 아니다.

무엇보다 동방박사의 날은 어린이날(4월 30일), 성탄절과 더불어 어린이들에게 가장 즐거운 날이다. 이날 부모나 대부모는 어린 자녀들에게 그들이 원하는 선물을 주는데, 이는 멕시코적 풍습이라고 할 수 있다. 이 풍습은 세 명의 동방박사들이 예수의 탄생을 축하하며 황금, 유향(乳香), 몰약(沒藥) 세 가지 선물을 바쳤던 것에서 비롯되었다고 한다.

어린이들은 동방박사의 날 며칠 전이나 그 전날에 동방박사에게 자신이 원하는 선물을 편지에 적어 크리스마스트리에 꽂아 둔다. 그 옆에는 세 잔의 물과 약간의 과자를 놓는다. 먼 길을 오느라고 지치고 힘든 세 명의 동방박사들이 물 한 잔과 과자로 피로감을 잊으라는 어린이들의 예쁜 마음이 듬뿍 담겨 있다. 어린이들은 몇 번이나 편지가 잘 놓여 있는지 확인하고 동방박사가 선물을 가지고 오기만을 기다리며 들뜬 하루를 보낸다. 늘 그러하듯 동방박사도 산타클로스 할아버지처럼 아무도 깨어있지 않는 밤을 좋아한다. 그래서 어떤 아이들은 동방박사가 오는 것을 확인하기 위해 잠을 자지 않으려고 감기는 눈을 애써 비벼보기도 하고 부릅떠보기도 한다. 그러나 오는 잠을 어찌하랴! 어떤 어린이는 이른 새벽에 동방박사가 가져온 선물을 보려고 설렘을 안고 일찍 잠자리에 든다.

아이들의 설렘에 답하기 위해 부모들도 잠을 이루지 못한다. 미리 선물을 준비한 부모는 아이들에 대한 자신들의 바람이 적힌 편지와 함께 선물을 크리마스트리에 정성스럽게 놓아 둔다. 미리 선물을 준비하지 못한 부모들은 밤새도록 문을 여는 인근 도시의 가게에 가서 선물을 준비한다. 일 년 가운데 어린이 장난감이 가장 많이 팔리는 날이다. 일부 사람들은 대(代)자녀, 조카 등에게 선물하려고 밤늦게 그 집을 방문하기도 한다. 어린이들의 선물을 사거나 이 밤을 즐기기 위한 사람들의 행렬로 전국이 환하게 밤을 밝힌다. 부모들은 크리스마스트리 밑에 선물을 놓고, 동방박사들을 위해 아이들이 마련해 둔 물과 약간의 과자를 먹으며 아이들의 순수함에 환한 미소를 짓는다.

1월 6일의 아침은 빨리 온다. 동방박사가 선물을 가져오는 것을 보려고 눈을 비비다가 깜빡 잠이 들었던 아이들은 날이 새기도 전에 선물을 확인하고 형제자매, 친구들에게 자랑하러 다닌다. 카세트를 선물 받은 둘세(Dulce Fátima, 1996년생)는 친구들에게 음악을 들려주며 자랑하고, 자전거를 선물 받은 로만(Román, 1995년생)은 자전거에서 내려올 줄 모른다. 아이들에게 선물을 주는 것은 부모와 대부모로 한정되지 않는다. 무니시뻬오 자치단체장 등 행정기관장들

동방박사의 날 떼뽀스뜰란 무니시삐오 자치단체장과 그의 부인이 산 안드레
스 마을사무소에서 어린이들에게 선물을 나눠주는 모습(2006년)

도 이날 온 마을을 돌며 어린이들에게 선물을 나눠 준다. 잠시라도 주민들에게 뭔가를 시원스럽게 베푸는 동방박사 또는 부모와 대부모가 된다. 가부장적 권위주의에 바탕을 둔 멕시코의 정치문화를 잘 보여 준다.

산 안드레스 사람들은 동방박사의 날 점심 무렵이 되면 떼뽀스뜰란 읍의 로스 레예스 바리오(Barrio de los Reyes)에 놀러 간다. 동방박사들은 이 바리오의 수호성인으로, 동방박사들이 아기 예수를 찾아가는 과정 등의 행사가 벌어진다. 산 안드레스뿐만 아니라 떼뽀스뜰란과 주변 마을 사람들로 바리오가 가득 찬다. 축제는 일상의 사

1월 6일 저녁 무렵 떼뽀스뜰란 읍 로스 레예스 바리오 성당의 전경. 성당 입구 왼쪽에 세 명의 동방박사 상이 모셔져 있다(2006년)

회관계를 재확인하고 튼튼하게 다지는 계기이기도 하다. 산 안드레스 사람들은 로스 레예스 바리오에 살고 있는 친구, 친인척, 특히 대부모(代父母, padrino·madrina)와 공부모(共父母, compadres) 관계*에 있는 사람들의 집을 방문한다. 반대로 산 안드레스에서 축제가 열리면 로스 레예스 바리오 주민들이 방문한다. 로스 레예스 바리오의 모든 집, 특히 교회 마요르도모 집의 대문은 활짝 열려 있어 굳이 특별한 안면 관계가 없더라도 방문하여 접대를 받는 것이 전혀 이상하지 않다. 집 주인은 모든 방문객들에게 자신들이 준비한 음식을 정성껏

* 대부모와 공부모 관계에 대해서는 4장 2절에서 자세하게 다루었다.

114

대접한다. 축제가 열리는 떼뽀스뜰란의 어느 마을에서나 이런 모습을 쉽게 볼 수 있다. 이른바 떼뽀스뜰란의 접빈객(接賓客) 문화는 참으로 놀라울 정도이다. 어떻게 보면 축제 때 주변 사람들을 접대하기 위해 한 해 동안 저축하고 준비한다는 생각이 들 정도이다. 축제 음식은 주로 몰레, 따말, 뽀솔레 등이다. 몇몇 사람들은 가지고 간 용기에 남은 음식 또는 주인이 주는 음식을 담아오기도 한다. 산 안드레스 사람들은 로스 레예스 지인의 집을 나설 때 얼마 남지 않은 산 살바도르 축제에 그들을 초대하는 것을 잊지 않는다.

"산 살바도르 축제 때 꼭 오세요. 당신을 기다리고 있겠습니다."

3. 산 살바도르 축일

　산 살바도르 축제(San Salvador, 1월 셋째 주 일요일)는 산 안드레스 축제와 더불어 마을에서 가장 중요한 축제이다. 산 살바도르 성당은 마을의 주 성당이 아니다. 앞에서 말했듯이 이 성당은 본디 마을 수호성인 산 안드레스 성당을 보조하는 조그만 기도원이었는데, 기적이 있었다는 예수상을 모시면서 성당으로 증축되었다. 이에 대한 한 주민의 이야기이다. [3]

　옛날에 한 가족이 너무 오래되어서 낡고 썩은 산 살바도르 상을 고쳐줄 것을 목수에게 부탁하였다. 목수가 성상을 고치려고 하자, 그 성상은 목수가 자신을 만지는 것을 허락하지 않았다. 성상이 땀을 흘리며 스스로 자신을 말끔하게 고쳤다. 이후 이곳에 성당을 지어 예수상을 모시게 되었다.

　1860년 무렵 그리 크지 않은 돔 구조의 성당을 짓고 '우리들에게 신성한 구원자의 성당(el Templo de Nuestro Divino Salvador)'이라고 이름 지었다고 한다. 사실 산 살바도르 성당의 건립 이유를 전적으로 위의 이야기에서 찾을 수는 없다. 오히려 그 까닭을 산 안드레스 사회의 변화에서 찾는 것이 더욱 타당할 것 같다. 멕시코에서 성당은

116

산 살바도르 성당의 전경(1996년 1월 축제 미사 전)

지역공동체의 상징으로, 새로운 지역공동체가 형성되면 성당이 함께 세워진다. 19세기 중후반에 산 안드레스에 새로운 성당이 설립되었다는 것은 인구가 증가하면서 새로운 지역공동체가 형성되었을 가능성을 반영한다고 하겠다. 산 안드레스 인구는 1579년 235명에서 1890년 781명으로 늘어났다. 물론 새로운 지역공동체는 산 안드레스 마을(pueblo)의 하부 단위인 바리오 또는 꼴로니아 수준이었을 것으로 추측해볼 수 있다. 그러나 1910년 멕시코혁명이 일어나면서 산 안드레스의 인구는 절반 수준으로 급감하였다.

이처럼 산 살바도르 성당의 축제는 산 안드레스 성당의 축제에 견주어 훨씬 늦게 시작되었으며 규모도 작은 편이었다. 그렇지만 최근 들어 그 규모가 점점 커지고 있다. 이는 1990년대 후반부터 미국과 캐나다로의 계절 이주가 활발해지면서 나타나는 현상 가운데 하나이다. 3~6월에 미국과 캐나다로 일을 하러 갔던 100여 명이 넘는 마을 젊은이들이 11~12월에 마을로 돌아온다. 이들 대부분은 11월 30일 축제보다는 1월 축제에 참여할 수 있고, 이때 외국에서 일하며 쌓인 피로와 향수를 풀고 동시에 벌어 온 돈도 푼다.

산 살바도르의 축일은 본래 8월 6일이다. 그런데 이때가 한 해 농사를 결정지을 두 번째 또는 세 번째 흙 북돋아주기와 제초 작업이 한창 진행되는 시기이기 때문에 축제일을 1월 세 번째 일요일로 옮겼다고 한다. 언제부터 축제일을 변경하였는지는 알 수 없다. 다만 8월 6일에는 미사 또는 로사리오를 하고, 산 살바도르 성당의 부-마요르도모가 마을 사람들을 자신의 집으로 초대하여 몰레 등의 음식을 대접한다.

1월 축제는 떼뽀스뜰란 안의 각 마을의 교회 마요르도모와 주민들이 수호성인기(estandarte : 성당의 수호성인이 그려진 깃발)를 가지고 오면서부터 본격화된다. 보통 축제가 열리기 8일 전부터 한두 마을이 수호성인기를 모셔오고, 축제 이틀 전인 금요일에 모두가 함께 마을을 돌며 행진(procesión)한다. 이 행진 의례는 1996년 산 안드레스 수호성인 축제부터 시작되었는데, 차츰 산 살바도르 축제로까지 확대되었다.* 물론 떼뽀스뜰란 무니시뼤오 안에는 마을, 바리오, 꼴로니아 등 약 30개의 성당이 있는데 모두 다 모이는 것은 아니다. 떼뽀스뜰란에서 가장 크고 서열이 높은 교구성당인 라 나띠비닷 성당은 '위엄'(?)을 지키고자 참석하지 않는다. 그리고 다른 성당들도 여러 이유로 참석하지 않기도 한다. 더욱이 1월에는 떼뽀스뜰란의 바리오와 마을에서 축제가 많이 열려 참석률이 아주 높지는 않다. 예로 1월 6일 로스 레예스 바리오, 1월 12일 산또 도밍고 바리오와 산따 까따리나

---

* 이에 대한 자세한 내용은 3장 8절에서 다루었다.

마을, 1월 20일 산 세바스띠안 바리오 등에서 축제가 있다. 이 때문에 행진하는 당일에 수호성인기가 오기도 한다. 경우에 따라서 수호성인기를 가져오기로 약속을 해놓고 지키지 않는 경우도 때때로 일어난다. 무엇보다 다른 마을은 산 안드레스 수호성인 축제(11월 30일) 때 방문을 했기 때문에 1월 축제에는 오지 않기도 한다. 2006년 1월 축제의 행진에는 21개 성당의 수호성인기가 참여하였다.

각 마을의 교회 마요르도모는 마을 사람들과 함께 수호성인기, 꽃, 초 등을 가지고 산 안드레스 보건소 또는 마을사무소 앞에 도착한다. 산 살바도르 성당의 마요르도모는 다른 마을의 수호성인기가 올 때마다 산 살바도르 성인기와 꼬빨 향로를 가지고 그들이 도착한 곳까지 마중을 간다. 먼저 꼬빨 향로로 십자가를 그어 서로 정화한다. 다음 수호성인기를 마주하며 고개를 숙여 서로 인사하고, 교회까지 함께 행진한다. 방문한 수호성인기를 성당 안에 놓고 가져온 꽃과 초를 올린다. 그리고 마요르도모는 방문객을 자신의 집으로 모셔 식사와 음료를 대접한다. 이런 과정은 금요일 행진이 시작되는 순간까지 계속된다.

2006년 1월 축제 때 행진은 금요일 오후 5시쯤에 시작되었다. 행진이 시작되기 한 시간 전부터 폭죽 소리와 산 안드레스 성당의 종소리가 마을의 적막함을 깨뜨렸다. 행진이 곧 시작되니 성당으로 모이라는 신호이다. 다른 마을에서 온 마요르도모를 비롯한 사람들은 교회 마당에 모여 수호성인기를 점검하는 등 행진을 준비하고 있었다. 집 안에서 축제 준비로 여념이 없던 마을 사람들도 하나둘씩 초를 들고 교회로 모여든다. 다음은 2006년 1월 13일에 있었던 행진 풍경이다.

행렬은 꼬빨 향로를 앞세우고 양쪽에는 대형 촛대, 가운데는 십자가 그리고 뒤에 산 살바도르 성당에 모셔진 예수상을 4명의 젊은이들

떼뽀스뜰란의 마을들에서 온 수호성인기들이 모여 행진하는 모습(2006년)

이 짊어지고 행진을 한다. 1년 중 예수상이 유일하게 마을 밖으로 나가는 날이다. 양옆으로는 다른 마을과 바리오에서 온 수호성인기와 촛불을 든 사람들이 뒤따른다. 행렬의 마지막에는 악대와 폭죽을 쏘는 사람들이 따른다. 행렬은 마을사무소 방향으로 행진을 시작하여 갈레아나 → 레이바 → 빅또리아 → 마따모로스 → 아옌데 → 모렐로스 → 인데뻰덴시아 길로 온 마을을 돌고 교회로 돌아온다. 행렬은 찬송가를 부르고 기도문을 암송하며 행진하고, 마을의 곳곳에 마련된 제단에 멈춰 간단한 기도회를 갖는다. 제단은 보통 마을사무소 앞 십자가 탑, 레이바와 빅또리아 길이 만나는 돈 이뽈리또(Don Ipolito)의 집 앞, 빅또리아와 모렐로스 길이 만나는 지점에 있는 십자가 탑, 빅또

120

리아와 마따모로스 길이 만나는 지점의 십자가 탑, 마따모로스와 갈
레아나 길이 만나는 지점의 십자가 탑, 마따모로스와 아옌데 길이 만
나는 지점, 아옌데와 모렐로스 길이 만나는 지점의 앙헬(Angel) 집 앞,
모렐로스와 인데뻰덴시아 길이 만나는 지점의 호세피노(Josefino) 집앞
등에 마련되어 있다. 마을 전체가 성스러운 십자가 길로 변한다.

행렬이 제단에 가까이 오면 제단을 준비한 사람이 꼬빨 향로를 들
고 나와 십자가를 그으며 행렬을 맞이한다. 행렬은 예수상을 내려놓
고, 신부의 주도 아래 간단하게 기도를 한다. 행진하는 동안 행렬의
뒤에서는 쉬지 않고 폭죽을 계속 쏘아 올린다. 아직 날이 훤한 오후 5
시쯤에 교회를 나선 행렬은 어둠이 짙게 깔릴 무렵 교회로 다시 돌아
오는데, 보통 1시간 30분 정도 걸린다. 신부의 주도 아래 간단한 미사
가 행해진다. 행진 뒤 다시 산 살바도르 성당 안에 놓인 다른 마을의
수호성인기들은 보통 산 살바도르 축제가 끝나는 일요일까지 성당을
지킨다.

미사가 끝난 뒤에는 마을 사람들이 집에서 조금씩 마련해 온 음식
을 행진에 참여한 사람들에게 나누어 준다. 다른 마을에서 많은 사람
들이 오기 때문에, 교회 마요르도모는 마을 사람들에게 음식을 준비
해 줄 것을 부탁한다. 이것도 하나의 마을 부조로 약 30여 가족이 음
식을 준비해 왔다. 음식은 쉽게 먹을 수 있는 빵, 커피, 아똘레, 우유
밥(leche con arroz : 우유와 쌀을 함께 끓인 음식) 등이 주를 이룬다. 음식
을 먹은 사람들이 하나둘씩 돌아가고 행진은 끝이 난다. 이제부터 본
격적인 축제가 시작된다.

축제 동안 마을 중심가와 산 안드레스 성당의 마당에는 난장(feria)
이 선다. 음식·놀이기구(소형 바이킹, 박치기 차, 축구놀이 등)·장난
감·카세트테이프 등을 파는 상인들 대부분은 축제 등을 찾아다니는

장꾼들이고, 마을 주민 일부도 여기에 참여한다. 이들은 금요일 밤부터 자리를 잡기 시작하여 토요일이면 거의 모든 노점상들이 들어와 축제의 전야를 밝힌다. 마을에서는 자릿세를 받는데, 2006년에는 마을 상인과 외부 상인을 구분하지 않고 축제가 끝날 때까지 1㎡당 70뻬소를 받았다. 이따금 난장이 열릴 때 좋은 자리를 잡고자 상인들 사이에 실랑이가 벌어지기도 한다. 난장은 축제 당일 밤 절정에 이른다. 축제가 끝나면 대부분의 상인들은 다른 축제가 열리는 난장으로 이동하지만, 놀이기구와 몇몇의 먹거리 상인은 그 다음주 일요일까지 자리를 지킨다. 농촌 마을의 고요하고 적막했던 밤이 휘황찬란한 유흥지로 변한다.

축제 전날이 되면 마을은 축제 준비로 분주하다. 집집마다 손님을 맞이하려고 집 안을 청소하고 음식을 준비한다. 대표적인 축제 음식은 몰레 뽀블라노(mole poblano), 이른바 몰레 로호(mole rojo : 붉은 몰레)이다. 남자들은 몰레에 넣을 돼지·닭·칠면조(pavo) 등을 손수 잡기도 하는데, 축제를 앞두고 마을 곳곳에서 돼지나 닭을 잡는 소리를 들을 수 있다.

축제 전날 오후 6시쯤에 축제 음악을 담당할 밴드가 도착한다. 이들은 성당에 인사를 올린 뒤, 보통 생일 축하 노래 〈라스 마냐니따스(Las Mañanitas)〉 등을 연주하며 축제의 분위기를 돋운다. 저녁 7시쯤부터 여러 사람들의 쁘로메사(promesa)를 가져오면서 본격적인 축제가 시작된다. 앞에서 말했듯이 쁘로메사는 '약속'이라는 뜻으로 개인, 집단 또는 마을이 성당, 정확하게 말하면 성당의 수호성인 및 신과 행하는 하나의 대화이자 약속이다. 이 약속은 쌍방적인 것으로 신은 병으로부터 쾌유, 일의 성공 등을 돕고, 이에 대한 답례로 개인·집단·마을은 신에게 다양한 선물을 바친다. 쁘로메사는 마을의 주민

뿐만 아니라 다른 마을 사람도 가져온다. 따라서 해마다 쁘로메사의 내용은 많이 달라진다. 2006년 축제 때 외부에서 가져온 쁘로메사는 다음과 같다.

쁘로메사 가운데 가장 오래된 것은 꾸에르나바까의 차뿔떼뻭 마을에서 준비해 오는 꽃 대문(portada)이다. 이들의 쁘로메사는 할아버지 때부터 인연이 시작되었는데, 대를 이어 계속되고 있다. 원래 차뿔떼뻭 마을 사람들은 산 안드레스 수호성인 축제 때 오기 시작하였는데, 1986년부터 산 살바도르 성당에도 꽃 대문 쁘로메사를 해오기 시작하였다. 산 안드레스 성당과 산 살바도르 성당도 매년 차뿔테뻭 마을의 축제 때마다 쁘로메사를 가져간다. 차뿔떼뻭 사람들은 축제 전날 오후 4시 무렵 대문을 장식할 꽃을 가지고 마을에 도착한다. 성당에 인사를 드린 뒤, 한 해 동안 교회에 보관되어 있는 성당 안의 제단(capillo)과 입구를 장식할 꽃 대문의 틀을 가지고 작업할 집으로 간다. 해마다 마을 사람들이 돌아가며 이들에게 작업 장소와 음식을 제공한다. 차뿔떼뻭 마을 사람들이 준비한 꽃 대문은 쁘로메사의 처음과 마지막을 장식한다.

또 다른 중요한 외부 쁘로메사는 뿌에블라(Puebla) 주(州)의 산 안또니오 데 라 띠에라 꼴로라다(San Antonio de la Tierra Colorada, 이하 산 안또니오) 마을에서 가져온 것이다. 이들은 2006년 축제 때 마게이(maguey) 잎과 꽃으로 장식한 십자가를 가져왔다. 산 안또니오는 산 안드레스에서 차로 약 4~5시간 정도 걸리는 곳에 있다. 쁘로메사 행렬에는 30여 명의 사람들이 참여했는데, 이 가운데 20여 명은 뿌에블라 주의 산 안또니오에서 온 사람들이었고, 약 10여 명은 산 안드레스와 꾸아우뜰라 등 인근 지역에 살고 있는 산 안또니오 출신의 사람들이었다. 산 안또니오 사람들은 한참 토마토 재배가 활성

쁘로메사를 가져오는 모습(2006년)

화되었던 1970~1980년대에 산 안드레스로 일하러 왔다. 그 가운데 일부는 산 안드레스에 정착하였다. 이들 대부분은 마을의 호숫가 지역에 살고 있는데, 마을 사람들은 이곳을 '꼴로니아 뽀블라나(colonia poblana : 뿌에블라 사람들이 사는 곳)'라고 부른다. 산 안또니오 사람들은 2005년의 산 살바도르 축제 때부터 쁘로메사를 가져왔다. 산 안드레스와 산 살바도르 축제에 초대받아 오던 산 안또니오 마을 사람들이 쁘로메사를 가져오기로 의기투합하면서 시작되었다고 한다. 그리고 이에 대한 답으로 산 안드레스의 산 살바도르 성당도 뿌에블라 산 안토니오 마을의 수호성인 축제인 2005년 6월 3일에 처음으로 쁘로메사를 가져갔다고 한다.

이처럼 마을과 마을은 축제를 통하여 서로 의례적 관계를 형성한다. 이런 관계는 개인적인 관계에서 마을의 관계로 발전하기도 하고, 마을 간 관계가 개인 사이의 꼼빠드라스고(compadrazgo)* 관계로 발전하여 더욱 공고화되기도 한다. 이렇게 외부 마을에서 쁘로메사

* 이에 대해서는 4장 2절에서 자세히 설명하였다.

124

를 가져오면, 마요르도모는 마을 사람들에게 부탁하여 그들이 머물 숙소를 제공한다.

6시쯤 악대가 도착하면, 제일 먼저 밴드는 성당 안의 제단을 장식할 작은 꽃 대문을 가지러 간다. 꽃 대문이 세워지면 본격적으로 화환 등 쁘로메사를 가져오기 시작한다. 마요르도모와 밴드는 쁘로메사를 제공하는 집으로 찾아간다. 일반적으로 해마다 교회 입구를 장식할 꽃 대문, 교회 안을 장식할 꽃, 화환(régulo), 큰 꽃병(florero : 주석으로 만든 꽃꽂이용 대형 꽃병) 등이 쁘로메사의 기본이다. 화분에 있는 글라디올라 등의 꽃들은 성당을 찾는 사람들에게 선물로 한두 송이씩 나누어 준다. 그리고 해마다 특별하게 예수상 옷, 예수상 깃발 등이 쁘로메사로 제공되기도 하는데, 2006년에는 세례샘(pila del bautiso : 세례 때 사용하는 성수를 담는 용기)이 쁘로메사로 제공되었다. 쁘로메사를 가지러다니다 보면 축제 전날 밤이 다 지나간다.

2006년 축제 때 마르실리아노(Marciliano)가 10개의 화환을 제공하였다. 마르실리아노는 미초아깐 주(州) 출신으로 이곳에는 일하러 왔다. 마을에서도 열심히 일하는 친구로 소문이 자자하다. 이번에 땅을 사서 집도 지었다. 이번 산 살바도르 축제의 미사에서 그의 딸이 이웃 마을 산따 까따리나 출신의 남자와 결혼식을 올리기로 하여 쁘로메사를 하였다. 쁘로메사를 가지러 가면 집 주인은 악대와 사람들에게 빵과 커피를 대접한다. 쁘로메사를 교회에 모신 뒤 악대는 계속 다른 쁘로메사를 가져온다. 쁘로메사를 제공하는 집들이 서로 이웃하여 돌아가며 함께 가져오기도 한다. 마르실리아노의 집에서 쁘로메사를 가져온 뒤, 악대는 올림삐아(Olimpia)가 기부한 세례용 항아리(la jarra de bautizo), 도냐 후스띠나(Doña Justina) 가족이 제공한 대형 초 12개와 화환 2개를 함께 가져왔다. 다음에는 마요르도모 에

쁘로메사와 다른 마을 수호성인기들로 가득 찬 성당에서 기도하는 사람들(2006년)

라스모의 형 돈 마떼오(Don Mateo)가 가져온 대형 꽃병 6개, 두란 (Durán) 가족이 기부한 화환 10개 그리고 뿌에블라 주의 산 안토니오 마을에서 제공한 마게이 잎으로 장식한 십자가를 가져왔다. 마지막 으로 차뿔떼뻭이 성당 정면을 장식할 큰 꽃 대문을 가져왔다. 이렇게 교회 제단은 말할 필요도 없고 교회 밖까지 꽃으로 뒤덮였다.

쁘로메사를 모두 가져온 뒤, 마요르도모 집으로 알깐시아를 가지 러 갔다. 알깐시아는 해마다 1월 축제가 끝나면 그 다음주 일요일에 마요르도모 집으로 가게 되어 일 년 동안 마요르도모 집에 머무른다. 알깐시아를 교회로 가져와 제단의 제일 아랫부분 중앙에 놓으면 축 제를 위한 모든 준비가 끝난다. 알깐시아를 가져오면 보통 밤 12시가

126

마요르도모 집에서 알깐시아를 가져오는 모습(1997년)

된다. 2006년 1월 축제 때는 쁘로메사를 가져오는 것이 늦어져서 1시쯤에 알깐시아를 가져왔다.

한편 밤에 교회에서는 동굴기우제 제사장이기도 한 펠리뻬(Felipe)가 초대한 꼰체로(conchero : 이른바 전통 춤을 추는 사람들)들이 태양의 십자가를 세우는 의례를 밤새도록 진행하기도 한다. 그러나 2005년 11월 30일 산 안드레스 수호성인 축제와 1월 15일 산 살바도르 축제 때에는 이 의례를 행하지 않았다고 한다. 펠리뻬는 성원들이 바빠서 축제 전날 사람들을 모으지 못했다고 하였다. 대신 다음날 미사에 참여하고 하루 내내 교회 마당에서 전통 춤을 추었다.

다음날 아침이 되자 꼰체로들이 전통 복장을 하고 교회 마당에서 춤을 추었다. 남자들은 알몸에 짧은 팬티형 치마만을 걸쳤고, 여자는 하얀색의 원피스를 입었다. 머리에는 깃털을 꽂고, 발목에는 방울을 달았다. 큰 북을 중심으로 빙 둘러서서 북과 만돌리나(mandolina : 기타와 유사한 현악기) 장단에 맞춰 춤을 춘다. 꼰체로들의 춤추는 모습은 멕시코의 유명한 관광지나 고고학 유적지에서 흔히 볼 수 있다.

방문객들은 교회를 방문하고 상점과 놀이기구에서 시간을 보낸다. 미사는 축제 전날, 당일 그리고 다음날까지 3일 동안 진행된다. 미사 시간이 따로 정해져 있지 않고 대개 신부의 사정에 따라 달라지는데, 보통 11시와 1시 사이에 이루어진다. 미사에는 꼰체로들도 함께 한다. 꼰체로들은 미사가 시작되면 춤을 멈추고 자신들의 수호성인기를 앞세우고 고동 피리를 불며 등장해 신부의 미사 집전을 돕는다. 한마디로 오늘의 멕시코 가톨릭에서는 원주민 문화와 가톨릭 문화의 경계를 알 수 없다.

미사에서는 세례, 특히 성체례(primera comunión)와 견진례(confirmación)가 행해진다. 2005년 11월 30일 산 안드레스 수호성인 축제에는 20명의 어린이가 성체례를 하였고, 2006년 1월 15일 산 살바도르 축제 때에는 마르실리아노의 딸이 결혼하였으며, 멕시코시티에서 온 여자 어린이가 성체례를 하였다. 이 아이는 멕시코시티에 살고 있는데 산체스 가족과 친분이 있어 자주 놀러 왔고, 이곳이 좋아 산 살바도르 축제 때 성체례를 하였다. 이 아이의 대부모는 마을에서 알게 된 플로라(Flora) 부부였다. 또한 축제 미사에서 결혼식을 하는 것은 넉넉하지 않은 사람들이 경비를 절약하기 위한 경우가 대부분이다. 신혼부부 처지에서는 자신들이 오늘 미사의 주인공이 아니어서 서운하기도 하겠지만, 달리 생각해 보면 축제에 참석한 모든 사람들이 축복해 주는 결혼식이라는 점을 위안으로 삼을 수 있다. 미사가 끝나면 방문객들은 자신들의 친구, 대부모와 공부모의 집들을 방문하여 몰레 등으로 점심을 한다. 친구가 없는 사람들도 어느 집에나 들어가서 식사를 할 수 있고, 특히 마

산 살바도르 성당에서 전통춤을 추는 꼰체로들(2006년)

요르도모의 집은 마을 축제를 찾는 사람들에게 점심을 대접하는 것이 의무이다. 모든 집마다 방문객으로 넘쳐난다. 일부는 식사를 하고 통에 음식을 담아가기도 한다.

축제의 하이라이트는 까스띠요와 춤이다. 2006년 축제의 까스띠요 마요르도모인 사비노(Sabino)는 게레로 주의 딱스꼬에서 기술자를 데려왔다. 지난 일주일 동안 준비하였던 까스띠요 구조물을 오전부터 산 살바도르 성당의 마당에 성처럼 쌓았다. 밤 9시 무렵이 되자 까스띠요를 보려고 사람들이 모여들었다. 이들은 까스띠요를 중심으로 교회 마당과 길가에 자리를 잡았다. 2006년 축제 때 특이했던 것은 산 살바도르 성당 마당에 밴드를 위한 무대가 설치된 것이다.

현지연구를 하면서 필자는 성당 마당에서 춤추는 것을 본 적이 없었고, 그것은 당연한 금지 사항이라고 생각하였다. 그러나 이제는 이것도 하나의 '과거 전통'이 되어가는 것 같다. 하긴 교회 마당에서 난장을 열어 왔는데 춤판이 벌어진다고 크게 다를 바 없을 것이다.

폭죽놀이를 본격적으로 하기 전 음악과 춤으로 분위기를 띄우자, 춤을 좋아하는 사람들은 가만히 있지 않았다. 달아오른 분위기는 밤 10시 30분에 폭죽에 불이 붙으면서 폭발하였다. 까스띠요는 조금씩 타면서 다양한 모양을 만들었다. 멋있는 장면이 나오면 사람들이 환호성을 지르는데, 그날의 하이라이트는 둥그런 원 속에서 밝게 타오르며 주변을 환하게 비추는 십자가의 예수였다. 예수의 사랑이 사람들에게 전해지듯 불꽃들이 흩어져 내렸다. 주변의 나무, 건물 등지에 불꽃이 튀면서 가벼운 화재가 일어나기도 하였다. 이 모든 것이 축제의 한 장을 구성하였다. 까스띠요의 폭죽 무리가 하늘을 수놓고 사라지면 폭죽놀이는 막을 내렸다. 이 순간부터 본격적으로 까스띠요에 대한 품평회가 시작되었다. 올해는 작년보다 다양한 모양과 이벤트가 없었다고 말하였다. 마요로도모 사비노가 들으면 서운하겠다!

사람들은 축제의 환희와 아쉬움을 안고 하나둘씩 자리를 뜬다. 많은 사람들이 내일 일 때문에 집으로 발길을 돌리지만, 발길이 쉽게 떨어지지 않는다. 모든 사람들의 아쉬움을 어떻게 달랠까? 한편으로 산 안드레스 성당 마당을 중심으로 펼쳐진 난장을 돌아다니고 어린이들은 놀이기구를 타고 논다. 축제 기간에 2~3일 휴교하여 아이들은 다음날 일찍 일어날 필요가 없기에 마음껏 놀이기구를 즐긴다. 물론 돈이 문제이기는 하지만 말이다. 산 살바도르 축제는 늘 1월 셋째 주 일요일에 시작되기 때문에, 축제를 마음껏 즐기고자 산 안드레스에 있는 유아원·유치원·초등학교는 보통 화요일까지 휴교하고, 중

까스띠요를 설치하는 장면

까스띠요의 한 장면(2006년)

학교는 단축 수업을 한다.

다른 한편에는 사그라지는 축제의 불꽃을 살리기 위한 음악과 춤이 마련되어 있다. 비용이 비싸기 때문에 밴드나 그룹사운드가 없는 경우도 이따금 있다. 그러면 젊은이들이 대형 녹음기를 가져와서 춤의 향연을 연다. 물론 젊은이들만의 장이 아니다. 아이에서 부모까지 함께 즐긴다. 살사, 메렝게, 꿈비아 등 라틴 춤의 경연장이 된다. 필자도 함께 추자는 제안을 받지만, 스텝에 익숙하지 못해 파트너의 발을 밟는 경우가 종종 있어 거절을 하는 편이었다. 지금 생각해 보면 그때 멕시코 문화를 몸으로 느끼지 못한 점이 아쉽기만 하다. 춤과는 담을 쌓고 살아 온 내 굳어버린 허리를 어찌하랴!

2006년 1월 축제에는 두 개의 밴드와 한 개의 그룹사운드가 초대되었다. 이들의 무대는 산 살바도르 교회 안에 설치되었다. 그룹사운드는 똘루까(Toluca)에 살고 있는 도냐 후아나(Doña Juana)의 아들들이 쁘로메사로 데리고 왔다고 하였다. 밴드는 음악 마요르도모가 외부에서 불러와 축제 동안 모든 행사의 음악대 역할을 한 '라 끄리스딸'과 마을 청년들이 결성한 '로스 뻬스까도레스'이었다. 최근에 결성된 로스 뻬스까도레스 밴드의 연주 실력은 라 끄리스딸 밴드와 비교할 수 없을 정도로 매끄럽지 못하였다. 그렇지만 마을 사람들 앞에서 그동안 연습한 실력을 뽐내는 로스 뻬스까도레스의 젊은이들이나 그들의 연주에 맞추어 춤추는 마을 사람들 모두가 더할 나위 없이 흥겹기만 하였다. 조만간 이들이 마을의 축제와 의례를 책임질 것이다. 두 밴드와 그룹사운드가 번갈아 가며 음악을 연주하고, 사람들은 자연스럽게 춤을 추었다. 음악과 춤은 멕시코 축제의 기본이다. 그렇기 때문에 음악 마요르도모가 따로 있지 않은가? 음악이 흐르면 그렇게 축제의 밤도 흐른다. 그러나 이것이 축제의 끝이 아니다.

만약 하루 만에 축제가 끝이 난다면, 어찌 멕시코인들을 '빠창게로'라고 할 수 있겠는가?

이제 축제의 2부가 시작된다. 다음날에도 교회 종소리와 폭죽 소리가 꾸준히 사람들을 부른다. 하나는 마무리 미사를 알리는 소리이다. 어젯밤의 여진으로 미사에 참여하는 사람은 많지 않다. 대부분 사람들은 집에서 축제의 마무리를 하느라 정신이 없다. 손님을 맞이하고자 벌여 놓았던 식탁과 의자도 치워야 하고, 무엇보다도 설거지가 보통 일이 아니다.

또 다른 폭죽 소리는 축제의 2부를 알리는 소리이다. 점심때가 되면 지속적으로 폭죽이 하늘로 올라간다. 까스띠요 마요르도모가 마을 사람들을 점심에 초대하는 소리이다. 점심 메뉴는 정해져 있는데, 바로 쇠고기탕(caldo de res)이다. 전날 마요르도모는 식사 대접을 위해 소 한 마리를 잡았다. 언제부터 그리고 왜 점심을 초대했는지 어느 누구도 뚜렷하게 설명하지 못하지만, 이 의례는 농촌 생활의 한 축인 소와 깊은 관계가 있어 보인다. 점심을 먹으러 오면서 미처 그때까지 기부금을 내지 않은 사람들은 이때 기부금을 전달하기도 한다. 일부는 점심을 먹고 집으로 돌아가지만, 일부는 남아 술을 마시며 저녁을 기다린다. 축제를 갈무리하기 위해서 빼놓을 수 없는 '또리또(torito : 작은 소)'가 남아있기 때문이다. 또리또는 가느다란 나무로 만든 소 모형에 폭죽을 단 것이다.

해질 무렵이 되면 사람들은 또리또를 보고자 하나둘씩 까스띠요 마요르도모의 집으로 모여든다. 마요르도모는 이들에게 커피 또는 아똘레와 빵을 대접한다. 8시 정도가 되면 또리또의 서막이 오른다. 먼저 분위기를 띄우고자 또리또를 머리에 이고 밴드 음악에 맞춰 카니발에서 추는 브링꼬(brinco : '폴짝 뛰다'라는 뜻) 춤을 추며 마을 중

까스띠요 마요르도모가 기부금를 받기 위해 '꽃을 꽂은 병'과 수호성인 그림
이 놓인 책상에 앉아 있는 모습(2006년)

심가를 한 바퀴 돈다. 아직까지 집에 남아 있던 사람들도 서둘러 마
요르도모 집으로 온다. 마요르도모의 마당에서 한바탕 브링꼬 춤판
이 벌어진다. 브링꼬 춤으로 온 마을이 들썩거린다.

춤판이 무르익은 밤 10~11시 무렵이 되면 사람들은 오늘 태울 또
리또를 앞세우고 브링꼬 춤을 추며 교회로 향한다. 또리또는 보통 네
다섯 개가 준비되고, 축제 당일 까스띠요가 끝나고 한두 개의 또리또
를 미리 태워 다음날 또리또의 분위기를 고조시켜 놓기도 한다. 교회
에 도착하면 오늘 태울 모든 또리또를 성당 앞에 일렬로 놓고 간단한
기도를 드린다. 그리고 또리또가 본격적으로 시작된다. 한 사람이 또
리또를 머리에 이고, 또리또에 부착된 폭죽에 불을 붙인다. 그리고
이리저리 달린다. 사람들도 불붙은 폭죽덩어리 또리또를 피해 이리

또리또를 이고 산 살바도르 성당으로 향하는 사람들(2006년, 왼쪽)
불 붙은 또리또(1997년 산 안드레스 축제, 오른쪽)

저리 내달린다. 한마디로 인간 폭죽 또로(toro : 투우)인 것이다. 누가 오랫동안 또리또를 이고 달릴 수 있는지도 관심거리이다. 사실 또리또를 이고 다니는 사람은 폭죽 소리와 불꽃에 놀라 또리또를 계속 이고 달릴 수 없다. 어떤 경우에는 폭죽에 데여 또리또를 마당에 내팽개치기도 한다. 이렇게 또리또는 이 사람 저 사람으로 옮겨 다니며 교회 온 마당을 휘젓고 다니고, 달리는 사람의 움직임과 함께 폭죽 불꽃은 장관을 연출하기도 한다. 준비된 또리또가 다 타면 밤은 깊을 대로 깊어진다. 그러나 여전히 난장은 계속된다.

또리또가 끝나면 축제는 차츰 마무리 단계로 들어간다. 평일은 축제 마무리로 정신이 없고, 주말이 오면 마을은 다시 분주해진다. 토요일에는 축제 놀이판이 벌어지기도 한다. 대표적인 축제 놀이로는 하리뻬오(Jaripeo)와 닭싸움(plea de gallo)을 들 수 있다.

닭싸움은 아마 지구에서 인간이 고안한 동물 싸움 가운데 가장 오래되고 격정적인 싸움일 것이다. 그만큼 닭은 인간과 친밀하게 생활해 왔고 다양한 상징과 의미로 표현되었다. 이런 맥락에서 보면 인도네시아 발리 지역을 연구한 인류학자 클리포드 기어츠(Clifford Geertz)가 닭싸움을 발리 사람들이 정말로 어떤 사람인지 밝혀 주는 심층놀이라고 말한 점을 이해할 수 있을 것이다. 멕시코에서 닭싸움은 불법이지만 멕시코 사람들은 닭싸움을 전통놀이 가운데 하나로 여긴다. 큰 축제나 난장 등에서 닭싸움 또는 닭싸움을 알리는 전단지를 쉽게 볼 수 있다. 산 안드레스에도 축제 때면 심심치 않게 닭싸움 판이 벌어진다. 산 안드레스에서는 펠릭스(Félix), 아르뚜로(Arturo) 등의 두세 명의 청년들이 투계용 닭을 키운다. 이는 판매용이라기보다는 닭싸움 판에 직접 참여하기 위한 것이다. 투계용 닭은 일반 닭에 비해 좋은 먹이를 먹는 등 특별 대우를 받고, 또한 지속적으로 훈련을 받으며 전투적인 싸움닭이 된다.

닭싸움은 사람이 많이 모이는 산 안드레스 또는 산 살바도르 축제 당일 날 벌어지는 편인데, 축제 때마다 하는 것은 아니다. 이는 닭싸움에서 돈이 오가는 것이 불법이고, 무엇보다 마을 안에 사는 투계꾼은 두세 명 정도뿐이어서 이들만으로 닭싸움을 벌일 수 없기 때문이다. 닭싸움은 떼뽀스뜰란 읍, 산따 까따리나 등 인근 마을의 닭싸움꾼을 더하여 판이 구성될 때에만 가능하다. 닭싸움이 불법이지만 단속이 심한 것도 아니고, 사실 불미스러운 일만 없으면 문제될 것이 없다. 닭싸움은 단속을 피하고자(?) 조금은 외지고 넓은 마당이 있는 집에서 하기 때문에 마을의 외곽에 있는 집에서 주로 이루어진다. 그런데 2006년 산 살바도르 축제 때에는 산 안드레스 성당의 바로 옆에

닭싸움 장면(1998년)

있는 집에서 닭싸움이 벌어졌다.

닭싸움은 지름 4~5미터 정도의 울타리(palenque) 안에서 벌어진다. 싸우는 두 마리의 닭은 체중이 거의 비슷하다. 싸움을 시작하기 전 닭의 체중을 잰다. 그런 다음 닭의 두 엄지발가락에 날카로운 칼을 부착한다. 다양한 크기의 칼이 보관되어 있는 칼집에서 칼을 꺼내 부착하는 모습은 매우 긴장되고 때로는 엄숙해보이기도 한다. 칼을 붙인 뒤 주인들은 닭을 안고 울타리 안으로 들어서서 닭의 부리를 맞대어 간단하게 인사를 한다. 그리고 두 닭을 마주보도록 땅바닥에 놓으면서 게임이 시작된다. 닭싸움은 약 3분 동안 진행되는데, 닭이 큰 부상을 입어 거의 죽게 될 지경에 이르거나 셋을 셀 때까지 부리를 땅에 대고 있으면 게임이 종료된다. 닭싸움의 승리자는 1천 500 뻬소를 받는다고 하였다. 물론 구경꾼도 그냥 구경만 하지 않고 돈을 건다.

닭싸움이 공식적으로는 은밀하게 진행되는 놀이라면, 마을 축제에서 빠질 수 없는 공식적인 놀이는 하리뻬오, 즉 멕시코 로데오(rodeo)이다. 하리뻬오는 날뛰는 소 등에 올라타고 얼마나 오랫동안 버티는가를 겨루는 놀이다. 멕시코 하리뻬오는 우리에게 잘 알려진 미국 서부지역 로데오의 원조라고 할 수 있다. 하리뻬오는 스페인의 정복자들이 멕시코에 소와 말을 가지고 들어오면서 시작되었다고 한다. 특히 식민지 시기에 스페인 사람들은 멕시코 북부지역의 광활한 평원에서 소를 사육하며 정착하였다. 이곳에서 하리뻬오가 시작되었다고 한다. 그리고 19세기 텍사스, 뉴멕시코, 캘리포니아 등이 미국의 영토가 되면서 하리뻬오는 미국식 로데오가 되었다.

하리뻬오는 본디 멕시코 목축지대 목동들의 놀이이지만 농촌에서도 자주 행해진다. 산 안드레스는 옥수수 등의 농업이 주업이지만, 농민들 대부분은 소를 함께 키우고 있다. 산 안드레스에서는 한국과 달리 인근 야산 등에 방목한다. 한두 마리 소를 키우는 사람도 있지만 보통 소를 조금 키운다고 하는 사람들은 약 20~30마리, 많이 키우는 사람은 약 100마리까지 가지고 있다. 하리뻬오는 소와 함께 살아가는 농촌 사람들, 더욱이 젊은이들에게 자신의 남성성을 드러낼 수 있는 놀이다. 산 안드레스의 남자들도 하리뻬오를 하며 뭇 여성들에게 자신의 남성성을 뽐낸다. 그렇지만 하리뻬오에서 소를 잘 타면 찬사와 부러움의 대상이 되지만, 잘 타지 못하면 크게 다칠 수 있어 누구나 쉽게 할 수 있는 놀이는 아니다.

산 안드레스에서 하리뻬오는 보통 축제 당일에 열리기보다는 축제

하리뻬오를 하는 장면(2006년)

가 끝난 뒤, 특히 그 다음 주말에 열린다. 하리뻬오를 위해서는 소가 충분하게 제공되어야 하기 때문에 사정에 따라서는 하리뻬오가 빠지기도 한다. 2006년 축제에서는 하리뻬오가 1월 20일(금)부터 22일(일)까지 있었다. 예전에는 소를 키우는 마을 또는 외부 마을 사람들의 기부 등으로 마을 행사처럼 치렀는데, 요즘은 상업화가 되었다. 그래서 2006년 축제 때는 마을 출신으로 꾸에르나바까에 살고 있는 프란시스꼬(Francisco)가 하리뻬오를 조직하였다. 소도 프란시스꼬가 산 안드레스와 인근 마을의 목장주들로부터 임대해 왔다. 이렇게 상업화가 되다 보니 하리뻬오가 열리는 공간도 폐쇄적인 공간으로 바뀌어 입장료를 받았다. 2006년 입장료는 50뻬소였다. 하리뻬오는 주로 산 살바도르 성당과 맞닿아 있는 구역의 널따란 공터나, 인데뻰덴시아와 후아레스 길이 만나는 지점에 있는 빈 집터에서 열린다. 2006년에는 빈 집터에서 열렸다. 입장료를 받기 때문에 밖에서는 볼 수 없도록 양철로 둥그렇게 높은 울타리를 쳤다. 자본주의 시장경제로 진입해 갈수록 더불어 즐기는 축제 한마당의 의미도 퇴색하는 것 같아 쓸쓸하기만 하였다.

큰 울타리 밖에는 소를 모아둔 우리가 있다. 안으로 들어가면 가운데에는 둥그런 울타리가 있는데, 바로 이곳이 주경기장이다. 울타리 한쪽에는 소를 가두고 풀어주는 조그마한 우리가 있는데, 이곳에서 소가 나온다. 울타리 양쪽에는 관중석과 흥을 돋우는 밴드의 무대가 마련되어 있다. 먼저 하리뻬오를 할 소를 주경기장 옆에 있는 조그마한 우리에 가두고 몇몇 사람이 소의 몸통 앞부분을 빙 둘러 줄로 묶는다. 이때 사고를 미리 방지하고자 소뿔에 뚜껑을 씌운다. 뚜껑의 색상이 재미있는데, 멕시코 국기에 있는 녹색·흰색·빨간색 등이 주를 이룬다. 멕시코답다! 소가 흥분한 상태여서 줄을 묶는 일이 쉽지 않고, 줄이 조여짐에 따라 소는 더욱더 흥분을 참지 못한다. 준비가 끝나면 목이 긴 부츠와 깃이 달린 바지를 멋지게 차려입은 기수(騎手, jinete)가 관중들의 환호를 받으며 등장한다.

하리뻬오에 나가는 기수는 한두 명의 청년들을 제외하면 대부분 외지 사람들이다. 이들은 소를 한 번 타는 데 약 500뻬소를 받는다고 하였다. 기수가 묶인 줄을 잡고 소 등에 올라타자마자 우리의 문이 열리며 큰 울타리로 뛰어나간다. 그 상태에서 오랫동안 버티는 사람이 승자다. 그런데 기수 중 대부분은 우리에서 나오자마자 몇 초를 버티지 못하고 소 등에서 떨어진다. 이때 종종 큰 부상을 입기도 한다. 기수를 떨어뜨린 소는 울타리를 휘저으며 날뛰고, 이 소에 올가미 밧줄을 던져 잡는 모습이 또 하나의 볼거리이다. 흥분한 소가 지쳐 몸부림이 잠잠해질 때 소 등에서 손을 흔들며 내려오는 기수는 하리뻬오에 참가한 10~15명 가운데 2~3명을 넘지 않는다.

이런 놀이도 끝나면 축제도 서서히 끝을 향해 간다. 축제 당일로부터 8일째 되는 날 마요르도모가 축제를 위해 성당으로 모셔 갔던 알깐시아를 다시 집으로 모셔오는 것으로 축제는 끝이 난다. 이때 새 마요르도모가 나타나면 알깐시아를 새 마요르도모 집으로 모셔가기도 한다.

4. 성모 깐델라리아 축일

　2월 2일은 성모 깐델라리아(la Candelaria)를 기리는 축일이고, 또한 12월 초부터 계속되었던 대림절·성탄절 축제가 마무리되는 날이다. 예수가 탄생한 지 40일이 되는 이날은 성모 마리아가 아기 예수를 처음으로 성전(聖殿)에 봉헌하였다고 하여 '주님봉헌축일'이라고도 한다. 이 축일에는 빛으로 오신 예수를 상징하는 초를 축복하고, 촛불을 든 신자들이 행진하여 성당에 입장하는데, 이는 예수의 탄생을 다시 한 번 떠올리고 성탄 시기를 마친다는 점에서 중요하다.[4] 또한 성모 마리아의 정화(淨化)를 기념하여 촛불을 들고 행렬하기 때문에 '성촉절(聖燭節)'이라고도 한다. 깐델라리아의 어원은 '양초의 축제'라는 뜻의 라틴어 'Candelarum'에서 비롯되었다.[5] 유대교 풍습에 따르면 아이를 낳은 여성은 피가 순수하지 못하여 이를 깨끗하게 하는 기간이 필요하며, 이 기간에는 성상을 만질 수도 없고 성당에 갈 수도 없다. 정화의 기간은 남아를 낳으면 40일, 여아를 낳으면 80일이라고 한다.[6]

　깐델라리아는 15세기에 스페인령 까나리아(Canarias) 군도의 깐델라리아에서 발현한 성모이다.[7] 깐델라리아는 까나리아 군도뿐만 아니라 스페인이 지배했던 많은 지역에서 수호성녀로 모셔지고 있다. 물론 멕시코도 예외는 아니어서 전국에서 이와 관련한 크고 작은 축제들이 열린다. 멕시코에서 깐델라리아 축제는 식민지 초기부터 이뤄졌다고 한

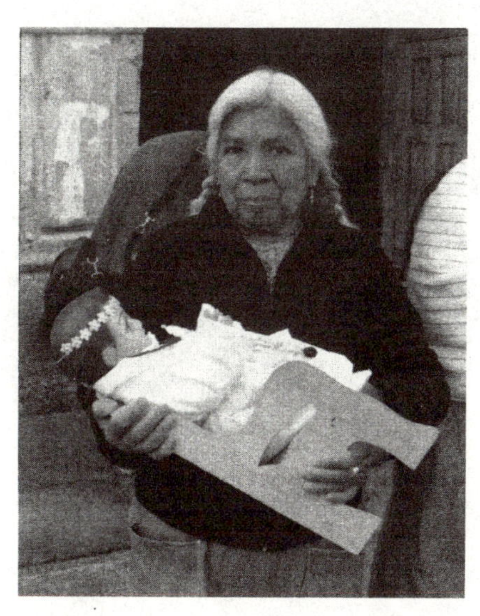

미사를 마치고 아기 예수를 안고 나오는 주민(2007년)

다. 특히 멕시코의 깐델라리아 축제는 아기 예수를 장식하고, 동방박사의 날 전야(前夜)에 했던 로스까와 관련하여 연회를 베푸는 등의 독특성을 지니고 있다.

12월 24일 저녁 성당에서 축복을 받은 뒤 40일 동안 여러 가정의 구유 속에 옷을 입지 않은 채 얇고 긴 색종이 등으로만 덮여 있던 아기 예수는 깐델라리아 축일에 비로소 새 옷을 입는다. 새 옷은 아기 예수의 대부모가 마련한다. 산 안드레스 사람들은 '니뇨 디오스(아기 예수)'의 대모나 대부로 젊은이를 선택하기도 하지만, 일반적으로 책임감이 있는 기혼 부부가 대부모가 되기를 원한다. 멕시코시티의 일부 지역에서는 동방박사의 날 때 로스까 빵에서 아기 예수 인형을 찾았던 사람이 대부모가 되기도 한다.

대부모는 2월 1일에 옷을 사오기도 하지만, 맞는 옷을 입히고자 아

기 예수를 떼뽀스뜰란, 꾸에르나바까 등 인근 도시에 있는 시장의 옷 가게로 데리고 가기도 한다. 보통 실크로 된 옷을 입히는데, 옷에는 대부모와 아기 예수의 주인 가족이 원하는 상징 무늬가 수놓아져 있다. 일반적으로 신성한 가슴의 예수(sagrado corázon de Jejús : 가슴에 빨간색 빛을 뜻하는 원형 무늬), 교황, 풍요의 아기 예수(El Niño Dios de la abundancia : 하얀색 옷) 등의 옷을 입히지만, 집에 환자가 있으면 의사복(醫師服)을 입히기도 한다. 아기 예수에게 옷을 입힌 뒤 상징에 맞는 양말, 신발, 지팡이, 모자, 바구니, 책, 청진기 등으로 장식한다. 그리고 아기 예수는 대부모의 집에서 하룻밤을 보낸다.

  다음날 산 안드레스 성당에서 열리는 미사에 아기 예수를 데리고
간다. 다시 말해 이날은 아기 예수가 탄생한 뒤 처음으로 성당에 가
는 날이다. 성당 안은 각 가정에서 데려온 아기 예수로 가득 찬다. 아
기 예수를 교회에 데리고 갈 때에는 쟁반(charola), 침대형 보금자리
등에 누이거나, 조그만 의자에 앉힌 채 데려오기도 한다. 어떤 사람
은 아기 예수를 모시는 첫 해에는 침대형 보금자리(con la cuña)에 누
인 채 미사에 데려가고, 이듬해부터는 아기 예수를 조그만 의자에 앉
힌 채로 데려간다고 하였다. 왼손으로는 아기 예수를 안고, 오른손으
로 촛불을 들고 미사에 참여한다. 미사 마지막에 신부는 성수로 모든

아기 예수를 축복한다.

이때 일부 농민은 올해 파종할 옥수수, 콩 등의 씨앗을 가져가 함께 축복 받기도 한다. 이때 축복 받은 씨앗을 잘 보관했다가 파종할 때 다른 씨앗과 섞어서 뿌린다. 한마디로 축복은 서로 섞임을 통해 커지는 것이다. 이날 씨앗 축복 의례를 하는 것은 아스떼까 전통에서 비롯된 것으로 추측된다. 앞에서 말한 것처럼 2월 2일은 아스떼까 달력으로 설날이다. 이날 원주민들은 비의 신 뜰랄록(*Tláloc*)과 비의 여신 찰치우뜰리꾸에(*Chalchiuhtlicue*) 등을 위한 희생공희 의례를 행하였는데, 이 신들은 농사와 가장 밀접한 관계를 맺고 있다. 이처럼 멕시코의 깐델라리아 축제는 가톨릭과 원주민 의례가 혼합된 모습을 띠고 있다.[8]

미사가 끝나면 대부모는 아기 예수를 주인집으로 데리고 가서 꼬빨 향로로 정화한다. 그리고 대부모를 시작으로 참석자들이 아기 예수의 발에 입을 맞춘 뒤, 아기 예수를 제단 위에 놓는다. 이때 일부 가정에서는 폭죽을 쏘아 올리기도 한다.

이날 대부모는 꽃, 초, 롬뽀뻬(rompope : 음료수 일종), 포도주, 땅콩, 떼낄라, 브랜디를 가지고 간다. 주인은 대부모와 참석자들을 위해 점심을 준비하는데, 보통 따말과 아똘레가 주로 나온다. 이는 아스떼까 사람들이 새해 첫날 비의 신에게 제의를 지내면서 따말과 아똘레를 제물로 바쳤던 것과 관련이 있다고 한다. 그리고 앞에서 말했듯이 이날에는 동방박사의 날 때 로스까 빵에서 아기 예수를 찾은 사람이 로스까에 참여했던 동료들을 초대하기도 한다. 축일이 끝나고 사람들은 아기 예수가 탄생한 구유를 장식했던 모든 물품들을 깨끗하게 정리하여 다음 성탄 의례를 위해 보관한다.

5. 가톨릭 의례의 정점: 성주간과 부활절

부활절은 가톨릭에서 성탄절과 함께 가장 중요한 의례이다. 부활절 의례는 멕시코 나아가 로마 가톨릭이 전파되어 있는 지구촌 곳곳에서 벌어진다. 이 시기에 열리는 카니발(Carnaval)*은 규모가 크고 화려한 축제로 브라질 리우데자네이루의 삼바 축제가 대표적이다. 떼뽀스뜰란 읍의 카니발도 인근 지역에서 꽤 알려져 있다. 비록 산 안드레스의 부활절은 떼뽀스뜰란 읍에 견줄 정도는 아니지만, 산 안드레스 사람들도 부활절을 그냥 넘길 수는 없다. 가톨릭에서 부활절만큼 중요한 의례가 어디 있겠는가? 단지 규모에서 차이가 날 뿐이지 부활절은 부활절이다.

부활절 의례는 사순절(Cuarezma)의 시작일인 재의 수요일(Miércoles de la ceniza)이 들어 있는 1금요일(1 viernes)로부터 부활 글로리아가 있는 7금요일(7 viernes)까지 이어진다. 7금요일은 부활 기간, 이른바 성

---

* 카니발의 어원으로 보통 세 가지가 전해진다. 첫째는 'carrus navalis', 즉 '배 마차'라는 뜻으로, 로마력을 기준으로 한 해의 맨 마지막 달인 2월에 로마에서 정화와 맹세의 의식에 사용되던 배 모양을 한 행렬의 마차에서 연유한 것이다. 둘째는 '고기를 걷어낸다'거나 '고기를 삼켜버린다'는 뜻으로 'carne(고기)'와 'leva(걷어낸다 또는 삼켜버린다)'의 합성어로 보는 것이다. 셋째는 '고기(caro)'로 '잔뜩 배를 불린다(valens)'는 뜻으로 해석하는 것이다(류정아, 2007, 《축제인류학》, 살림, 38쪽).

주간(Semana Santa)으로 가톨릭 종교력에서 가장 중요하게 여기는 때이다. 초·중·고등학교와 대학교는 6금요일부터 7금요일까지 약 2주일 동안 부활절 방학을 하고, 기업체 등에서도 7금요일의 1주일 또는 '부활(Pascua) 삼 일'인 목요일부터 토요일까지 휴가를 준다.

재의 수요일에는 그룹을 나누어 성당으로 들어가 이마에 속죄와 회개를 상징하는 재로 십자가를 그리고 축복을 받는다. 이때부터 사람들은 금욕생활을 하는데, 특히 금요일에는 이를 잘 지키려고 노력한다. 이런 금욕과 회개의 생활은 사순절의 마지막 주간인 성주간 때 절정에 이른다.

성주간은 라모의 일요일(Domingo de ramos)로 시작된다. 이날은 야자수(palma)·월계수·삼목(cedar) 잎을 축복하는데, 산 안드레스는 대부분 야자수를 사용한다. 사람들은 미리 마을 주변에 있는 꼬로나 산, 석회산 등에 가서 직접 야자수 잎을 가져온다. 그리고 야자수 잎을 가지고 자신이 원하는 십자가, 예수상 등의 모양을 만들기도 한다. 최근 들어 대부분의 사람들은 야자수 잎을 직접 채취하기보다는 마을이나 인근 지역의 시장에서 구입한다. 2007년에는 마을의 호세(José), 오스발도(Osvaldo) 등 몇 사람들이 산에서 채취한 야자수 잎으로 십자가, 예수상 등을 만들어 집집마다 돌아다니면서 모양에 따라 10~20뻬소에 팔았다.

사람들은 교회 미사에 야자수 잎을 가지고 가서 축복을 받는다. 사람들은 손에 야자수 잎을 들고 마을의 입구에 있는 보건소 앞에서부터 산 안드레스 성당까지 약 200미터를 행진한다. 행진 시각은 신부의 시간표에 따라 달라지지만, 보통 오전 10시 무렵에 시작한다. 앞에서는 꼬빨 향로와 십자가가 행렬을 이끌고, 한 손에는 야자수 잎, 한 손에는 촛불을 든 사람들이 길의 양쪽으로 서서 성당까지 엄숙하게 행진한다. 성당 마당을 한 바퀴 돈 뒤 성당 안으로 들어간다. 그리고 간단하게 미사를 드린다. 그런 다음 신부는 참가자들이 손에 들고 있는 야자수 잎 하나하나를 성수로 축복한다. 사람들은 축복받은 야자수 잎을 집으로 가지고 와서 제단에 놓아 두거나, 악귀 또는 '나쁜 바람'이 들어오는 것을 막고자 문이나 창문에 걸어 놓는다. 사람들은 축복받은 야자수 잎을 태풍, 특히 우박을 멈추는 데 사용한다. 태풍이 왔을 때 화덕에 야자수 잎을 넣거나 밖에서 태우면 태풍이 수그러든다고 믿는다.

성 화요일(Martes Santo)에는 최후의 만찬을 연다. 이때는 가능한 한 붉은 피가 선명한 소고기, 돼지고기 등의 음식은 피한다. 최후의 만찬뿐만 아니라 사순절 기간의 금요일마다 붉은색 고기를 먹지 않는다. 주로 생선, 레볼띠호(revoltijo : 새우와 선인장의 스튜 요리), 칠레 레예노 꼰 께소(chile relleno con queso : 치즈가 든 고추 요리), 감자 요리, 새우탕(caldo de camarón), 아바탕(caldo de haba : 아바는 콩의 종류), 아손끌레(azoncle), 선인장(nopal), 로메로(romero : 이 음식은 특히 마지막 금요일에 많이 먹는다) 등의 음식을 먹는다. 어쩔 수 없이 고기를 먹어야 하는 경우에는 까르네 블랑까(carne blanca), 이른바 '하얀 고기'인 닭고기를 먹는다. 이때는 생선 가격이 최고로 좋은 시기이다. 멕시코인들이 주로 먹는 고기를 먹을 수 없기 때문에 생선 가격이 폭등한다. 생선, 새우 등은 가격이 만만치 않기 때문에 대부분 사람들은 선인장 등의 야채를 많이 먹는다.

다음날 수요일부터 토요일까지는 금욕 기간이다. 하지만 실제로 금욕을 하는 사람은 거의 없다. 가능한 한 음식, 특히 술을 삼가고 행동거지를 조심한다. 아주 필요한 일 외에는 하지 않는다. 예전에는 남자는 산에 나무를 하러가지 않았으며, 여자는 빨래터에 빨래하러 가지 않았다고 한다. 물론 이 기간에는 놀이도 금지되며 폭죽 발사도 금지된다. 교회 종소리도 울리지 않으며, 대신 마뜨라까(matraca : 나무로 만든 딸랑이)가 울린다.

목요일에는 교회 제단을 월계수 잎과 삼다 잎으로 장식한다. 오렌지와 또롱하(toronja)에 금색·은색의 종이를 사각형으로 잘라 붙인 뒤, 그것을 제단에 가지런히 놓는다. 신부가 축복을 한 오렌지와 또롱하를 팔기도 하는데, 이 껍질들은 다양한 치료에 사용된다고 한다.[9] 그리고 '죽은 예수(El señor de Santo Entierro)' 상(像)을 교회 제단 앞에 옮겨 놓는다. 산또 엔띠에로는 부활절 의례에서 가장 중요한 성상으로서 월계관을 쓴 머리와 못이 박인 손과 발에서 피가 흐르는 모습으로 투명 유리관에 누워 있다. 평소 산또 엔띠에로는 교회의 한편에 놓여 있다가, 부활절에 교회 제단의 중앙에 놓이게 된다. 그리고 마을 사람들은 관에 손을 얹고 기도한다. 평상시에도 교회 한편에 놓인 산또 엔띠에로 관에 손을 얹고 기도하는 모습을 이따금 볼 수 있다.

금요일에는 예수상, 안드레스 성상 등 교회 안에 있는 모든 성상들에 수의를 입히고, 제단은 자주색 천으로 덮는다. 레드필드는 1920년대 후반 떼뽀스뜰란 읍내 라 나띠비닷 성당의 부활절 금요일의 모습을 다음과 같이 묘사하고 있다.[10] "교회의 한 면에는 3개의 특별한 상(象), 즉 자주색 수의를 입은 '죽은 예수', 십자가를 짊어진 예수(Tres Cáidos), 검은 옷을 입은 성모 마리아(La Virgen Dolorosa) 등을 전시한다. 이들 성상 앞에는 꼬빨 향로가 놓여 있고, 사람들은 이 상들 앞에 촛불을 켜고 기도를 한다. 하얀색 옷을 입고 하얀색 왕관을 쓴 여자 아이는 누워 있는 예수 앞에서 향로를 지킨다. 검은색 드레스를 입고 머리를 땋고 검은색 왕관을 쓴 4명의 여자 아이들은 성모 마리아를 돌본다. 이들은 성모 마리아를 돌보는 천사(anxeltin)

150

십자가를 지고 순례하는 모습(1996년)

들이다." 그러나 산 안드레스에서는 이런 모습을 볼 수 없다.

아침에는 예수가 십자가를 지고 골고다 언덕으로 향하는 것을 묘사한 십자가의 길(Vía Crucis) 행진이 있다. 마을의 젊은이들이 교회로 모여든다. 그리고 이들은 하얀색 옷에 보라색 띠를 두르고 두건을 쓴다. 혼자 십자가를 지고 갈 수 없기 때문에 네다섯 명 정도가 십자가를 지고 마을을 순례한다. 예전에는 일곱 곳(estaciones)을 거쳤는데, 2004년 무렵부터 좀더 교리에 맞게 열네 곳을 거친다고 한다. 마을 곳곳이 예수가 지나갔던 고난의 길을 상징하며 성스러운 공간이 된다. 중앙에 십자가를 진 예수가 길을 나서고, 뒤에는 신부와 사람들이 따라간다. 행진을 마친 뒤 교회로 돌아와 한편에 십자가를 세운다. 이곳이 골고다 언덕이다. 떼뽀스뜰란의 인근 지역인 오악스떼빽 같은 지역에서는 십자가에 예수상을 묶는 의례를 하기도 하고, 일부 지역에는 실제 젊은 사람을 십자가에 묶기도 한다. 산 안드레스에서는 십자가를 세울 뿐 예수상 또는 사람을 묶는 의례를 하지는 않는다.

저녁에는 '죽은 예수'의 순례가 있다. 십자가에서 '죽은 예수'를 모시는 의례이다. 1년 동안 성당 한편에 모셔져 있던 산또 엔띠에로 관을 지고 순례를 한다. 전에는 교회 마당의 네 귀퉁이를 정류지(estación)로 하여 순례를 하였으나, 2004년 무렵부터는 교회를 나와서 마을 전체를 돈다. 이때는 대부분 여성들이 촛불을 켜고 두 줄로 서서 관 뒤를 따르는데 말을 하면 안 된다. 순례의 길은 오전 십자가의 길에 비해 훨씬 짧다. 이는 예수관 자체가 너무 무겁기 때문이다. 다시 말해 산 안드레스 성당을 나선 행렬은 갈레아나 길 → 아유단떼 앞 십자가 탑 → 레이바 길 → 후아레스 길 → 인데뻰덴시아 길을 거쳐 산 안드레스 성당으로 돌아온다.

성 토요일(Sábado de Gloria)은 글로리아(gloria)의 날로 물과 새로운 불을 축복하는 의례를 한다. 예전에는 미사가 주로 정오에 이루어졌으나 1996년경부터는 밤에 드리기 시작하였다. 보통 신부의 사정에 따라 저녁 9시 또는 10시부터 시작하여 새벽 1시쯤에 끝이 난다. 2007년의 경우 글로리아 미사는 저녁 9시에 시작하였다. 그 시각이 될 무렵, 사람들은 초 또는 물을 가지고 산 살바도르 성당으로 모여든다. 교회의 마당에는 모닥불이 피워져 있다. 시간이 되면 사람들은 모닥불로 다가가 차례차례 자신들이 가져온 초에 불을 붙인다. 간단히 기도를 하고, 촛불을 들고 산 안드레스 성당으로 향한다. 이 불은 빛으로 오신 예수의 새로운 탄생을 뜻하며, 부활절 미사가 끝난 뒤

산 안드레스 성당의 마당에 행해지는 부활 미사 모습(2007년)

집으로 가져가 한 해를 밝힌다. 이 불을 가정의 제단 앞에 놓고, 되도록 다음 해 부활절까지 꺼뜨리지 않는 것이 원칙이다. 물론 화재 위험과 비용 때문에 이것을 지키는 사람이 많지는 않다. 하여튼 이 불은 예수의 부활을 뜻하고 나아가 사람들의 믿음을 새롭게 하는 매우 중요한 의례이다. 따라서 거의 모든 사람들이 이 의례에 참여한다. 촛불을 들고 가는 사람들은 대부분 여성들이고, 남자들은 성당 안팎에서 서성거리는 편이다. 이 모두를 헤아리면 150여 명은 족히 넘는다. 산 안드레스 성당 문의 앞에는 커다란 흰 천이 드리워져 있고, 다른 천에는 예수상이 그려져 걸려 있다. 사람들이 여기를 바라보고 둘러앉으면 본격적인 미사가 시작된다. 떼뽀스뜰란 교구 소속의 신부가 미사를 집전한다.

　　미사는 보통 부활의 시간인 12시까지 계속되었다. 이때 다양한 주

제의 대화가 이루어졌다. 2007년 미사에서는 증오, 불평등, 슬픔, 파괴, 욕심, 분열 등 죽음의 문화(Cultura del muerte)와 사랑, 평등, 기쁨, 공유, 단결 등 삶의 문화(Cultura de la Vida)에 대하여 이야기하였다. 11시 무렵이 되면 글로리아를 알리는 폭죽이 터지고, 성당의 큰 종과 작은 종이 울린다. 다시 대화가 지속되고, 12시쯤에 다시 폭죽을 쏘아 올리고 종을 울렸다. 미사를 마치고 신부는 모든 사람들이 가져온 촛불과 물을 축복하였다. 사람들은 저마다 새로운 불을 집으로 가져와 제단 앞에 놓고 1년을 보낼 것이다. 성수는 제단에 놓아두고 축복할 일이 있을 때 사용한다. 농사철에 파종할 씨앗을 축복할 때, 새 차를 샀거나, 새 집을 지었을 때, 제단에 놓아둔 성수 몇 방울을 다른 물에 섞어 축복한다.

부활 일요일(Domingo de Pascua)의 새벽은 폭죽 소리로 시작한다. 이날은 50여 일 동안 계속되었던 부활절 의례가 끝나는 날로 가장 바쁘다. 새벽 5시 30분쯤에 새벽의 고요를 깨뜨리는 폭죽 소리가 요란하다. 이 폭죽은 6시에 시작되는 산 안드레스 성당과 산 살바도르 성당 사이의 부활(Pascua) 의례를 알리는 신호이다. 6시가 다가오면 산 살바도르 성당 안은 사람들로 가득 찬다. 물론 글로리아 미사가 어제 밤늦게까지 진행되었기 때문에 참여하는 사람은 글로리아 미사와는 비교할 수 없을 정도로 적다. 먼저 온 사람들은 레산데로의 주도 아래 기도를 한다. 2007년 경우에는 레산데로 중 한 명이자 성당 마요르도모의 부인인 도냐 레오노르(Doña Leonor)가 돈 살로메를 대신하여 기도회를 이끌었다. 새벽 6시 무렵 산 안드레스 성당의 작은 종이 울리기 시작하였다. 종소리는 1분여 동안 이어졌다. 중간에 큰 종이 6번 울렸다.

종소리가 끝나면서, 30여 명에 이르는 사람들이 성당을 나섰다. 여

산 안드레스 성당과 산 살바도르 성당 사이의 부활 의례 모습(2007년)

성들은 성당으로 향하는 길의 양쪽에 나란히 서서 촛불을 들고 산 안드레스 성당을 향해 찬송가를 부르며 행진하였다. 행렬 뒷부분의 중앙에서는 성당의 마요르도모인 돈 엘페고가 1년 12달을 상징하는 큰 초 12개를 들고 행진하고, 마요르도모 양쪽으로는 부-마요르도모인 후안과 마요르도모의 큰 아들 엘페고 주니어가 제단을 장식할 글라디올라 6뭉치(gruesa : 뭉치, 1뭉치는 24송이)를 안고 뒤따라갔다. 글라디올라가 6뭉치인 것은 산 안드레스 성당 안에 모셔진 성인이 '산 안드레스, 성모 과달루뻬, 산따 로사리오, 산따 돌로로사, 산또 엔띠에르, 산따 꼴룸나'로 모두 6명이기 때문이다. 행렬은 서로 마주보고 있는 성당의 입구를 통해 곧장 산 안드레스 성당 안으로 들어갔다.

산 안드레스 성당의 마요르도모는 산 살바도르 성당 마요르도모가 가져온 빠스꾸아 선물을 반갑게 맞이하고, 이것으로 성당 내부를 장식하였다. 한마디로 이 의례는 새로운 생명의 시작을 알리는 두 성당 사이의 인사인 셈이다. 산 안드레스 제단, 성모 과달루뻬 제단 등 성당 안의 모든 성인 상을 산 살바도르 성당의 마요르도모 행렬 팀이 가져온 초와 꽃으로 장식하였다. 장식하는 동안 사람들은 계속 기도문을 낭송하고 찬송가를 불렀다. 장식이 끝나면 산 살바도르 성당의 마요르도모와 그의 가족, 부-마요르도모와 그의 가족은 산 안드레스 성당의 마요르도모를 시작으로 참여한 모든 사람들을 차례차례 포옹하며 인사하였다. 이때 서로 "펠리스 빠스꾸아(feliz Pascua : 행복한 부활)"라고 말한다. 인사가 끝나고 산 살바도르 성당 마요르도모 등 일부 사람들은 산 안드레스 성당의 빠스꾸아 행렬을 맞을 준비를 하기 위해 산 살바도르 성당으로 돌아갔다.

그리고 잠시 뒤 산 안드레스 성당의 마요르도모는 빠스꾸아 선물을 준비하여 산 살바도르 성당에서 온 사람들과 함께 산 살바도르 성당을 향해 행진하였다. 행렬 방식은 같다. 행렬이 도착하면 산 살바도르 성당 마요르도모는 산 안드레스 성당의 행렬을 맞이하고 그들이 가져온 초와 꽃으로 제단을 장식하였다. 이것이 끝나자, 이번에는 산 안드레스 성당의 마요르도모가 산 살바도르 성당의 마요르도모를 시작으로 모든 사람들을 차례차례 포옹하며 서로 "펠리스 빠스꾸아"라고 인사하였다. 인사가 끝나고 모든 사람들은 산 살바도르 성당 마요르도모의 집으로 향하였다. 몇 명의 청년들이 남아 예수상과 제단에 걸쳐져 있던 자주색 의상과 천을 걷어냄으로써, 이제 슬픔은 부활의 기쁨으로 전환되었다.

산 살바도르 성당 마요르도모의 집에 도착한 사람들은 아똘레와 따말로 아침 식사를 하고, 다시 산 안드레스 성당 마요르도모의 집으로 향한다. 이곳에서도 아똘레와 따말, 빵이 제공된다. 이로써 부활절 의례는 끝이 난다.

마을 사람들은 산 안드레스 성당과 산 살바도르 성당 사이의 빠스꾸아 의례가 언제부터 시작되었는지는 모르지만 멕시코에서 유일할 것이라고 이야기한다. 그럴 가능성이 높다. 바리오와 마을 단위에서 성당은 하나일 뿐만 아니라 산 안드레스 같은 마을 단위에서 성당이 서로 마주보고 있는 경우는 매우 드물기 때문이다.

오후가 되면 마을은 다시 술렁거리기 시작한다. 카니발과 마요르도모와 부–마요르도모 사이에서 행해지는 빠스꾸아 의례를 알리는 폭죽 소리가 요란하다. 마요르도모와 부–마요르도모가 마요르도모의 집에 빠스꾸아를 가져가는 행사는 카니발이 진행되고 있는 도중에 열린다. 마을은 카니발 음악 소리에 묻혀 있다. 2007년에는 산 살바도르 성당의 부–마요르도모인 후안이 마요르도모인 엘페고에게 빠스꾸아를 가져갔다. 후안은 뿌에블라에서 산 안드레스로 일하러 와서 돈 마르시오(Don Marcio)의 딸과 결혼해 이곳에 살고 있다. 그는 8년 동안 농사철이면 미국으로 농업이민을 다니면서 돈을 모아 집도 꽤 크게 지었다. 후안의 집에는 많은 사람들이 모였는데, 얼마나 많은 사람들이 참여하느냐는 마요르도모의 신망도를 나타내준다고 한다. 따라서 두 개의 성당이 있는 산 안드레스에서 마요르도모와 그의 가족은 사람들이 얼마나 모였는가에 많은 관심을 보인다. 하나의 위세 경쟁인 셈이다. 집에 모인 사람들에게 부–마요르도모는 포도주, 음료수, 떼낄라, 과자 등을 제공하였다.

밤 8시 30분쯤 되어 행진이 시작되었다. 후안의 집이 있는 곳은 길이 좋지 않아 처음 행렬은 제각기였는데 차츰 질서가 잡혀 갔다. '5월 꽃(flor de mayo)'으로 만든 꽃목걸이를 매단 봉을 부-마요르도모의 두 딸이 양쪽에서 잡고 앞장서고, 그 뒤에 사람들이 포도주, 빵, 초, 과일, 꽃, 롬뽀뻬(lompepe : 음료수 일종), 설탕, 케이크를 가지고 행진하였다. 포도주와 빵이 가장 기본으로, 이는 예수의 피와 살을 상징한다. 부-마요르도모 집에서 행진을 하기 전 포도주, 빵 또는 과자를 주는 것도 이와 연관이 있다고 하였다. 케이크는 최근에 가져오기 시작하였다고 한다.

이때 드는 비용은 산 살바도르 성당의 마요르도미아 사람들이 약 20뻬소씩 기부한 것으로 충당되었다. 마요르도모의 집에 도착하면 먼저 가져온 초를 켜고, 글라디올라 꽃을 제단에 놓는다. 그리고 5월의 꽃으로 만든 큰 목걸이를 마요르도모 엘페고 집의 수호성인인 과달루뻬 성모상이 그려진 커다란 그림에 걸고, 중간 목걸이와 작은 목걸이는 산 살바도르 성당의 알깐시아에 걸쳐 장식하였다. 포도주, 빵, 롬뽀뻬, 케이크 등을 마요르도모에게 건네주었다. 그리고 가져온 꽃목걸이를 마요르도모와 그의 가족들, 즉 마요르도모의 부모, 부인, 아들, 큰며느리, 작은아들, 작은며느리, 두 손자, 딸, 예비 사위, 조카 등에게 걸어주고 포옹하였다. 꽃목걸이를 걸어주는 범위는 꼭 정해진 것은 아니고, 마요르도모와 부-마요르도모가 서로 상의하여 결정한다고 하였다. 목걸이를 걸어준 뒤 마요르도모와 부-마요르도모가 차례차례 참석자들에게 "펠리스 빠스꾸아"라고 말하며 포옹하였다. 그리고 아뽈레와 몰레, 살사 베르데, 치즈 등을 곁들인 따말로 참석자들을 대접하였다. 식사한 뒤 이들은 카니발이 열리는 중심가로 걸음을 바삐 옮겼다.

일요일 오후 4~5시쯤에 이르면 마을 전체가 들썩거린다. 몇 주 동안 이어진 금욕과 회개의 엄숙한 의례와는 전혀 다른 한바탕 축제의 막이 오른다. 폭죽이 요란스럽게 터진다. 카니발을 알리는 폭죽 소리이다. 또한 밴드는 사람들을 모으고자 브링꼬 음악 등을 연주하며 마을을 돈다. 카니발은 대체적으로 사순절이 시작되는 재의 수요일 전인 일요일·월요일·화요일에 많이 열린다. 또한 사순절이 끝난 뒤, 예수의 부활을 축하하며 벌어지기도 한다. 모렐로스 주에서 꽤 유명한 떼뽀스뜰란 읍의 카니발은 재의 수요일 전인 토요일·일요일·월요일과 부활절 이후의 3일로 총 6일 동안 열린다. 산 안드레스의 카니발은 부활절이 끝나는 3일 동안만 열린다.

1996년 이전에 산 안드레스의 카니발은 토요일 오후부터 시작되어 월요일까지 3일 동안 열렸다. 그러나 떼스뽀뜰란 교구 주임신부(párroco)가 부활의 시점은 토요일 낮 12시가 아니라 저녁 12시로, 토요일 오후는 여전히 금욕기간이기 때문에 카니발 하는 것을 금하였다. 이에 산 안드레스 카니발은 토요일 오후에서 일요일 오후로 바뀌어 화요일까지 3일 동안 하게 되었다. 아직도 마을의 어른들인 돈 에스떼반(Don Esteban), 돈 벤하민(Don Benjamín), 도냐 호비따(Doña Jovita) 등은 카니발을 일요일에 하는 것은 옳지 않다고 말한다. 더욱이 마을의 연장자 가운데 대표적 지식인이며 전 초등학교 교장인 돈 에스떼반은 성모 마리아가 정오에 십자가에서 예수를 내린 순간부터 심장이 박동하기 시작했음으로 이때가 바로 예수가 부활한 시점이고 글로리아라고 힘주어 말하였다. 2007년에 산 살바도르 성당의 마요르도모가 된 돈 에스떼반의 아들 엘페고는 마을 어른들의 입장을 고려하여 신부에게 허락을 받고 토요일 정오 12시에 글로리아 폭죽을 쏘아 올렸다. 물론 신부가 부활절 미사를 집전하는 산 안드레스 성당은 토요일 밤 12시에 축포를 쏘아 올렸다. 이런 상황에 대해 엘페고는 마을 의례는 마을 어른들의 의견에 따라, 정확하게 말하면 관습처럼 해왔는데, 최근 들어 교구가 직접적으로 의례에 관여하면서 의례가 바뀌고 있다고 말하였다. 예전에는 성경 공부 등이 없었는데 지금은 모두 바티칸에서 지시하는 것인지 마을에 신부, 수녀, 신학교 학생들도 많이 오고 성경 공부도 많이 하고 있다고 하였다. 나아가 바티칸 교황청의 해석과 규정에 맞추어 축제 등이 새롭게 바뀌고 있다고 한다. 2007년 성주간에도 떼뽀스뜰란 교구의 보좌신부인 이그나시오(Ignacio)가 마을에 살다시피 하면서 의례를 주관했으며, 7금요일 주간의 성 목요일에는 여러 명의 예비 신부(celebrante)들이 마을에 들어와 하루 내내 교회 마당에서 아이들과 아주머니를 그룹으로 나누어 성주간과 부활에 관하여 교육하였다.

오늘날 로마교황청이 개신교 등의 적극적인 선교 활동에 대응하고자 마을 단위까지 가톨릭 교리와 의례 규칙을 엄격하게 지킬 것을 요구하면서 차츰 축제와 의례도 변하고 있다. 이 과정에서 오랫동안 마을 단위에 뿌리내린 축제와 의례의 독특성이 점차 약화될 가능성이 높다고 하겠다. 이 점과 관련해서 누티니와 벨의 연구는 시사하는 바가 크다. 이들은 스페인 통치가 안정화된 17세기를 원주민 사회가 스페인 문화로 동질화되는 암흑의 시기가 아니라 문화접변의 최적기로 본다. 이는 마을 단위의 가톨릭 전교(傳敎) 주체의 변화와 밀접한 관계가 있다. 17세기 중반에 가톨릭 전교의 주체가 마을에 거주하며 주민들의 일상까지 통제하던 수도회에서 점차 마을에 무관심하고 특별한 날에만 마을에 와서 미사를 하고 공물을 받아가는 정도의 역할에 만족했던 세속 교회로 바뀌었다. 그러면서 기존 수도사들의 강력한 통제 아래 동면하고 있던 식민지 이전의 관습과 의례 등이 부활하면서 새로운 요소들과 적극적으로 혼합되어, 멕시코 원주민 문화의 오늘날 모습의 밑바탕을 형성하였다는 것이다.

카니발은 마요르도모가 준비한다. 카니발 마요르도모는 거의 해마다 바뀌며 별다른 종교적 의무와 책임은 없다. 오히려 마을 사람들은 카니발 마요르도모라는 호칭을 쓰지만, 실제 역할과 기능의 측면에서 본다면 카니발 마요르도모는 '마요르도모'라기 보다는 그냥 '조직자(organizador)'라고 하는 것이 맞을 것이다. 성주간 전에 올해 카니발을 조직하고 싶은 사람은 아유단떼를 찾아가서 허가를 받는다. 물론 아유단떼가 특정한 사람에게 카니발을 조직해 주기를 부탁하기도 한다. 2007년에는 호세와 시릴로(Cirilo), 두 청년이 카니발을 조직하였다. 특히 호세는 '산 안드레스 데 라 깔' 밴드를 구성한 가족의 일원이다. 그해 카니발 음악은 '산 안드레스 데 라 깔' 밴드가 맡게 되어, 호세는 마요르도모 및 연주자로 참여하였다.

카니발 마요르도모가 해야 할 가장 중요한 일은 악대를 데려오는 일이다. 산 안드레스에 밴드가 조직되기 전에는 외부에서 불러왔지만 요즘은 마을의 두 밴드, '산 안드레스 데 라 깔'와 '로스 뻬스까도레스'를 이용한다. 2006년에는 로스 뻬스까도르 밴드, 2007년에는 '산 안드레스 데 라 깔' 밴드가 카니발 음악을 맡았다. 음악대에 주는 비용은 주민들의 기부로 충당하는데 보통 한 가구당 20~30뻬소를 낸다. 여기에 카니발이 열리는 중심가를 상인들에게 분할하여 빌려주는 임대료가 더해진다. 경비를 충당하고 남은 돈은 보통 마요르도모의 호주머니로 들어간다. 이것 때문에 카니발이 끝나고 좋지 않은 소문들이 나돌기도 한다.

산 안드레스의 카니발은 오후 4~5시쯤에 음악대가 연주하며 마을을 돌면서 시작된다. 이렇게 사람들을 모아 보지만 마음이 급한 아이들만 나설 뿐 어른들은 얌전을 뺀다. 그러다가 4월의 강렬한 햇빛이 힘을 잃은 저녁 8시쯤부터 카니발은 본격적으로 시작된다. 마을 중심가는 마을 사람들뿐만 아니라 인근 마을에서 온 사람들로 가득 찬다. 먼저 마을 중심가는 따꼬(taco), 삶은 옥수수(elote), 간식거리, 꼰페띠(cofeti), 음료수, 카세트테이프와 시디(CD), 장난감 등을 파는 노점들로 가득하다. 상인들 대부분은 마을 사람들이다. 이른바 즐기면서 돈도 버는 것이다.

카니발이라고 특별한 것이 없다. 그냥 브링꼬라는 단순한 춤을 추는 것이다. 브링꼬의 음악도 매우 단순하다. 트럼펫을 시작으로 작은 북과 큰북이 브링꼬 춤의 장단을 돋운다.

사람들은 브링꼬 장단에 맞춰 마을사무소 앞 십자가 탑에서 초등학교 정문까지, 약 100미터를 왕복하며 춤을 춘다. 20년 전에 카니발은 초등학교 운동장에서 열렸다. 그런데 브링꼬를 하는 동안 학교 안에 있는 식물과 기물들이 파손되자 지금처럼 밖으로 나오게 되었다. 산 안드레스 카니발 단(團, *comparsa*)의 깃발을 든 사람들이 앞장서고, 카니발 전통 복장인 치넬로(*chinelo*)를 입거나 평상복 차람의 사람들이 브링꼬를 추며 뒤따른다.

치넬로는 모렐로스 주에 속한 지역의 카니발에서 입는 의상 또는 사람을 뜻한다. 치넬로의 어원에 대해서는 의견이 분분하다. 레드필드는 치넬로의 어원이 치노(chino, 중국인)이며, 이것이 나우아뜰어로 변하면서 시넬로께(*Zineloque*)가 되었다고 하였다.[12] 그리고 떼뽀스뜰란에서 치넬로는 예수를 부정한 바리새인(Pharisees)을 가리킨다고 하며, 다른 한편으로 "다리와 허리를 많이 움직이는 사람"을 뜻하는 나우아뜰어라고 한다.[13] 치넬로는 식민지 시기에 스페인 아센다도의 카니발을 풍자하면서 생겼다고 한다. 백인들은 화려한 옷을 입고

카니발을 하였다. 그렇지만 원주민과 메스띠소들은 백인들이 주도
하는 카니발에 참여할 수가 없었다. 그러자 원주민과 메스띠소들은
백인들의 카니발을 풍자하며 억눌린 감정과 불만을 풀어내고 새로운
이상 사회를 꿈꾸는 그들만의 카니발을 열었다. 이때 가면을 쓰고 백
인들의 옷을 흉내 내어 다양한 장식을 한 치넬로 의상을 입었다. 첫
치넬로는 뜰라야까빤에서 시작하여 주변 지역으로 확산되었는데 지
금도 뜰라야까반, 떼뽀스뜰란, 야우떼뻭 지역의 치넬로가 유명하다.

떼뽀스뜰란 지역의 치넬로는 모자, 가면, 원피스 모양의 옷으로
이루어져 있다. 모자는 30센티미터 높이의 원추형인데 위에는 깃털
을 달았고 모자 둘레에는 구슬, 반짝이 거울 등 갖가지 장식을 달고
그림을 수놓았다. 모자는 치넬로 의상의 핵심이라고 할 만큼 장식이
화려하다. 서양인의 얼굴을 닮은 가면은 망사로 만들어졌는데, 밝은

카니발에서 브링꼬를 추는 모습(2007년)

색 피부, 짙은 눈썹, 우뚝 솟은 코, 덥수룩한 수염이 인상적이다. 옷은 두꺼운 편물(編物)로 만들어졌다. 옷 색깔은 검은색이 기본인데 요즈음 파란색이나 붉은색 등도 눈에 띈다. 겉옷에 하얀색 털로 테두리를 두른 망토를 걸친다. 갈수록 망토의 테두리 색도 다양해지고 있다. 망토의 뒷면에는 그림이 그려져 있다. 비교적 단순했던 겉옷과 망토의 장식도 점점 화려해지고 있다. 사람들은 멋과 자신의 경제적 위세를 나타내고자 온갖 장식에 돈 쓰는 것을 아끼지 않는다. 물론 이것도 어느 정도 경제적 능력이 있는 사람의 이야기이다. 치넬로 가격은 몇 백 뻬소에서 몇 만 뻬소에 이를 만큼 천차만별이지만, 며칠

164

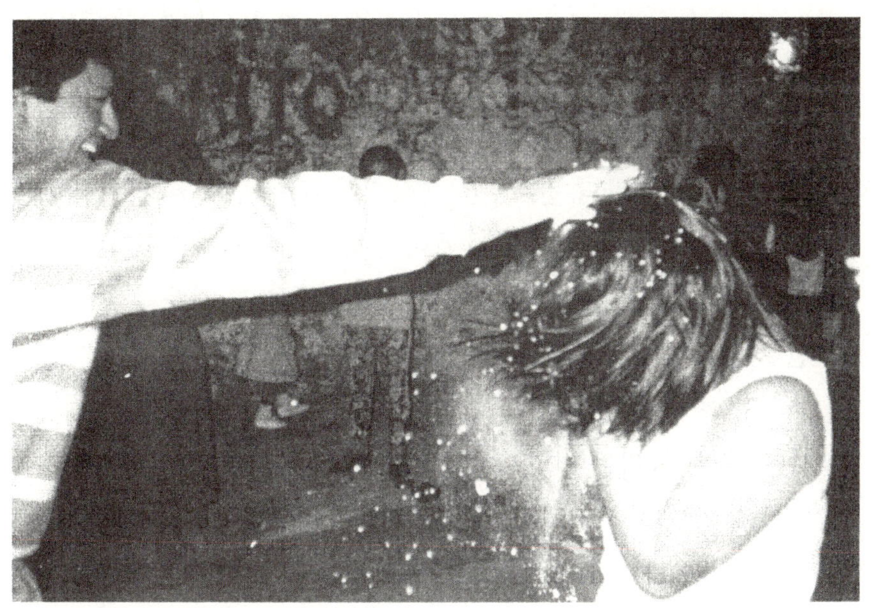

친구에게 꼰페띠를 터드리는 장면(1996년)

동안의 카니발을 위해 큰돈을 들여 옷을 장만하는 것이 쉽지 않다. 산 안드레스 카니발에서 브링꼬를 추는 사람들 중 치넬로를 입은 사람은 10명 이내이고, 대부분은 평상복 차림이다.

　브링꼬에는 남녀노소의 구별이 없으며, 이 춤으로 자연스럽게 하나의 팀을 이룬다. 그러나 브링꼬를 추며 마을사무소 앞 십자가 탑에서 초등학교 정문까지 왕복하는 것은 결코 쉽지 않다. 한번 왕복하고 나면 온몸이 땀으로 흠뻑 젖는다. 무거운 치넬로를 입은 사람은 말할 필요도 없다. 유독 더위를 잘 타는 필자는 치넬로를 입고 있는 사람만 보고 있어도 땀이 날 정도였다. 브링꼬의 중간 중간에 20여 분 정도의 휴식 시간이 주어진다. 이때 꼰페띠(confeti), 계란, 밀가루, 에스푸마도르[esfumador : 일종의 무스(mousse)] 등의 세례가 벌어진다. 예전에는 꼰페띠가 주를 이루었다. 꼰페띠는 빈 계란 속에 색종이 조각을 넣어 만든 것이다. 어린이들은 카니발에서 사용할 꼰페띠를 만들기 위해 집에서 먹는 계란의 빈 껍질을 오랫동안 모은다. 계란을 먹을 때 조심스럽게 계란의 윗부분을 깨서 내용물은 먹고, 껍질 안을 깨끗하게 씻어서 보관한다. 그리고 카니발이 다가오면 색종이를 작게 잘라 계란 속에 넣고 종이로 구멍을 봉한다. 물론 그 가운데 몇 개에는 스킨로션과 밀가루도 섞어서 넣는다.

그리고 계란에는 자기만의 그림을 그려 넣는데, 예를 들면 좋아하는 사람의 얼굴 또는 연인을 향한 사랑의 하트 등을 그린다. 물론 꼰페띠 등을 카니발 장소에서 팔기도 한다. 2007년에는 꼰페띠가 3개에 1뻬소였다. 카니발이 시작되면 휴식 시간에 꼰페띠를 애인, 친구, 좋아하는 사람 등의 머리에 깨트린다. 계란 세례를 여러 번 맞으면 머리부터 온몸이 형형색색으로 변한다. 짓궂은 친구들은 스킨로션과 밀가루를 넣은 꼰페띠를 상대방의 머리에 터트린다. 이럴 때면 스킨 냄새가 진동하고 머리는 백발이 된다. 요즘은 꼰페띠뿐만 아니라 머리카락에 쓰는 무스 종류의 에스푸마도르를 많이 사용한다. 에스푸마도르로 온몸이 금세 하얀 거품투성이가 되지만, 꼰페띠와 같은 애교스러움은 덜한 것 같다.

아무리 짓궂은 세례라고 할지라도 화를 내는 경우는 거의 없다. 하나의 계란에 하트를 예쁘게 그려 평소에 표현하지 못한 애틋한 마음을 전하는 그 몸짓에 누가 돌을 던지겠는가? 카니발이 끝나면 거의 모든 사람들이 땀과 꼰페띠, 하얀 거품으로 범벅이 된다.

이렇게 3일을 지낸다. 보통 밤 12시 무렵이면 카니발은 끝이 난다. 첫째 날은 둘째 날이 있어서 아쉬움이 덜하고, 둘째 날은 셋째 날이 있으니 아쉬워도 내일을 기약하며 집으로 발길을 돌린다. 그러나 셋째 날은 오늘이 아니면 일 년을 기다려야 하기에 브링꼬에 참여하는 사람도 많고 쉽게 끝을 내려고 하지 않는다. 사람들은 음악이 끝나면 '한번 더(otro)'를 소리 높여 외치고, 밴드도 굳이 매정하게 끝을 내려고 하지 않는다. 이렇게 브링꼬는 보통 1시간 가량 더 이어진다. 그러나 가는 시간을 잡을 수는 없다. 아쉬움 속에 브링꼬는 막을 내린다.

그러나 브링꼬는 끝나지 않았다. 춤이 기다리고 있기 때문이다. 젊은 사람, 나이 많은 사람 할 것 없이 사람들은 밴드가 연주하는 춤판으로 향한다. 춤판은 대부분 마을의 이곳저곳에 널려 있는 공터에서 열린다. 요즘 입장료가 없는 경우는 거의 없다. 2007년의 입장료는 60뻬소로 이는 결코 적은 액수는 아니다. 그럼에도 젊은 사람들은 말할 것도 없고 어른들도 카니발에서 못 다 푼 브링꼬를 춤으로 대신한다. 춤판은 새벽 4~5시까지 이어진다.

떼뽀스뜰란 읍에서도 카니발은 가장 중요한 축제이며, 모렐로스 주를 대표하는 의례이기도 하다. 카니발은 사순절의 앞뒤로 3일씩 총 6일 동안 이루어진다. 2월이 되면 떼뽀스뜰란 읍의 산 미겔(San Miguel), 산또 도밍고(Santo Domingo), 라 산띠시마(La Santísima) 바리오의 사람들은 치넬로 단을 구성한다. 악대는 마을 또는 인근의 대도시에서 불러오고, 그 비용은 치넬로 단원들이 부담한다. 단 구성원과 가족들은 카니발에 입을 복장을 수선하거나 만들고, 이 복장에 장식할 유리구슬, 거울 등을 준비하느라 분주하다. 더욱이 위세 경쟁 터인 떼뽀스뜰란 읍 카니발에서 치넬로의 장식은 자신과 가족을 넘어 자신이 속한 바리오의 자존심이기도 하다. 이렇게 저렇게 장식한 치넬로 한 벌 값이 5만 뻬소, 한국 돈으로 대략 500만 원을 넘는다고 하니, 사람들이 치넬로에 얼마나 많이 관심을 기울이는지 짐작할 수 있을 것이다.

떼뽀스뜰란 읍의 시장 쁠라사에서 벌어지는 카니발 장면(2007년)

여기에 직접 참여하지 않는 주민들은 카니발 때 팔 물건 등을 장만
한다. 사실 카니발은 떼뽀쓰뜰란의 경제활동이 가장 활발한 장(場)
으로, 돈을 벌 수 있고 쓸 수도 있는 기회이다.[14] 치넬로의 주 무대인
떼뽀스뜰란 읍의 중심가 시장(市場), 이른바 '시장 쁠라사(Plaza del
mercado)' 주변에는 아이스크림·음료수·간식거리·장난감 등을 파
는 가게들이 가득 들어찬다. 오후 3~4시쯤 치넬로가 모여 있는 치넬
로 단장 집에서 폭죽이 터지고, 이 신호와 함께 각 바리오 치넬로 단
의 악대가 트럼펫을 불며 브링꼬 음악을 연주한다. 치넬로들은 브링
꼬 춤을 추며 '시장 쁠라사'로 모인다. 평상시 '시장 쁠라사'를 가득
메우고 있던 노점상들은 깨끗이 치워졌고, 이 빈 공간은 카니발의 주
무대가 된다. 형형색색의 모자와 가면을 쓴 치넬로들이 브링꼬를 추
는 모습은 그야말로 장관이다. 한편 가난해서 치넬로 단에 속하지 못
했던 사람들이나 다른 바리오 사람들도 자기 나름대로 복장을 갖추
거나 평상복으로 치넬로 단을 뒤따르며 브링꼬를 춘다. 사실 떼뽀스
뜰란 사람들은 아이가 태어난 순간부터 브링꼬에 데려온다고 하지
않는가! 주변에는 이들을 구경하는 사람들로 가득 차고, 이들은 자
신도 모르게 장단에 맞추어 브링꼬를 추고 있다. 축제는 늦은 밤까지
이어진다.

떼뽀스뜰란의 카니발은 정치적 의미를 많이 담고 있다. 카니발은
떼뽀스뜰란 읍의 규모가 크고 부자들이 많이 사는 산또 도밍고, 산
미겔, 라 산띠시마 세 바리오들이 서로 힘과 권력을 경합하는 의례라
고 할 수 있다.[15] 전통적으로 카니발은 산또 도밍고 바리오와 산 미겔
바리오가 서로 권력을 경합하는 장이었다. 여기에 1923~1924년 무
렵에 라 산띠시마 바리오가 새롭게 참여하게 되었다. 한 예로 떼뽀스
뜰란을 지배한 지도자 대부분은 이 세 바리오 출신이었다. 바리오는

상대적으로 독립적인 친인척 관계망을 맺고 있어서 각 선거의 결과
는 이들 세 바리오의 구성원 수와 비슷하였다. 무니시삐오 자치단체
장를 역임했던 한 사람은 아윤따미엔또(무니시삐오 정부)에 입성하기
위해서는 각 바리오에 배당되는 직책을 균형 있게 배분하는 것이 중
요하며, 무엇보다 산또 도밍고, 산 미겔, 라 산띠시마의 세 바리오를
매우 비중 있게 고려해야 한다고 하였다.[16] 즉 카니발은 세 바리오들
사이의 정치적 경쟁과 갈등의 의례적 표현이라고 할 수 있다.

성주간에 산 안드레스와 떼뽀스뜰란 사람들은 인근 마을들의 사
순절 의례와 난장을 순례하며 예수의 부활을 기리고 즐긴다. 이 순례
는 매우 오래되었는데, 레드필드가 조사하던 1920년대에도 행해지
고 있었다.* 산 안드레스 사람들도 여전히 이 순례를 계속하고 있다.
이들이 많이 가는 성당과 난장은 첫째 금요일은 찰마(Chalma, 멕시코
주), 둘째 금요일은 떼빨싱고(Tepalcingo, 모렐로스 주), 셋째 금요일
은 뜰라야까반(Tlayacapan, 모렐로스 주), 넷째 금요일은 꾸아우뜰라
(Cuautla, 모렐로스 주), 다섯째 금요일은 마사떼뻭(Mazatepec, 모렐로
스 주), 일곱 번째 금요일은 아메까메까(Amecameca de Juárez, 멕시코
주)이다. 물론 난장은 금요일에 끝나지 않고 최소 일요일까지 계속된
다. 따라서 시간적 여유가 있는 주말에 난장이 열리는 마을을 방문하
기도 한다. 특히 모렐로스 주와 경계하고 있는 멕시코 주 남부에 자
리 잡은 찰마는 찰마예수(7월 1일 축일)의 기적이 많이 일어났다고 하
여 일 년 내내 순례자들이 끊이지 않는다. 산 안드레스 사람들도 재

* 사순절 기간에 모렐로스 주의 마을들에서는 난장이 열리는데, 금요일마다 다른 마을을 순회
  한다. 첫 번째 금요일에는 찰마와 히우떼뻭, 두 번째 금요일은 떼빨싱고, 세 번째 금요일에는
  뜰라야까반과 마사떼뻭에서 난장이 열린다(Redfield, Robert, 1930, Tepoztlan, a Mexican
  Village, Chicago: University of Chicago Press, p. 113).

의 수요일, 사순절의 첫 번째 금요일, 찰마예수 축일 등에 찰마를 많이 찾아간다. 1970~1980년대까지는 며칠을 걸어서 순례하기도 하였다. 요즘은 사순절 기간이면, 금요일과 특히 주말에는 오전 일찍 순례자를 위한 버스가 마을까지 들어온다. 예를 들어 2007년 부활일요일에 두 성당 사이의 부활절 행사가 끝날 무렵, 45인승 버스가 중심가에 대기하고 있었다. 그날 이 버스는 마을에서 1시간 30분 동안 운전해야 도착하는 멕시코 주의 아메까메까에 가서 저녁 무렵에 돌아온다고 하였다.

행진과 의례, 순례, 카니발 등으로 이어지는 사순절은 막을 내리지만, 새로운 물과 불 그리고 활력으로 한 해를 시작한다.

6. 생산의례 : 올해도 풍년을 기다리며!*

농촌에서 일 년 열두 달 중 생산과 관계가 없는 달은 없다. 앞에서도 살펴보았듯이 씨앗을 준비하는 일은 건기 동안에 계속된다. 그러나 건기와 우기가 뚜렷하게 구분되는 산 안드레스를 비롯한 멕시코 농촌들의 본격적인 생산활동은 우기가 시작되는 5월부터 시작된다. 산 안드레스에서 행해지는 옥수수** 성장주기와 생산의례를 다음 〈표 3-1〉과 같이 도식화할 수 있다.

우기는 5월에 시작하여 10월쯤에 끝난다. 건기와 우기의 주기는 매우 중요한 상징체계의 틀을 형성하며, 이 주기는 농사력과 의례주기에 각인된다. 우기와 건기의 구분은 농업뿐만 아니라 세계관과 의례, 일상생활 등 모든 영역에 영향을 미쳤다. 한마디로 옥수수 생산주기의 전형(arquetipo)은 멕시코 나아가 메소아메리카 세계관의 기초로 각인되었다.[17]

의례, 기후의 자연현상, 농업 사이에는 밀접한 상관관계가 있다. 우기의 차고 습한 존재와 건기의 덥고 건조한 존재로 대별되는 세상

---

* 생산의례는 김세건(2000a)을 바탕으로 보충·재구성하였다.

** 옥수수(maíz)는 성장 시기에 따라 각기 다른 이름으로 불린다. 이제 막 옥수수가 생기기 시작할 때에는 힐로떼(jilote o *xilotl*), 여린 알이 꽉 차 있는 상태는 엘로떼(elote o *elotl*), 그리고 마른 엘로떼는 마소르까(mazorca o *centli*)라고 불린다.

<표 3-1> 산 안드레스에서 행해지는 옥수수 성장주기와 생산의례

	월	옥수수 성장주기	생산의례
건기 ↓	4월 5월	**경작지 준비**	십자가의 날(5월 3일) 이스까떼삑 순례(5월 8일이 있는 주의 토요일) 동굴기우제(5월 세 번째 금요일) 산 이시드로 축일(씨앗 축복, 5월 15일)**
우기 ↓	6월	**파종**	파종 때 축원*
	7월 8월 9월	성장: 첫 흙 북돋아주기와 제초* (첫 번째 beneficio, 파종 후 15~20일)	
		두 번째 흙 북돋아주기와 제초* (두 번째 beneficio, 파종 후 35~40일)	
		세 번째 흙 북돋아주기와 제초** (cajón, 파종 후 50~60일)	쟁기씻이**
		힐로떼를 맺기 시작	
		엘로떼(파종 후 90일)로 성장	뻬리꼰 십자가와 엘로떼 날(9월 28일)
건기 ↑	10월 11월	옥수수 성숙·건조	물의 날(10월 18일)
			사자의 날(10월 28일에서 11월 2일)
	12월 1월 2월 3월	마소르까(마른 옥수수) 추수 옥수수 껍질 채취와 탈곡 그리고 씨앗 고르기*	씨앗의 축복 - 성모 깐델라리아 축일(2월2일) - 성주간(3~4월)

* 사라져가고 있는 일 또는 의례   ** 거의 사라진 일 또는 의례

은 이 상반된 두 힘의 끊임없는 순환에 바탕을 두고 있다. 두 주기는
더위와 추위의 세계가 순환하는 우주 질서를 이해할 수 있게 한다.
두 힘의 순환을 특징짓는 두 의례가 있는데, 바로 5월 3일 십자가의

날과 11월 1일 사자의 날이다. 로뻬스는 십자가의 날은 우기의 시작이 아니라 건기의 끝이고, 사자의 날은 건기의 시작이 아니라 우기의 끝이라고 하였다.[18] 즉 십자가의 날 의례에서 건조는 더운 기운의 예찬과 함께 끝이 나고, 사자의 날 의례에서 우기는 모든 찬 기운이 모이면서 끝이 난다. 이처럼 두 의례는 건기와 우기를 잇는 연결고리가 된다.

두 힘의 순환주기는 옥수수의 경작주기인 경작지 준비·파종·흙북돋아주기·제초 작업 등의 생산활동 기간, 그리고 추수와 저장의 휴지(休止) 기간 등으로 투영되어 나타난다. 나아가 옥수수 추수와 파종 그리고 재탄생 사이의 주기는 자연의 죽음과 부활 주기의 메타포(metáfora)이다.[19] 즉 옥수수 씨앗은 지하세계를 부수는 것을 상징화하는 구멍에 파종되며, 며칠 동안 지하세계에 머무른다. 옥수수의 푸른 새싹은 다시 땅을 열면서 심연으로부터 탄생하여 성장·성숙한다. 태양과 불 그리고 '쟁기씻이', '엘로떼의 날' 등과 같은 의례를 통하여 옥수수는 성숙·건조되고 맛이 들어 인간에게 유용한 식물이 된다. 그런데 옥수수가 성장과 재생산될 수 있도록 생명력을 불어넣어 주었던 힘은 동시에 죽음, 병, 슬픔도 함께 실어 보낸다. 결국 추수와 함께 비, 씨앗 등 모든 존재가 지닌 재생산의 힘은 다음 철까지 휴식을 취하고자 '물의 날', '사자의 날'과 같은 의례를 통해 그들의 보금자리이자 신비의 장소인 동굴, 즉 지하세계로 돌아간다.[20]

순환주기는 옥수수에 국한되지 않는다. 세상의 모든 존재는 이 순환을 경험해야 한다. 삶은 항상 죽음에 이르며, 죽음은 삶을 잉태한다. 존재는 돌고 도는 것이며, 이는 삶과 죽음이라는 두 개의 커다란 힘의 변환 때문에 가능한 것이다. 바로 농민들은 해마다 순환의 존재 자체이면서 매개자이기도 하다.

생산의례의 시작점인 십자가의 날 의례가 행해지면서 농민들의 손길도 바빠진다. 옥수수 파종은 보통 6월에 이루어진다. 이때는 가장 바쁜 시기로 농민들은 거의 모든 하루를 밭에서 보낸다. 파종을 위해서는 먼저 건기 때 쉬고 있었던 경작지를 정리해야 한다. 보통 1따레아(tarea)의 옥수수 밭에서 약 2까르가(carga : 1까르가=126.5킬로그램)가 수확된다. 5명의 가족이 일 년 동안 먹기 위해서는 8~9까르가가 필요하여, 자급자족을 하기 위해서는 4~5따레아를 경작해야 한다. 경작지 정리는 먼저 가축이 먹고 남긴 옥수숫대, 잡초, 쓰레기를 치우는 것부터 시작한다. 부피가 큰 쓰레기는 불태운다. 그리고 밭을 간다. 트랙터가 일반화되기 전인 1990년대 초반까지 밭을 가는 데 주로 쟁기가 사용되었다. 쟁기로 밭을 갈 때는 초벌갈이와 두벌갈이를 한 다음, 파종을 하기 위한 고랑과 이랑을 만들었다. 그러나 지금은 트랙터로 한 번 간 다음 고랑과 이랑을 만든다.

그런 뒤 파종을 한다. 씨앗을 통에 담아 고랑 위를 걸어가면서 파종을 한다. 발 끝이나 발꿈치로 구덩이를 만들고, 그곳에 보통 3~4개의 옥수수 씨앗을 넣고 오른발로 흙을 쳐서 덮는다. 구덩이 사이의 간격은 약 30센티미터 정도이다. 혼작을 하는 경우에는 한 구멍에 옥수수 3알, 호박 1알, 콩 1알을 함께 넣었다. 이렇게 세 개 작물을 함께 넣을 때 구멍은 보통 4~5개 구덩이 간격(약 1미터 30센티미터)을 유지하였다. 1990년대에 들어 옥수수 개량종 도입과 기계화로 혼작 경작 방식은 차츰 사라지고 있다. 무엇보다 제 멋대로 자라는 호박과 콩 넝쿨이 농기계로 작업하는 데 방해가 되기 때문에 옥수수만 경작한다.

파종을 마치면 농민들은 잠시 숨 돌릴 틈이 생긴다. 그러나 파종하고 15일이 지나면서부터 약 60일 동안은 흙 북돋아주기 작업을 하기 위해 다시 분주해진다. 농사철 가운데 이때가 가장 많은 시간과 노동

파종하는 모습(1996년, 왼쪽), 밭에 일하는 사람들에게 음식을 가져가는 가족들
(2004년, 오른쪽), 쟁기를 이용하여 흙 북돋아주기 작업을 하는 모습(1996년, 아래)

력을 필요로 한다. 농번기에는 일반적으로 농업 관련 의례 외 다른 의
례들은 매우 간소하게 치러진다. 흙 북돋아주기에는 쟁기가 이용된
다. 옥수수는 뿌리가 위로 자라는 작물로 작물의 성장에 맞추어 흙을
북돋아 주어야 뿌리가 튼튼하게 자리 잡을 수 있고 바람에도 쉽게 넘
어지지 않는다. 따라서 옥수수가 자라는 속도에 맞추어 흙을 북돋아
주는 작업을 하였는데, 과거에는 두세 번 하였다. 쟁기를 이용하여 이
랑, 즉 두둑을 뒤집어 옥수수가 심어진 고랑으로 흙을 넘긴다. 그러면
사람이 쟁기를 뒤따라가면서 어린 옥수수가 흙 속에 파묻히지 않도록
세워 주고 잡초도 제거한다. 이렇게 흙 북돋아주기를 두세 번 정도 하

말에 사까떼를 싣고 오는 모습(왼쪽)
화산석을 이용하여 탈곡하는 모습(2006년, 오른쪽)

고 나면 옥수수가 심어졌던 고랑은 차츰 이랑이 되고, 이랑은 고랑이 된다. 오늘날 흙 북돋아주기는 한 번 정도 하거나 아예 하지 않는다. 대신 비료와 제초제를 뿌린다. 흙 북돋아주기 작업이 끝나면 농사일은 거의 마무리된다. 이제 농사는 신에게 맡겨진다. 이 시기에 엘로떼와 뻬리꼰 십자가의 날, 물의 날, 사자의 날 의례가 행해진다.

　옥수수 수확은 12월에 시작되며 늦어도 1월 초순에는 마무리된다. 추수는 먼저 옥수수 잎, 이른바 사까떼(zacate)를 채취하는 것으로부터 시작된다. 손 또는 마체떼(machete : 멕시코의 낫)로 옥수숫대의 윗부분과 사까떼를 채취를 한다. 사까떼는 매우 거칠어서 얼굴, 손 등에 상처를 많이 낸다. 사까떼는 이동하기 좋게 묶어 집으로 가져온다. 사까떼는 가축 사료로도 쓰인다. 어떤 사람들은 사까떼를 채취하지 않고 그대로 두고, 들판과 산에 소의 먹이가 부족해질 무렵 이 밭

178

에 소를 풀어 둔다. 이때 사까떼가 좋은 먹거리가 된다.

사까떼 채취가 끝난 뒤 옥수수, 이른바 마소르까를 수확한다. 예전에는 옥수수를 껍질로 덮여 있는 채로 수확하는 것이 일반적이었다. 이 껍질은 멕시코 전통 음식인 따말(tamal)을 만드는 데 사용된다. 사람들은 손으로 옥수수를 따서 목에 건 바구니나 아야떼(ayate : 용설란으로 짠 직물)에 담아 한곳에 모은다. 수확한 옥수수는 소와 말 등을 이용하여 집으로 운반한다. 예전에는 치나밀(chinamil : 멕시코산 해바라기의 마른 대)과 흙을 이용하여 옥수수 창고를 따로 만들기도 했지만, 많은 경우에는 비바람과 동물의 약탈을 안전하게 피할 수 있는 방 한 칸을 옥수수 저장고로 사용하였다. 옥수수 더미는 사람들의 침대가 되기도 하였다. 차츰 핵가족화되면서 방이 남기 때문에 방을 창고로 많이 사용하게 되었다. 한 예로 필자가 1995년 12월에 현지연구를 위해 머무를 방을 구하였는데, 몇 집에서 지금은 옥수수가 있으니 다음해 3·4월이 되면 방을 임대해줄 수 있다고 말하였다.

추수가 끝난 뒤 다음해 농사철이 돌아올 때까지 수시로 하는 일은 옥수수 껍질 벗기기와 탈곡이다. 두 일은 농민들이 건기 동안 하는 주요 활동이지만, 굳이 시간을 다투는 일은 아니기 때문에 일상이 여유롭다.

따말용 옥수수 껍질의 가격은 옥수수 알곡보다 수익성이 좋다고 할 만큼 꽤 비싸다. 모든 옥수수 껍질을 따말용으로 사용하는 것은 아니다. 껍질이 넓고 연한 토종(criollo) 옥수수가 따말용으로 많이 쓰인다. 마소르까의 옥수수 껍질은 바싹 말라있기 때문에 조금 물을 뿌리고 축축한 상태가 유지될 수 있도록 포대로 덮는다. 그리고 마소르까를 하나씩 꺼내서 껍질이 깨지지 않도록 조심스럽게 벗긴다. 껍질을 차곡차곡 쌓아 50장 단위로 묶는다. 하루 종일 함께 옥수수 껍질을 벗기다 보면 소원하던 부부 금슬이 좋아진다고 할 정도로, 따말용 껍질을 벗기는 일은 추수가 끝난 뒤 농가에서 마쳐야 할 가장 중요한 일과 가운데 하나이다.

탈곡은 음식, 축제, 판매 등 필요에 따라 이루어진다. 탈곡 작업에는 모든 가족이 함께 참여하기도 하지만 남자가 주로 하는 편이다. 먼저 마소르까에서 껍질을 벗기고 썩은 알곡을 날카로운 못 등으로 털어 낸다. 이때 알곡 상태가 좋은 마소르까는 다음해 파종하고자 알곡을 털지 않은 상태로 남겨둔다. 그다음 매끄러운 화산석이나 올로떼(olote : 옥수수 알곡을 털고 남은 대)를 원반 형태로 엮은 판에 마소르까를 문질러 알곡을 털어낸다. 알곡은 포대 또는 드럼통에 담아 보관한다. 이때 해충을 방지하고자 석회를 넣어두기도 한다. 탈곡하고 남은 올로떼는 동물의 먹이가 되기도 하지만 대부분은 불쏘시개로 사용된다.

필자가 현지연구를 할 때, 특히 축제가 많은 연초(年初)에 집들을 방문하면 모든 가족이 따말용 옥수수 껍질을 벗기거나 탈곡을 하고 있어서 사람들을 만나는 것이 어렵지 않았다. 또한 옥수수 껍질을 벗길 때는 소음이 크지 않기 때문에 부담 없이 오랫동안 이야기를 나눌수 있었다. 그러나 탈곡을 할 때는 소음이 커서 대화하는 것이 쉽지 않았다. 한번은 필자가 주요 제보자와 나눈 대화를 녹음했는데, 탈곡하면서 녹음하는 바람에 대화 내용이 알곡 터는 소리에 묻혀 웅성거림으로만 남기도 하였다.

그러나 2000년대 중반으로 들어서면서 집집마다 부부가 마주앉아 도란도란 이야기를 나누며 따말용 옥수수 껍질을 벗기고 탈곡을 하는 것도 옛 이야기가 되었다. 우선 개량종이 일반화되면서 따말 껍질을 벗기는 일도 점차 사라지고 있다. 개량종은 옥수수 껍질이 두껍고 딱딱해서 따말용으로 사용할 껍질이 많이 나오지 않는다. 또한 탈곡기가 도입되면서 탈곡을 쉽게 하고자 아예 옥수수 껍질을 벗기고 수확하는 것이 일반화되었다. 옥수수 껍질은 밭에 그대로 버려지는데, 이는 사까떼와 더불어 소의 먹이가 된다. 굳이 탈곡도 집에서 할 필요가 없다. 탈곡기를 밭으로 가져가서 탈곡을 하고 알곡만 가져온다. 마소르까를 탈곡기에 넣으면 알곡과 올로떼가 분리되어 나온다. 사람들이 대화할 틈이 없다. 쉬지 않고 마소르까를 탈곡기에 넣어야 하고, 또한 부지런히 알곡 포대와 올로떼를 옮겨야 한다. 요란한 탈곡기 소리에 대화는 고성 지르기에 지나지 않는다.

그래, 일이나 빨리 끝내고 축제에 가야지!

1) 비나이다, 비나이다!

농사철이 다가오면 농민들의 관심은 올해 '좋은 비'가 올 것인가에 집중된다. 농민들이 좋은 비를 기원하는 것은 너무도 자연스러운 행위로 산 안드레스에서는 이를 위해 십자가의 날, 동굴기우제, 이스까떼뻭 순례 등 다양한 의례가 행해진다.

십자가의 날

십자가를 꽃으로 장식하는 '십자가의 날(Día de Santa Cruz, 5월 3일)' 의례는 아주 오래된 풍습으로 멕시코 전역에서 행해진다. 십자가의 날은 봄(la primavera)과 비의 신 뜰랄록 등에 대한 아스떼까 제의와 가톨릭의 성 십자가 의례에서 비롯되었다고 한다. 아스떼까 사람들은 새해(양력 2월 2일)부터 좋은 비를 기원하며 비의 신 뜰랄록 등을 위해 언덕에 올라 의례를 지내었다. 일부 지역에서는 어린이의 심장을 바치는 희생공희를 행하였다. 이 의례는 3·4·5월에도 이루어졌다.[21] 스페인의 정복으로 가톨릭이 도입되면서 봄의 신에 대한 전통의례는 가톨릭의 성 십자가 의례로 대체·결합되었다

가톨릭에서 성 십자가 의례는 4세기 로마의 콘스탄티노 황제의 시대로 거슬러 올라간다. 콘스탄티노 황제는 게르만족과 벌인 싸움에서 위기에 처하였다. 어느 날 "이 기호와 더불어 승리할 것이다"라는 말과 함께 하늘에서 반짝이는 십자가를 보았고, 그 후 전쟁에서 승리하였다. 전쟁이 끝난 뒤 콘스탄티노 황제는 예수의 십자가를 찾아 어머니 엘레나[후에 성녀 엘레나(Santa Elena)]를 예루살렘으로 보냈다. 326년 엘레나는 골고다 언덕에서 세 개의 십자가를 발견하였다. 그리고 세 십자가 가운데 예수가 못 박힌 십자가를 찾아내고자 병이 깊은 여인을 데리고 갔다. 그 여인이 한 십자가를 만지자 그녀의 병은 씻은 듯이 나았다. 그 뒤로 예수의 십자가 발굴을 기념하여 십자가 의례가 시작되었다.[22]

건기의 끝을 상징하는 십자가의 날 의례는 농촌에서 기본적으로 풍년을 위해 좋은 비를 기원하는 것과 관계가 있다. 산 안드레스 사람들은 '나쁜 바람'으로부터 마을을 보호하고 '좋은 비'를 기원하고자 십자가의 날을 기린다고 한다. 4월 말쯤부터 한두 차례 비가 오면서 본격적인 농사철이 시작된다. 이때부터 농민들의 일손이 바빠진다. 건기 동안 묵혀 두거나 가축 방목장으로 썼던 밭을 청소해야 하고, 울타리를 점검해야 하며, 땅도 갈아야 한다. 무엇보다 빼놓아서는 안 되는 일이 '십자가 언덕'에 올라가 십자가를 꽃으로 장식하는 의례이다.

'십자가 언덕'은 마을의 북쪽 방면으로 길게 뻗어 있는데, 이 언덕

의 뒤편에는 떼뽀스뜰란 읍이 자리잡고 있다. 마을 사람들은 '십자가 언덕'에서 마을 주변 지역을 다 조망할 수 있어서 '망(望) 언덕(Cerro de la Vigilancia)'이라고도 부른다. 1910~1920년대 멕시코 혁명기에 마을 사람들은 이곳에서 혁명군 또는 연방군이 오는지 살펴보았다. 망지기가 누군가 온다는 신호를 보내면, 마을 사람들은 마을의 남쪽에 있는 화산암 지대, 이른바 '떽스깔'과 마을 주변의 산과 언덕으로 몸을 피하였다. 이처럼 십자가 언덕은 수호 망루로 마을 사람들의 생명을 보호해 왔다. 보통 산 안드레스 외 멕시코의 다른 마을에도 마을 전체를 조망할 수 있는 언덕에 십자가가 세워져 있고, 이곳에서 십자가 의례를 행한다.

십자가의 날 전야에 마을 사람들은 산 살바도르 성당에 모여 레산데로의 주도 아래 풍년을 기원하며 철야 기도를 한다. 기도를 하는 동안 마요르도모는 빵, 커피, 뽄체(ponche : 전통 음료수의 일종) 등을 기도회에 참가한 사람들에게 제공한다. 예전에 비해 참가자들이 많이 줄었고, 정확하게 말하면 오늘날은 참가자가 매우 적어 기도가 새벽 무렵에 끝나기도 한다. 많은 사람들이 다음날 출근하거나 학교에 가야 하기 때문에 마요로도모와 레산데로만 성당을 지키고 있기도 한다. 다음날 오전 10~11시쯤에 미사가 있다. 사람들은 미사에 집의 제단, 밭, 건물 신축지 등에 걸 십자가를 가지고 와서 축복을 받는다.

미사가 끝난 뒤 사람들은 '십자가 언덕'과 뜰라나난낄리아(*Tlanananquilia*) 언덕에 세워져 있는 십자가에 꽃을 바치고자 언덕을 오른다. 이 언덕의 남쪽 방향은 매우 급경사로 길이 없는 반면에 마을 입구 쪽은 완만한 경사를 이루고 있어 길이 그리 험하지 않다. 일반 성인의 걸음으로 약 40여 분이 걸린다. 교회를 나선 레산데로와 마요르도모를 위시한 사람들은 폭죽, 글라디올라 등을 가지고 언덕을 올라간다. 오르는 도중 이

십자가의 날 미사. 축복받고자 가져온 십자가들이 쌓여 있다(2007년)

따금 폭죽을 쏘기도 한다.

언덕에 오른 뒤에 십자가를 꽃으로 장식하고 레산데로의 주도 아래 기도를 한다. 그리고 폭죽을 쏘아 올려 의례가 끝났음을 알린다. 학교에서 돌아온 학생들과 젊은이들이 끼리끼리 모여 늦게라도 서로 겨루며 언덕을 오르기 때문에 하루 종일 언덕에는 인적이 끊이지 않는다.

'망 언덕'의 십자가에서 의례를 행한 뒤 산등성이를 따라 마을의 입구에 우뚝 솟아 있는 뜰란나난낄리아 언덕으로 이동한다. 이동하는 데에는 약 20~30분이 걸린다. 이곳에서 의례를 하기 시작한 것은 최근이다. 1980년대 중반 이 언덕 밑에 토지를 가지고 있었던 꾸에

184

십자가 언덕에 올라 레산도르의 주도 아래 십자가를 꽃으로 장식하고 기도
하는 장면(1996년)

르나바까 출신의 사람이 자신의 토지를 보호하고자 언덕에 십자가를
세우고 인근 주민들과 함께 십자가의 날 의례를 하였다. 그러다 이
사람이 죽은 뒤 십자가가 방치되었는데, 1990년 무렵에 레산데로 돈
살로메가 이곳에서 십자가의 날 의례를 하기 시작하였다. 의례가 끝
나고 참가자들은 산 살바도르 성당에 들러 마요르도모가 준비한 빵,
커피 등을 먹은 뒤 집으로 돌아간다.

마을 사람들은 언덕에 세워진 십자가뿐만 아니라 마을 주변에 있
는 십자가들도 꽃으로 장식하고 그 앞에 꼬빨 향로를 놓아둔다. 또한
가족들 묘지의 십자가들도 꽃으로 장식한다. 일부 사람들은 떼뽀스
뜰란 읍 산따 끄루스 바리오의 수호성인 축제에 구경을 가기도 한다.
산 안드레스의 두 성당은 산따 끄루스 축제일 이틀 전에 성인기를 모
셔가 수호성인기 행진에 참여한다. 특히 산 안드레스 성당은 인근 야
산에서 따온 야자수 잎(palma)을 두 개의 큰 주머니에 담아 쁘로메사

십자가를 꽃으로 장식하는 미장공(2007년)

로 산따 끄루스 바리오의 성당에 선물한다. 그러면 신부는 5월 3일 산따 끄루스 바리오 수호성인 축일 미사에서 이 야자수를 성수로 축복하고, 미사에 참여한 사람들에게 나누어 준다.

5월 3일은 미장공의 날이기도 하다. 멕시코의 축제가 지니는 특징 가운데 하나가 각 직업 집단의 수호성인에 대한 축제가 많다는 점이다. 다시 말해 미장공[수호성인은 산따 끄루스(Santa Cruz)], 음악가[산따 세실리아(Santa Cecilia), 11월 22일], 신발공[산 끄리스뼨(San Crispín)·끄리스뼈니아노(Crispiniano), 10월 25일], 의사[산 루까스(San Lucas), 10월 18일] 등 직업마다 수호성인이 있으며, 그 수호성인의 축일에 축제를 벌인다. 이는 바리오나 마을마다 수호성인을 가지는 것과 별반 차이가 없다. 그렇지만 직업 집단의 수호성인 축제가 마을 축제보다 규모가 작고 폐쇄적인 측면이 있어서 잘 알려지지 않은 편이다. 그럼에도 직업 집단의 수호성인 축제는 멕시코 축제를 다양하고 풍요롭게 하는

186

요소 가운데 하나이다.

산 안드레스에서도 주민들 가운데 일부는 농업 외에 교사, 제빵공[산따 이사벨(Santa Isabel), 11월 17일], 간호사[산따 아가따(Santa Agata), 2월 5일] 등의 직업에 종사하지만, 이들 수는 많지 않고 또한 집단의 수호성인 축제를 직장에서 하기 때문에 마을에서는 축제가 벌어지지 않는다. 이와 달리 미장공의 축제는 많이 벌어지는 편이다. 이는 산 안드레스 농민들이 건기에 많이 종사하는 일이 미장일이고, 특히 미국과 캐나다로 계절 농업이민을 가서 벌어 온 돈으로 집을 짓는 경우가 많아졌기 때문이다.

미장공의 날의 기원은 로마시대로 거슬러 올라간다. 콘스탄티노 황제의 어머니가 골고다 언덕에서 예수의 십자가를 발굴할 때, 그 작업을 한 사람들이 미장공이었다고 한다. 그리하여 성 십자가는 미장공들의 수호성인이 되었다.[23] 집 주인 또는 미장공은 나무로 만든 십자가를 가지고 십자가의 날에 있는 아침 미사에 참석한다. 이때 축복받은 십자가를 한창 짓고 있는 건물의 중앙에 세우고 꽃으로 장식한다. 그리고 집 주인은 미장공에게 음식과 술을 대접한다. 때로는 음악도 함께 한다. 1990년대 이후 미국과 캐나다 등지에서 벌어 온 돈으로 집을 짓는 사람이 많아지면서 십자가의 날에는 온 마을이 술에 취한다.

이스까떼뻭 순례

이스까떼뻭은 떼뽀스뜰란 무니시뻬오를 이루는 8개 마을 가운데 하나로, 떼뽀스뜰란에서 야우떼뻭으로 이어지는 길목에 자리잡고 있다. 이 마을의 교회는 1735년에 세워졌는데, 이곳에는 떼뽀스뜰란에 창궐했던 전염병을 퇴치한 예수상이 모셔져 있다. 레드필드에 따르면 이스까떼뻭은 조그만 마을이지만, 이 마을의 축제는 떼뽀스뜰란 무니시삐오의 마을 축제 가운데 가장 중요하다고 하였다.[24]

이스까떼뻭 축제는 8일 동안 지속되는데, 축제가 시작되기 전 떼뽀스뜰란 무니시삐오에 속해 있는 모든 마을과 바리오들의 마요르도모들이 참여하는 조직이 구성된다. 이 조직에서 축제 동안 어떤 마을이 언제 이스까떼뻭 성인을 책임지고 돌볼 것인지 결정한다. 일반적으로 오랫동안 해 온 일이기 때문에 일정은 거의 정해져 있다. 예로 산 안드레스가 이스까떼뻭 교회의 당번을 서는 날은 토요일이다. 다시 말해, 축제 8일 동안 날마다 한두 마을(바리오)의 마요르도모는 마을 사람들과 함께 이스까떼뻭 성당으로 와서 하룻밤을 꼬박 지새우는데, 이는 하나의 종교적 순례인 셈이다. 이때 각 마을의 마요르도모는 이스까떼뻭 성인 앞에 바칠 초를 가지고 와서 하루 내내 불을 밝힌다.

산 안드레스 마을 주민들은 이스까떼뻭 성당의 순례(Peregrinación a Ixcatepec)에 대하여 특별한 의미를 부여한다. "우기가 시작되는 시기와 비의 양을 정하고자 (이스까떼뻭 성당에 모셔진) 예수 그리스도와 대화를 하려고 성인(산 안드레스, 산따 까따리나, 산띠아고)들이 이 교회로 모인다"고 한다. 산 안드레스 마을의 수호성인 안드레스, 인근 마을 산따 까따리나의 수호성인 까따리나 성녀, 산띠아고의 수호성인 산띠아고 등이 모여 예수와 함께 우기의 시작 시점을 결정한다고 마을 사람들은 믿는다.

이스까떼뻭의 마을 수호성인 축제(5월 8일이 들어 있는 주의 토요일)가 막바지로 이르는 토요일 오후 무렵에 산 안드레스 성당의 종소리가 울린다. 이스까떼뻭 교회로 향하는 순례가 시작되었음을 알리는 소리이다. 산 안드레스 성당의 마요르도모와 주민들은 산 안드레스 상(像), 성인기, 꽃, 폭죽, 기부금을 가지고 순례를 시작한다. 이날은

1년 가운데 수호성인 산 안드레스 상이 마을 밖으로 나가는 유일한 날이다. 산 안드레스 성당의 제단 중앙에는 두 개의 안드레스 성인상이 모셔져 있다. 하나는 주상(主像)으로 크고 무거워서 움직일 수 없다. 다른 하나는 이동하기 좋게 만들어진 조그마한 상으로 이스까떼뻭 순례, 수호성인 축일을 기리는 수호성인기 행진, 부활절 행진 등의 의례 때면 교회 밖으로 나들이한다.

1970년대에 도로가 생기기 전까지만 하여도 마을에서 이스까떼뻭까지는 한나절을 걸어서 가거나 말을 타고 갔다. 이제는 봉고차를 이용하는데 약 30~40분이 걸린다. 1980년대까지는 참여자가 많았다고 하나 지금은 참가하는 사람이 10여 명 정도이며, 대부분은 나이 드신 분들이다. 필자가 현지연구를 하던 1997년에 날을 새가며 이 의례에 참여한 젊은이는 단 한 명뿐이었다.

산 안드레스의 순례단이 이스까떼뻭 마을 입구에 도착하면서 본격적인 의례가 시작된다. 이스까떼뻭의 주민들은 밴드와 함께 예수상이 새겨진 깃발을 앞세우고 마중 나온 순례단과 서로 인사를 나눈 뒤 촛불을 밝히고 폭죽을 쏘아 올리며 교회로 향한다. 그리고 산 안드레스 상을 산따 까따리나 상, 산띠아고 알깐시아 등과 함께 제단 위에 놓는다. 그런 뒤 산 안드레스 사람들은 미리 와 있던 산따 까따리나 순례자들과 함께 서로 번갈아가며 '좋은 시절(buen tiempo)', 즉 폭우와 우박 등의 천재지변을 동반하지 않는 넉넉한 비와 풍성한 결실이 있기를 기원하며 기도와 찬송을 올린다. 밤이 깊어지면 일부는 의자에 누워 잠을 청하기도 하지만, 기도와 찬송 소리는 밤새 끊이지 않는다. 밤샘 기도를 하는 동안 이스까떼뻭 교회의 마요로도모와 주민들은 빵과 커피를 대접한다.

찰치우이떼뻬뜰(*Chalchihuitepetl* : '보물산' 이라는 뜻)을 사이에 두고

이스까떼뻭에 순례를 갔던 산 안드레스 상을 맞이하는 마을 주민들(1997년)

떼뽀스뜰란 읍 및 다른 마을들로부터 분리되어 있는 산 안드레스와 산따 까따리나 두 마을은 서로 이웃으로서 어느 정도 동질감을 지니고 있다. 특히 두 마을의 경작지는 서로 연결되어 있고 동굴기우제도 함께 지낸다. 날이 샐 무렵 두 마을의 사람들은 폭죽을 쏘아 올리며 의례의 끝을 알린다. 순례자들은 교회 마요르도모 집으로 가서 몰레, 뽀솔레, 따말 등의 아침식사 대접을 받는다. 산따 까따리나 사람들은 자신들의 마을로 돌아가고, 산 안드레스 순례자들은 산띠아고 순례자들이 산띠아고 알깐시아를 떼뽀스뜰란 계곡의 최남단에 있는 그들의 마을로 모셔가는 데 동행한다. 이는 의례를 통해 두 마을 사이에 맺어진 하나의 '품앗이(recompensa)'이다. 산 안드레스 수호성인의 축제(11월 30일) 때 산띠아고 마을의 마요르도모와 주민들은 꽃과 헌금을 가지고 와서 이날을 축하한다. 이에 대한 답례로 산 안드레스 교회의 마요르도모와 주민들은 산띠아고 성인 축제 때 꽃과 헌금을 기부하고, 또한 이스까떼뻭 교회 순례 때 산띠아고 헌금함을 가져가는 의례에 동행한다. 산띠아고에서 이른 점심을 먹은 산 안드레스 사람들은 다시 이스

190

까떼뻭으로 돌아와 안드레스 성인상을 모시고 마을로 간다.

'마을을 나쁜 바람으로부터 보호하고자' 입구에 세워져 있는 돌 십자가탑 앞에서 기다리고 있던 마을 사람들은 산 안드레스 상을 꼬빨 향로로 정화하는 의식을 치른 뒤 순례자들과 함께 촛불 행진을 하며 성당으로 향한다. 폭죽과 종소리가 신성(神聖)의 세계로 갔던 산 안드레스 상이 귀향했음을 알린다. 산 안드레스 상을 제자리에 놓고 모두 올해도 '좋은 해'가 되기를 기원한다.

동굴기우제

멕시코의 전통 인식체계에 따르면, 우주의 한 부분을 형성하는 지하세계에는 이 땅 위에서 살아가는 생명체들의 삶을 풍요롭게 하는 보물들이 저장되어 있다. 지하세계를 상징하는 대표적인 장소가 다름 아닌 동굴이다. 동굴은 지하세계로 이어지고 대화할 수 있는 통로이며, 농사의 필수품인 씨앗 그리고 이 씨앗에 생명력을 주는 비를 가져오는 바람과 구름이 나오는 출구이다. 농민들은 "이 보물들이 대지로 나올 수 있도록 허락해 주십사" 하고 신들에게 제를 올려야 하는 것이다. 동굴기우제(Ofrenda a las cuevas)는 메소아메리카의 많은 농촌 마을에서 식민지 이전부터 내려온 전통적인 의례이며, 산 안드레스의 기우제도 예외가 아니다. 1580년 구띠에레스 데 리에바나(Gutiérrez de Liébana)는 그의 책 《떼뽀스뜰란 보고서(Relación de Tepuztlán)》에서 "산 안드레스에는 석회석 사이에 한 동굴이 있었다. 사람들은 그곳이 푹 가라앉아 있었는데 어디로 이어지는 줄을 몰랐고, 예전에 그곳에 들어가서 장식하였다고 말하였다"[25]고 동굴의례에 대하여 기록하였다. 구띠에레스 데 리에바나가 묘사한 동굴은 꾸이뜰라삘꼬(Cuitlapilco)로 추정되는데, 마을의 북서쪽에 있는 호수와 석회산이 접하는 곳에 위치해 있다. 이 동굴은 동굴기우제에서 매우 중요하였으나 토사가 쌓이면서 동굴 입구가 막혀 버렸다. 주민들은 1910년 혁명을 전후로 이곳에서 기우제가 이루어진 적이 없다고 하였다.[26]

동굴기우제는 신들과의 대화 수단이며, 이 세상과 초자연적인 세계와의 필수불가결한 연결고리이다. 게다가 로뻬스가 지적한 것처럼 인간과 신의 영역 사이에 존재하는 차별성을 인정한다면, 기우제는 인간이 신에게 무엇인가 바치는 것을 뜻한다.[27] 그리고 신들은 인간의 제물에 대한 답례로 커다란 무언가를 주어야 한다고 말할 수 있다. 농민들이 바라는 신의 답례품은 다름 아닌 '좋은 시절'이다. 5월이 되면 산 안드레스의 농민들은 '좋은 시절'을 기원하며 마을 주변의 산과 들에 있는 신성한 동굴과 샘 등에 기우제를 지낸다.

4월 중순이 되면 우에우엔뜰레(_huehuentle_: 기우제를 지내는 제사장)는 기우제를 준비하고자 마을의 연장자들로 구성된 위원회를 소집한다. 위원회의 대부분은 여성들이다. 이는 무엇보다도 주 제사장이 혁명 이후부터 여성이었고, 또한 대개 남성이 일하러 가고 없는 집을 방문하여 옥수수 등의 기금을 모으려면 여성이 용이하기 때문이다. 이들은 먼저 의례 일시, 기금 모금 등에 관한 사항들을 결정한다. 예전에 기우제는 5월 첫 번째 금요일에 행해졌으나, 오늘날은 일반적으로 세 번째 금요일에 지낸다. 사람들은 언제인지 모르지만 차츰 우기의 시작이 늦어지면서 기우제의 일시도 늦추어졌다고 한다. 이는 '십자가의 날', '이스까떼뻭 성당 순례' 등과 맞물려서 일시가 조정된 것으로 보인다.

정해진 일시에 위원회 사람들이 구역을 나누어 집집마다 돌면서 기금을 모은다. 보통 가구당 얼마씩 기금을 내기로 정한다. 예로

1997과 1998년에 기부금은 가구당 15뻬소였고, 2007년에는 30뻬소였다. 그러나 기부금 찬조는 의무적인 것이 아니며, 또한 찬조 형태도 화폐로 제한되지 않는다. 오히려 예전에는 돈 대신 옥수수, 따말용 옥수수 껍질, 그 외 의례에 필요한 폭죽 등의 제의 용품 등을 기부하는 것이 일반적이었고, 오늘날도 많은 집들이 이런 식으로 기부를 한다. 정해진 금액의 일부만 내는 사람, 기부를 아예 하지 않는 가구도 꽤 된다. 일반적으로 몰몬교인들은 기부하지 않는데, 이는 몰몬교인과 다른 사람들 사이에 말다툼의 원인이 되기도 한다.

이웃 마을인 산따 까따리나, 떼뽀스뜰란 읍에서도 모금이 이루어진다. 특히 산따 까따리나는 어린아이도 나우아뜰어를 할 정도로 '전통이 잘 살아 있으며, 가장 전투적이고 텃새가 심한 곳'으로 알려져 있다. 따라서 그곳에 방문하게 되면 (폭행당하는 것 등을) "조심하라"는 이야기를 쉽게 듣는다. 그럼에도 산 안드레스 사람들은 기우제 기금을 마련하고자 산따 까따리나의 약 천여 가구를 한집 한집 방문하는데, 이들은 자신들의 오랜 풍습에 따라 자연스럽게 기부를 한다. 그냥 서로 이웃일 뿐이다. 기부액은 정해져 있지 않다. 이들은 산 안드레스 마을과는 달리 돈보다 옥수수 기부를 많이 한다. 산 안드레스와 같은 분지에 위치한 산따 까따리나는 동일한 인식체계를 갖고 있지만 기우제를 지낼 만한 동굴이 없다. 이른바 '좋은 시절'을 위한 비와 바람이 불어오는 북쪽 방향에는 산 안드레스가 자리잡고 있다. 따라서 산따 까따리나 사람들은 자연스럽게 산 안드레스 동굴기우제를 통해 '좋은 시절'을 기원하였고, 예전에는 일부 사람들이 의례에 직접 참여하기도 하였다. 그러나 필자가 현지연구를 하던 3년 동안 기부는 하지만 의례에 직접 나온 산따 까따리나 사람은 한 사람도 없었다. 그리고 떼뽀스뜰란 읍내 사람들도 기부를 통해 의례에 참여하지

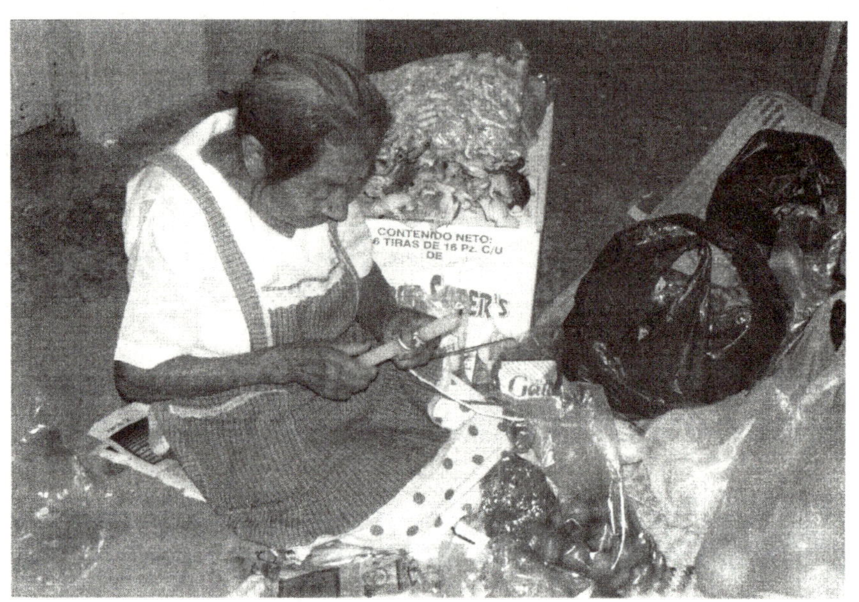

마을사무소에서 제사장 도냐 호비따가 제사용품을 준비하는 모습(2007년)

만, 기부자도 소수에 지나지 않는다. 대부분은 시장의 상인들이고 그
들이 취급하는 폭죽, 종이 등을 기부한다. 한 상인은 수십 년 동안 화
약을 기부해왔다고 하였다.

기우제 전날 제의 용품을 준비한다. 오전에 제사장들이 꾸에르나
바까 시장에서 필요한 물품들을 사 온다. 예전에는 제의용 그릇, 인
형 등 대부분의 제의 용품을 마을에서 직접 만들었지만, 1970년대부
터 거의 모든 제의 용품을 시장에서 구입하고 있다. 한 예로 도기 인
형 대신 플라스틱 인형을 사용한다. 물건을 살 때에 특별한 금기 사항
은 없다고 한다. 오후쯤 마을사무소에 제사장들과 마을 사람들이 모
인다. 그리고 주 제사장 도냐 호비따의 지휘 아래 제의 용품을 준비한
다. 마을사무소의 마당에서는 아주머니들이 아우아께(*ahuaque* : 비를

194

가져오는 우기의 신)*를 위하여 소금기 없는 매우 작은 따말, 파란 옥수수로 만든 에스끼떼(*esquite* : 일종의 비스켓 같음), 소금기 없는 몰레 베르데(mole verde), 별·달·태양 모양의 뜰락스깔(*tlaxcal* : 일종의 비스켓) 등 제의 음식을 만든다. 신을 위한 제물에는 소금을 넣지 않는다. 그리고 마을사무소 건물 안에서는 도냐 호비따와 10여 명의 사람이 새 돗자리에 앉아서 남녀 인형, 천사, 개구리, 거북이, 뱀, 군인, 담배, 과일, 화약 등의 제의 용품을 천연색 실과 종이(papel china)로 싼다. 이는 아우아께들이 천연색과 냄새를 좋아하기 때문이라고 한다. 예전에는 비와 관련 있는 무지개 색을 썼으나, 지금은 녹색, 하얀색, 빨간색 등 멕시코 국기의 삼색을 주로 사용한다. 멕시코 국민주의가 전통의례에도 자연스럽게 스며들어 있다. 이렇게 제의 용품의 준비가 다되면 제사장은 동굴별로 나누어 새 바구니(*chiquihuite*)에 제의 용품을 담는다. 그런 뒤 사람들은 돌아가고, 그날 마을 순찰 당번인 젊은이들이 남아 밤을 세워가며 제의 용품을 지킨다.

다음날 아침 7시쯤에 세 명의 우에우엔뜰레와 바구니를 운반하는 사람 그리고 단순 참가자들이 마을사무소에 모여 제물 바구니를 들고 산 안드레스 교회로 향한다. 예전에는 단지 교회에서 간단한 기도만 드렸으나, 1997년부터는 떼뽀스뜰란 교구신부의 주도 아래 미사를 드린다. 그런 다음 기우제 장소로 간다. 제의는 본래 두 방향으로 나뉘어 진행되었다. 그러다가 1997년부터 새로운 제사장으로 펠

---

* 레드필드(Redfield 1930 : 121~122)에 따르면, 아우아께는 천둥 번개를 치는 신이다. 사람이 줍는 구슬(stone bead)과 나선형 물레(spindle whorl)는 아우아께가 하늘에서 보내준 것으로 믿는다. 아우아께는 금을 매우 좋아한다. 비가 시작되면 이따금 아우아께의 목소리가 들리는데, 여자들은 아우아께들이 그녀의 금귀고리를 빼앗아 가는 것을 두려워하고, 또한 아우아께가 보석을 빼앗으려고 자신들을 쳐서 죽일까 두려워한다.

동굴기우제 제물을 축복하는 미사(2007년)

리뻬(Felipe)와 살바도르(Salvador)가 참여하면서 세 방향으로 나뉘었고 의례 장소도 늘어났다. 북쪽 방향은 전과 마찬가지로 우에우엔따나(*Huehuentana* : 오래된 모자), 아손촘빤뜰라(*Azontzompantla* : 물이 머리카락처럼 흐르는 곳), 소치뗀꼬(*Xochitenco* : 꽃의 주변), 그리고 소치오깐(*Xochiócan* : 꽃이 있는 곳)이다. 그리고 남동쪽은 두 방향으로 나뉘었다. 첫 번째는 떼뻬뽈꼬(*Tepepolco* : 구름이 뭉쳐 있는 장소), 아이오깔띡빡(*Aiocalticpac* : 호박 집 위) 떼뻬꿀리기안(*Tepeculliguian* : 산이

196

설교하는 곳)이고, 두 번째는 오스또끼아우악(*Oztoquiahuac* : 동굴 밖),
시우일리뗌빠[*Xihuilitempa* : 터키옥의 반점(hierbas)이 있는 곳, 1997년
에 새로 추가됨], 멕스꼬몰라빠(*Mexcomolapa* : 물 위에 펼쳐진 구름), 아
뜰리하깐(*Atlijacan* : 물이 있는 좋은 장소, 현재 마을 상수원이며 1997년에
새로 추가됨)이다.

산 안드레스에서 우기와 건기, 삶과 죽음 등과 같은 이원성은 자연
과 세상을 상징화하고 범주화하며 해석하는 과정의 한 특징이다. 이
해석 체계는 동굴에도 적용되어 '좋은 또는 나쁜 동굴'이라는 구분으
로 드러난다. 다음은 1997년부터 동굴기우제의 제사장으로 참여하
고 있는 펠리뻬의 이야기다.

> 전통적으로 일곱 개의 동굴이 있다고 믿는다. 세 개의 동굴은 부정적
> 인 측면을 대표하고 네 개는 좋은 것을 나타낸다고 한다. 그러나 나는
> 어떤 동굴들이 부정적인 것인지는 모른다. 하여튼, 화나면 비를 가져가
> 버리거나 나쁜 비를 주는 신이 있으며, 좋은 비를 주는 신들도 있다. 그
> 런데 모두들 비를 가져오는 데는 동의한다. 비가 오기 위해서는 모두가
> 만족스럽고 조화롭게 있어야 하기 때문에 동일한 제물을 가져간다.

그런데 좋고 나쁨의 이원성에서 간과해서는 안 되는 것은 상반된
두 요소가 조화로운 관계를 맺고 있다는 점이다. 죽음이 항상 존재하
는 곳에서도 자연과 인간의 삶이 부활하는 것을 통제하는 초자연적
인 힘이 공존하는 것이다. 지하세계로 통하는 동굴이 좋고 나쁜 것으
로 구별되지만, 이들은 상대를 배척하는 것이 아니라 비를 가져오기
위해 서로 조화를 이루어야 한다는 뜻이다. 상생적(相生的) 상호 조
화는 기우제를 지내는 남쪽과 북쪽의 동굴에 대한 상징체계와 인식

체계에서도 그대로 드러난다. 한 주민의 이야기다.[28]

지하의 강으로부터 솟아난 증기(구름)는 남쪽의 동굴들을 통해 발산된다. 바람에 실려 북쪽과 서쪽으로 실려 간 구름은 비로 변하여 들판과 북쪽 산들의 정상에 내린다. 그곳에서 개천이 되어 흘러내리고, 또한 샘들의 물도 간헐천(間歇川)으로 흘러, 땅의 배꼽에 이르러 꾸이뜰라삘꼬(*Cuitlapilco*) 동굴을 통해 지하세계로 들어간다. 동굴들은 매우 중요하다. 왜냐하면 우리들의 삶이 그들로부터 오기 때문이다.

마을 사람들은 남쪽과 북쪽의 동굴에 대한 상징 구조를 통해 우주를 창조한다. 마을의 북쪽에 위치한 찰치우이떼뻬뜰 산에 있는 소치오깐, 소치뗀꼬 등과 같은 동굴들과 샘들은 구름이 비로 변하여 발산되는 통로로 상징화되며, 탄생과 창조와 연관된다. 이는 앞에서 언급한 동굴들의 이름에서 잘 드러나는데 '꽃(*Xóchitl*)'은 메소아메리카의 전통적 상징체계에서 '자궁'과 '기원'을 나타낸다. 특히 소치오깐 지역은 산 안드레스의 주민들이 처음으로 살기 시작했던 곳이고, 떼뽀스뜰란의 조상신인 떼뽀스떼까뜰이 내린 벌 때문에 샘물을 잃어버리고 소치오깐을 떠났던 주민들에게 새로이 물, 즉 생명을 준 곳이 아손촘빤뜰라와 소치뗀꼬이다. 현실적으로 비를 실어오는 바람은 북쪽에서 오며, 상징체계에서도 이 방향에 창조와 탄생과 관련된 동굴이 위치해 있는 것이다. 이와 달리 남쪽 동굴은 죽음과 연관된다. 사람들은 기우제를 지내는 제일 남쪽에 위치한 떼뻬뽈꼬 동굴을 지하세계로 통하는 지름길로 여긴다. 남쪽과 죽음을 관련시키는 이 믿음체계는 한 농민이 들려주는 이야기에서도 잘 나타난다.

198

혁명이 일어나기 몇 년 전에 농사가 꽤 잘되었는데 갑자기 메뚜기 떼가 몰려들어 피해가 심하였다. 그래서 어느 날 우리 할아버지들은 어린아이들에게 하얀색 옷을 잘 차려 입히고, 그들과 함께 ─ 왜냐하면 어린이들은 순수한데 어른들은 죄가 많기 때문이다 ─ 풍악을 울리고 폭죽을 쏘며 호야(Joya : 마을의 최남단 지역) 쪽으로 갔다. 결국 메뚜기 떼는 출구인 호야 쪽으로 사라졌다.

남쪽과 북쪽 동굴에 대한 인식체계에서 삶과 죽음의 관계는 매우 순환적이고 조화롭다는 형이상적 유추를 발견할 수 있다. 생명을 준 뒤 땅의 배꼽을 통해 지하세계로 돌아간 비는 새로운 농사철이 되면 남쪽 동굴을 통해 수증기를 머금은 구름으로 북쪽에 이르러 비로 변하여 다시 대지에 생명을 준다. 비의 창조는 북쪽과 남쪽 동굴들 사이의 조화에 따라 이루어지며, 지하세계의 죽음과 혼돈으로부터 생명과 창조가 일어나는 것이다.

동굴기우제는 기본적으로 메소아메리카 세계관에 바탕을 두고 있다. 그렇지만 가톨릭이 도입되면서 커다란 변화를 겪었다. 한마디로 모든 의례는 가톨릭과 밀접한 관계를 맺게 되었고, 차츰 모든 전통 신을 대신하여 가톨릭의 신과 성인들이 의례의 중심으로 자리매김하였다. 예를 들어 가장 대표적인 전통의례인 동굴기우제의 대상이 '바람과 비의 신들'이 아닌 '성스러운 구원자 예수'로 상징화되며, 농사의 시작을 알리는 기우제도 '이스까떼뻭 순례'를 중심축으로 재편성되었다. 가톨릭의 도입과 강요는 점진적으로 조화로운 관계에 바탕을 둔 이원성에 대한 사고에도 변화를 일으켰다. 좋고 나쁜 동굴의 조화로 비가 내리고, 건기와 우기의 순환 속에서 옥수수가 재생하듯이 전통적 인식체계에서 "두 개의 상반된 존재, 이른바 신과 악마는 각자 독립적인 하나의 존재로 수렴되었다. 예로 악마, 나쁜 것은 하나의 신성(deidad) 속에서만 정체성을 획득했던 것이다."[29] 즉 모든 자연현상을 지배하고 통제하는 신성과 함께 유지되었던 호혜적 관계는 가톨릭의 강요 속에서 신과 악마라는 이분적 구조, 이른바 이원(二元) 대립으로 변화하였다. 더욱이 20세기에 들어 농촌 근대화를 겪으면서 동굴기우제는 그 어떤 것보다 커다란 소멸 위기에 처하였다. 한마디로 오늘날 동굴에서 비를 기원한다는 것 자체가 웃을 일이다. 결국 "많은 사람들이 (동굴의) 의미도, 아니 이름조차도 모른 채 마치 소풍을 가듯 감상적으로 제의에 참여한다"라는 제사장 펠리뻬의 말처럼 오늘날 동굴은 그냥 동굴일 뿐이고, "신화 없는 의례(rito sin mitos)"[30]만이 생산되고 있는지 모른다. 이런 변화 속에서도 주민들은 자신도 모르는 사이에 가뭄, 나쁜 결실 등의 자연현상을 아주 자연스럽게 동굴기우제와 연관시키며 전통적 세계관을 오늘날까지 유지해 왔다.

참가자들이나 특히 동굴제의에 대하여 연구하는 사람들은 떼뻬뽈꼬 방향으로 가는 그룹을 따라나서는 것을 선호한다. 이는 떼뻬뽈꼬 동굴이 평소 쉽게 갈 수 없는 마을의 최남단에 위치한 꼬로나(Corona) 산 정상 부근에 있고, 게다가 이 방향의 제사장이 약 40년 동안 기우제를 지내 온 도냐 호비따이기 때문이다. 도냐 호비따는 2000년대에 들어서서 기력이 약해져 떼베뽈꼬 방향 대신 대부분이 평지인 아뜰리하깐 방향을 맡고 있다. 떼뻬뽈꼬 방향은 펠리뻬가 맡았다. 펠리뻬는 전통문화에 관심이 많은 젊은이로 수호성인과 산 살바도르 축제 때에는 그와 함께 전통문화에 관련된 활동을 하는 친구들, 이른바 꼰체로들을 불러와 교회에서 꽃으로 태양 십자가를 장식하는 의례를 하고 춤을 춘다. 또 다른 제사장인 살바도르는 펠리뻬의 형인데, 캐나다로 계절 이민을 가면서부터 기우제에는 잘 참여하지 못하

기우제를 지낼 동굴을 향해 떠나는 행렬(2007년)

고 있다. 이에 2007년 동굴기우제에는 살바도르를 대신하여 20대 초반의 아가씨인 아메리까(América)가 제사장으로 처음 참여하였다.

제의가 행해지는 동굴들은 대체로 두세 명만 들어갈 수 있을 정도로 규모가 작다. 제사장과 보조원이 들어간 뒤 사람들이 서로 들어가려고 밖은 한참 동안 소란스럽다. 동굴 안에 도착하여 자리를 잡으면 제사장은 비의 신 아우아께들을 부르는 피리를 두 번 불면서 제의를 시작한다. 이때 제사장을 비롯한 모든 사람들은 나쁜 바람이나 신에게 노출되는 것을 막고자 담배를 한 모금씩 빤다. 여기서 신성의 세계에 들어가는 것에 대한 두려움이 배어난다. 나아가 아우아께와 같은 신들은 선과 악의 이중성을 지니고 있다고 생각하는 아스떼까 전통 인식 체계의 한 단면을 엿볼 수 있다. 이른바 아우아께는 좋은 바람뿐만 아니라 나쁜 바람도 가져온다. 제사장은 피리를 두 번 분 다음 준비해 간

도냐 호비따가 동굴에서 기우제를 지내는 모습(1996년)

제물들을 정성스레 진열한다. 그 순서가 반드시 정해진 것은 아니지만, 대체로 제사장을 마주보게끔 인형을 제단의 제일 앞부분에 놓고, 그 인형 앞에 다른 제물들을 진열한다. 그리고 제사장의 기도가 있다. 도냐 호비따가 1996년 5월 17일 떼뻬뽈꼬 동굴에서 드렸던 기도의 내용에는 기우제의 대상과 목적, 제물의 구실 등이 잘 드러난다.

(두 번의 피리소리)

성스러운 일꾼들이여(Señores Trabajadores)! 저들을 용서해 주세요, 저들은 자신들이 한 일을 알지 못합니다. 그러나 전통을 존중하며 여기에 있습니다. 전지전능한 신이여, 저는 당신에게 좋은 시절을 요청하고자 왔습니다. 여기에 당신의 아들(소년 인형)이 있습니다. 아멘.

(제물 배치)

여기에 소녀가 있습니다. 아름다운 소녀가, 당신을 위해 하녀처럼 당신을 도울 것입니다. 하고자 하는 일을 시키십시오. 성스러운 일꾼이여! 일을 하고 당신들을 돕도록 이 소녀에게 명령하소서. 성스러운 일꾼들이여, 성스러운 탁자로 다가오소서. 성스러운 일꾼들을 위해 일을 하고자 여기에 거북이와 화약이 있습니다. 군인들이 일할 것입니다. 이들을 쉬라고 여기에 데려오지 않았습니다. 이 군인들은 오늘은 쉬고, 다음부터는 이 모든 시절(농사철) 동안 일을 할 것입니다. 그리고 이 뱀들은 조용한(calmado) 천둥을 위한 것입니다.

(담배에 불을 붙이고 놓는다)

(두 번의 피리 소리)

성스러운 일꾼이여, 바람 신이여, 시간과 계절의 성스러운 일꾼이여! 우리는 좋은 비가 내리길 그리고 신이 우리에게 바람·우박이 없는 비를 주시길 원하고, 요청하며, 진심으로 기원하며, 탄원합니다.

우리 아버지 산띠시모 사끄라멘또(Nuestro Padre Santísimo Sacramento),

우리 아버지 산띠시모 뜨리니닷(Nuestro Padre Santísimo Trinidad),

우리 아버지 산띠시모(Nuestro Padre Santísimo),

우리 아버지 산또(Nuestro Padre Santo)!

우리들을 용서할 것이며, 절대로 우리들을 놀라게 아니 할 것입니다.

성전, 성스러운 동굴이여. 성부와 성자와 성신의 이름으로, 아멘! 아베 마리아 뿌리시마(Ave María Purísima), 아베 마리아 산띠시마(Ave María Santísima)! 우리들의 신이여! 우리들을 용서하소서, 우리들을 구원하소서, 간청합니다. 감사합니다. 우리들을 용서하소서, 신이여!

(세 번의 피리 소리)

(폭죽)

  도냐 호비따는 나우아뜰어와 스페인어를 혼용하여 기도를 하였다. 기도의 대상은 뜰락록 같은 전통의 신보다는 예수, 성모 마리아 등이다. 세월 따라 동굴기우제도 많은 변화를 경험했을 것이다. 도냐 호비따가 제사장을 그만두면 이 기도문을 듣는 것도 쉽지 않을 것이다. 2007년 동굴기우제 때 필자는 새로 참여한 제사장 아메리까가 어떻게 제의를 하는지 보고자 그녀를 따라갔다. 그녀는 우에우엔따나 방향을 담당하였다. 그녀의 아버지 돈 꼬꼬(Don Coco)가 한때 제사장을 하였는데, 이런 이유로 그녀는 젊은 나이에 거리낌 없이 제사장이 되었다. 그러나 단순 참여자에서 제사장이 되는 것이 결코 쉽지 않은 일 같다. 그녀는 우에우엔따나 바위를 찾지 못해 1시간 남짓 헤맸고, 결국 언제나 가장 먼저 끝나는 이 방향의 기우제가 가장 늦게

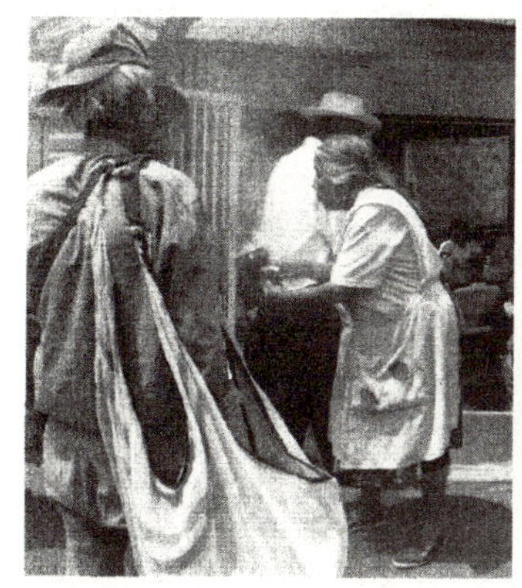

기우제를 마치고 온 일행들을 꼬빨 향로로 정화하는 모습(2007년, 왼쪽)
기우제를 마치고 몰레 베르데와 따말로 식사하는 사람들(2007년, 오른쪽)

끝났다. 무엇보다 기도를 할 때 나름대로 기도문을 만들지 못해 교회의 주기도문으로 대신하였다. 또한 도냐 호비따의 기도에서 느낄 수 있는 가슴 뭉클한 절실함이 배어나오지 않았다. 그녀도 이것을 깨달았는지 필자에게 도냐 호비따에게 가서 많이 배우겠다고 하며, 필자가 채록했던 도냐 호비따의 기도 내용을 복사해 달라고 하였다. 도냐 호비따가 그랬듯이 아메리까도 세월에 따라 그녀만의 가슴 절절한 기도를 만들어갈 것이다.

제의 장소마다 폭죽 소리가 울려 퍼지고, 정오쯤에 제의는 마무리된다. 제의가 먼저 끝난 팀들은 성당으로 돌아와서 다른 팀들이 돌아올 때까지 기다린다. 다 모이면 함께 마을사무소로 돌아간다. 이때 참가자들은 사무소 입구에서 꼬빨 향로의 연기로 몸을 씻는데, 이는 동굴과 들판에 있는 '나쁜 바람'과 접촉하였던 사람들을 보호하기 위해서이다. 그리고 제의 동안 마을의 아주머니들이 준비한 따말과 몰레 베르데로 식사를 한다. 그런 뒤 제사장의 간단한 인사 및

결산보고가 있고 기우제는 끝난다. 이제 우주 에너지 창조자의 대답
만 남았다.

씨앗축복 의례

공동체 차원의 기우제가 행해지는 동안 한편에서 농민들은 씨앗을
준비하고, 농기구를 손보며 다가올 농사철을 준비한다. 농사 준비와
관련해서 빠지지 않는 일 가운데 하나가 바로 씨앗을 축복하는 의례
이다. 대표적인 씨앗축복 의례는 5월 15일 산 이시드로 라브라도르
(San Isidro Labrador) 날에 이루어진다. 농업의 신, 산 이시드로 축일
에 굳이 큰 축제를 벌이지 않더라도 산 안드레스 농민들은 씨앗을 축
복하며 보낸다.

오늘날 산 안드레스에서는 산 이시드로 축복의례를 드리지 않는
다. 그러나 1970년대 초반까지만 하여도 산 이시드로 날에 씨앗축복
제의를 위한 특별 미사가 산 안드레스 성당에서 있었다. 농민들은 추
수할 때나 알곡을 털 때 선별하여 보관해 온 '건강한' 옥수수·콩·호
박 등의 씨앗을 교회로 가져가 축복을 받았다. 이때는 씨앗뿐만 아니
라 소, 말, 쟁기 등을 꽃으로 장식해 함께 가져갔다. 교회 마당이 가
축과 농기구로 가득 찼다. 한마디로 교회가 갑자기 가축 시장과 농기
구 전시장이 되었다. 미사가 끝난 뒤 신부는 씨앗, 가축, 농기구를 하
나하나 돌아가며 성수로 축복해 주었다. 축복받은 씨앗은 파종할 때
까지 잘 보관하였다. 미사가 끝난 뒤에는 가정마다 몰레, 따말, 아똘
레를 먹었다. 산 이시드로 축복의례로 농사 지을 준비가 온전히 갖추
어졌다.

그러나 한 명의 신부가 떼뽀스뜰란의 여러 마을을 담당하고 있어
서 이날에 산 안드레스에서 씨앗축복을 위한 미사를 하는 것이 어려

게레로 주 뽀또이찬 마을 성당에 모셔진 산 이시드로 상과 소 두 마리가 끄는
겨리쟁기 상. 상 앞에 어린 옥수숫대가 놓여 있다(2007년).

워졌다. 무엇보다 이웃 마을 떼뽀스뜰란의 아밀싱고(Amilcingo)에서
는 수호성인 축제가 벌어져 신부가 더욱더 다른 마을을 신경을 쓸 여
유가 없었다. 이와 더불어 농업 환경도 변화가 있었다. 무엇보다도
산 안드레스에서 1970년대에 토마토 재배가 활성화되면서 옥수수
경작에 바탕을 둔 씨앗축복 제의의 중요성은 줄어들었다. 토마토 경

작은 대체로 경작 시기가 빠르고, 씨앗도 필요할 때 시장에서 구입하기 때문에 굳이 교회에서 씨앗 축복의례를 하는 것이 쉽지 않았다. 이런 환경 때문에 산 안드레스에서 산 이시드로 축복의례는 차츰 자취를 감추었다.

물론 농민들이 산 이시드로 날에 미사가 없다고 하여 농사 준비에서 가장 중요한 의례 가운데 하나인 씨앗축복을 하지 않는 것은 아니다. 농민들은 저마다 나름대로 씨앗을 축복하는데, 그 방식은 여러 가지이다. 소수의 농민들은 아밀싱고와 같은 이웃 마을의 산 이시드로 축제 미사에 가서 씨앗축복을 하기도 한다. 대부분 농민은, 앞에서 말한 것처럼, 보통 성모 깐델라리아 축일이나 성주간 등 파종 이전 마을에서 행해지는 미사에서 1꾸아르띠요(cuartillo : 옥수수 계량 단위로 약 2리터) 또는 소량의 옥수수, 호박, 콩 등의 씨앗을 가지고 가서 축복을 받는다. 그러나 오늘날은 이렇게 다른 마을의 산 이시드로 축일 미사 또는 마을의 미사에 씨앗을 가지고 가서 직접 씨앗축복을 받는 사람도 그리 많지 않고 점점 줄어들고 있다. 이는 1990년대 후반 들어 공장에서 병충해 방지를 위해 약품 처리된 개량종 옥수수가 도입되었기 때문이다. 토마토 종자처럼 옥수수 씨앗도 파종을 할 무렵 시장에서 구입하기 때문에, 교회에 가서 축복의례를 하는 대신 파종할 때 간단하게 부활절이나 다른 미사에서 축복을 받아 집의 제단에 놓아 둔 성수(聖水)로 씨앗을 축복한다. 물론 이는 개량종 옥수수 씨앗뿐만 아니라 토종 옥수수 씨앗인 경우에도 마찬가지이다.

씨앗축복 의례를 한 경우, 파종 시기가 되면 농민들은 미리 축복을 받았던 씨앗들과 그렇지 않은 씨앗을 섞는다. 축복받은 씨앗의 성스러운 기운이 다른 씨앗에도 옮겨진다. 그리고 이 씨앗들을 들판으로 가지고 가서 풍년을 기원하며 파종한다. 이러한 과정과 변화에 대하여 한 농민의 이야기를 들어보면 다음과 같다.

파종하기 전 집 안에 있는 수호성인의 제단에 씨앗을 놓고 꼬빨 향
로 연기로 정화하며 기도한다. 그리고 밭으로 가지고 가서 파종한다.
일부 씨앗들은 배로 증식되어서 돌아오고, 일부는 들판에 남고 돌아오
지 않는다. 예전에는 이렇게 기도를 하였다. "우리의 신이여! 나는 우
리들을 위해 이 씨앗을 파종하려 합니다. 우리들의 길을 돌봐주소서.
이듬해에 우리의 식량이 되고자 이 옥수수들은 우리들을 대신하여 수
많은 고통을 겪을 것입니다. 나의 신이여! 제발 우리들의 아들들을 돌
봐주소서. 내일 살아 돌아와 우리들을 위하여 봉사할 것이며, 만약 죽
어서 돌아오지 않으면 나의 후손들을 위하여 봉사할 것입니다." 그러
나 지금은 거의 아무도 이렇게 기도를 하지 않으며 단지 성호만 긋고
파종을 한다. 게다가 우리들의 할아버지들은 나우아뜰어로 더 멋있게
하였다. 우리들은 그것을 보았는데, 정말로 멋있었다.

파종하면서 드리는 기도에는 이 땅에서 수천 년 동안 지속되었으
며, '옥수수 인간'으로 상징되는 메소아메리카 세계관이 깃들어 있
다. 인간을 대신하여 모든 고통을 참아내며 성장하여 인간의 식량이
된 옥수수처럼, 이 땅의 농민 나아가 원주민들은 옥수수를 경작하며
서구 가톨릭의 영혼의 정복에도 꿋꿋하게 생명력을 유지하였다. 바로
그 생명력이 다양한 문화가 상생하는 오늘의 멕시코를 창조해 냈다.
그러나 씨앗축복 의례와 파종 의례가 점차 사라지는 것과 더불어 전
통적인 농경 방식도 사라지고 있다. 그 가운데 대표적인 것이 옥수수,
콩, 호박의 혼작체계이다. 앞에서 이야기한 것처럼 산 안드레스 나아
가 멕시코 농촌에서 행해지는 전통 파종 방식은 한 구덩이에 옥수수,

콩, 호박을 함께 심는 것이다. 이 작물들은 산 안드레스 사람들의 주된 먹거리로, 이른바 균형 잡힌 건강식이라고 할 수 있다. 세 작물은 사람들에게 건강식일 뿐만 아니라 땅에도 건강 작물이다. 옥수수는 콩과 호박의 발아를 보호해 주고, 옥수수 줄기는 콩과 호박이 잘 자랄 수 있도록 든든한 기둥이 되어 준다. 옥수수만 경작하면 토질이 저하되는데, 콩은 질소 영양분을 제공하여 옥수수와 호박에 영양을 공급하고 토질 회복을 도와준다. 호박의 넓은 잎은 세찬 비로부터 침식을 막아 옥수수의 허약한 뿌리를 보호해 주고, 또한 그늘을 만들어 토양의 영양분을 빼앗아 가는 잡초들이 성장하는 것을 막아 준다.[31] 이렇게 세 작물은 서로를 보듬어 안으며 땅을 살찌우고 사람을 살찌웠다.

그러나 개량종 및 농약, 농기계의 도입으로 혼작체계는 자취를 감추고 점차 개량종의 단작체계로 바뀌었다. 옥수수 개량종은 제초제와 농약으로 경작될 때 높은 생산성을 기대할 수 있지만, 어린 호박과 콩은 제초제와 농약에 약해서 쉽게 말라버린다. 또 혼작할 경우 멋대로 자라는 호박과 콩 줄기 때문에 농기계를 이용하여 흙 북돋아 주기 작업 등을 쉽게 할 수 없다. 한마디로 개량종 옥수수 경작지에서 호박과 콩은 차츰 '잡초' 이상의 의미를 지닐 수 없게 되었다. 결과적으로 산 안드레스 주민들은 균형 잡힌 건강식의 한쪽을 잃어버리게 되었고, 나아가 자신들의 먹거리를 어디서, 어떻게, 누구에 의해 생산되었는지도 모르는 외부 생산물에 의존하게 되었다. 이런 변화는 마을 최고 연장자 가운데 한 분의 이야기[32]처럼 생각하지 못한 폐해를 낳고 있다.

우리 할아버지들은 순전히 깨끗한 것을 드셨으나, 우리는 완전히 화학제만 먹는다. 그들은 허구한 날 콩과 또르띠야, 그리고 까뻬로

(capiro), 비름나물(verdolaga), 낀또닐(quintonil) 같은 야생 식물만을 드셨지만 우리들보다 훨씬 건강하셨다. 땅에서 성장하고, 신으로부터 축복을 받은 옥수수, 콩, 호박, 토마토는 너무도 깨끗하였다. 지금은 모든 것이 밖에서 오고, 게다가 이것들은 화학제품이다. 우리들은 농약으로 해충을 방제하고, 비료로 잘 자란 옥수수를 먹고, (우리들의 할아버지들이 맛보지 못한) 코카(콜라) 같은 다양한 음료수를 마시고 있다. 그런데 오늘날 너무도 많은 사람들이 당뇨 그리고 고혈압 같은 병으로 고생을 하고 있다.

건강은 인간과 자연 사이에서 만들어진 균형의 결과이므로 '고혈압'이나 '당뇨병'은 오늘을 살아가는 한 개인뿐만 아니라, 그들의 사회와 문화가 겪고 있는 한 증상일 것이다. 결국 수세기 동안 지속되어 온 전통 경작체계에 녹아 있던 인간과 자연 사이의 상생(相生) 문화는 점차 빛을 잃어가고 있다. 단순하지만 건강한 전통 농경문화의 멋이 그리운 때이다.

2) 풍년을 기원하며

쟁기씻이

옥수수가 자라는 것에 따라 함께 진행되던 흙 북돋아주기 작업은 7월 말에서 8월 중순 사이에 세 번째 흙 북돋아주기와 제초 작업을 마지막으로 끝이 난다. 농민들은 이때 '쟁기씻이(acabada)'를 하였다. 이는 "5월 15일 산 이시드로 날로부터 시작되었던 농사일이 끝나고, 이제 농사는 신의 의지에 맡겨졌다"는 것을 뜻한다고 한다. 이 의례

말이 끄는 쟁기로 두 번째 흙 북돋아주기 작업을 하는 모습(2004년 7월)

를 통해 농민들은 이제까지 농사일을 하는 동안 아무런 탈이 없었음을 신에게 감사드리고 또한 추수 때까지 '나쁜 바람', 즉 우박이나 폭풍우에 따른 사고가 없기를 신에게 기원하였다.

농민들은 아침 일찍 꽃과 초를 가지고 성당으로 가서 신에게 감사드리고 마지막 흙 북돋아주기 작업을 하러 들판으로 갔다. 마지막 이랑에 심어진 옥수수에 흙을 북돋아줌으로써 일이 끝나게 되면, 농민들은 '나쁜 바람'으로부터 작물을 보호하려고 밭의 중앙에 나무로 만든 십자가를 세우고 꽃으로 장식하였다. 그리고 "오늘 나는 당신이 받아야 할 권리에 대한 내 경작 의무를 다하였습니다. 결실이 없다면, 이젠 당신의 책임입니다. 나는 할 일을 다 끝내고 물러갑니다"[33]

212

라고 암송하며 밭 둘레를 돌아다녔다. 그리고 농민들은 농사가 끝났음을 알리고자 폭죽을 쏘면서 집으로 돌아왔다.

한편 집에서 몰레, 따말, 뽄체 등의 음식을 준비하던 아낙네들은 폭죽 소리가 들리면 꼬빨 향로와 꽃으로 만든 목걸이를 가지고 마을 입구로 가서 농민들을 기다렸다. 꼬빨 향로 연기로 이들을 정화하고 꽃목걸이를 걸어주었는데, 농민뿐만 아니라, 일꾼, 소와 말 그리고 심지어는 주인을 따라 나선 개에게까지 꽃목걸이를 걸어주기도 하였다. 집에 도착하여 집안 수호성인의 제단에 감사 기도를 드린 뒤, 준비한 음식과 술로 축제를 열었다. 예전에는 이 시기가 되면 마을에 축제가 끊이지 않았다고 하였다. 오늘날에는 마을 전체가 들썩거리게 쟁기씻이를 하지 않는다.

그렇지만 농사가 끝나면 밭 중앙에 십자가를 세우거나, 가족끼리 몰레 등 전통 음식을 만들어 먹는 몇몇 가정에서 쟁기씻이의 잔재를 엿볼 수 있다. 또한 쟁기씻이에 내재되어 있는 세계관은 여전히 자신들이 부딪치는 다양한 사건을 이해하고 해석하는 틀로 작동하고 있다. 이 점은 한 농민의 이야기[34]에서 잘 드러난다.

란초(Rancho : 경작지의 지명)의 밭들 가운데 마리오(Mario)와 니에또(Nieto)가 경작했던 곳은 바람 때문에 옥수수가 다 쓰러져 버렸다. 그러나 이들 경작지의 중간에 있는 내 밭의 옥수수는 하나도 쓰러지지 않았다. 8월 무렵 두 번째 흙 북돋아주기 작업이 끝났을 때, 경작지의 중간에 야자수 잎과 하얀 꼬빨로 만든 십자가를 달아 놓고 성수가 담긴 항아리를 묻어 두었다. 내 밭이 온전한 것은 십자가가 바람으로부터 경작지를 보호해 주었기 때문이라고 생각한다.

사실 쟁기씻이는 서구와 원주민 문화의 혼종성이 잘 드러나는 생산의례이기도 하다. 스페인 정복 이전에 원주민 사회에는 소와 말과 같은 축력(畜力)과 쟁기가 존재하지 않았다. 한마디로 원주민의 농업 생산은 축력보다는 다양한 종의 선택에 바탕을 두었다. 정복 후 스페인 사람들과 함께 소와 말 그리고 나무쟁기(arado criollo)가 들어왔다. 16세기 중반에 도입된 나무쟁기는 17세기 초반에 이르러 차츰 멕시코 전역에서 일반화되었다.[35] 그리고 쇠쟁기는 1900년대 초반에 도입되었다. 그렇지만 사탕수수 아시엔다 또는 부농들만 쇠쟁기를 사용할 수 있었다. 떼뽀스뜰란에서 1910~1920년 사이의 혁명기 이전에는 쇠쟁기를 사용하는 가구는 소수에 지나지 않았다. 그러나 1930년대 쇠쟁기는 더욱 광범위하게 사용되었고, 1943년에는 대부분의 농부들이 나무쟁기는 물론 쇠쟁기도 가지게 되었다.[36]

특히 소 두 마리가 끄는 쟁기(arado de polco)가 들어와서, 땅을 깊게 갈아엎어야 효과가 큰 두 번째와 세 번째 흙 북돋아주기 작업에 많이 이용되었다. 쟁기는 화전(tlacolol)과 꼬아(coa : 나무 괭이)에 바탕을 둔 옥수수 생산체계에 엄청난 변화를 일으켰다. 인근 야산에서 이루어졌던 화전의 수확량은 쟁기 경작에 비해 약 1.5배 정도 수확량이 많았다. 그렇지만 화전은 개간하고 수확·운반하는 일뿐만 아니라 동물로부터 농작물을 보호하는 데 많은 시간과 노동력을 필요로 하였다. 또한 한 번 개간한 땅은 토질을 회복하는 데에도 대략 10년이 걸렸기 때문에 개간지를 확보하는 것도 쉽지 않았다. 따라서 점차 거주지에 가까운 평지의 쟁기 경작체계가 일반화하였고, 이 과정에서 쟁기씻이와 같은 생산의례도 새롭게 구성되었다.

그렇지만 동굴의례, 빼리꼰 십자가 세우기 등의 다른 생산의례와 달리 농촌 근대화 과정에서 쟁기씻이는 급속히 사라졌다.

1960·1970년대에 농업 노동의 중심이 토마토 경작으로 옮겨 가면서 옥수수의 경작 주기는 단순화되었다. 무엇보다도 힘들고 많은 노동력을 필요로 하였던 흙 북돋아주기 작업이 세 번에서 두 번 또는 한 번으로 줄어들었다. 또한 쟁기도 소나 말 두 마리가 끄는 쟁기보다는 사용하기 편리한 말 한 마리가 끄는 쟁기(arado de balancín)로 점차 바뀌었다. 그리고 1970년대 중후반에 이르면 쟁기씻이는 차츰 자취를 감추기 시작하였다. 물론 만만치 않는 비용 문제도 한몫하였다. 오늘날 옥수수 경작이 다시 활성화되고 있다고 하지만, 흙 북돋아주기 작업이 전혀 필요 없는 개량종과 새로운 농법 그리고 1990년대 들어서 일반화된 기계화로 쟁기씻이는 발붙일 틈이 없게 되었다. 이런 변화는 끊임없이 외부 경제에 편입·종속되는 농촌의 현실을 잘 보여주기도 한다.

앞에서 말한 것처럼 농민들은 옥수수가 자라는 속도에 따라 흙을 북돋아 주며 옥수수와 함께 호흡하였다. 옥수수는 뿌리가 위로 자라는 작물이기 때문에 흙을 북돋아 주어야 뿌리가 안정적으로 자리를 잡고 지속적으로 신선한 영양분을 공급받을 수 있다. 다시 말해 흙 북돋아주기 작업을 통해 고랑의 흙은 옥수수가 심어져 있는 이랑으로 옮겨져 옥수수가 튼튼하게 성장하는 힘이 된다. 이렇게 옥수수가 심어져 있는 이랑은 고랑이 되고 고랑은 이랑이 되는데, 여기에도 농민들의 지혜가 담겨 있다. 옥수수가 완전하게 성장하면 밭에서 건조되는데, 이랑은 하수구 구실을 하여 고랑에 뿌리 내린 옥수수가 썩지 않고 잘 마를 수 있도록 도와준다. 그러나 흙 북돋아주기가 사라진 오늘날 옥수수는 자신이 뿌리 내리고 있는 땅에서 지속적으로 영양분을 공급받기보다는 점차 비료 등 외부 영양분에 의존해야 한다. 이 또한 잡초와 경쟁을 해야 하며, 이를 방지하기 위해서는 제초제의 도움을 받아야 한다. 이처럼 개량종 씨앗부터 비료 등 영양분까지 외부에 의존할 수밖에 없는 근대화된 옥수수 경작에 따라 농민들의 삶도 차츰 마을 외부의 시장경제로 편입되고 있다. 2008년에 쟁기를 사용하는 집은 서너 집에 지나지 않았다. 한 마디로 이제 쟁기씻이를 할 쟁기가 없어지고 있다.

바람아 멈추어다오!

9월 28일은 뻬리꼰(pericón : 야생화) 십자가와 엘로떼(elote) 날이다. 그 다음날인 29일은 산 미겔 대천사(San Miguel Arcángel)의 축일이다. 산 안드레스를 비롯하여 떼뽀스뜰란에서 대천사 산 미겔은 농사와 매우 밀접한 관계를 맺고 있다.* 사람들은 최후 심판의 날에 악을 물리치는 전사인 대천사 산 미겔이 '나쁜 바람', 즉 악마를 내쫓아 곡물과 자신을 보호해 준다고 믿는다. 다음은 한 농민의 이야기이다.

악마가 들어가지 못하도록 밭뿐만 아니라 집에도 뻬리꼰 십자가를 세운다. 악마는 자유롭게 돌아다니는데, 대천사 미겔은 악마를 붙잡아서 이들이 조용히 있도록 하고자 마체떼(machete : 멕시코의 낫)로 벌을 준다. 대천사 미겔은 마체떼를 들고 악마들을 쫓아다닌다. 그래서 밭의 네 귀퉁이와 집의 문에 십자가를 세운다.

여기에서 악마는 좋은 결실을 위협하는 가뭄·병충해·우박 등을

---

* 프랑스 서부 지방에서는 대천사 산 미겔의 축일인 9월 29일이 농사와 관련된 모든 계약을 시작하는 날로 매우 중요하다. 요한묵시록에는 밭을 쓸고 지나가는 머리가 일곱, 뿔이 열 개 달린 용과 대천사 산 미겔이 싸우는 이야기가 있다(송영규, 2001, 《프랑스의 세시풍속》, 도서출판 만남, 38쪽 참조).

상징하며, 이를 보통 '나쁜 바람'이라고 빗대어 말한다. '나쁜 바람'이라는 관념은 산 안드레스와 떼뽀스뜰란에서 보편적으로 나타난다. '뻬리꼰 십자가의 날'은 이 믿음체계와 밀접한 관계가 있다. 이 믿음과 인식체계는 의례뿐만 아니라 일상생활에도 영향을 미친다. 예로 임산부는 나쁜 바람이 태아에게 해를 끼치기 때문에 냇가에서 목욕을 하거나 빨래를 해서는 안 된다. 이곳 사람들은 병·불행·악은 나쁜 바람, 특히 계곡에서 부는 나쁜 바람으로부터 비롯된다고 생각한다. 따라서 들판이나 계곡, 동굴에 갈 때에는 나쁜 바람으로부터 자신을 보호하고자 담배, 풀 등을 가져간다. 나쁜 바람은 담배 연기나 풀의 향을 싫어한다고 한다. 또한 꾸란데로(curandero : 민간 치료사)가 씻김굿을 할 때에도 계곡에 가서 바람 신을 달래는 것에 초점을 맞춘다. 떼뽀스뜰란의 시조신인 떼뽀스떼까뜰(*Tepoztécatl*)은 바람의 신 에헤까뜰(*Ehécatl*)의 아들로 바람을 통해 세상을 다스렸다고 한다.

전통적 세계관에서 나쁜 바람이 절대악을 상징하는 것은 아니다. 앞에서 말한 것처럼 건기와 우기의 계절적 구분은 메소아메리카 세계관에서 삶과 죽음의 이원성(dualismo)으로 범주화된다. 바람의 개념 또한 원주민들의 우주관과 밀접한 관계를 갖고 있다. 나쁜 또는 찬바람은 좋은 또는 더운 바람과 상호 보완적이다. 바람은 추운 것과 더운 것의 통합체로 비, 즉 생명과 죽음을 만들어 낸다.[37] 옥수수 생산의 순환주기에서 나쁜 바람은 옥수수를 지하세계, 이른바 동굴로 귀환하게 하는 매개체이다. 이 옥수수는 봄의 더운 또는 좋은 바람과 함께 땅으로 외출하며 새로운 생명을 싹틔운다. 그러나 오늘날 산 안드레스 사람들이 말하는 나쁜 바람은 좋은 바람과 상호 보완적이기보다는 배타적 존재를 일컫는 측면이 강하다. 이는 기본적으로 가톨릭의 선악의 이분법에서 비롯된 것으로 보인다. 마치 산 미겔 대천사가 마체떼(낫)를 들고 쫓아다니는 악마의 모습처럼 말이다.

산 미겔 대천사의 보호가 가장 절실히 요구되는 때는 다름 아닌 "신의 의지에 맡겨졌던" 어린 옥수수가 자라 알이 가득 찬 옥수수, 이른바 엘로떼가 되는 9월부터 10월이다. 특히 알이 여물어 가면서 옥수숫대는 작은 바람에도 쉽게 쓰러진다. 이럴 경우 옥수수가 썩어 한 해 농사를 망칠 수 있다. 과실 농사도 마찬가지이다. 특히 산 안드레스에서 집의 뜰에 심어진 오얏(ciruela)나무는 주민들에게 꽤 쏠쏠한 수입을 주지만, 나무가 크고 과실도 약해 바람에 잘 떨어진다.

28일 아침, 보통 정오 무렵에 마을 사람들은 들판으로 나가 십자가를 만들고자 뻬리꼰을 채집한다. 노란 야생화 뻬리꼰은 그리 어렵지 않게 구할 수 있다. 오늘날 농사를 짓지 않고 다른 일에 종사하는 사람들은 들판에서 뻬리꼰을 구할 시간이 여유롭지 못하기 때문에 떼뽀스뜰란 읍 등에 있는 인근 시장에서 뻬리꼰을 사기도 한다. 뻬리꼰 꽃이 바깥 네 방향을 향하게 하고, 뻬리꼰 줄기를 겹쳐 십자가 모양을 만든다. 그리고 십자가 모양이 흐트러지지 않도록 뻬리꼰 줄기나 실 등으로 묶는다. 뻬리꼰 십자가는 그리 크지 않으며, 큰 것도 길이가 30센티미터를 넘지 않는 편이다.

뻬리꼰 십자가의 날에 가장 중요한 의례는 바람으로부터 농작물을 보호하고자 밭에 뻬리꼰 십자가를 세우는 것이다. 옥수수 밭에 동물, 특히 소와 말이 들어오는 것을 막고자 밭 둘레에는 돌담과 철조망이 둘러쳐 있다. 밭 입구에 해당하는 철조망과 밭 네 귀퉁이에 자리잡고 있는 옥수수 또는 철조망에 뻬리꼰 십자가를 매단다.

십자가를 세운 뒤 사람들은 처음으로 엘로떼를 따며 '의례적 수확'을 한다. 그리고 주변에서 모은 나뭇가지에 불을 붙여 수확한 엘로떼를 구운 뒤 리몬(limon:레몬), 마요네즈, 고춧가루를 뿌려서 먹는다.

들판에 세워진 십자가와 뻬리꼰 십자가(1997년, 왼쪽)
추수가 끝난 뒤에도 옥수숫대에 걸려 있는 뻬리꼰 십자가(2006년, 오른쪽)

그러면 엘로떼 굽는 향이 들판에 가득 찬다. 이날 농민들은 마을뿐만 아니라 타지의 친구들을 이 '의례적 수확'에 초대한다. 또한 이날만은 '단 세 개 이상을 따서는 안 된다'는 불문율을 지킨다면 누구든지 자유롭게 다른 사람의 밭에 들어가서 엘로떼를 딸 수도 있다. 그러나 오늘날 수확량이 좋고 경작하기 쉬운 개량종 옥수수에 밀려 '맛이 좋은' 토종 옥수수의 재배 면적이 줄어들자 옥수수를 마음대로 딸 수 있도록 허락하는 농민들의 마음도 점점 각박해지고 있다.

　노인들에 따르면, 1970년대 중반까지만 하여도 첫 '의례적 수확'을 하는 뻬리꼰 십자가의 날이 올 때까지 어느 누구도 자신의 밭에 있는 엘로떼에 손을 대지 않았다고 한다. 하지만 지금은 뻬리꼰 십자가의 날 전에도 이곳저곳에서 엘로떼를 구워먹는 것을 가끔 볼 수 있고, 의례도 다른 곳에서 일하는 사람들의 시간에 맞추어서 정오 때가 아닌 오후에 많이 행해진다. 하여튼 이날에는 사람들의 입가에서 옥

집의 유리창에 걸린 뻬리꼰 십자가(2007년)

수수 냄새가 떠나지 않는다.

대천사 산 미겔이 나쁜 바람으로부터 농작물을 보호해 준다는 믿음은 굳이 들판에만 한정되지 않는다. 곧 대천사 산 미겔은 농작물뿐만 아니라 병, 액운 등으로부터 개인과 집안도 보호해준다고 한다. 따라서 농사를 짓지 않더라도 사람들은 들판뿐만 아니라 집의 입구와 창가, 나아가 자가용, 트럭, 트랙터 등에도 뻬리꼰 십자가를 매단다. 집의 입구와 창가에 십자가는 비바람에 닳아 없어질 때까지 걸려있으며, 처마 밑에 있는 십자가는 일 년 넘게 가기도 하여 두세 개가 함께 걸려있기도 한다. 특히 세차게 비바람이 칠 때 마을 사람들은 그때까지 남아 있는 뻬리꼰 십자가를 태우기도 하는데, 이렇게 하면

220

"하늘이 잠잠해진다"고 한다.

산 안드레스의 사람들은 9월 29일 떼뽀스뜰란 읍내의 산 미겔 바리오에서 열리는 수호성인 축제를 즐기러 가기도 한다.

3) 신과 조상님 전에 감사드립니다!

물의 날

루까스(Lucas) 성인 축일인 10월 18일은 물의 날(los aguas)이다. 마을 사람들은 '좋은 시절과 결실'을 주신 것에 대하여 신에게 감사드리고자 보통 '물의 눈(ojo de agua)'이라고도 불리는 아손촘빤뜰라(azontzompantla)에서 감사의 미사를 드린다.

아손촘빤뜰라는 마을의 북쪽 끝자락에서 야우떼뻭으로 이어지는 길가와 접한 찰치우이떼뻬틀 산기슭에 자리잡고 있다. 찰치우이떼뻬뜰 산에서 발원하는 물이 솟아나는 아손촘빤뜰라는 1990년대 초반 현재의 상수원이 개발되기 전까지 수백 년 동안 마을을 지탱해 온 생명의 원천이었다. 아손촘빤뜰라의 물 탱크에는 언제나 물이 넘쳐흐른다. 이 물은 1890년에 만든 수로를 따라 아손촘빤뜰라에서 약 200미터 떨어진 큰 길가의 물탱크에 이르렀다. 그 뒤 1970년대에 기존의 노출된 수로를 대신하여 수도관을 매설하고 큰 길가에 폐쇄형 물탱크를 만들었다. 여기에서 사람들은 물을 길어 말과 나귀 등에 싣거나 어깨에 지고 집으로 가져갔다. 당시 아침 일찍 일어나서 물을 길어오는 것은 집안 남성들이 잊어버려서는 안 될 일과 가운데 하나였다. 특히 수도관을 매설하기 전까지는 달마다 수로를 청소하고 관리하는 일은 아유단떼가 해야 할 가장 중요한 업무로, 수로를 청소할

아손촘빤뜰라에서 물의 날 미사를 드리는 장면(1997년경)

때에는 마을의 모든 사람들이 부역(*quatequil*)에 동참하였다. 산 안드레스 마을의 형성 신화에서 보이는 것처럼 물을 보호하고 관리하는 일은 그 어떤 것보다 중요하였다.

　원래 산 안드레스는 현재 위치에서 북쪽으로 약 2킬로미터 떨어진 소치오깐(*Xochiócan*)에 있었다. 떼오빤솔꼬(*Teopanzolco*)에 갔다가 돌아오던 떼뽀스뜰란의 시조신(始祖神) 떼뽀스떼까뜰은 배가 고파 산 안드레스 마을에 들렀다. 마침 한 여인이 또르띠야를 만들려고 옥수수를 빻고 있었다. 떼뽀스떼까뜰은 그 여인에게 또르띠야를 달라고 부탁하였다. 그러나 이를 탐탁지 않게 여긴 여인은 또르띠야를 건네주면서 소금 대신 자신의 겨드랑이 땀을 묻혀서 주었다. 화가 난 떼뽀스떼까뜰은 여인으로부터 메뜰라삘(*metlapil* : 옥수수를 빻은 작은 돌절구)을 빼앗아 마을의 샘물 입구를 막아 버렸다. 이후 샘물이 말라 산 안드레스 주민들은 물을 찾아 현재의 위치인 아손촘빤뜰라 방향으로 이동해야 했다.

아손촘빤뜰라는 바로 산 안드레스의 탄생과 유지의 원천이었고 마을 공동체성의 핵심이었다. 1990년 초반 상수원이 개발되면서, 아손촘빤뜰라는 더 이상 상수원으로 이용되지 않게 되었다. 1890년대 만들어진 수로는 허물어져 훼손된 지 오래다. 그래도 여전히 1970년대에 만들어진 물탱크는 가축, 허드레물 등으로 사용되고 있고, 2006년에는 떼뽀스뜰란 무니시삐오 정부의 지원을 받아 아손촘빤뜰라에 양식 탱크를 만들어 흑돔(mojarra : 멕시코 사람들이 즐겨 먹는 민물고기)을 소규모로 양식하고 있다. 그리고 무엇보다 아손촘빤뜰라가 지닌 상징성은 여전히 지속되고 있다. 이곳에 대한 주민들의 생각은 필자가 1997년 물의 날 미사가 있은 뒤 촌로와 나누었던 대화에서도 잘 드러난다.

우리는 이 물을 먹으면서 살았다. (마을 사람들이) 보호도 잘 해서 어느 누구도 샘물에 들어가지 않았다. 이곳에서 물이 나오며, 물의 신 뜰랄록(Tláloc)이 산다. 물과 모든 자연 자원을 주신 것에 감사드리고자 이렇게 의례를 한다. 또한 산 루까스를 위해 미사를 한다.

아손촘빤뜰라에 사는 아스떼까 물의 신 뜰랄록과 가톨릭 루까스 성인의 보호 덕분에 곡물이 잘 자라고, 산 안드레스 사람들은 다른 마을들에 비해 물의 부족함 없이 살아갈 수 있었다. 산 안드레스 사람들은 이곳을 신성한 곳으로 여기며, 지금까지 동굴기우제와 물의 날 의례를 지내오고 있다. 이 의례 외에도, 이곳에는 샘을 보호하고자 과달루뻬 성모상이 세워져 있어서 12월 12일 성모 발현축일 의례

미사가 끝난 후 옥수수를 삶아 먹는 장면(1997년경, 왼쪽)
성모 과달루뻬 상에 바쳐진 삶은 옥수수(1997년경, 오른쪽)

와 씻김굿 같은 개별 의례가 일 년 내내 많이 행해진다.

물의 날 오후 무렵, 산 안드레스 성당에서 폭죽과 종소리가 울리면 사람들은 산 안드레스 성당으로 모여든다. 그리고 기도를 하며 아손 촘빤뜰라로 향한다. 예전에는 음악대가 함께 갔다고 한다. 몇몇 사람들은 장작, 솥 등을 가져간다. 신부가 집전하는 미사가 진행되는 한쪽에서는 솥에 연한 마소르까를 넣어 물을 붓고 장작불에 삶는다. 엘로떼의 날 옥수수를 불에 직접 구워먹었다면, 이날은 옥수수를 물에 삶아 먹는다. 불에 의해 물이 증기로 변하여 점차 자신의 근원지인 동굴로 돌아가는 것, 다시 말해 건기가 곧 시작됨을 상징한다고 하겠다. 마소르까는 마을 이장, 즉 아유단떼의 영(令)을 받은 청년들이 아

224

무 밭에 들어가 가져온 것이다. 밭 주인들은 의례를 위하여 청년들이 자신들의 밭에 들어가 마소르까를 따오는 것에 대하여 어떤 항의도 하지 않는다. 물론 청년들도 한 밭에 들어가 마소르까를 한꺼번에 따오지 않고 여러 밭을 돌아다니며 골고루 가져온다. 미사가 끝나면 올해의 햇곡식인 삶은 마소르까를 과달루뻬 성모상과 물탱크의 중앙에 있는 십자가 탑에 제물로 바친다. 참여한 사람들이 삶은 마소르까를 나눠 먹으면서 의례는 끝이 난다.

물의 날 의례는 지금도 여전히 이어지고 있지만 그 의미와 중요성은 점차 약해져 예전 같지 않다고 한다. 의례의 장소인 샘과 마을로 연결되던 수로가 부서지고 더럽혀진 채 방치된 것처럼, 수로를 청소하며 형성해 왔던 산 안드레스의 공동체성도 시간이 지나면서 각 가정의 수도꼭지에서 흘러나오는 수돗물처럼 자연스럽게 파편화되어 아손촘빠뜰라를 향한 사람들의 마음과 정성이 점점 약해지고 있다.

사자의 날

사자(死者)의 날(los muertos)이 되면 멕시코시티를 비롯한 전국 중심가의 공원, 관공서, 건물 등에는 지역적 특색이 담긴 다양한 차림의 해골 인간 조형물과 해골·뼈 모양의 사탕, 빵, 초 등으로 제단이 꾸며진다. 그곳을 오가는 사람들도 해골 복장을 하고 가면과 액세서리 등으로 치장하며 죽은 사람과 함께한다. 사자의 날처럼 죽음의 가치를 인식하고 긍정하는 축제도 드물 것이다. 멕시코시티의 산 안드레스 믹스끽(San Andrés Míxquic) 마을은 사자의 날 축제로 유명하다.

사자의 날은 앞에서 말한 것처럼 5월 3일 십자가의 날과 더불어 건기와 우기를 중심으로 형성되었던 생산의례의 한 축을 이루는 의례이다. 사자의 날은 메소아메리카의 올메까, 마야, 사뽀떼까, 미스떼까, 아스떼까, 뿌레뻬차(Purhépecha) 등의 사회에서 이루어졌다. 스페인 정복 이전의 시대에 사자의 날은 8월 4일에 행해졌는데, 의례의 대상은 오늘날 해골 귀부인 까뜨리나(Catrina)로 알려진 죽음의 여신 믹떼까시우아뜰(*Mictecacíhuatl*)이었다. 스페인 정복 이후 가톨릭이 들어와 '모든 성인의 날[萬聖節]'과 결합되면서 사자의 날은 11월 1일과 2일에 치러지게 되었다. 최근에 사자의 날 의례는 할로윈데이(halloween day)와 결합되면서 축제적 성격이 두드러지는 경향을 보인다. 그렇지만 농촌에서 사자의 날은 여전히 추수 감사와 조상 의례의 특성을 많이 지니고 있다.

산 안드레스에서 사자의 날은 '물의 날' 오후 7시쯤에 산 안드레스

사자의 날을 맞이하여 셈빠수칠 꽃 등 제물을 파는 떼뽀스뜰란 시장(1997년)

성당의 종소리가 울리면서 시작된다. 이 종소리는 사자의 날이 끝나는 11월 2일까지 매일 울린다. 이 무렵에 산 안드레스 마을의 중심지에 토기, 꽃, 목재 용기 등 제사용품을 파는 노점상이 들어서기도 한다. 사람들은 제사 용기, 제물 등을 새로 구입하며 의례를 본격적으로 준비한다. 사자들은 새로운 제수용품을 원하기 때문에 제사상에는 해마다 새로운 제수용품만 오른다. 평소에 사용했거나 다른 제삿날 사용했던 제수용품을 사용할 수 없다. 이 제사 용기들은 제사를 지낸 뒤 일상생활에서 사용되는데, 이를 통해 산 자들은 죽은 조상들과 매일 교류를 하며 함께 살게 된다고 한다. 따라서 사자의 날을 위한 준비는 오랜 시간을 두고 차분히 이루어진다. 사자의 날이 되기 몇 달 전부터 여성들은 제사상에 깔 보자기(mantel)를 손수 짜거나, 이때 쓰기 위해 가축들을 키우고, 돈이 있을 때마다 조금씩 제수용품을 사 모은다. 9월 무렵부터 떼뽀스뜰란 읍 장날에는 멀리 뜰라야까반, 미초아깐, 뿌에블라, 찐쭌짠(Tzintzuntzan) 등지로부터 돗자리, 토기, 빵 바구니 등을 파는 상인들이 온다.[38]

10월 28일 첫 제사상이 차려지는데, 이날은 '(교통사고, 싸움, 살해 등) 사고로 죽은 사람들을 위한 날'이다. "신은 제 명(命)대로 살지 못하고 죽은 사람들에게는 크게 관심을 두지 않기 때문에 이들에게 제를 올리는 것을 잊어서는 안 된다"고 한다. 제사상 차림은 집집마다 다르지만 대체적으로 매우 간소하다. 보통 초, 빵, 꽃, 특히 사자의 꽃이라는 짙은 노락색의 셈빠소칠(zempaxóchil, cempohualxóchitl : 금잔화), 우유밥(leche con arroz : 우유와 쌀을 함께 끓인 음식), 물, 성수 등이 오른다. 망자의 오랜 여행의 갈증을 풀어주는 물이 담긴 잔과 망자의 길을 밝혀 주는 초의 개수는 제사 대상인 망자의 수를 의미한다.

10월 31일은 어린 영혼을 위한 날이다. 이날 오후 무렵에 '어려서 죽은 영혼'을 위한 제사상이 차려지면서 본격적으로 사자의 날이 시작된다. 의료 시설이 미비했던 시절에는 유아 사망이 많아서 그런지 거의 모든 집에 제사상이 차려진다. 먼저 집 입구의 양쪽에 셈빠소칠 꽃다발을 놓아 두고, 영혼들이 들어올 수 있도록 문을 활짝 열어 놓는다. 또한 영혼들에게 제사상으로 가는 길을 안내해 주고자 입구에서 제사상까지 셈빠소칠 꽃잎을 한 줄로 가지런히 흩뿌려 놓는다. 제사상의 장소는 주로 집 안의 제단이지만, 사자들이 쉽게 찾아올 수 있도록 집 밖에 제사상을 마련하기도 한다. 제사상에 다양한 무늬를 수놓은 하얀 보자기 또는 색종이를 깔고, 그 위에 장식된 초, 빵, 물, 장난감, 과자, 과일, 셈빠소칠, 성수, 해골·뼈·호박 모양의 사탕(dulce de calabaza) 등을 제물로 올린다. 어린 사자(死者)를 위한 제물 특히 빵, 사탕 등은 크기가 작다. 또한 어린 사자들이 쉽게 가져가서 먹을 수 있도록 제물들은 작고 편한 용기에 담겨 있다. 제물 진설에는 특별히

사자를 위한 제사상(1995년)

사자의 영혼을 불러들이는 셈빠소칠 십자가(1997년)

정해진 순서가 없고 집마다 자신들이 좋아하는 방식으로 제물을 놓는
다. 제사상 앞에는 꼬빨 향로와 꽃과 리본으로 장식한 촛불이 준비된
다. 밤이 깊어지면, 사람들은 죽은 아이의 이름을 불러 영혼을 불러들
인다. 그리고 별도의 접시와 나무젓가락에 음식을 담아 그들에게 제
공한다. 그렇게 사람들은 밤새도록 죽은 영혼들과 함께 한다.

다음날(11월 1일) 이른 아침, 부모들은 교회에 가서 죽은 어린 영혼
을 위해 축원을 한다. 또한 동네의 어린이들은 "나의 죽음을 달라[dé
mi muerto(calavera), Una limosna para mi calavera]", 즉 사자가 되어 자
신의 몫을 달라고 외치며 제사를 지낸 집들을 돌아다닌다. 아이들은
칠라까요떼(chilacayote : 수세미) 또는 호박(calabaza)의 속을 비워 초를
묶어 놓고, 겉은 해골 모습을 한 등불(farol)을 들고 다닌다. 집주인들
은 제사상에 있는 사탕, 땅콩, 귤, 과자, 빵 등을 아이들에게 나누어
준다. 이렇게 사자와 교류하게 된다.

정오 무렵이면 어린 영혼을 위한 제사상은 치워지고, '어른이 되
어서 돌아가신 영혼들'을 위한 제사상이 차려진다. 사자의 날 가운데
가장 중요한 날로 제사상의 규모도 크고 제물도 많다. 제사상에는 사
자의 수(數)만큼 물잔과 초가 놓이고, 사자를 위한 빵·물·꽃·햇곡
식으로 만든 몰레 베르데, 따말, 뽀솔레 그리고 파란색 옥수수로 만
든 뜰락스깔(tlaxcal : 일종의 비스켓), 오렌지·귤·바나나·미스뻬로 등
의 과일, 호박 모양의 사탕 등 특별한 음식과 사자들이 생전에 좋아
했던 담배, 떼낄라 등이 오른다.* 어른을 위한 제사상에는 어린 영혼

---

* 인근의 야우떼뻭, 오꼬떼뻭에서는 담배와 술을 제사상에 올리지만, 떼뽀스뜰란에서는 이것
  을 제사상에 올리지 않는다. 생전에 사자가 담배 또는 술을 좋아했더라도 죽은 뒤에는 나쁜
  습관을 버려야 하기 때문이라고 한다(Echeverría, Eugenia, 1994, *Tepoztlán, ¡Qué viva la
  fiesta!*, Dirrección General de Culturas populares Unidad Regional Morelos, p. 123).

을 위한 제사상에서 사용했던 밝은 색 리본보다는 검은색 리본과 꽃(왁스로 만든)으로 장식된 초가 사용된다. 특히 영혼들을 안내하기 위하여 집의 입구에서부터 제사상까지 셈빠소칠 꽃잎들이 뿌려지고, 제사상 앞에 놓인 꼬빨 향로는 도착한 영혼들을 깨끗이 정화하여 행복하게 음식을 먹도록 하며, 환하게 밝힌 촛불은 영혼들이 돌아갈 때 그들의 길을 밝혀준다고 한다.

해질 무렵 폭죽과 종소리가 울려 퍼지면, 마을 사람들은 악대의 음악 소리에 맞추어 촛불을 들고 영혼들을 불러오고자 묘지로 향한다. 그리고 묘지에서 영혼들을 모시고 각자의 집으로 돌아간다. 밤 8~9시 무렵이 되면 죽은 영혼을 부른 뒤 저마다 영혼들에게 준비한 음식을 제공한다. 떼뽀스뜰란에서 영혼을 부를 때에는 "오늘 사자의 날이다. 나는 당신(나의 사자)을 기다릴 것이다(*Ye acitihuitz miccaihuitl. Canite inchiaz nomimique*)"[39]라는 주문을 외우는데, 이는 오늘날도 별반 다름이 없다. 단지 나우아뜰어를 잃어버려 스페인어로 말할 뿐이다.

제사를 지내고 사람들은 밤을 지샌다. 집집마다 모닥불을 피우고 사자를 기다린다. 한마디로 집도, 거리도, 교회도, 마을도 그리고 사람도 잠을 이루지 않는다. 특히 밤 12시가 되면 마을이 갑자기 시끌벅적해진다. 어른을 비롯하여 아이들이 '자신의 해골을 요구하기' 위하여 집집마다 방문하기 때문이다. 요즘은 미국 할로윈데이의 영향을 받아서 가면을 쓰고 녹음기를 들고 노래를 부르고 춤을 추며 "해골을 요구하는" 젊은이들을 쉽게 볼 수 있다. 집에 모닥불을 피우며 마당가에 있던 집주인들은 이들에게 제사상에 있는 물건을 나누어 준다. 이는 밤이 깊도록 계속된다.

다음날 마을 사람들은 묘지로 간다. 이때 레산데로의 주도 아래 마을 사람들끼리 순례하는 것이 대부분인데, 이따금 신부가 주도해 행

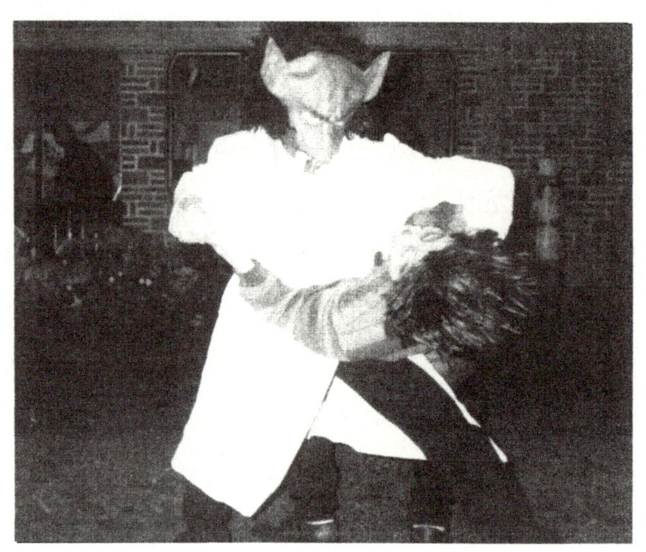

자신의 해골을 요구하며 춤을 추는 마을 젊은이들(1997년)

사가 크게 이루어지기도 한다. 1997년 11월 2일에는 신부의 주도 아래 큰 행사가 이루어졌다. 산 안드레스 사람들은 부활절 행사 때 예수가 짊어졌던 나무로 만든 대형 십자가를 지고 악대와 함께 묘지로 순례를 하였다. 행렬의 중심에는 산 안드레스 성인기·십자가 등이 있고, 그 뒤편에는 악대가 뒤따른다. 그리고 양옆으로는 사람들이 저마다 집 안의 제단에 놓았던 꽃을 들고 초에 불을 밝히며 길게 늘어선다. 행렬의 앞에는 어린아이가 셈빠소칠 꽃을 흩뿌리며 영혼의 길을 안내한다. 영혼의 세계로부터 나와 속세의 가족들과 한때를 보낸 사자들이 다시 자신들의 안식처로 돌아가는 것이다.

공동묘지에 이르러 일행들은 간단하게 미사를 드린다. 미사를 마치고, 사람들은 그들이 가져온 꽃들을 가족의 묘지에 놓고 초를 밝힌다. 신부는 묘지를 돌아가며 성수로 축복을 내린다. 그리고 사람들은

제사를 지내고 사자의 영혼을 묘지로 안내하는 행진(1997년, 위)
11월 2일 묘지에서 미사를 지내는 장면(1997년, 아래)

묘지 위나 주변에 앉아 한참 동안 사자들과 영혼의 대화를 나눈다.
집으로 돌아와 제사상에 놓인 음식을 가족끼리 나누어 먹으며 '죽은
영혼들과 하나가 된다'.

　사자의 날은 이것으로 끝나는 것이 아니라 옥따바(octava : 8일째
날)로 이어진다. 11월 7일은 어린 영혼을 위한 사자의 날로부터 8일
째가 되는 날로 다시 이들을 추모한다. 이때 고기와 따말은 준비하

지 않는다. 단지 빵, 우유, 차요떼(chayotes : 오이의 일종), 떼께스끼떼 (tequezquite : 파란 옥수수를 끓인 것), 과일, 호박, 그리고 별·새·개 모양의 뜰락스깔을 제사상에 올린다. 11월 8일은 어른들을 위한 사자의 날인 옥따바로 다시 제사상이 마련된다. 초, 성수, 소금, 과일, 호박, 파란색 옥수수로 만든 뜰락스깔 등의 제물이 마련된다. 정오에 신부의 지도 아래 사람들은 묘지로 가고 음악이 뒤따른다.

산 안드레스 사람들은 이처럼 여러 날 제사를 지내는 이유에 대하여 보통 옛날부터 그렇게 해왔다고 대답할 뿐이다. 이처럼 사자를 위한 제사가 여러 날로 나뉘어 있는 것은 저세상에 대한 전통적 믿음과 관련이 있다.

고대 아스떼까 사람들은 사람이 죽으면 영혼들은 4개의 장소로 간다고 믿었다. 4개의 세상 가운데 어디로 갈 것인가는 어떻게 살아왔느냐보다 죽을 때 어떻게 죽었느냐에 달려 있다. 믹뜰란(mictlan : 죽은 사람들의 장소)은 땅속 깊은 곳에 있고, 노환이나 자연사로 죽은 영혼들이 가는 곳이다. 그곳은 신분도 차별도 없으며 평화롭게 쉬는 곳이다. 대부분의 사람들이 가는 믹뜰란은 임신한 여성의 복부로 상징화되는데, 이는 죽음의 땅인 이곳에서 인간이 창조되었던 것처럼 재탄생되는 공간이기 때문이다.[40] 또나띠우일우이까뜰 (tonatiuhilhuicatl : 해의 집이 있는 하늘)은 전쟁에서 죽은 전사, 출산 중에 죽은 여인, 장거리 무역 탐사를 갔다가 죽은 사람들이 가는 곳이다. 뜰랄로깐(tlalocan : 뜰랄록의 장소)은 식물의 천국으로서 번개에 맞아 죽은 자, 물에 빠져 죽은 자, 물과 관계된 병과 사고로 죽은 영혼들이 가는 곳이다. 이곳은 물과 푸른 밭, 과일 등이 풍부한 작은 천국과 같은 곳이다. 치치우왈꽈우꼬(chichihualcuauhco : 어려서 죽은 아이들에게 젖을 주는 나무가 있는 곳)는 아직 젖을 먹을 나이에 죽은 어린

아이가 가는 곳이다. 어린아이들은 이곳의 나무에서 나오는 젖으로 살아가며, 인간 세상에 다시 태어나는 두 번째 삶의 기회를 기다린다. 한편 뜰랄로깐은 젖과 꿀이 흐르는 나무가 있는 낙원이며, 물과 연관되어 죽은 자들이 가는 저승 세계이다.[41]

사는 동안의 행동거지에 따라 천국이나 지옥 중 어디로 갈 것인지가 결정되는 가톨릭 종교 속에서 생활하는 산 안드레스 사람들은 이제 죽은 영혼이 가는 저세상에 대한 고대 원주민의 세계관과 기억을 잊어버렸는지 모른다. 그렇지만 원주민의 세계관은 저마다 다르게 치러지는 사자의 날 의례로 자연스럽게 이어지고 있다. 산 안드레스 사람들 또한 언젠가는 그 세상으로 갈 것이다.

7. 국가의례: 비바, 멕시코!

오늘날 산 안드레스를 비롯한 떼뽀스뜰란에서는 국가의례가 많이 늘어나는 추세이다. 주요 국가의례는 제헌절(Día de la Constitución, 2월 5일), 국기의 날(Día de la Bandera, 2월 24일), 베니또 후아레스 탄생일(Natalicio de Benito Juárez, 3월 21일), 1862년 뿌에블라 전투에서 멕시코가 프랑스군에 맞서 승리한 날을 기념하는 싱꼬 데 마요(La batalla de Puebla 또는 Cinco de mayo, 5월 5일), 독립기념일(Fiestas de Independencia, 9월 16일과 9월 30일), 인종의 날(Día de la raza, 10월 12일), 멕시코혁명 기념일(Día de la Revolución mexicana, 11월 20일) 등이다. 여기서는 산 안드레스 주민들의 삶과 밀접하게 결합되어 있는 국가의례를 유치원과 초등학교 졸업식 및 독립기념일을 중심으로 살펴보겠다.

1) 졸업식 : 멕시코 국민주의의 재현

멕시코의 국민주의(nacionalismo) 형성은 1821년에 스페인으로부터 독립하면서 시작되었지만, 본격화된 것은 1910년 멕시코혁명을 거치면서부터이다. 독립한 뒤 새롭게 등장한 '멕시코'는 저마다 다른 민족과 지역에 바탕을 둔 지방 족장(cacique) 및 자유파와 보수파들 사이의 권력투쟁 과정에서 다양한 종족적 특색을 담아내기에는 여전히 지엽적인 틀에 지나지 않았다. 멕시코혁명을 겪으면서 아시엔다 중심의 경제체제가 토지분배 과정에서 해체되고, 지방분권적 정치체제도 중앙집권화되기 시작하였다. 식민지 지배체제의 유산에서 비롯되었던 멕시코혁명은 정치·경제적 측면의 개혁에만 머무르지 않았고, 멕시코의 자기정체성에 대한 물음을 끊임없이 던졌다. 다시 말해 지역 권력과 종족들에 바탕을 둔 다양한 종족성을 아우르는 멕시코성을 만들려는 멕시코 정부의 노력이 구체화되었다. 멕시코 정부는 여전히 종족적 다양성에 기초한 불안정한 공간을 '영토성'에 바탕을 둔 국가 및 국민주의로 통합해야만 했다. 멕시코 정부는 국민주의를 형성하기 위하여 다양하고 이질적인 영토에 기초한 다종족성의 역사를 아스떼끼스모(aztequismo : 이른바 아스떼까주의)라는 '공통의 과거(el pasado común)'로, 그리고 다양한 종족들을 국민, 즉 새로운 인종 '메스띠소'로 치환하였다.[42] 새롭게 창조된 멕시코 국민주의는 교육, 특히 갖가지 역사적 사건을 기리는 경축 행사의 국가의례를 통해 국민들에게 퍼져나갔다. 한마디로 국가의례는 국가 이념, 국가 정체성과 통합성, 이른바 멕시코 국민주의를 국민들에게 주입하고 생산하며 재생산하는 장이 되었다.

정부에 의해 주도되었던 국가의례는 초기에 산 안드레스를 비롯한 떼뽀스뜰란 주민들에게 큰 관심거리는 아니었다. 레드필드는 1920년대 후반 당시에 있었던 제헌절의 행사를 다음과 같이 기록하고 있다.[43] "이날은 국경일이나 떼뽀스뜰란에서는 크게 중요하지 않다. 학교 선생님들은 학생들로 하여금 국기를 앞세우고 거리를 행진하고 또한 애국의 소리를 외치게 한다. 중앙공원(Plaza)의 정자(Quiosco)에서는 악대가 음악을 연주한다. 그러나 떼뽀스뜰란 주민들 대부분은 오늘이 무슨 날인지 모르고, 관심을 갖지 않는다." 레드필드가 조사했던 1926~1927년은 혁명의 열풍이 차츰 안정되고, 멕시코 정체성(mexicanidad)을 형성하기 위한 멕시코 혁명정부의 노력이 시작되던 때이었다. 사실 이제 막 혁명의 폭풍지대를 헤쳐 나온 주민들에게 "우리 모두는 하나의 멕시코인이다"라는 외침은 크게 의미가 없었을 것이다.

그러나 혁명과 국가 이념의 공식적 교육 공간이자 확산 통로였던 학교에서 국가의례를 학습한 학생들이 사회의 주역이 되고, 또한 국가의례들이 수십 년 동안 반복되면서 몇몇 국가의례는 차츰 일상적인 공동체 의례로 자리매김하였다. 나아가 국가의례는 하나의 국가 이데올로기가 되었다. 다시 말해 국가의례가 학교를 넘어 주민들에게도 멕시코 정체성과 국민주의를 강화하는 가장 중요한 계기로 작동하는 것이다. 이를 잘 보여 주는 주요 행사 가운데 하나가 졸업식이다.

산 안드레스에는 유아원(CENDI : Centro de Educación Inicial Indígena), 유치원, 초등학교, 방송중학교 등이 있다. 이곳의 학제는 초등학교 6년, 중학교 3년, 고등학교 3년이다. 산 안드레스는 예전부터 교육열이 높은 마을로 유명하며, 마을 사람들도 이에 대한 증거로 떼뽀스뜰란 무니시삐오의 마을 가운데 산 안드레스 출신 선생님이 가장 많다는 점을 든다. 산 안드레스 외의 오악스떼뼉, 꾸에르나바까 등의 학교에서 교사로 일하는 부모들은 자식들을 마을에 있는 학교보다는 상대적으로 교육 수준이 높다고 생각되는 인근 도시의 학교로 보낸다. 특히 유학은 중학교부터 두드러진다. 도시의 학교는 보통 2부제로 운영된다. 이 2부제도 조금 특이하다. 오전의 학교와 오후 학교는 학교 이름, 선생님 등 모두가 다르다. 다시 말해 건물만 공동으로 사용할 뿐, 서로 완전히 다른 학교인 것이다. 따라서 입학과 졸업식 때가 되면 오전과 오후로 나누어 같은 공간에서 완전히 다른 학교의 입학식과 졸업식이 열린다.

새로운 학년은 9월부터 시작하기 때문에 졸업식은 주로 7월에 있다. 예로 2008년의 경우 산 안드레스에는 7월 2일(수요일) 유아원, 7월 3일 초등학교, 7월 4일 유치원 졸업식이 있었다. 7월 초 한 주는 졸업식으로 온 마을이 축제 분위기였다. 산 안드레스 인구가 조금씩 늘어가고 교육열도 높아지면서 졸업식은 점점 화려해지고 있다. 졸업식에는 친인척뿐만 아니라 졸업식 대부모와 그의 가족과 친구를 초청한다. 졸업식 대부는 졸업생들에게 대부분 학용품을 선물한다. 필자도 마을에 있을 때 졸업식 대부를 많이 했고 졸업생에게 가방과 학용품을 선물하였다. 졸업식이 끝난 뒤 학부모들은 집이나 식당에서 대부모 등에게 점심 또는 저녁 식사를 대접하고, 물론 여유가 있으면 밴드를 불러 흥을 돋우기도 한다.

유아원의 경우 졸업생의 부모들이 공동으로 음식을 준비하여 참석자들 모두에게 식사를 대접한다. 특히 몇 년 동안 전체 유아원생의 졸업식 대부는 떼뽀스뜰란에 사는 가르사(Garza)라는 사람이었다. '상당한' 부자로 알려진 가르사는 2008년에도 산 안드레스의 유아원과 유치원 졸업식 대부가 되어, 졸업생들(유아원 7명, 유치원 약 30명)에게 가방과 학용품을 선물해 주었다. 졸업생 학부모는 이에 대한 답례로 몰레 로호 등의 음식을 준비하였다.

일반적으로 졸업식은 국민의례와 졸업의례로 이루어진다. 국민의례는 국기에 대한 맹세, 국가 제창 등으로, 거의 졸업식의 반을 차지한다. 국민의례는 졸업식이 시작되고 6명으로 이루어진 근위대(escolta)가 멕시코 국기를 들고 식장에 들어오면서 시작된다. 근위

꾸에르나바까 초등학교 졸업식의 국민의례 가운데 졸업생 근위대가 5학년
근위대에 국기를 이양하는 장면(2008년)

대는 앞줄에 국기를 든 학생을 중심으로 오른쪽과 왼쪽에 각 한 명
의 보조자, 뒷줄에 두 명의 보조자, 그리고 앞줄 왼쪽 편에서 근위대
에 구령을 내리는 한 명의 구령자로 이루어져 있다. 이들이 입장하면
모든 사람들은 일어나 가슴에 손을 올리고 국기에 대한 맹세를 한다.
이들은 식장의 중앙에 서 있고, 곧이어 5학년 근위대가 입장한다. 졸
업생이 학교를 떠나며 후배들에게 인계하는 것 가운데 가장 중요한
것은 다름 아닌 멕시코 국기이다. 학생들은 자신이 근위대를 했다는
것에 대하여 자부심을 가지고 있고, 부모들도 자식이 학교에 다닐 때
근위대에 참여한 것을 자랑한다. 사실 근위대가 되려면 공부도 잘하
고 행동도 반듯한 이른바 모범생이어야 한다.
　5학년 근위대가 등장하여 국기를 인계받고 이들이 식장을 한바퀴

꾸에르나바까 초등학교에서 졸업생을 위해 원주민 전통 춤을 추는 재학생들(2008년)

돌고 식장 중앙에 자리를 잡는 동안 6학년 근위대는 퇴장한다. 그리고 "조국은 우리와 우리 조상의 땅이다. 우리는 우리 가족을 사랑하는 것처럼 조국, 우리가 살고 있는 이곳, 우리를 둘러싸고 있는 자연을 사랑한다. 우리는 조국이 거대하고 힘이 세서 사랑하는 것이 아니다. 조국이 바로 우리이기 때문에 사랑한다"는 내용의 국기에 대한 맹세와 국가 제창이 이루어진다. 필자도 여러 차례 졸업식에 참석하여 국민의례를 지켜봤지만, 한결같이 경건하고 장중하게 치러진다.

국민의례가 끝나고 졸업식과 재학생의 춤 공연, 송사와 답사, 상장 수여 등이 진행된다. 공연 가운데 빠지지 않는 것이 원주민의 전통 춤과 음악이다. 학생들은 원주민 복장을 하고 전통 춤을 춘다. 이렇게 원주민 사회와 문화는 멕시코 정체성의 한 부분을 형성하며 끊임없이 부름을 받는다.

졸업식은 한 해 가운데 빼놓을 수 없는 일상 의례가 되었고, 멕시코 국민주의가 일상을 통해 자연스럽게 재현되고 강화되는 계기가 된다. 또한 국민의례와 원주민 전통 춤과 음악으로 구성된 행사는 어머니 날(5월 10일) 등과 같은 기념일에도 행해진다. 한마디로 국민의례는 멕시코 국민주의의 핵심으로, 독립 이후 끊임없이 멕시코 정체성을 형성하려고 노력해 온 정부와 국민들의 깊은 고뇌의 산물이다. 졸업식 등에서 행해지는 국민의례는 '우리는 이 땅에 태어난 멕시코인이다'라는 멕시코 국민주의의 메시지를 극적으로 재현하며 국민들에게 직접적으로 전달하는 통로로 작동한다. 이런 단면은 유아원의 졸업식에서 잘 드러난다.

유아원은 한국 나이로 보통 4~6살의 아이들이 다니는 곳으로, 산 안드레스에는 2001년에 세워졌다. 이곳에서는 어린이들에게 원주민 언어인 나우아뜰어를 가르친다. 현재 나우아뜰어 교육은 유아원에만 이루어져 연속성이 없지만, 나우아뜰어 교육이 공식 교육과정에 편입된 것은 매우 획기적인 일임에 틀림없다. 나우아뜰어가 이렇게 대우를 받게 된 것은 최근의 일이다. 사실 멕시코 정부가 "우리는 찬란하고 위대한 고대문명의 후손이다"라고 할 만큼 멕시코 지역에서 꽃 피운 고대문명, 특히 아스떼까 문화에서 멕시코 정체성의 한 축을 찾았지만, 현실 사회에서 원주민과 그들의 언어인 나우아뜰어는 찬밥 신세였다. 멕시코 정체성을 형성하고자 찬란했던 과거 문명이 호명되고 높이 평가되었던 것이지, 현실 사회의 원주민의 삶과 문화는 여전히 무시되었던 것이다. 오히려 '우주적 인종(raza cósmica)'으로 명명된 메스띠소가 하나로 통합된 멕시코 국민주의를 실현할 행위 주체로 자리매김하는 과정에서 원주민은 해체되어야 할 대상이었다.

산 안드레스 유아원 졸업식에서 국민 의례를 하는 모습(2008년)

    따라서 아이들의 부모와 할아버지 세대는 오랜 세월 동안 원주민
이라는 이유로 차별을 받지 않고자 의식적으로 스페인어를 사용하려
고 노력했고, 또 그렇게 교육을 받았다. 산 안드레스에서 나우아뜰어
를 쓰는 사람은 거의, 아니 없다. 필자가 현지연구를 하던 1990년대
후반에는 80대의 노인 두 사람만이 나우아뜰어를 말할 수 있었으나,
지금은 그들마저 이 세상을 떠났다. 그리고 나이가 많은 사람들은 단
편적으로 나우아뜰어를 쓸 수 있을 뿐 의사 표현을 자유롭게 하지 못
한다. 그런데 이전 세대와 달리 요즘 어린이들은 나우아뜰어를 자랑
스럽게 여기며 교육을 받고 있다. 이런 세대차는 국민의례에서도 그
대로 드러난다. 유아원 졸업식에서도 어김없이 국민의례가 이루어
진다. 초등학교 졸업식 때의 국민의례와 거의 차이가 없다. 단 한 가

지 차이가 있다면 어린이들이 나우아뜰어로 국가를 부른다는 점이다. 물론 스페인어로도 국가를 부른다. 아이들이 스페인어로 국가를 애창할 때 함께 따라 부르던 어른들이 나우아뜰어로 된 국가를 부를 때는 모두 입을 다문다. 이 순간 어른들은 무슨 생각을 할까? 독립 이후 서구식 근대화와 고대문명에 바탕을 둔 멕시코 정체성 사이에서 혼란을 겪어 온 멕시코의 오늘이 느껴진다.

2) 독립기념일

1521년 8월 13일 꾸아우떼목(Cuauhtémoc)이 이끌던 아스떼까 제국이 에르난 꼬르떼스의 스페인군에게 무너진 이후 멕시코 땅은 '새 스페인(Nueva España)'이 되었다. 스페인 나아가 서구 사람들의 신세계를 향한 꿈과 욕망의 식민지였던 멕시코는 인구나 정치·경제·사회·문화적으로 스페인 식민지 가운데 가장 중요한 곳이었다. 한마디로 멕시코는 라틴아메리카 나아가 세계의 패권국으로 나아가려는 스페인의 모든 열망이 응축된 '새 스페인'이었다. 그러나 스페인의 식민지 지배력은 무적함대의 패배, 프랑스 혁명, 미국 독립, 스페인 왕권 투쟁 등의 영향으로 약화되었고, 동시에 라틴아메리카에서는 시몬 볼리바르, 산 마르틴을 중심으로 독립을 향한 열망이 몰아쳤다. 멕시코도 예외는 아니었다. 특히 1808년 프랑스 나폴레옹 3세가 스페인을 점령하면서 멕시코 사람들은 스페인의 위기를 독립을 위한 절호의 기회로 삼고자 하였다. 독립운동에는 똑같은 스페인계 백인임에도 단지 멕시코에서 태어났다는 이유만으로 신분적 제약을 받으며 스페인왕국 및 부왕청(副王廳)과 일정 정도 갈등관계에 있었던

244

끄리오요(criollo : 멕시코 나아가 라틴아메리카에서 태어난 백인)들이 앞장을 섰다. 많은 지역에서 반란이 발생하였다. 께레따로(Querétaro) 주, 돌로레스 지역에서도 독립운동이 일어났다. 그러나 이 지역의 독립운동은 1810년 9월 강화된 식민지 정부의 단속으로 주요 인물들이 체포되면서 무산되는 듯하였다. 이 사실이 알려지자 9월 16일 일요일 새벽, 돌로레스 본당의 미겔 이달고(Miguel Hidalgo) 신부는 감옥에 갇힌 이들을 풀어 주고, 대신에 스페인 관리들을 감옥에 가두었다. 그리고 교회의 마당에서 미사를 드리면서 이달고 신부는 교구민들에게 이 못된 정부를 전복시킬 '운동'에 동참할 것을 요구하였다. 그날 새벽에 행한 이달고 신부의 강론은 후에 공식적으로 '돌로레스 외침(El Grito de Dolores)'이라 불리게 되었다.⁴⁴ 이렇게 시작된 독립운동은 이후 호세 마리아 모렐로스(José María Morelos) 신부, 비센떼 게레로(Vicente Guerrero) 등의 투쟁을 거치면서 거스를 수 없는 역사의 흐름이 되었다. 결국 1821년 8월 24일 멕시코는 독립하였다.

학교에서 행해지는 각종 의례와 더불어 주민들이 다 함께 참여하는 대표적인 국가 행사가 싱꼬 데 마요, 독립기념일, 혁명기념일 등인데, 그 가운데 핵심은 독립기념일 행사이다. 미겔 이달고 신부가 독립을 선언하였던 9월 16일에 열리는 독립기념일(la Independencia) 행사는 멕시코 전역에서 벌어지는 가장 중요한 국가 축제로, 멕시코 시티의 소깔로 광장과 독립기념탑을 비롯한 전국이 녹색·흰색·빨간색의 멕시코 삼색기로 뒤덮이고 축제의 장으로 변한다. 한마디로 9월은 독립과 애국의 달이다. 모렐로스 주에서는 9월 16일 외에도 독립의 아버지 모렐로스 신부가 모렐로스 주 꾸아우뜰라 전투에서 승리한 날인 9월 30일에 독립기념일 행사를 연다. 모렐로스 주의 이름도 모렐로스 신부의 이름에서 비롯된 것이다.

초등학교 학생, 아유단띠아 구성원, 주민들이 마을을 돌며 독립기념일 행진을
하는 모습(1996년, 위), 행진하며 사탕을 나눠주는 여왕과 공주들(1997년, 아래)

산 안드레스에서 독립기념일 축제는 먼저 여왕을 선출하는 것으로
부터 시작된다. 독립기념일의 2~3주 전에 아유단떼는 마을의 젊은
친구들을 불러 축제준비위원회를 구성한다. 위원회는 기금 마련, 여
왕 선출, 행진 등 모든 행사를 준비한다. 여왕은 마을 젊은이들의 선
거에 따라 10대 후반~20대 초반의 아가씨들 가운데서 선출된다. 일

246

마을사무소 앞에서 열리는 독립기념일 행사(1998년), 독립기념일 행사에서 독립의 영웅 이달고 신부, 모렐로스 신부, 빠뜨리아 공주가 행진을 하고 있다(1998년).

단 어느 정도의 미모도 갖추어야 하지만, 미모가 뛰어나다고 무조건 여왕에 도전할 수 있는 것은 아니다. 여왕은 독립기념일 행진을 한 뒤 마을 사람들을 점심 식사에 초대해야 한다. 그 비용이 만만치 않기 때문에 집안의 경제적 사정을 고려하지 않고서 무작정 여왕 후보에 나설 수 없다.

독립기념일 전야인 15일 아침에는 초등학교에서 출발하여 마을을 한 바퀴 도는 기념 퍼레이드가 펼쳐진다. 멕시코 국기를 든 아유단떼, 유치원생, 초등학생 등이 앞장을 선다. 그리고 여왕과 빠뜨리아(la patria : 이른바 '조국 멕시코'를 상징, 멕시코 삼색 리본을 하고 있다)라고 불리는 공주 등이 탄 차가 뒤따른다. 여왕은 길가에 있는 사람들에게 사탕을 나누어준다. 행진이 끝난 뒤, 여왕의 집에서 점심 식사가 있다.

저녁에 본격적인 독립기념일 행사가 벌어진다. 마을 중심지나 마을사무소 앞에 무대를 마련하고 독립기념일 의례를 시작한다. 이날 행사의 절정은 처음 독립을 선언하였던 미겔 이달고 신부의 "과달루뻬 성모여 영원하라! 나쁜 정부와 가추핀에게 죽음을!"로 요약된 '돌로레스의 외침' 낭독이다. 이 외침은 이후 독립운동의 표어가 되었다. 아유단떼가 돌로레스 외침을 낭독하면, 참여자들은 "비바, 멕시코(Viva México! : 멕시코 만세!)"로 답한다. 폭죽이 터진다. 해방의 날, 그냥 있을 수가 없다. 기념식이 끝난 뒤에는 술·음악·춤 등이 뒤따른다. 지역에 따라 기념식의 규모에서 차이가 있을 뿐, 산 안드레스 나아가 멕시코 전 지역의 사람들은 독립기념일을 통해 독립 당시를 현재화하며 '멕시코 사람'이 된다. 그런데 멕시코 사람들이 꿈꾸는 '독립'의 멕시코는 어디쯤 왔을까? 한 세기를 넘어 오늘날까지 메아리치고 있는 멕시코 농민들의 '땅과 자유' 그리고 '이제, 그만해!'라는 절규가 귓가를 맴돈다. "비바, 멕시코!"

8. 수호성인 산 안드레스 축일

산 안드레스는 수호성인으로서 마을 정체성의 상징이다. 스페인 정복 이전 종족성에 기초한 원주민 사회의 행정 및 위계 제도는 스페인 정복이 만들어 낸 '마을'이라는 동질화되고 무정체성의 행정조직으로 변화되었다. 초기의 행정조직은 군사 정복이 진행되는 과정에서 어느 정도 자의적이고 우연적으로 만들어진 공간적 경계인 경우가 많았지만, 이는 정치·경제적 요소들의 영향을 받아 차츰 확고한 실재로 발전하였다. 그런데 마을의 무정체성은 가톨릭과 결합되면서 새로운 마을 정체성을 형성하게 되었는데, 그 핵심에 마을의 수호성인이 있었다.

산 안드레스 성당은 1580년 도미니꼬 수도회의 신부들에 의해 설립되었고, 1689년과 1693년에 증축되었다. 큰 종탑, 작은 종탑, 돔, 성기실(聖器室) 등으로 구성된 산 안드레스 성당은 떼뽀스뜰란 다른 마을들의 성당에 견주어 상대적으로 규모가 큰 편이다. 일부 주민은 옛날 산 안드레스가 독립적인 무니시삐오였기 때문에 성당이 컸다고 말하기도 한다. 산 안드레스는 떼뽀스뜰란 무니시삐오 안에서도 산 따 까따리나와 더불어 인구 규모가 큰 마을이었다. 그렇지만 산 안드레스가 독립적인 무니시삐오였고, 산 안드레스 성당이 교구성당이었다는 역사적 근거는 없다.

산 안드레스 성당 전경(2006년)

산 안드레스 성상(2006년)

산 안드레스가 이 마을의 수호성인이 된 이유는 뚜렷하게 전해지지 않는다. 어떤 이는 어부였던 산 안드레스와 마을의 호수에서 연관성을 찾기도 한다. 그렇지만 주민들의 삶이 호수와는 크게 관계가 없다는 점을 고려하면, 이 이야기는 설득력이 약하다. 오늘날 마을 수호성인과 지명 유래에 관한 자료를 찾는 것은 쉽지 않다. 오히려 이에 대한 설명은 다음의 이야기[45]와 같은 신화나 전설에 기댈 수밖에 없다.

현재 산 안드레스 성당에 모셔져 있는 산 안드레스 성상은 본래 모렐로스 주 또똘라빤(Totolapan) 무니시삐오에 속해 있는 네뽀뿌알꼬(Nepopualco) 마을의 것이었다. 네뽀뿌알꼬 주민들은 새로 교회를 짓기로 결정하고 석회를 사고자 산 안드레스에 왔다. 당시 이 마을 이름은 산 안드레스가 아니었고, 떼넥스띠뜰라(Tenextitla)이었다. 그러나 네뽀뿌알꼬 사람들은 가진 돈이 넉넉하지 않아서 부족한 돈을 모을 때까지 산 안드레스 성상을 담보물로 맡겨 두었다. 이후 네뽀뿌알꼬 마을 사람들은 돈을 모아서 채무를 청산하였다. 그리고 특정한 날을 정해 네뽀뿌알꼬 마을의 마요르도모와 사람들이 와서 산 안드레스 성상을 찾아갔다. 며칠이 지난 후, 네뽀뿌알꼬 마요르도모가 교회 문을 열었을 때 산 안드레스 성상이 사라진 것을 발견하고, 마을 사람들에게 이 사실을 알렸다. 네뽀뿌알꼬 마요르도모와 마을 사람들은 산 안드레스 성상이 혹시 떼넥스띠뜰라 마을에 있는 것은 아닌지 확인하고자 마을을 방문하였다. 사람들은 그 떼넥스띠뜰라 마을의 교회 문을 열었다. 예상한 대로 산 안드레스 성상이 교회 안에 놓여 있었다. 며칠 뒤 네뽀뿌알꼬 마요르도모와 마을 사람들은 성상을 모셔 갔다. 이번에는 첫 번째보다 더 많은 사람들이 왔다. 그런데 며칠 뒤 똑같은 일이 벌어

졌다. 네뽀뿌알꼬 마요르도모는 다시 날을 정해 산 안드레스 성상을
모셔가기로 하였다. 세 번째에는 신부도 함께 왔다. 또한 음악대도 데
려왔고, 많은 폭죽과 꽃을 가지고 왔다. 그러나 며칠 뒤 산 안드레스
성상은 네뽀뿌알꼬가 아닌 떼넥스띠뜰라 마을에 다시 돌아와 있었다.
결국 네뽀뿌알꼬 마요르도모와 마을 사람들은 산 안드레스 성상이 이
마을에 머물기 원하신다고 생각하고, 성상을 네뽀뿌알꼬로 모셔가는
것을 포기하였다. 이때부터 이 마을을 산 안드레스 데 라 깔이라고 부
르기 시작하였다.

　마을의 본래 이름은 '석회가 생산되는 곳'이라는 뜻을 지닌 '떼넥
스띠뜰라'였다. 마을 사람들은 오래 전부터 석회산에서 석회석을 채
취하여 석회(cal)를 생산하였다. 19세기 말과 20세기 초만 하여도 석
회산 주변에 석회를 생산하는 화로(horno)가 20개 정도 있었다. 석회
석 채석과 이동, 장작 벌목, 화로에 석회석 쌓기, 3~4일 동안의 석
회 굽기, 석회 빻기 등 오랜 시간이 걸리는 매우 고된 작업이었지만,
석회는 건기 동안 쏠쏠한 돈벌이가 되었다. 주민들은 멕시코혁명 이
후 먹거리가 하나도 남아 있지 않았지만, 석회 때문에 굶어죽지는 않
았다고 하였다. 이곳에서 생산되는 석회는 건축 등 여러 용도로 사용
되었다. 특히 멕시코 사람들의 주식인 옥수수에 넣고 끓여 닉스따말
(nixtamal)을 만드는 데 없어서는 안 될 주요한 음식 재료이었다. 석
회가 음식 재료인 점을 고려한다면 아주 오래전부터 이곳에서 석회
를 생산했다고 짐작해볼 수 있다. 산 안드레스의 석회는 떼뽀스뜰
란, 오아깔꼬 아시엔다, 꾸에르나바까 등 주변 지역과 멀리는 뿌에
블라, 찰마 등의 지역에서도 소비되었다. 주민들은 1930~1940년대
꾸에르나빠까의 꼬르떼스 궁전을 보수할 때에도 이곳의 석회가 많이

쓰였다고 하였다.

그러나 석회가 다른 지역에서 산업화되어 대량생산되고, 좀더 편하고 수입이 좋은 생계활동이 많아지면서 석회 생산은 1960년대에 들어서 거의 사라졌다. 필자가 현지연구를 하던 1997년에 한 사람이 버려진 화로를 수리하여 석회 생산을 시도하였다. 화로 안에 장작과 석회석을 종(鐘) 모양으로 잘 쌓아야 하는데, 이것을 잘못하여 석회를 굽는 동안 석회석이 무너져 내려 그는 한 톨의 석회도 얻지 못하였다. 석회석을 쌓는 일은 기술이 필요한데, 지금은 이 일을 할 수 있는 사람이 아무도 없다. 하여튼 산 안드레스하면 석회라고 할 만큼, 석회는 산 안드레스 사람들에게 주된 생계활동 가운데 하나였다. 석회 생산이 사라진 오늘날도 다른 마을 사람들은 산 안드레스 사람들을 '깔레로(calero : 석회를 생산하는 사람)'라고 부르기도 한다. 물론 산 안드레스 주민들도 "나는 깔레로이다(Soy calero)"라는 말로 산 안드레스 데 라 깔 출신임을 표현하기도 한다.

하여튼 석회와의 관계 속에서 어느 정도 집단정체성을 가졌던 떼넥스띠뜰라는 스페인의 '영혼의 정복', 즉 가톨릭으로 개종하는 과정에서 '산 안드레스'라는 세례명을 갖게 되었다. 그리고 여기에 석회를 생산한다는 특징이 더해져 마을 이름은 산 안드레스 데 라 깔(San Andrés de la Cal)이 되었다. 사실 위의 이야기를 전적으로 긍정하거나 부정할 수는 없지만, 떼넥스띠뜰라는 이제 수호성인 안드레스와 뗄레야 뗄 수 없는 관계를 갖게 되었다. 산 안드레스가 마을 정체성의 중심으로 자리 잡은 것이다.

산 안드레스가 마을의 수호성인인 것처럼, 농촌 마을에서 시작하여 도시의 바리오까지 모든 마을은 자신의 수호성인을 가지고 있다. 마을은 수호성인을 통해 이웃하는 다른 마을과 차별되는 집단정체성을 형성하는 계기를 마련하였다. 곧 가톨릭 의례와 축제는 마을과 마을, 마을과 무니시삐오가 소통하고 서로를 통합하는 가장 중요한 기제로 작동했지만, 다른 한편으로 이는 각 마을을 다른 마을로부터 분리시키며 자기정체성을 부여하는 가장 중요한 구실을 하였다.

수호성인에 대한 주민들의 믿음과 자긍심은 튼실한 마을 정체성을 갖게 하고, 또한 좀더 멋있고 빛나는 축제가 되도록 노력하게 한다. 사실 가톨릭 성인과 마을의 관계는 한 개인의 삶에도 잘 반영되어 있다. 멕시코 사람들은 태어난 날의 주요 성인의 이름을 빌려 아이의 이름을 짓는다. 즉 성인 안드레스 축일인 11월 30일에 태어난 아이의 이름은 안드레스이다. 예로 필자는 11월 30일에 태어났다. 마을 사람들은 보통 필자를 부를 때 "김(Kim)"이라고 불렀으나, 필자의 생일을 기억하는 몇몇 사람들은 가끔 "안드레스"라고 부르기도 하였다. 1997년 산 안드레스 수호성인 축일 날 아침 일찍 교회로 나갔을 때 밴드가 연주를 하고 있었다. 마을 사람 가운데 누군가가 필자에게 생일 축하한다고 말하였고, 밴드는 멕시코에서 오래 전부터 구전(口傳)되어 온 생일 축하 노래 〈라스 마냐니따스(las mañanitas)〉를 연주해 주었다. 그때를 생각하면 아직도 가슴이 뭉클하다. 이렇게 필자는 산 안드레스를 통해 마을 주민들과 더욱더 친밀한 관계를 만들 수 있었다. 언젠가 천주교 신자가 된다면 세례명은 '안드레스'로 할 생각이다. 또한 부모는 아이 출생일의 성인과 상관없이 자신이 좋아하는 성인의 이름을 아이에게 지어 주고, 그 성인의 축일에 세례를 받기도 한다. 이런 경우에는 아이는 자신이 태어난 성인의 날과 자신 이름과 같은 성인의 축일을 동시에 축하받는데, 원래 생일보다 이름이 같은 성인의 축일을 더 중요하게 생각하기도 한다.

산 안드레스에서 수호성인 축제는 일주일 전부터 시작되는데, 이

수호성인 축제의 여러 마을 수호성인기의 행진(1997년)

때 가장 큰 행사는 산 살바도르 축제에서 말한 것처럼 떼뽀스뜰란 마을과 바리오가 자신들의 수호성인기를 모셔오는 것을 영접하는 일이다. 산 안드레스 축제의 이틀 전인 11월 28일 오후에 각 마을에서 온 주민들은 자신들의 수호성인기를 들고 함께 모여 행진을 한다. 이 행진 과정은 산 살바도르 축제와 거의 차이가 없다. 차이가 있다면, 산 안드레스 수호성인기뿐만 아니라 산 안드레스 작은 성상도 행진에 참여한다는 점이다.

지금 주민들은 마을의 수호성인 또는 성인 축제 때마다 하는 떼뽀스뜰란 마을과 바리오의 공동 행진을 '아주 오래된' 전통처럼 이야기한다. 그렇지만 이는 가톨릭 신앙을 통해 주민 통합을 꿈꾸었던 떼뽀스뜰란 교구 노르베르또(Norberto) 주임신부에 의해 1996년에 처음 시작되었다. 당시 떼뽀스뜰란은 골프장 건설과 관련하여 매우 시끄러웠다. 골프장 건설 반대 투쟁이 격렬해지면서 골프장 건설에 협조하였던 무니시뻬오 자치단체장[郡守], 교구신부 등은 주민들의 신임을 잃고 쫓겨났다. 또한 마을과 주민들도 여러 갈래로 나뉘었다. 주

태양 십자가를 세우는 의례를 하는 모습. 꽃, 십자가 등 제물을 진설하고 정화 의례를 하고 있다(1998년 1월 산 살바도르 축제 때, 위).
꼰체로들과 함께 입장하는 떼뽀스뜰란 교구의 노르베르또 신부(1997년, 아래)

민들 대부분은 골프장을 건립하는 것에 반대하였다. 그렇지만 떼뽀스뜰란 읍 외의 다른 마을 주민들은 지금까지 지역 정치와 사회·경제에서 독점적이고 배타적인 권력을 행사해 온 떼뽀스뜰란 읍에 반발하여 은근히 골프장 건설을 찬성하거나 반대 운동에 대해서 냉소적이었다. 이에 골프장 건설 투쟁의 과정에서 전임 신부를 대신하여 새로 부임한 노르베르또 신부는 주민 편에 서서 뿔뿔이 흩어진 이들의 마음을 한데 모으고자 노력하였다. 이를 위해 마을 사이에서 행해지는 가톨릭교회의 쁘로메사 전통을 활용하였다. 다시 말해 각 마을이 수호성인 축제에서 선별적으로 맺고 있던 쁘로메사 관계를 전체 마을로 확대하였던 것이다. 이렇게 새로운 전통이 발명되었다.

이때 발명된 전통 가운데 또 다른 하나는 앞에서 언급한 꼰체로들이 꽃으로 태양 십자가(십자가에 햇빛 모양의 가지가 나 있다)를 장식하고 일으켜 세우는 의례이다. 1996년 수호성인 축제 전날, 정확하게 말하면 축일 새벽에 처음으로 이 의례를 행하였다. 1990년대 초반부터 마을 청년 펠리뻬가 중심이 된 꼰체로들은 산 안드레스 축일 전날부터 교회 마당에서 전통 춤을 추며 축제의 흥을 돋우어 왔다. 꼰체로들 가운데 펠리뻬만 마을 사람이고 나머지는 외부 사람들이다. 그러다 이들은 노르베르또 신부의 도움을 받아 독자적으로 성당 안에서 태양 십자가를 세우는 의례를 행할 수 있게 되었다. 먼저 나무로 만든 태양 십자가와 십자가에 사용할 셈빠소칠 등의 꽃을 교회 바닥에 놓고 꼬빨 향로로 정화하고 기도한다. 이때 만돌리나(mandolina), 고동피리 등으로 연주한다. 다음 꼬빨 향로 위에서 조그만 원을 그리며 꽃을 정화한다. 꽃을 태양 십자가 틀에 하나씩 하나씩 실로 묶는다. 교회 안은 꼬빨 연기로 가득 차 뿌옇다. 물론 음악 소리도 끝이 없다. 꽃으로 장식된 태양 십자가가 완성되면, 십자가를 바닥에 누인다. 그리고 십자가를 천천히 세우는 의례를 행한다. 음악 소리는 더욱 커지고 꼬빨 향로의 연기도 진해진다. 태양 십자가를 세운 뒤 제단이나 제단 밑의 중앙에 놓는다. 이는 영혼을 불러일으켜 세우는 의례로 장례식에서 영혼의 십자가를 세우는 것과 비슷하다.

앞에서 말한 것처럼, 태양 십자가를 세우는 의례는 산 안드레스 축일 축제뿐만 아니라 산 살바도르 축일 축제에서도 이루어진다. 이렇게 이곳 사람들은 전통문화와 호흡하며 끊임없이 새로운 전통의례를 만들어가고 있다. 물론 이는 펠리뻬 등 꼰체로들의 사정에 따라 행해지지 않기도 하며, 또한 주민들의 참여도 거의 없다. 이런 점을 고려한다면 아직까지 이 의례가 모든 마을의 수호성인기 행렬 의례처럼 수호성인 및 산 살바도르 축제의 의례 과정으로 확고하게 자리를 잡았다고는 할 수 없다. 그렇지만 펠리뻬가 동굴기우제 제사장으로 점차 마을의 주요 의례의 핵심 인물로 자리잡아가고 있는 것처럼, 이 의례도 산 안드레스 축제만의 독특한 의례로 자리매김할 가능성은 열려있다고 하겠다.

가톨릭이 식민지 때나 독립 시기에 종족 또는 사회 갈등을 무마하고 통합을 이루었던 것처럼, 오늘날에도 통합의 기제로서 역할을 하고 있다. 나아가 가톨릭은 원주민의 전통문화를 끊임없이 받아들이고 창조하는 바탕이 되고 있는 것이다.

쁘로메사는 성인(聖人)과 개인 또는 다른 마을 성인 등과의 다양한 관계에서 이루어지고, 기간도 1회에 제한되거나 세대를 넘어 지속되기도 한다. 수호성인인 산 안드레스는 마을 주민들에게 가장 중요한 쁘로메사의 대상이기도 하다. 예를 들어 2000년 무렵 마르꼬스(Marcos)는 비자 없이 미국에 가기 전 산 안드레스 성당에 들러 아무 탈 없이 국경을 넘어갈 수 있도록 도와줄 것을 기도하였다. 만약 그

렇게 된다면 산 안드레스 축제 때 10개의 화환(régulo)을 바칠 것을
약속하였다. 그는 무사히 국경을 넘어가 일을 하기 시작하였다. 마
르꼬스는 어머니 마리나(Marina)에게 돈을 보내 그해 11월 30일 축제
때부터 화환 10개를 바쳤고 이 쁘로메사는 3년 동안 계속되었다. 그
뒤 마르꼬스는 미국에서 번 돈으로 마을에 집을 지었고, 2005년에
결혼하여 마을로 돌아왔다.

산 안드레스 축제 때 빠지지 않고 꾸준히 계속되는 중요한 쁘로메
사는 꾸에르나바까의 차뿔떼뻭 마을과 멕시코시티 밀빠 알따의 라 비
르헨 데 라 루스(La Virgen de la Luz) 바리오의 쁘로메사이다.

산 살바도르 축제 때 말했듯이 꾸에르나바까의 차풀떼뻭 마을에서
해 오는 꽃 대문 쁘로메사는 할아버지 때부터 인연이 시작되었는데,
대를 이어 계속되고 있다. 이 쁘로메사는 산 안드레스 축제뿐만 아니
라 산 살바도르 축제 때에도 이루어지며, 산 안드레스 성당과 산 살
바도르 성당은 차뿔떼뻭 성인 축제 때 쁘로메사를 가져간다.

멕시코시티의 밀빠 알따(Milpa Alta) 구(區)는 떼뽀스뜰란 무니시
삐오와 밀접한 연관이 있다. 레드필드에 따르면, 이스까떼뻭 축제의
첫날 이벤트 가운데 하나는 밀빠 알따에서 약 수백 명의 사람들이 도
착하는 것이라고 기록하고 있다.[46] 레드필드가 조사하던 1927년에
는 치안과 종교적 어려움 때문에 오지 않았다고 하지만, 해마다 그들
은 자신들의 수호성인을 모시고 수백 명씩 왔다고 하였다. 그들은 자
신들의 성인을 이스까떼뻭 성인과 같은 것으로 생각하고, 이스까떼뻭
축제를 자신의 축제처럼 축하하였다. 따라서 밀빠 알따의 마을 수호
성인을 이스까떼뻭 성인이 놓인 제단의 옆에 모셨다. 그리고 밀빠 알
따의 성인은 축제 동안 이쓰까떼뻭 성인처럼 대우받는다.

산 안드레스 성인 축제 때의 쁘로메사는 밀빠 알따 구 전체가 아니

라, 밀빠 알따 구의 여러 바리오 가운데 하나인 라 비르헨 데 라 루스
바리오에서 온다. 이 바리오와 산 안드레스 사이의 관계는 개인적 관
계에서 시작되었다고 한다. 이 점은 두 마을이 의례적 관계를 형성하
는 데 산파 역할을 하였던 도냐 후아나(Doña Juana)의 이야기에서 잘
보인다.

　나의 남편(1996년 사망)은 밀빠 알따의 바리오 비르헨 데 라 루스에
자주 음악을 연주하러 갔다. 그러면서 그곳 사람들을 알게 되었고, 친
한 친구도 사귀게 되었다. 예로 막내딸 알레한드라(Alejadra, 1982년생)
의 세례 대부모, 15세 성인식 미사 대부모 등은 밀빠 알따 출신이다.
정확한 연도는 모르겠지만, 약 10년 전에 내가 화상을 입었다. 당시
성처녀 루스(Virgen de la Luz)를 믿는 남편은 나를 바리오 데 라 루스
성당으로 데리고 가서 성처녀에게 용서를 빌고 화상이 빨리 낫게 해달
라고 기원하였다. 그리고 몸이 호전되었다. 다음해 처음으로 바리오
데 라 루스의 마을 수호성인의 축제(5월 15일) 때, 몸이 좋아진 것에 대
한 감사의 약속을 지키고자 성처녀에게 화환을 바쳤다. 그 뒤로는 산
안드레스 마을 사람들의 도움으로 13개의 화환과 기부금을 지금까지
가져가고 있는데, 마을의 많은 사람들이 밀빠 알따의 축제까지 동행한
다. 밀빠 알따의 남편 친구들도 답례로 마을 사람들과 함께 산 안드레
스 마을의 축제에 화환을 가져오기 시작하였다.

　이처럼 수호성인 축제는 오랫동안 마을과 마을이 서로 소통하고
부조하는 계기가 되었다. 이런 전통이 골프장 반대 투쟁 당시에 마을
들을 통합하는 역할을 하였다. 비록 식민지 시기처럼 규율적이고 통
제적인 힘은 약화되었다고 할지라도 교회의 이런 역할은 오늘날까지

도 지속되고 있다. 이는 마을이 수호성인과 축제를 통해 자신들의 정체성을 찾는 한 계속될 것이다.

산 안드레스 축제에서 행해지는 기부, 미사, 까스띠요, 음악과 춤, 하리뻬오, 닭싸움 등의 진행 과정은 산 살바도르 축제 때와 큰 차이가 없다. 차이가 있다면 까스띠요 등의 규모가 산 살바도르 축제보다 조금 클 뿐이다.

9. 우리 어머니, 성모 과달루뻬

성모 과달루뻬(La Vírgen Guadalupe)는 멕시코 가톨릭의 상징이다. 정확하게 말하면 과달루뻬 성모는 종교적 상징을 넘어 국가의 상징이다. 과달루뻬 성모 신앙은 가톨릭 이상의 의미를 지니고 있어, 멕시코 사람들이 서슴없이 신은 가톨릭 교인이기보다는 '과달루뻬 성모 숭배자(Guadalupano)'라고 말할 만큼, 과달루뻬 성모는 멕시코 사람들의 삶의 중심에 있다.

과달루뻬 성모는 아스떼까 제국이 스페인에 의해 정복이 된 지 10년이 지난 1531년 12월 12일에 발현하였다. 12월 9일 개종을 한 지 얼마 되지 않은 원주민 후안 디에고(Juán Diego)가 멕시코시티 북부에 위치한 떼뻬약(Tepeyac) 언덕을 지나고 있었다. 이때 음악 소리와 함께 누군가 후안 디에고를 불렀다. 갈색 피부의 성모 마리아였다. 그녀는 원주민의 언어인 나우아뜰어로 후안 디에고에게 "주교를 찾아가 나의 발현 사실을 알리고, 이곳 떼뻬약 언덕에 나를 위한 성당(santuario)을 세워 줄 것을 전하라"고 말하였다. 이에 후안 디에고는 당시 멕시코시티의 수마라가(Zumárraga) 주교(obispo)에게 가서 이 사실을 알렸다. 그러나 주교는 '미천한' 원주민인 후안 디에고의 말을 전혀 믿지 않았다. 다음날에도 성모는 후안 디에고에게 발현하여 똑같은 부탁을 하였다. 그렇지만 여전히 대주교는 후안 디에고의 말

후안 디에고 옷에 발현한 성모 과달루뻬(2008년 떼뻬약 성당)

을 믿지 않았다. 대신 대주교는 후안 디에고에게 성모의 발현을 보여 줄 수 있는 징표를 가져오라고 하였다. 그 뒤 12월 12일에 후안 디에고가 병이 위독한 숙부를 위해 종부성사를 해 줄 신부를 모시러 떼뻬약 언덕을 지나갈 무렵, 성모는 다시 나타났다. 그리고 후안 디에고로부터 징표를 가져오라는 대주교의 이야기를 전해 듣고는 기적을 행하였다. 건조 식물만이 자라는 황량한 떼뻬약 언덕의 정상에 서양의 꽃인 장미를 피게 하고, 발현의 징표로 디에고에게 명하여 장미꽃 한아름을 꺾어오게 하여 직접 손으로 꽃들을 골라 주었다. 후안은 겉옷 아야떼(ayate)에 장미를 싸들고는 대주교를 찾아갔다. 성모는 후

떼뻬약 과달루뻬 성당의 전경
(2008년 7월 10일 미사 전 대주교가 신자를 만나는 모습)

안 디에고가 그녀의 사자(使者)로서 맡은 역할을 하는 동안 그의 숙부를 찾아가 병을 낫게 하는 기적을 행하였다. 한편 멕시코시티의 뜰라뗄롤꼬에 있는 산띠아고 성당으로 주교를 찾아간 후안 디에고는 성모 발현의 징표인 장미꽃을 주교에게 보여 주려고 자신의 겉옷을 내리는 순간, 장미꽃들이 이리 저리로 흩어지고 겉옷에는 갈색의 성모 과달루뻬가 발현하였다. 오늘날 떼뻬약 과달루뻬 성당의 중앙에 모셔져 있는 상이 바로 후안 디에고의 옷에 발현한 성모상이다.

성모가 발현한 지 2년 뒤 떼뻬약에는 정복자 에르난 꼬르떼스와 신부들의 주도 아래 떼뻬약에 성모를 모시는 성당이 세워졌다. 1754년 교황 베네딕트 14세는 과달루뻬 성상을 공식적으로 인정하였다. 1904년에는 대성당인 바실리까(La Basílica)가 새롭게 만들어졌다. 그러나 지진 등으로 건물의 균열과 침하가 심해지면서 1976년에 현대 양식의 바실리까 성당이 세워지고 오늘에 이르고 있다.

과달루뻬 성모는 식민지 시기에 원주민을 개종시키는 데 크나큰 구실을 하였고, 오늘날에는 멕시코 나아가 라틴아메리카 가톨릭 신앙의 핵심이 되었다. 일반적으로 사람들은 성모 발현을 역사적 사실로 받아들이며, 과달루뻬 성모 신앙은 이 발현 신화로부터 시작되었다고 믿는다. 그러나 발현했던 1531년에 처음으로 발현 신화를 구체적으로 기록한 미겔 산체스(Miguel Sánchez)의 저작이 출판된 1648년 사이에 나온 사제, 선교사, 관료 등의 기록에서 성모 발현에 대한 명백한 증거나 언급을 찾는 것은 매우 힘들다.[47] 따라서 발현의 역사적 진위(眞僞)와 관련하여 많은 논쟁이 있어 왔고, 오늘날까지도 이 논쟁은 끝이 나지 않았다. 진위 논쟁을 떠나 무엇보다 중요한 점은, 오늘날 성모 과달루뻬가 없는 멕시코를 상상할 수 없을 정도로 과달루뻬 성모는 멕시코 문화의 대표적 상징이며, 멕시코 사람들은 과달루뻬 성모를 통해 세상을 읽고 해석하며 삶을 영위하고 있다는 사실이다.[48]

이와 달리 과달루뻬 성모의 발현을 목격하였던 후안 디에고는 오랜 세월 동안 원주민이라는 이유만으로 끊임없이 부정당해 왔다. 후안 디에고는 20세기에 와서야 존경과 찬미의 대상이 되었다. 후안 디에고는 2002년 교황 요한 바오로 2세가 멕시코를 방문하면서 원주민 출신으로 첫 성인이 되었다. 이는 최근에 개신교가 라틴아메리카에서 공격적인 전교를 하면서 가톨릭 신도, 특히 원주민 신도의 수가 감소한 것에 그 이유가 있다고 한다.[49] 하여튼 후안 디에고의 위상은 그 이전에는 아무런 의미가 없었고, 그 잔재는 여전히 남아 있다. 이 점은 필자가 산 안드레스에서 현지연구를 하던 1996년 어느 일요일

산 살바도르 성당에 들렀을 때 성당을 지키고 있던 당시 마요르도모
돈 셀소(Don Celso)가 해 주었던 이야기에서 잘 드러난다.

　　세상을 떠돌아다니는데 지친 한 부랑아가 허기진 몸을 이끌고 눈앞
에 우뚝 서 있는 교회로 들어섰다. 그리고 그는 과달루뻬 성모상 앞으
로 나아가 무릎을 꿇고 기도를 하였다. "과달루뻬 성모님! 저를 도와
주십시오. 이제까지 저는 어느 누구에게도 해를 끼치지 않았고, 나쁜
짓이라고는 해 본 적이 없습니다. 그런데 다른 사람들은 집도 있고, 먹
을 것도 걱정하지 않고 잘 살고 있는데, 왜 저는 이렇게 살아야 합니
까? 성모님! 저를 도와주십시오! 제발 저를 도와주십시오!" 이때 성당
의 뒤편에서 벽화를 수선하고 있던 한 화가(남성)가 부랑자가 간절히
기도하는 소리를 창 너머로 우연히 듣게 되었다. 이 화가는 갑자기 장
난기가 동하여 부랑아를 향하여 근엄한 목소리로 말하였다. "이 게으
름뱅이야, 일하러 나가라! 일을 하지 않으면 먹을 것도 없다!" 기도에
몰두하고 있던 부랑자는 갑작스런 응답에 놀라 벌떡 일어섰다. 주변을
이리저리 둘러보다가 갑자기 과달루뻬 성모 발현 모습을 그린 벽화를
향해 삿대질을 하며 소리쳤다. "야, 인디오 자식(후안 디에고를 지칭)
아! 내가 언제 너에게 기도를 했냐? 너는 참견하지 마라." 그리고 코
를 씩씩거리며 성당을 나섰다.

　'인디오 자식' 후안 디에고는 오늘날까지 큰 변화가 없는 원주민의
위상을 상징적으로 잘 보여준다고 하겠다. 그럼에도 과달루뻬 성모
는 원주민에게 삶과 희망의 결정체로 자리잡게 되었는데, 이는 또 다
른 의미를 지니고 있었다. 과달루뻬 성모는 비록 가톨릭의 외형을 띠
고 있지만, 아스떼까의 모신(母神)인 또난찐(Tonantzin)의 부활 그 자

체였다. 또난찐은 뱀신의 아내로 인간에게 가난, 고통과 죽음을 가져 다주는 사악한 여신 시우아꼬아뜰(*Ciuacóatl*)의 또 다른 이름으로 '우 리 어머니(Nuestra Madre)'를 뜻한다.[50] 가톨릭이 들어오면서 시우아 꼬아뜰이 지니고 있던 양면성 가운데서 사악한 면은 제거되고 차츰 보호자, 우리의 어머니로 이미지가 바뀌어 왔다. 정복 전에 원주민들 은 멕시코시티 북쪽에 위치한 떼뻬약 언덕에서 대지와 풍요의 모신 또난찐에 대한 매우 엄숙한 희생제의를 치렀는데, 멀리 떨어진 지역 에서도 많은 제물을 가지고 이 의례에 참석하고자 왔다. 그리고 또난 찐은 10년 뒤에 자신의 신전이 있던 떼뻬약에서 과달루뻬 성모로 발 현하였고, 그 자리에는 성모 과달루뻬를 위한 성당이 세워졌다. 그렇 지만 원주민들은 여전히 성모 과달루뻬를 '또난찐'이라고 부르며, 성 모를 모시는 성당이 지방에 많이 있었음에도 예전처럼 먼 곳에서 또 난찐을 보러 왔다.[51] 결과적으로 성모 과달루뻬는 어떤 의미에서 또 난찐의 부활을 뜻하며, 원주민이 인간성을 회복하고 구원될 수 있음 을 보여 주는 증거로써 기능하였다.[52]

또난찐이 갈색의 성모 과달루뻬로 다시 태어나는 과정에서 가톨 릭 성인들은 전통적인 신과 융합되었다. 성모와 삼위일체설, 많은 성 인 등에 기초한 가톨릭의 유연성은 원주민의 전통적인 인식 및 신앙 체계와 쉽게 융합할 수 있는 틀을 제공하였다. 무엇보다 원주민들에 게 신과 인간의 중개자라기보다는 신인동형(神人同形)의 신성으로 인 식된 성인(聖人)은 가톨릭과 원주민의 전통 신앙이 결합하는 데 매우 커다란 구실을 하였다. 물론 전통적인 신들은 가톨릭과 관련하여 층 화(層化)된 구조에서 하부 위치로 전락할 때만 존속할 수 있었다는 점은 부정할 수 없다.

또한 아스떼까 신화의 구조와 의미도 많이 변형되었다. 무엇보다 이원적 일원론(一元論), 다시 말해 상호 의존적 이원대립의 아스 떼까 개념은 가톨릭의 선악 이원대립의 개념으로 변화한다. 아스떼 까에서 창조란 상호 보완적인 대립과 갈등의 결과물이다. 따라서 사 물과 운동은 대립하는 것 사이의 상호작용과 교환에서 비롯된 것으 로, 하나의 근원[一元]을 가지고 있다고 하겠다. 예로 이원성의 신 오 메떼오뜰(Ometéotl)은 모든 사물의 궁극적 원천으로 여겨지며, 그의 후손들 또한 강력한 힘을 가지고 창조와 관련된 실질적 행동을 수행 한다. 오메떼오뜰의 자식들인 균형·조화·생명을 상징하는 께짤꼬 아뜰(Quetzalcóatl)과 불균형·갈등·죽음을 상징하는 떼스까뜰리뽀 까(Tezcatlipoca)는 때로는 협력자로서, 때로는 적으로서 하늘과 땅 을 창조한다. 이러한 상호 의존적 일원(一元) 대립의 아스떼까 개념 은 가톨릭의 이원(二元) 대립의 개념으로 변화한다. 이 개념 속에서 떼스까뜰리뽀까와 같이 파괴·죽음 또는 악행을 일삼는 부정(不正)의 신들은 악마로 치환되어 두려움과 회피의 대상이 되었다. 이와 달리 께짤꼬아뜰과 같이 창조·풍요와 관계가 있는 신들은 농업이나 생산 의 신 또는 성인이 되어 더욱더 의지하고 기도하는 대상이 되었다.[53]

한편으로 각 집 안의 제단에 함께 모셔져 있는 다양하고 많은 예 수·성모·성인들의 상(像)은 한편으로 식민지 이전 시기 다신(多神) 에 대한 주민들의 믿음 체계가 가톨릭이라는 현상 밑에 자리잡고 있 다는 것을 보여 준다. 다른 한편으로 교회 또는 회사와 같은 비인격 적 대상보다는 과달루뻬 성모와 같은 인격화된 대상을 자신들의 보 호자(patrón)로 인정하는 멕시코인들의 문화적 배경을 잘 보여 준다. 이는 집 안에 모셔진 다양한 성인들의 보호자 성격과 "나는 가톨릭 교인이라기보다는 과달루빠노(guadalupano)"라는 말을 이해할 수 있 게 한다.

과달루뻬 성모의 제설혼합주의(諸設混閤主義, sincretismo) 성격을 잘 보여 주는 것이 제단에 바쳐진 옥수수이다. 산 안드레스의 농민들은 성모 과달루뻬 축일 전까지 옥수수 수확을 마치는 것을 이상적인 것으로 생각하며, 수확하면서 모양이 예쁜 옥수수를 따로 챙겨 성모 축일 때 집 안의 제단이나 벽에 걸어 놓는다. 이 옥수수가 새해 동안 해로운 것으로부터 집과 가족을 보호해준다고 믿는다. 이때 옥수수는 또난찐 바로 성모 과달루뻬를 상징한다. 식민지 초기의 가장 중요한 역사가인 사하군(Sahagún) 신부는 또난찐과 시우아꼬아뜰이 동일한 여신이라고 하였다. 바로 이 여신의 또 다른 이름은 실로넨(*Xilonen*), 즉 어린 옥수수(*jilote o xilote*)이다.[54] 그리고 예수회 신부인 클라비헤로(Francisco Xavier Clavijero)는 또난찐을 시우아꼬아뜰이 아닌 신떼오뜰(*Cintéotl*)과 동일시하는데, 신떼오뜰 또한 옥수수 신이다. 이 점을 볼 때, 과달루뻬와 또난찐은 멕시코 사람들의 가장 중요한 생계 작물인 옥수수와 관련이 있다. 옥수수처럼 과달루뻬 성모 신앙은 멕시코 사람들에게 삶의 원동력이라고 할 수 있다.

과달루뻬 성모는 멕시코 가톨릭에서 하나님이나 예수 그리스도에 못지않은 일대 구심점을 이루고 있다. 멕시코 어디에서나 성모 과달루뻬를 수호성인으로 모시는 성당을 쉽게 만날 수 있다. 또한 부성적(父性的) 종교 상징을 가진 나라보다는 모성적(母性的) 종교 상징을 가진 나라에서 환상과 축제가 더 성행한다고 하는데,[55] 성모 발현일이 되면 멕시코 전국에서 다양한 축제가 열린다.

성모 발현일인 12월 12일이 다가오면 수많은 멕시코인들은 성모 발현을 기리고자 떼뻬약의 바실리까 성당으로 모여든다. 멕시코에서 가장 규모가 큰 성지순례가 이루어진다. 발현일 전야에 떼뻬약 성당에 도착하려고 멕시코 전역, 나아가서는 라틴아메리카의 많은 국

성모 과달루뻬를 향해 무릎으로 걸어가는 모습(2008년)

가들에서 미리 여장을 꾸려 떼뻬약을 향해 길을 떠난다. 순례자들은 버스와 승용차 등을 이용하기도 하지만, 십자가와 과달루뻬 성모상 등을 지고 몇 백 킬로미터를 걸어오기도 한다. 순례자가 수백만 명에 이르러 성당은 발 디딜 틈이 없다. 떼뻬약 성당에 도착한 많은 순례자들은 무릎으로 '순례의 길'을 걸으며 성당으로 들어간다. 성당을

270

향해 가는 모습은 경건하고 엄숙하다. 순례자 대부분은 쌀쌀한 추위 속에서도 노숙을 하며 며칠 동안 과달루뻬 성모 곁에서 지낸다. 성당에서는 시간마다 미사가 이어지고, 성당 마당에서는 꼰체로와 원주민들이 전통 춤을 추고 의례가 쉼 없이 열린다. 또한 이곳을 찾은 사람들은 떼뻬약 언덕에 있는 발현 기념 성당과 바실리까 안에 있는 여러 성당을 순례한다.

과달루뻬 성모 발현을 축하하는 의례는 떼뻬약 성당뿐만 아니라 멕시코 전역에서 벌어진다. 12월 11일이 되면 산 안드레스 마을 사람들은 과달루뻬 성모를 위한 제단을 깨끗하게 해 둔다. 오늘날 주민들의 대부분은 과달루뻬 성모(성처녀)라고 하지만, 몇몇 노인들은 또 난찐이라고 부르기도 한다. 의례는 성당·길가·샘가에 세워진 성모상에 마을 단위뿐만 아니라 각 집에서도 개별적으로 행해진다. 산 안드레스의 집은 저마다 과달루뻬 성모, 예수, 산 안드레스, 베드로, 성녀 까따리나 등 여러 명의 집안 수호성인을 모시고 있는데, 이 가운데 과달루뻬 성모는 가장 보편적인 수호신이다. 따라서 과달루뻬 성모 발현일 때 많은 가정에서 발현 축일 의례가 행해진다.

제단을 청소한 뒤 주민들은 꽃·초·옥수수 등을 성모상에 바친다. 이 일은 주로 대부모가 맡는다. 즉 성당의 성모는 말할 필요도 없고 집마다 모셔진 성모는 여러 명의 대부모(대부분은 대모)를 가지고 있다. 일반적으로 대부모들은 가족 외의 사람이다. 대부모들은 성모상을 꾸미고 제단에 꽃과 초 등을 바친다. 그 외의 주민들도 대부모 관계와는 상관없이 꽃을 바친다. 이는 밤이 깊어지도록 계속된다. 주인은 대부모를 비롯한 방문객들에게 따말과 아똘레 등의 전통 음식을 대접한다.

12월 12일 아침 무렵, 마을 사람들은 하나둘 산 안드레스 성당으로

성모 과달루뻬 축일에 의례를 하기 위해 준비하는 아이들(1996년)

모여든다. 특히 어린아이들은 산 안드레스 성당에 모셔져 있는 과달루뻬 성모의 대모인 도냐 프란시스까(Doña Francisca)의 지휘 아래 과달루뻬 성모상 앞에서 춤을 춘다. 이때 어린이들은 원주민 전통 복장을 하기도 한다. 남자 아이들은 흰색 상·하의에 모자를 쓰고 가죽신을 신는다. 여자 아이들은 어두운 남색 치마에 천연색으로 수놓은 블라우스를 입는다. 남자 아이들은 과달루뻬 성모의 발현을 처음 목격한 후안 디에고, 여자 아이들은 스페인 정복자 에르난 꼬르떼스의 첫 원주민 출신 부인이자 멕시코 첫 메스띠소의 어머니였던 말린체(Malinche)라고 부른다. 사실 남자들을 후안 디에고라고 부르는 것은 쉽게 이해되지만, 여자들을 말린체라고 부르는 것은 선뜻 이해가 되지 않는다. 말린체는 첫 메스띠소의 상징적 어머니이기도 하지만, 다른 한편으로 스페

272

아손촘빤뜰라에 있는 성모 과달루뻬 상에서 기도하는 젊은이(1997년)

인 아버지에게 능욕당하고 자신의 마을을 배반한 사람의 상징이기도 하다. 마을 사람들에게 왜 여자 아이들을 '말린체'라고 부르는지 물으면, 이에 대해서 "옛날부터 그랬다"고 대답할 뿐이다.

이에 대해 모렐로스 북부 뜰라야까빤(Tlayacapan) 지역을 연구한 잉함(Ingham)은 과달루뻬 성모 발현일 때 여자 아이들이 말린체 복장을 하는 것은 순수와 타락의 이중성을 표현한다고 하였다.[56] 말린체는 한편으로 타락에 빠진 이브, 다른 한편으로는 타락에 빠지기 전의 순수한 이브 및 마리아와 연결된다. 발현일 때 말린체 복장을 한 여아들은 타락하기 전의 이브처럼 순수한 존재로, 궁극적으로 어린 마리아를 상징한다. 결국 또난찐과 말린체는 과달루뻬 성모로 연결된다. 과달루뻬 성모는 서구 가톨릭에 의한 멕시코 원주민 영혼의 정복을 상징하면서, 동시에 성모를 통해 원주민 세계의 신성성이 회복되었음을 드러내기도 한다. 다시 말해 성모 과달루뻬의 이면에는 멕시코의 다른 그림자, 원주민의 어머니, 버림받은 원주민의 여신들 그리고 말린체가 함께 한다.[57] 메스띠소의 상징적 어머니인 말린체는 피와 살을 지닌 구체적인 존재라기보다는 멕시코의 대표적인 모성의 상징이라고 할 수 있다.[58] 그러나 능욕당하고 자신의 마을을 배반한 말린체는 고아, 특히 스페인 아버지와 "강간당한 어머니 사이에서 태어난 자식들(hijos de la chingada)", 메스띠소를 어루만져줄 수 없었다. 원주민과 자신들의 부모가 누군지도 모르고, 어느 세계에도 소속감을 갖지 못했던 메스띠소와 같이 버림받은 자들의 보호자가 된 것은 바로 과달루뻬 성모이었다. 이렇게 창부는 성녀로, 말린체는 과달루뻬 성모로 부활하였다. 그 이후로 멕시코의 과달루뻬 성모만큼 멕시코 사람들을 위로하고, 또 단결시키며, 열렬히 숭배하게 만든 성모는 나타나지 않았다.*

아이들이 이처럼 드러나지 않는 복잡한 의미를 이해할까? 아마 아이들에게 그것은 중요하지 않을 것이다. 아이들은 자연스럽게 과달루뻬 성모의 품 안에서 탄생하였고, 성모에 의지하며 세상을 배울 뿐이

* 멕시코 과달루뻬 성모와 같은 역할을 한 성모로는 쿠바의 까리닷 델 꼬브레 성모(la Virgen de la Caridad del Cobre)와 베네수엘라의 꼬리모또 성모(la Virgen de Corimoto)를 들 수 있다(Fuentes, Carlos, 1992, *El espejo enterrado*, México: Fondo de Cultura Económica, 서성철 옮김, 1997, 《라틴아메리카의 역사》, 까치, 179쪽 참조).

다. 필자도 산 안드레스 아이들의 모습에서 어떤 의미를 찾고자 고민
하기보다 그냥 보고 있는 것만으로 행복하였다. 마을 수호신 성당 안
에서 춤을 춘 아이들은 대모 프란시스까의 지도 아래 마을의 북쪽에
위치한 샘물 아손촘빤뜰라로 간다. 이곳은 샘물, 동굴기우제 등으로
중요한 곳으로 아주 오래 전부터 과달루뻬 성모상이 세워져 있다. 성
모상 앞에서 〈과달루뻬의 탄생(Mañanitas Guadalupanas)〉과 〈쏘찌뻬사
우아(Xochipisahua)〉라는 노래를 부르며 춤을 춘다. 그리고 쁘로그레
소 길 중간에 세워진 과달루뻬 성모상을 방문한다. 이 성모상은 이곳
에 살고 있는 리베라 데사이다(Rivera Desaida) 가족이 약 20년 전에 세
웠다. 평소에는 리베라 데사이다 가족이 돌보고 있다. 이 성모상 앞에
서 아이들은 춤을 춘다. 그리고 모두 리베라 가족과 대모 프란시스까
의 집에 들러 간단하게 따말, 아뜰레, 과자 등을 먹은 뒤 자신의 집으
로 돌아간다. 그리고 과달루뻬 성모와 함께 일상을 지속한다.

과달루뻬 성모의 발현과 관련하여 진실 논쟁이 오늘날까지 벌어지
고 있다. 따라서 과달루뻬 성모가 지닌 상징성이 객관적이고 역사적
인 사실에 근거한 것이라고 딱 부러지게 말할 수 없다.[59] 그럼에도 멕
시코 사람들이 과달루뻬 성모를 통해 세상을 읽고 해석하며 삶을 영
위하는 한 그 믿음은 변함없이 계속될 것이다.

"나도 과달루빠노다."

10. 최대의 명절, 성탄절

성탄절(La Navidad)은 종교적으로 부활절과 더불어 가장 큰 제의이자 멕시코에서 가장 큰 명절이다. 성탄절이 되면 멕시코에서는 한국의 설과 추석 때처럼 민족 대이동이 일어난다. 성탄절 휴가는 보통 12월 중순부터 새해 1월 6일 동방박사의 날까지 이어진다. 멕시코의 소비활동은 이 기간에 가장 활발해진다.

멕시코에서 성탄절은 스페인의 정복과 함께 시작되었을 것이라는 점을 쉽게 짐작할 수 있지만, 이에 대한 정확한 자료는 없다. 단지 정복 후 약 7년이 지난 1528년에 프란시스꼬 수도회 소속의 뻬드로 데 간떼(Pedro de Gante) 신부가 많은 원주민을 모아 놓고 〈구세주 탄생하였도다(Ha nacido el Redentor)〉라는 찬송가를 부르게 했다고 한다. 그런데 12월 25일은 아스떼까 사람들에게도 매우 중요한 날이었다. 이들은 이날 아스떼까의 주신이자 전쟁의 신인 우이찔로뽀츠뜰리(*Huitzilopochtli*)에 대한 제의를 지내었다.[60] 다음은 우이찔로뽀츠뜰리의 탄생 신화이다.

순결하고 신앙심이 깊은 꼬아뜰리꾸에(*Coatlicue*)는 참회의 기도를 올리며 '뱀의 언덕' 꼬아떼뻭을 둘러보던 어느 날 하늘에서 내려오는 빛나는 흰 깃털을 발견했다. 진귀한 깃털을 모으고 싶었던 꼬아뜰리

꾸에는 이것을 주워 허리띠에 찼다. 그런데 그녀도 모르는 사이에 깃
털은 몸속으로 파고들어 우이찔로뽀츠뜰리를 잉태하게 했다. 꼬아뜰
리꾸에의 아들딸들은 그녀의 임신 사실을 알고, 그녀를 죽이려고 하
였다. 자식들의 생각을 눈치 챈 그녀는 두려움에 떨었다. 그러나 뱃속
의 아이는 이미 그 사실을 알고 있고 준비도 되어 있다며 그녀를 안심
시켰다. 우이찔로뽀츠뜰리는 꼬아뜰리꾸에의 성난 자식들을 죽여 그
의 어머니를 보호하였다. 그에 의해 죽은 자식들 가운데 하나인 꼬뻴
(Copil)의 심장이 떨어진 곳에서 선인장이 한 그루 솟아올랐고, 그 위
에 독수리가 앉았다. 마침내 예언에 나온, 독수리가 앉아 있는 선인
장이 나타난 것이다. 아스떼까 사람들은 순례를 끝내고 이곳에 새로
운 나라를 세우기 시작하였다. 사람들은 태양의 도시, 떼노츠띠뜰란
(Tenochtitlan : 현재 멕시코시티)을 건설하고 우이찔로뽀츠뜰리를 수호
신으로 모시게 되었다.[61]

스페인의 정복으로 말미암아 아스떼까 신과 전통의례는 독립성을
많이 잃어버렸다. 이와 달리 정복자의 종교였던 가톨릭의 사제들은
원주민을 개종하고 교화시킨다는 명분 아래 성탄절 등과 같은 갖가
지 의례를 적극적으로 장려하였다. 이런 과정에서 전통의례는 가톨
릭과 결합하며, 정확하게 말하면 가톨릭 믿음체계와 의례 속으로 숨
어들며 생존할 수밖에 없었다. 하나의 신이 여러 가지 모습과 특성으
로 재현된다고 믿는 아스떼까 전통 인식체계에서 바라본다면, 예수
는 우이찔로뽀츠뜰리의 또 다른 모습이었을 것이다. 다시 말해 아스
떼까 사람들에게 우이찔로뽀츠뜰리는 태양신이었으며, 그들은 동지
(冬至)에 그의 탄생제의를 하였다. 멕시코 원주민들에게는 예수도 태
양신이었다. 예수의 탄생을 기리는 성탄절은 아스떼까의 우이찔로

뽀츠뜰리 탄생제의와 결합하면서 쉽게 퍼져나갔을 것이다.

종교적으로 성탄을 중심으로 하는 대림절과 성탄 의례는 11월 말 무렵부터 2월 2일 깐델라리아 축일까지라고 할 수 있다. 산 안드레스에서 성탄절 축제는 12월 16일부터 24일까지 9일 동안 날마다 반복되는 뽀사다(posada)로부터 본격적으로 시작된다. 산 안드레스 사람들은 마리아와 호세가 예수를 잉태하고 베들레헴에 이르렀던 여정 중에서 하룻밤 신세질 집을 구한 것으로부터 뽀사다 의례가 비롯되었다고 말한다. 뽀사다 의례가 행해지는 9일의 각 하루는 한 달을 나타내는 것으로, 이는 예수가 9개월 동안 태중에 있었음을 뜻한다.

뽀사다 축제는 스페인 안달루시아 지역으로부터 유래했다고 말하기도 하지만, 멕시코에서 주로 행해지고 있다는 점을 고려한다면 매우 멕시코적인 의례라고 할 수 있다. 멕시코에서 열린 첫 뽀사다 축제는 1857년 멕시코시티에서 87킬로미터 떨어진 산 아구스띤 데 아꼴만(San Agustín de Acolman)에서 시작되었다. 산 아구스띤 데 아꼴만 교구의 디에고 데 소리아(Diego de Soria) 신부는 교황 식스또 5세(Sixto V)로부터 해마다 12월 16일부터 24일까지 연말 미사(Misas de Aguinaldo)를 시행하라는 교서를 받았다. 이 기간에 우이찔로뽀츠뜰리의 탄생제를 여는 원주민들을 가톨릭으로 순화시키려고 신부는 미사를 드리기 시작했다고 한다.[62]

이는 로마에서 성탄 축제가 발생한 계기와 매우 비슷하다. 성탄 축제의 유래 가운데 하나는 성탄 축제가 로마에 살고 있는 이교도들의 '무적(無敵)의 태양신 탄생(Natle Solis Invicti)' 축제에 대한 대응책으로 생겼다고 본다. 로마 황제 아우렐리아누스(Aurelianus)는 274년 시리아의 태양신 공경을 로마 제국에 받아들여 태양신 탄생 축일을 12월 25일로 제정하였다. 그 뒤로 태양신의 탄생 행사는 국가적으로 성전 예식과 곡마(曲馬) 경기 등을 포함한 국민 전체의 축제가 되었다. 반면 그리스도인들은 이 우상숭배 축제를 멀리하였다. 이런 영향으로 말미암아 336년 로마에서 공식적으로 12월 25일을 성탄 축일로 제정하여 축일 미사를 지냈고, 점차 세계적으로 퍼져 나갔다.[63] 결국 멕시코 성탄절은 로마 태양신의 탄생 축일, 우이찔로뽀츠뜰리 탄생제 등과 같은 태양 숭배와 융합된 산물이다. 이처럼 멕시코에서 뽀사다 축제도 아스떼까 원주민 사회에서 행해지던 축제를 대체하는 과정에서 자리를 잡게 되었고, 19세기 초반에 오늘날의 모습을 갖추게 되었다.

산 안드레스에서는 12월 초가 되면 산 안드레스 성당에 모셔져 있는 아기 예수, 이른바 니뇨 디오스(Niño Dios)의 대모인 도냐 마르가리따(Doña Margarita)가 집들을 돌아다니면서 뽀사다를 할 집을 정한다. 한 마디로 뽀사다는 마을 전체가 참여하는 공동체 의례라고 할 수 있다. 또한 이때 가정마다 곧 탄생할 아기 예수를 위한 보금자리, 이른바 구유(pesebre)를 집 안에 만든다. 크리스마스트리·이끼·양떼·사슴·사람 등으로 제단을 꾸미고, 그 중심에 구유를 놓는다. 아직 예수는 탄생하지 않았기에 구유는 비어 있다. 동방박사는 1월 6일에 구유 옆에 놓인다. 옛날에는 진흙·도기·나무·밀랍·종이·야자수 잎·옥수수 껍질 등으로 자신들이 직접 만들기도 하였지만, 1970~1980년대부터는 플라스틱 제품이 대부분이고 시장에서 구입한다. 이 장식용품들은 한 번 쓰고 버리는 것이 아니고 해마다 다시 사용하고 또한 새로 구입하기 때문에 해를 거듭할수록 많아지는 편이다.

12월 16일부터 뽀사다가 시작된다. 저녁 7시 무렵에 사람들이 산 안드레스 성당으로 모여 첫 번째 기도문(misterios)부터 다섯 번째 기도문을 암송하는 기도회(뽀사다 기도문은 모두 7개이고, 나머지 2개는 뽀사다를 하는 집에서 암송한다)를 연다. 이 기도회는 돈 살로메 등 레산 데로가 주도한다. 기도회가 끝나면 뽀사다를 제공한 집으로 행진한 다. 행진의 앞에 도냐 마르가리따가 꼬빨 향로를 흔들며 앞서고, 그 뒤에는 마리아와 호세의 상이 따른다. 그리고 한 손에는 불을 밝힌 초 를 든 행렬이 두 줄로 뒤따른다. 뽀사다를 제공한 안주인은 꼬빨 향로 와 초를 들고 집 입구의 5~10미터 앞에서 마리아 행렬을 기다린다. 여기에서 안주인은 꼬빨 향로로 십자가를 그리며 마리아 행렬을 맞이 한다. 그런 뒤 주인은 행렬의 일부 사람들과 함께 집으로 들어가 문을 잠근다. 마리아 행렬은 닫힌 문 앞에서 "하느님의 이름으로 당신에게 뽀사다를 원합니다(En el nombre del cielo, os pido posada)"로 시작하 는 뽀사다 노래를 부르고, 집 안에 있는 사람들이 답가를 부른다.

노래가 끝나면 행렬은 집 안으로 들어간다. 그리고 두 개의 기도문 (dos misterio)을 암송하는 기도회를 시작한다. 기도회가 끝나면 행렬 은 안주인에게 간식(colación : 과자·땅콩 등이 들어 있는 봉지)을 요구하 는 노래를 부른다. 이때 기도회의 엄숙한 분위기는 갑자기 밝고 경쾌 한 분위기로 바뀐다. 폭죽도 터진다. 이 순간에 경배의례는 끝나고 놀이의례로 전환된다.

성(聖)과 속(俗)을 나누던 뽀사다 집의 문도 활짝 열리고 밖에 있던 사람들, 주로 남자들도 집 안으로 들어온다. 사람들은 끼리끼리 모 여 이야기를 하며 즐긴다. 안주인은 자신의 형편에 맞게 과자·땅콩 (cacahuate)·오렌지(naranja)·귤(mandarino)·사탕수수(caña)·히까마 (jicama), 사탕 등이 담긴 상자나 비닐봉지, 즉 간식을 사람들에게 나 누어 준다. 안주인은 뽀사다를 하기 전에 미리 꾸에르나바까, 꾸아우 뜰라 등지에서 나누어 줄 물건을 사다가 상자 또는 비닐봉지에 담아 준비해 둔다. 사람들은 음료수, 보통 항아리 커피(café de olla)를 마시며 간식을 먹고 나머지는 집으로 가져간다.

뽀사다 의례가 끝나면 이따금 삐냐따(piñata) 놀이를 하기도 한다. 레드필드는 떼뽀스뜰란 읍에서는 뽀사다마다 삐냐따 놀이가 있다고 하였다.[64] 한마디로 삐냐따 놀이는 뽀사다 의례의 한 과정이라고 할 만큼 밀접한 연관이 있다. 그러나 산 안드레스에서는 뽀사다마다 삐냐따 놀이를 하지는 않는다.

삐냐따는 색종이 등으로 장식한 다양한 모습의 점토 항아리 인형이다. 본래 삐냐따는 일곱 가지 원죄를 상징하는 일곱 개의 뾰족한 종이 삼각뿔이 장식된 별 모양이나, 요즈음은 축제에 따라 그 모양이 다양하다. 예를 들어 어린이 생일에는 아이가 좋아하는 만화 캐릭터를 만들고 겉에 사탄 또는 악령을 뜻하는 알록달록한 색종이와 반짝이를 붙인 옷을 입히기도 한다. 항아리 안에는 이 땅의 즐거움을 상징하는 사탕·땅콩·과일·히까마 등 달콤한 것들이 들어 있다.[65] 또한 참석자들을 놀리려고 항아리 안에 밀가루나 꼰페띠 등을 넣기도 한다.

삐냐따 놀이는 스페인 사람들과 함께 들어왔지만 원래 중국에서 기원했다고 한다. 중국인들은 봄과 농사가 시작되는 새해(설)에 색종이로 장식된 소 등의 모형에 오곡(五穀), 즉 쌀(arroz)·보리(cebada)·밀(trigo)·기장(mijo)·수수(sorgo)를 넣고, 이를 막대기로 깨고 색종이 등을 태웠다. 그리고 참석자들은 풍년을 기원하고자 태우고 남은 재를 부적처럼 보관하였다. 이 놀이는 마르코 폴로에 의해 이탈리아 등 유럽에 전해져 새로운 놀이로 변하였다. 부르봉(Bourbón) 왕가는 왕실 행사에서 삐냐따에 금화, 보석을 채우고 깨는 놀이를 하였다. 그러다 스페인에 전해지면서 사순절 첫 일요일에 하는 '삐냐따 일요일(Domingo de Piñata)' 의례가 되었다. 여기에서 참석자들은 가면을 쓰고, 사탕 등이 들어 있는 삐냐따를 깼다. 삐냐따는 스페인 정복과 함께 멕시코에 전해졌다. 멕시코에서도 초기에 삐냐따 놀이를 사순절에 하였다. 그 뒤 정확한 시기는 모르지만 삐냐따 놀이는 성탄절로 옮겨졌다. 물론 지금도 치아빠스(Chiapas)와 유까딴(Yucatán) 지역의 일부 마을에서는 사순절에 삐냐따 놀이를 한다.[66]

다른 한편으로 삐냐따 놀이의 기원을 아스떼까의 의례에서 찾기도 한다. 아스떼까 시대에 비의 신이자 풍요의 신인 뜰락록의 얼굴을 한 진흙 항아리에 물을 담고, 이것을 때려서 물이 쏟아지게 하는 의식이 있었다고 한다. 여기서 항아리를 때려 치는 행동은 천둥이 치는 것을 의미하며, 물이 쏟아지는 것은 호우를 뜻한다. 또 다른 의식으로 전쟁과 세월(캘린더의 순환)의 신과 관련된 것이 있다. 그 당시 연말에 진흙 항아리 표면을 새털로 만들고 그 속에 장신구를 넣은 다음 막대기나 몽둥이로 쳐서 새해를 알리는 의식이 있었다고 한다.

스페인의 정복 후 원주민들이 가톨릭으로 개종하면서 위의 두 의식이 점점 바뀌어 현재의 삐냐따 놀이로 변하였다. 이 과정에서 삐냐따 놀이는 가톨릭의 상징적인 놀이와 아울러 개인의 생일 축하 의식이 되었다. 그 뒤로 삐냐따는 유럽과 세계로 퍼져 나갔다. 삐냐따 놀이는 라틴아메리카와 최근 20년 동안 히스패닉(미국에 살고 있는 라틴아메리카 출신 사람들)의 영향을 많이 받은 미국, 특히 남부에 있는 주에서 많이 열리고 있으며, 유럽과 캐나다에서도 행해지고 있다. 그렇지만 멕시코처럼 생활에 깊숙이 파고들어 국민 모두가 삐냐따 놀이를 즐기는 나라는 없다.[67] 하여튼 삐냐따는 뽀사다와 더불어 멕시코의 특성을 가장 많이 가지고 있는 의례라고 할 수 있다.

삐냐따 깨기는 먼저 삐냐따를 지상으로부터 약 2미터 높이의 나무나 천장에 매다는 것으로 시작된다. 그 다음 눈을 가린 사람이 막대기로 삐냐따를 깨트리는 것이다. 먼저 어린아이에게 우선권이 주어진다. 눈을 가리고 방향을 잡지 못하게 하고자 제자리에서 서너 바퀴 돌게 한다. 그리고 아이는 방향을 잡아 주거나 짓궂게 엉뚱한 방향을 가르쳐 주는 주위 사람들의 목소리를 듣고 삐냐따가 있다고 생각되는 쪽으로 가서 막대기로 삐냐따를 내려친다. 물론 삐냐따가 호락호락 막대기 세례를 그냥 기다리지만은 않는다. 한두 사람이 삐냐따를 매단 줄을 잡아당겼다 풀어줄었다 하며 막대기를 피한다. 마치 삐냐따가 춤을 추는 것 같다.

옆에서 구경하는 사람들은 "쳐라, 쳐라, 쳐라, 정신 차려라, 거리를 재라, 거기에 길이 있다.……나는 황금을 원하지 않는다, 은도 원하지 않는다, 내가 원하는 것은 삐냐따를 깨는 것이다(dale, dale, dale, no pierdas el tino, mide la distancia, que hay en el camino.……No quiero oro, ni quiero plata, yo lo que quiero es romper la piñata.……)." 로 시작되는 응원가를 부르며 분위기를 돋운다. 삐냐따를 칠 수 있는 기회는 참석자 모두에게 차례차례 주어진다. 이러다 삐냐따가 터지면서 항아리 안의 내용물들이 바닥으로 흩어지고, 사람들이 몰려들어 내용물을 줍는다. 물론 밀가루나 꼰페띠 세례를 받기도 한다. 삐냐따는 보통 서너 개 정도가 마련되어 있다. 뽀사다가 끝나면 순례단은 각자의 집으로 돌아가고 호세와 마리아 상은 이 집에서 하룻밤을 지낸다.

뽀사다는 성탄절 전야까지 계속된다. 저녁 7시쯤에 사람들은 전날 뽀사다가 있었던, 즉 마리아와 호세가 머무르고 있는 집으로 모인다. 이때 집주인은 사람들에게 식사 대용으로 간식, 빵, 항아리 커피 등을 대접한다. 뽀사다 의례는 늘 그렇듯 다섯 개의 기도문을 암송하는 기도회를 하면서 시작된다. 그리고 뽀사다를 지낸 안주인이 꼬빨 향로를 들고 행렬의 앞에서 서서 마리아와 호세의 상을 들고 다음 뽀사다 집으로 향한다. 그리고 어제와 같은 방식으로 뽀사다 의례를 행한다. 마지막 뽀사다는 해마다 산 안드레스 성당 아기 예수의 대모인 도냐 마르가리따 집에서 행해진다. 24일 9시쯤에 전날의 뽀사다 집에서 나와 도냐 마르가리따의 집에 도착한다. 도냐 마르가리따는 참석자들에게 간식과 뽄체(ponche), 과야바, 사과, 사탕수수, 떼호꼬떼(tejocote : 과일을 물과 함께 끓인 일종의 과일 음료)를 준다. 일부는 여기에 브랜디와 뽄체를 섞어 마시기도 한다.

2001년과 2002년에는 산 안드레스에서 뽀사다가 정상적으로 이루어지지 않았다. 아이들은 뽀사다 행렬에 폭죽을 던져 사람들을 놀라게 하고, 행렬의 여성들도 서로 잡담을 나누느라 성의 없이 노래를 부르는 등 뽀사다 의례가 엉망이었다. 게다가 간식 등을 마련할 비용이 만만치 않아서 마을 사람들은 선뜻 뽀사다를 하지 않으려고 하였다. 그래서 아기 예수의 대모 도냐 마르가리따는 화가 나서 집을 돌아다니는 뽀사다를 없애고 교회 안에서만 뽀사다를 행하였다. 즉 교회 안에서 다섯 개 기도문을 암송하는 기도회를 한 뒤, 교회 안마당으로 나와 안마당을 한 바퀴를 돈다. 그리고 교회 문을 사이에 두고 뽀사다 노래를 부른다. 교회가 9일 동안 뽀사다의 장소가 되는 것이다. 간식은 마을의 길을 단위로 하여 분담하였다. 예로 뽀사다 첫날에는 쁘로그레소 길가에 위치한 집들이 간식을 준비하여 교회로 가져와 의례가 끝나면 사람들에게 나누어 주었다.

그러나 사람들이 교회 안에서 하는 뽀사다를 좋아하지 않아서 2003년부터는 다시 전통적인 방식으로 뽀사다를 하였다. 대모는 여전히 도냐 마르가리따가 맡고 있지만, 나이가 들어 활동하기 힘들어 뽀사다 집을 정하고 행사를 준비하는 일 등은 차츰 도냐 레오노르

집에서 아기 예수를 보금자리에 모시기 전에 자장가 달래기 의례를 하는 모습(1995년)

(Doña Leonor)가 맡고 있다. 지금은 행렬의 분위기도 많이 좋아졌다고 한다. 물론 여전히 아이들은 폭죽을 터트리는 것을 멈추지 않고 있지만, 그것도 뽀사다에서 빼놓을 수 없는 모습이다.

24일 밤 11시 무렵 마을 사람들은 성탄 의례를 하고자 산 안드레스 성당으로 모여든다. 산 안드레스 성당의 아기 예수 대모인 도냐 마르가리따는 24일 아침에 아기 예수를 자신의 집으로 모셔간다. 마르가리따는 아기 예수가 입고 있는 옷을 벗기고, 새로운 흰색 천(la manta nueva) 또는 차롤라(charola)에 아기 예수를 모신다. 그리고 저녁 무렵에 도냐 마르가리따 집에서 마지막 뽀사다 의례를 한 뒤 출발하여, 밤 11시쯤 마리아와 호세 상과 아기 예수는 산 안드레스 성당에 도착한다. 행렬에는 음악 밴드가 따르기도 한다. 행진을 하는 동안 폭죽이 밤하늘을 수놓는다. 이때 주민들은 자신의 집에 모셔져 있는 아기 예수를 안고 대부모와 함께 교회로 모인다. 성당의 제단에는 주민들이 가지고 온 아기 예수들로 가득 찬다.

먼저 레산도르의 주도 아래 기도회를 시작한다. 그런 다음 사람들은 아기 예수를 하얀색 긴 천에 눕힌다. 아기 예수가 탄생한 것이다. 사람들은 천의 양쪽 끝을 잡고 흔들며 "아가야, 아가야, 너에게 나의 삶과 가슴을 바친다(A la rorro Niño, a la rorro ro, te ofrezco mi vida y mi corazón.)"로 시작되는 노래를 부른다. 각 집 안에서 데려온 아기 예수도 산 안드레스 성당의 아기 예수와 함께 자장가 의례를 한다. 성당의 중앙 통로 양쪽에 한 줄로 서서 아기 예수 자장가 의례를 하는 모습은 엄숙하면서도 흥겨운 분위기를 자아낸다. 자장가가 끝날 때마다 사람들은 아기 예수의 발에 입맞춤을 하고, 얇고 긴 색종이를 그 위에 뿌린다. 아기 예수 자장가 의례는 12시까지 이어진다. 자장가 의례가 끝나고 성당의 아기 예수는 성당의 꽃·초롱불(farol)·꼬마 전구(foquito)로 장식된 보금자리, 즉 구유에 나체로 모셔진다.

성당에서 탄생 의례를 끝낸 아기 예수는 대부모의 품에 안겨 자신의 집으로 돌아간다. 집에 도착하면 다시 참석자들은 번갈아 가며 성당에서 했던 것처럼 자장가 의례를 한다. 그런 뒤 아기 예수를 보금자리에 모신다. 아기 예수는 2월 2일 깐델라리아 축일이 오기 전, 즉 40일 동안 보금자리를 지킨다. 깐델라리아 날 아기 예수는 대부모가 마련한 새로운 옷으로 갈아입고 집의 제단에 모셔진다. 자장가 의례가 끝난 뒤 집주인은 대부모를 비롯하여 참석자들에게 아똘레와 따말 등 음식을 대접한다. 대부모는 초와 글라디올라 꽃뿐만 아니라 롬뽀빼, 포도주, 땅콩 등을 가지고 가서 예수의 탄생을 축하하는 축배를 한다. 이렇게 산 안드레스의 성탄절이 시작된다.

1 Iglesias y Cabrera, Sonia C., 2001, *Navidades mexicanas*, México: CONACULTA, p. 200.

2 위의 책, p. 205.

3 Kim Lim, Segun, 1999, *El cambio, sus características y el ecosistema en un pueblo campesino mexicano*, la tesis de dectorado en antropología, Universidad Nacional Autónoma de México. p. 51.

4 안문기, 2008, 《은혜로운 계절 축제》, 가톨릭출판사, 211쪽 참조.

5 송영규, 2001, 《프랑스의 세시풍속》, 도서출판 만남, 121쪽 참조.

6 Iglesias y Cabrera, Sonia C., 2001, *Navidades mexicanas*, México: CONACULTA, p. 232~233.

7 www//es.wikipedia.org

8 Iglesias y Cabrera, Sonia C., 2001, *Navidades mexicanas*, México: CONACULTA, p. 237; Gallegos Devéze, Marisela, "Las fiestas religiosas entre los Matlatzincas de San Francisco Oxtotilpan", en Efraín Cortés Ruiz(coords.), *Las fiestas a los santos: el culto familiar y comunal entre los otomianos y nahuas del Estado de México*, México: CONACULTA-INAH, pp. 172.

9 Redfield, Robert, 1930, *Tepoztlan, a Mexican Village*, Chicago: University of Chicago Press, p. 114.

10 위의 책, p. 115.

11 위의 책, p.111.

12 위와 같음.

13 www.wikipedia.org

14 Redfield, Robert, 1930, *Tepoztlan, a Mexican Village*, Chicago: University of Chicago Press. p. 110.

15 Lomnitz-Adler, Claudio, 1982, *Evolución de una sociedad rural*, México: Fondo de Cultura Económica, p. 257.

16 위의 책, p. 282.

17 López Austin, Alfredo y Leonardo López Luján, 1996, *El pasado Indígena*, México: Fondo de Cultura Económica, p. 476.

18 López Austin, Alfredo, 1994, *Tamoanchan y Tlalocan*, México: Fondo de Cultura Económica, p. 108·120.

19 Florescano, Enrique, 1996(1993), *El mito de Quetzalcóatl*, México: Fondo de Cultura Económica, p. 18.

20 김세건, 2000a, 〈멕시코 한 농촌의 농업의례와 인식체계의 변화〉, 《한국문화인류학》 33권 1호, 138쪽, 참조.

21 Gallegos Devéze, Marisela, "Las fiestas religiosas entre los Matlatzincas de San Francisco Oxtotilpan", en Efraín Cortés Ruiz(coords.), *Las fiestas a los santos: el culto familiar y comunal entre los otomianos y nahuas del Estado de México*, México: CONACULTA-INAH, pp. 172 참조.

22 Mindek, Dubravka, 2001, *Fiestas de gremios ayer y hoy*, México: CONACULTA, p. 65~68 참조.

23 위의 책, p. 67.

24 Redfield, Robert, 1930, *Tepoztlan, a Mexican Village*, Chicago: University of Chicago Press, p. 65·119.

25 Kim Lim, Segun, 1999, *El cambio, sus características y el ecosistema en un pueblo campesino mexicano*, la tesis de dectorado en antropología, Universidad Nacional Autónoma de México. p. 259 재인용.

26 김세건, 2000a, 〈멕시코 한 농촌의 농업의례와 인식체계의 변화〉, 《한국문화인류학》 33권 1호, 141쪽.

27 López Austin, Alfredo, 1997, "Ofrenda y comunicación en la tradición religiosa mesoamericana" en X. Noguez & Alfredo López Austin(coords.), *De hombres y dioses*, México: Colegio de Michoacán y Colegio Mexiquense, p. 211.

28 Ruiz, César & Thomas Grigsby, *Culto ofrenda y cosmovisión en San Andrés de la Cal*, 미발표 초고, p. 6 재인용.

29 Nuño Gutiérrez, María, 1996, "La relación naturaleza-cultura en una comunidad Purépecha a través de sus expresiones orales", en Luisa Paré & Martha Sánchez (coords.), *El ropaje de la tierra*, México: UNAM/Plaza y Valdés, pp. 59.

30 García Canclini, Néster, 1990, *Culturas híbridas: estrategia para entrar y salir de la modernidad*, México: Grijalbo.

31 김세건, 1999, 〈옥수수 다루기를 통해서 본 멕시코 농촌근대화〉, 《아시아 태평양지역연구》 1권 2호, 75쪽.

32 Kim Lim, Segun, 1999, *El cambio, sus características y el ecosistema en un pueblo campesino mexicano*, la tesis de dectorado en antropología, Universidad Nacional Autónoma de México. p. 76.

33 Lewis, Oscar, 1976, *Tepoztlán: un pueblo de México*, México: Joaquín Mortiz, 이덕성 옮김, 1994, 《떼뽀스뜰란 마을: 멕시코 농민 문화》, 교문사, 89~90쪽.

34 Kim Lim, Segun, 1999, *El cambio, sus características y el ecosistema*

en un pueblo campesino mexicano, la tesis de dectorado en antropología, Universidad Nacional Autónoma de México, p. 279.

35 Rojas, Teresa, 1988, *Las siembras de ayer: la agriculutra indígena del siglo XVI*, México: Secretaría de Educación Pública, p. 45.

36 Lewis, Oscar, 1976, *Tepoztlán: un pueblo de México*, México: Joaquín Mortiz, 이덕성 옮김, 1994, 《떼뽀스뜰란 마을: 멕시코 농민 문화》, 교문사, 70~71쪽 참조.

37 Huicochea, Liliana, 1997, "Yeyecatl-Yeyecame: petición de lluvia en San Andrés de la Cal", in B. Albores & J. Broda (coords.), *Graniceros: cosmovisión y meteorología indígena de Mesoamérica*, México: Cologio Mexiquense/UNAM, pp. 246.

38 Echeverría, Eugenia, 1994, *Tepoztlán, ¡Qué viva la fiesta!*, Dirrección General de Culturas populares Unidad Regional Morelos, p. 121.

39 Redfield, Robert, 1930, *Tepoztlán, a Mexican Village*, Chicago: University of Chicago Press, p. 125.

40 Johansson Patrick K., 2004, "La muerte en Mesoamérica", *Arqueología Mexicana* 60, pp. 46.

41 정혜주, 2004, 《멕시코시티: 아스떼까 문명을 찾아서》, 살림, 85쪽; Zarauz López, Héctor L., 2004, *La fiesta de la muerte*, México: CONACULTA, p. 43~42 참조.

42 김세건, 2003, 〈메소띠소와 원주민 사이에서: 멕시코 국민주의와 원주민 종족성〉, 《한국문화인류학》 36권 2호, 7쪽 참조.

43 Redfield, Robert, 1930, *Tepoztlán, a Mexican Village*, Chicago: University of Chicago Press, p. 108.

44 Cosío Villegas, Daniel, etc., 1973, *Historia mínima de México*, México: El Colegio de México, 고혜선 옮김, 1996, 《멕시코의 어제와 오늘》, 단국대학교 출판부, 110~111쪽 참조.

45 Kim Lim, Segun, 1999, *El cambio, sus características y el ecosistema en un pueblo campesino mexicano*, la tesis de dectorado en antropología, Universidad Nacional Autónoma de México, p. 58.

46 Redfield, Robert, 1930, *Tepoztlán, a Mexican Village*, Chicago: University of Chicago Press, p. 119.

47 Poole, Stafford, 1996, Our *Lady of Guadalupe; The Origins and Sources of a Mexican National symbol, 1531-1797*, Tucson: University of Arizona Press, p. 219.

48 김세건, 2000b, 〈성모 과달루뻬 신앙의 형성과 그 의미〉, 《라틴아메리카 연구》 13권 1호, 135쪽.

49 주종택, 2005, 〈라틴아메리카〉, 오명석 외, 《세계의 풍속과 문화》, 한국방송통신대학교 출판부, 335쪽.

50 Sahagún, Bernardino, 1992, *Historia general de las cosas de Nueva España*, México: Editorial Porrúa, libro I, cap. VI.

51 위의 책 libro XI, apéndice 7.

52 Wolf, Eric, 1958, "The Virgin of Guadalupe: A Mexican National Symbol", *Journal of American Folklore*, pp. 37.

53 김세건, 2009, 〈멕시코 떼뽀스뜰란 지역의 신화와 특징〉, 임봉길 외, 《세계 신화의 이해》, 소화, 237쪽.

54 Lafaye, Jacques, 1993, *Quetzalcóatl y Guadalupe: la formación de la conciencia nacional en México*, México: Fondo de Cultura Económica, p. 304~305; Grisby, Thomas, 1992, "Xilonen in Tepoztlan: A Comparison of Tepoztecan and Aztec Agrarian Ritual Schedules", *Ethnohistory* 39(2).

55 Cox, Harvey, 1969, The Feast of Fools, 김천배 옮김, 1977, 《바보祭：제축과 환상의 신학》, 현대사상사, 107쪽 참조.

56 Ingham, John, 1989, *Mary, Michael and Lucifer*, Austin: University of Texas, p. 183.

57 Bartra, Roger, 1987, La jaula de la melancolía: Identidad y metamorfosis de mexicano, México: Grijalbo, p. 171.

58 Paz, Octavio, 1996, "The Sons of La Malinche", Ana Castillo(ed.), *Goddess of the Americas, La Diosa de las Américas: Writings on the Virgin of Guadalupe*, New York: Riverhead Books.

59 Poole, Stafford, 1996, *Our Lady of Guadalupe：The Origins and Sourceo of a Mexican National Symbol, 1531~1797*, Tucson: University of Arizona, p. 225.

60 Iglesias y Cabrera, Sonia C., 2001, *Navidades mexicanas*, México: CONACULTA, p. 28~30 참조.

61 Taube, Karl A, 1993, *Aztec and Maya Myths*, The Trustees of the British Museum, 이응균 · 천경효 옮김, 1998, 《아즈텍과 마야신화》, 범우사, 102~104쪽; 박종욱, 2006, 《라틴아메리카 신화와 전설》, 도서출판 바움, 32~37 참조.

62 http://blog.daum.net/latinolover; Iglesias y Cabrera, Sonia C., 2001, Navidades mexicanas, México: CONACULTA, p. 44~45 참조.

63 안문기, 2008, 《은혜로운 계절 축제》, 가톨릭출판사, 62 및 72쪽 참조.

64 Redfield, Robert, 1930, *Tepoztlán, a Mexican Village*, Chicago: University of Chicago Press, p. 130.

65 http://blog.daum.net/latinlover 참조.

66 Iglesias y Cabrera, Sonia C., 2001, *Navidades mexicanas*, México: CONACULTA, p. 58~59 참조.

67 http://blog.joins.com/novaland

4장

통과의례 :
요람에서 무덤까지

통과의례: 요람에서 무덤까지

　사회와 마찬가지로 개인도 가장 중요한 시기마다 거치게 되는 단계와 의례들이 있다. 개인의 삶 그 자체는 때로는 분리되고 때로는 재결합되며 형태와 조건을 변형시키고, 죽음을 맞이하고 다시 태어나는 과정을 거친다. 이는 다시 말해 움직이고 그치며, 기다리고 쉬며, 그 뒤 다시 다른 방식으로 움직이기 시작하는 것이다. 그리고 거기에는 언제나 건너야 할 새로운 경계, 이른바 출생·사춘기·성년·노년의 경계, 죽음과 사후 세계가 존재한다.[1] 개인들이 행하는 통과의례(rites of passage)[2]는 집단이나 사회와 분리되어 있는 것이 아니다. 오히려 통과의례는 분리의례, 전이의례, 통합의례라는 세 단계의 흐름을 통해 사회와 밀접하게 연관되어 있다. 나아가 개인의 통과의례는 그 사회의 축제가 되기도 한다.

　산 안드레스에서 개인이 거쳐야 하는 주요 의례는 탄생·세례·성인식·결혼·죽음 등이다. 통과의례들은 개인과 가족에 따라 차이가 있는데, 그 차이도 상당히 폭이 넓다. 전통적 방식을 여전히 고수하고 있는 사람이 있는가 하면, 이와 달리 과감하게 이것을 생략하거나 버리고 새로운 방식을 수용·실천하는 사람들도 있다. 레드필드가 지적하고 있듯이,[3] 통과의례의 변화는 전통문화에서 도시문화로 전이하는 과정을 연구하는 또 다른 기회일 수 있을 것이다.

이 장은 산 안드레스 사람들의 통과의례를 바탕으로 서술하였다. 그리고 떼뽀스뜰란 읍을 조사한 레드필드[4]와 루이스[5]의 기록도 비교하여 서술하였다. 특히 루이스[6]는 떼뽀스뜰란 사람들의 일생주기를 임신·출산·유아기·유년기·학령기·사춘기·구애기·결혼·노년기·죽음 등으로 나누어 매우 상세하게 기록하고 있다.

1. 탄생

　개인의례 가운데 가장 많은 변화가 보이는 의례는 출산의례일 것이다. 따라서 산 안드레스의 젊은 사람들은 옛날 출산의례에 대해서 거의 모른다. 필자가 그들의 어머니 또는 할머니로부터 그들이나 그들의 부모를 낳던 풍습에 대한 이야기를 들을 때면, 많은 젊은이들이 귀를 쫑긋 세우고 대화에 참여한다. 이 점은 한국에서도 별반 다르지 않을 것이다. 여기에서 다루는 출산의례는 도냐 쁠라시다(Doña Plácida) 등 몇몇 여성들의 경험에 바탕을 두었다.

　산 안드레스 사람들은 보름에 임신하면 매우 건강한 아기가 태어난다고 믿는다. 그리고 임신한 여성들은 행동을 조심해야 한다. 무엇보다 계곡, 냇가에 가서 목욕 또는 빨래를 해서는 안 된다. 이것은 아이에게 치명적인 영향을 미칠 수 있는 '나쁜 바람'이 계곡, 냇가 등에 주로 있기 때문이다. 임산부들은 임신 기간에 세 번 정도 조산부(partera)로부터 안마를 받는다고 한다. 도냐 쁠라시다는 임신한 지 3개월, 5개월, 7개월 반이 되었을 때 조산부가 집으로 와서 배를 손으로 안마해 주었다고 한다. 둘째 딸 까멜리아(Camelia)를 낳은 1959년 당시 마을에는 도냐 뽀르띠나(Doña Fortina), 도냐 마르띠나(Doña Martina) 그리고 돈 에스떼빤(Don Esteban)의 할머니, 세 명의 조산부가 있었다고 하였다. 조산부는 출산을 도와줄 뿐만 아니라 전통 치료를 겸하기도 하여 보통 '꾸란데라(curandera)'라고 불리기도 한다. 도냐 뻴라시다가 임신하자 도냐 뽀르띠나는 집으로 와서 출산, 산후 조리 등을 도와주었다고 하였다.

출산 때가 되면 산파가 뜨거운 기름으로 산모를 마사지해 주고 원만한 출산을 위해서 약초(*tlatlantzcametl*), 초콜릿 등을 먹인다. 루이스는 분만 시 산모의 금기 사항을 다음과 같이 기록하고 있다. "산모는 분만할 때 비명을 지르지 못하도록 되어 있다. 왜냐하면 비명을 지르면 아기가 나오다가 도로 들어가버린다고 믿기 때문이다. 그래서 입에 물 것이 주어지는데 대개 산모는 자신의 땋은 머리카락을 물게 되며, 입을 다물고 있으라는 지시를 받는다. 이런 관습이 관찰자로 하여금 분만 시에 멕시코 원주민 여자들이 고통을 잘 이겨낸다고 기술하게끔 한 것 같다. 그러나 떼뽀스뜰란 여자들도 흔히 아주 고통스러울 때 하느님을 찾으면서 비명을 지른다."[7]

태아로부터 네 손마디쯤에서 가위로 탯줄을 자른다. 탯줄의 끝을 무명실로 묶고, 피가 흐르지 않게 하기 위해 촛농 몇 방울을 떨어뜨려 봉해 놓는다. 탯줄이 떨어지기 전까지 매일 새로운 촛농으로 탯줄을 청소한다. 약 3일이 지나면 탯줄은 떨어지는데, 이 탯줄을 화로(*tlequil*)에 넣어 재로 덮은 뒤 태운다고 한다. 일부는 이를 집 주변 텃밭(corral)에 버리기도 하는데, 이러면 산모가 아플 수도 있어 좋지 않다고 한다. 또한 눈병 치료제로 사용하려고 보관하기도 한다.

산모는 출혈이 멈출 때까지 옥수수 죽, 계피차, 빵 또는 또르띠야로 한정된 음식을 먹는데, 이런 음식 금기를 잘 지켜야 한다고 한다. 레드필드에 따르면, "산모는 아침으로 커피와 초콜릿을 먹지 않고 단지 빵을 먹고 계피차를 마시며, 또한 꼬말에서 소량의 고추 양념(chile pasilla)으로 구운 고기를 먹을 수도 있다고 한다.[8] 저녁으로 일부는 양파 대신 고추가 들어간 끌레몰레(clemole)를 먹는다. 이때 음식은 너무 뜨거워도 안 되고 너무 차서도 안 된다. 우유는 위장을 차게 하므로 금지된다. 산모는 꿀, 사탕수수, 계란을 먹어서는 안 된다"고 한다. 그런데 이 음식 금기에는 상당 부분 개인차가 있는 것 같다. 도냐 쁠라시다는 까멜리아를 출산하고 처음 초콜릿·우유·빵을 먹었고, 다음날부터는 닭 수프(caldo de pollo)를 계속해서 먹었다고 한다.

아이는 태어나서 6시간 정도 지난 뒤에 목욕을 하는데, 하루 중 기온이 따스한 오전 11~12시쯤에 한다. 끓인 목욕물에 작은 컵 분량의 알코올을 넣는다. "초유(初乳)는 유아에게 해로운 것으로 여기고, 산모의 젖이 마르는 것을 예방하고자 초유를 손으로 짜서 땅이나 지붕 위에 뿌린다. 만약 산모의 젖이 이틀이 지나도 나오지 않을 때에는 황소의 성기를 잘게 썰어 삶은 것, 참깨죽, 완두콩(garbanzo), 초콜릿, 계피 또는 빠스꾸아 꽃 등을 끓여서 먹인다."⁹ 태아에게 보통 1년 이상 모유를 먹이면 좋다고 한다. 1970·1980년대만 해도 분유를 구할 수 없었고, 또한 분유를 살 수 있을 만큼 생활이 넉넉하지 않아 모유 대신 분유를 먹이는 집은 거의 없었다.

출산하고 약 1주일 동안 산모는 커튼을 치고 가능한 한 외부인과의 접촉을 삼간다. 그렇지만 아주 가까운 친척들은 출산한 다음날부터 방문하기도 한다. 이들은 산모에게 줄 음식과 계피차 등을 가져온다. 대부분은 닭 수프를 가져온다고 한다. 1~2주가 지나면 먼 친척과 친구들이 방문할 수 있다. 그런데 장례식 등에 다녀온 사람들은 방문하지 않는다. 아이가 태어났다고 특별히 금줄을 달거나 어떤 표식을 하지는 않는다.

산모는 한 달 이상 집안일을 하지 못하게 하고 침대에 누워서 쉬게

떼마스깔 외형과 아궁이 모습(2006년)

떼마스깔 모습. 왼쪽 문이 떼마스깔 입구와
연결된 방이다(2004년)

떼마스깔 입구. 양동이와 바닥에
약초가 깔려 있다(2006년)

한다. 첫 주에는 매일 조산부가 와서 산모에게 마사지를 해 주고, 아이를 목욕시키며 돌봐 준다. 산후조리 첫날 산모는 출혈을 막고 자궁을 고정시키고자 천으로 복부를 단단히 묶는데, 이렇게 복부를 묶은 채 산후 기간을 보낸다. 산파는 목욕을 하거나 마사지를 할 때 복부의 천을 고쳐 묶어준다. 그리고 약 1년 동안 산후 조리를 위해 부부 관계를 금하는데, 물론 이것은 산모들의 바람일 뿐이다.

1960년대까지만 해도 산 안드레스에서 가장 중요한 산후 조리 방법은 떼마스깔(temazcal)에서 한증욕을 하는 것이었다. 떼마스깔은 멕시코식 한증막(汗蒸幕)이다. 고대 아스떼까 사회에서는 출산을 위해 출산 전에도 떼마스깔 한증욕을 하였다. 출산일이 다가오면 산모는 떼마스깔로 가서 한증욕을 하고, 한증욕이 끝난 뒤에는 순조로운 출산의 위해 자궁을 수축하고자 시우아빡뜰리(cihuapactli)라는 식물 뿌리를 다려 마셨다. 이것으로 충분하지 않으면 뜰라꾸아체[tlacuache : 캥거루과에 속하는 유대류(有袋類)의 쥐로 고양이보다 작으며, 암컷은 캥거루처럼 주머니 속에서 새끼를 키운다]의 꼬리를 말려서 빻은 가루를 물에 타 마셨다.[10]

산 안드레스에서는 보통 산전(産前)보다는 산후에 한증욕을 하였다. 도냐 뻴라시다가 까멜리아를 낳을 당시만 해도 마을에 세 개의 한증막이 있었다. 그러나 지금은 민간 치료사, 이른바 꾸란데라인 도냐 델피나(Doña Delfina)의 집에 있는 떼마스깔이 유일하다. 이것은 1990년대 초반에 도냐 델피나가 새로 만들었다. 요즘 임산부가 산후조리를 위해 떼마스깔을 이용하는 경우는 매우 드물다. 대신 마을 사람과 외부인들이 치료를 목적으로 이따금 사용하며 사용료로 20~30페소를 받는다. 도냐 델피나의 집에 있는 떼마스깔은 원통형으로, 입구는 방과 연결되어 있다. 사각형의 입구는 한 사람이 기어서 들어갈 수 있는 정도다.

떼마스깔의 내부는 두 명이 앉을 수 있는 넓이다. 보통 치료를 받는 사람은 바닥에 수건 또는 약초 등을 깔고 눕거나 앉아 있고, 꾸란데라가 약초 등으로 몸을 씻어 준다. 한편에는 물이 담겨 있는 양동이가 놓여 있다. 이 물을 뿌려 증기를 만든다. 떼마스깔의 외부, 정확하게 말하면 떼마스깔의 한 벽면에는 조그만 화로가 붙어 있다. 화로가 떼마스깔 옆 부분에 붙어있기 때문에 떼마스깔의 내부는 바닥이 아니라 벽이 먼저 뜨거워진다. 이 화로에 불을 넣으면 떼마스깔 전체 벽면에 열기가 전달되어 따뜻하게 데워진다. 이때 떼마스깔 내부 벽 등에 물을 뿌리면 증기가 발생한다.

산모는 출산하고 보통 1~2주 간격으로 두 번에서 네 번 정도 한증욕을 한다. 도냐 쁠라시다는 까멜리아를 출산한 뒤 약 20일에서 한 달 가량을 아무 일도 하지 않고 침대에 누워 지냈다고 한다. 그리고 산후 조리 기간에 약 네 번에 걸쳐 한증욕을 하였다. 당시 떼마스깔을 무료로 산모에게 빌려 주었으며, 산모는 오직 불을 때기 위한 장작만 준비해갔다고 한다. 출산한 지 8일째 되는 날 도냐 쁠라시다는 떼마스깔에 처음 갔다. 남편이 미리 장작을 준비해서 가져다주었고, 조산부가 한증욕을 할 준비를 해 놓았다. 산모가 떼마스깔에 갈 때, 땅의 차갑고 나쁜 기운이 출산한 허약한 산모에게 옮겨갈 수 있기 때문에 산모의 발이 땅에 닿게 하면 안 된다. 따라서 도냐 쁠라시다의 남편은 아야떼(ayate)로 부인을 감싸 등에 업고 찬바람이 들어가지 않도록 잘 덮은 뒤 떼마스깔이 있는 집으로 데리고 갔다. 힘이 약한 남편들은 사람들을 고용하여 의자에 부인을 앉혀서 데려가기도 하였다.

도냐 쁠라시다는 조산부와 같이 떼마스깔 안에 들어갔다. 임산부는 바닥에 눕는다. 조산부는 임산부 옆에 앉아서 치리모야(chirimolla) 풀로 임산부에게 증기를 내려 목욕을 시켰다. 떼마스깔 내부 공간이 넉넉하지 않기 때문에 앉아 있는 조산부의 머리가 너무 뜨거워져 머리에 바가지 등을 쓰기도 한다. 도냐 뻴라시다는 한증욕을 한 뒤 뜨거운 물로 목욕을 하였다. 목욕이 끝난 뒤에는 찬바람이 들어가지 않도록 잘 덮고서 남편이 업고 집으로 돌아와 다시 침대에 눕혔다. 이렇게 8일 간격으로 도냐 뻴라시다는 떼마스깔에 가서 목욕을 하였다.

아이가 어렸을 때 어른들이 주의해야 할 일 가운데 하나는 아이들이 '나쁜 바람' 또는 '악마의 눈'에 걸리지 않도록 사람들과의 접촉을 금하는 것이다. 앞에서 말한 것처럼, 산 안드레스 나아가 떼뽀스뜰란에서 '나쁜 바람'은 농작물뿐만 아니라 사람, 무엇보다 어린이에게 무척 위험스러운 존재이다. 1950년대까지만 해도 악마의 눈으로부터 아이를 보호하기 위해 황소의 쓸개에서 빼낸 우황(牛黃)을 아기의 손목에 걸어 두었다.[11] 아이들에게 악마의 눈에 걸리는 일이 일어나면, 부모들은 우선 악마의 눈으로 지목된 사람의 손수건 등을 가져다가 아이의 몸을 씻어 준다. 이때 악마의 눈으로 지목되는 사람은 대체로 나이가 많은 노인이다. 사실 이들이 아이에게 나쁜 행동을 하는 것은 아니다. 그저 예쁘다고 쓰다듬고 또는 그냥 쳐다보는 것만으로도 아이는 악마의 눈에 걸릴 수 있다. 악마의 눈의 대상자로 지목된 사람은 아이의 부모가 손수건 등을 얻으려 왔을 때 기꺼이 손수건을 내어 준다.

필자가 현지연구를 하던 시기에 거주했던 집의 두 살 난 여자 아이, 둘세 파띠마(Dulce Fátima, 1996년생)가 갑자기 밥도 먹지 않고 울기만 하였다. 의사는 소화가 잘 되지 않는 것 같다고 약을 지어 주었다. 약을 먹어도 둘세는 낫는 기색이 없었다. 그래서 부모들은 일전에 길거리에서 알폰소(Alfonso) 할아버지가 둘세를 예쁘다고 쓰다듬어 주어서 악마의 눈에 걸린 것이라고 생각하였다. 그래서 돈 알폰소에게 이 사실을 이야기하니 그는 미안하다며 곧바로 자신의 손수건을 내주었다. 부모는 그 손수건으로 아이의 몸을 닦아 주었다. 이것 때문인지는 모르지만 그 뒤로 둘세의 울음도 잠잠해졌다. 이렇게 해도 아이가 낫지 않으면 꾸란데라의 도움을 받아 나쁜 바람이 많이 머무는 계곡 등지에서 고사(告祀)를 지낸다. 그러나 오늘날 고사를 지내는 일은 매우 드물다.

　오늘날 산 안드레스에서 전통 방식으로 출산하는 경우는 거의 없다. 1980년대부터 떼뽀스뜰란 또는 꾸에르나바까에 있는 병원에서 출산을 하였고, 2000년대에 들어서는 마을의 보건소에서도 종종 출산을 하기도 한다. 따라서 조산부를 불러 안마를 받는 경우도 많이 줄어들었다. 몇몇 임산부들만 도냐 호비따 또는 도냐 델피나를 불러서 마사지를 받는다. 의학의 발달로 요즘에는 유아가 사망하는 일이 많이 줄었지만, 과거에는 유아기에 사망하는 경우가 매우 많았다고 한다. 살아남은 아이들은 사회적 통과의례를 거치면서 성인이 되었다.

2. 제2의 탄생: 세례·성체례·견진례

가톨릭교회는 개인에게 가장 핵심적인 신앙 행위를 보통 '7성사(聖事, sacramento)'라고 하는데, 이는 크게 세례(洗禮, bautizo)·성체(聖體, primera comunión)·견진(堅振, confirmación)의 입문성사, 고해(告解)·병자(病者)의 치유성사, 신품(神品)·혼인(婚姻)의 친교에 봉사하는 성사로 나뉜다. 이 가운데 가장 먼저 받는 성사가 세례이다. 세례는 또 다른 입문성사인 성체성사와 견진성사와 연결되어, 천주교인으로서 삶을 살아가는 데 기초를 형성한다. 거듭남의 상징인 세례를 통하여 천주교 신자는 새로운 생명을 받았다고 여기고, 뒤이어 견진성사를 통하여 굳건한 신앙인으로서 성숙하며, 성체성사를 통하여 영원한 생명의 음식을 받는다고 믿는다.[12]

세례성사는 대부분이 가톨릭 교인인 산 안드레스 나아가 멕시코에서도 개인이 태어나서 가장 먼저 접하게 되는 개인의례이다. 세례성사를 받아야만 비로소 다른 성사를 받을 자격을 갖추게 되는 만큼, 세례성사는 가장 기본적인 성사라고 할 수 있다. 세례는 의례적인 측면뿐만 아니라 사회관계에서도 매우 중요하다. 아이는 세례를 통해 영적으로 새로 태어날 뿐만 아니라 친부모 외에 평생 동안 의지할 수 있는 제2의 부모, 이른바 대부모(代父母, padrino·madrina)를 얻기 때문이다.

떼뽀스뜰란에서는 보통 출생한 뒤 첫 주 안에 세례를 하고, 세례를 받고 약 40일째가 되는 날에 엄마와 아기가 함께 참석하는 첫 미사, 즉 사까미사(sacamisa)를 한다.[13] 그런데 산 안드레스에서는 아이도 어리고 산모도 힘들어서 탄생한 지 첫 주 안에 세례를 하는 경우는 매우 드물다고 하였다. 산 안드레스에서 세례는 출생 한 지 6개월 정도가 되었을 때 하는 것이 보통이다. 이때는 아이가 안을 수 있을 정도로 자랐기 때문이다. 그러나 이것도 꼭 지켜지는 것은 아니다. 오히려 부모들이 여러 사정을 고려하여 세례를 하는 경우가 많다. 예로 개인의례로 행해지는 3세 생일과 함께 세례를 받기도 한다. 산 안드레스에서 세례는 11월 30일 성 안드레스 마을 수호성인 축일 미사나 1월 셋째 주 일요일에 있는 산 살바도르 축제의 미사에서 많이 이루어진다. 이는 무엇보다도 미사를 하고 음식을 장만하는 데 비용이 많이 절약되기 때문이다. 일부는 자신이 정한 특정한 날에 신부를 초청하여 떼뽀스뜰란 또는 꾸에르나바까의 교회에서 세례를 하기도 한다.

한 예로 필자가 사진 대부를 했던 둘세 파띠마(Dulce Fátima)의 경우를 들 수 있다. 1996년 1월 21일에 탄생한 둘세 파띠마는 6개월 되던 7월 21일 꾸에르나바까에 있는 떼뻬따떼스(Tepetates) 교회에서 세례를 받았다. 그때 대부모는 둘세의 큰 이모 까멜리아(Camelia)와 이모부 벤하민(Benjamín)이었다. 둘세가 산 안드레스 성당이 아닌 여기에서 세례를 받게 된 것은 이곳이 떼뽀스뜰란 교구보다 요구 조건이 적었기 때문이라고 한다. 떼뽀스뜰란의 경우 부모와 대부모에게 설교대화(plática)를 세 번 요구하는데 여기에서는 두 번이면 된다고 했다.

세례가 개인의례에서 가장 중요한 또 다른 이유는 다름 아닌 아이의 정신적 부모이자 제2의 부모인 대부모를 정하기 때문이다. 따라서

산 안드레스 축일에 함께 견진례, 성체례를 한 사람들과
신부가 사진을 찍는 모습(1995년)

세례는 대부모 선정으로부터 시작된다. 먼저 아이의 친부모는 세례
대부모가 되었으면 좋겠다고 생각하는 사람의 집을 방문한다. 일반
적으로 부모와 가장 좋은 관계를 맺고 있는 사람이나 아이에게 무엇
인가 도움을 줄 수 있는 사람을 대부모로 선택한다. 산 안드레스에서
는 친척들을 대부모로 선정하는 것이 보통이지만 직장 동료, 친구 등
을 선택하기도 한다. 앞에서 말했듯이 둘세는 큰 이모 부부가 대부모
였으나, 둘세의 언니 마리아의 대부모는 엄마의 대학 동료였던 까를
로스(Carlos)와 이레네(Irene) 부부였다. 한 아이의 대부모가 되는 것
은 커다란 축복이다. 나아가 아이의 친부모가 알고 있는 수많은 사람
들 가운데서 세례 대부모로 선택되었다는 것은 아이의 친부모와 대부
모 사이에 커다란 신뢰관계가 있음을 뜻한다. 따라서 세례 대부모로

선택된 사람이 대부모가 되는 것을 거절하는 일은 아주 보기 드물다. 만약 대부모가 되어 달라는 요청을 거절한다면, 이는 아이의 미래가 거절당한 것(pintó mal su estrella : '직역하면 아이의 별에 나쁜 칠을 하였다')과 마찬가지이다. 한마디로 아이는 이 세상에서 거절당한 아이가 된다. 그러므로 아이의 부모는 눈물을 흘리기도 하고, 부모와 세례 대부모를 거절한 사람과의 관계는 거의 단절되는 지경에 이른다.

대부모가 되는 것을 허락하면, 부모와 대부모는 서로 상의하여 세례 날짜를 결정한다. 그리고 부모와 대부모는 교회의 까떼끼스따(catequista : 교회의 신부를 도와주는 사람들)와 설교대화를 해야 한다. 부모와 대부모가 같이 참여할 수 있지만, 서로 사정에 따라 각자 다른 날 다른 교회에서 설교대화를 해도 무방하다. 단지 이것을 실행했다는 증명서만 있으면 되고, 세례 8일 전에 이 증명서를 세례를 담당할 신부에게 제출해야 한다. 설교대화에서는 세례가 무엇이고 어떤 의례를 행하는지, 성체(sacramento)를 어떻게 받는지, 대부모가 아이의 신앙 교육을 어떻게 하고 친부모가 없을 때 그들을 대신하여 어떻게 아이를 키워야 하는지 등에 대하여 이야기한다.

세례 전날 대부모는 아이의 신발, 양말, 속옷, 겉옷(항상 흰색) 등 세례 복장과 일반 복장 하나를 선물한다. 다음날 아이가 세례 복장을 갖추고 교회에 도착하면 미사가 시작된다. 미사가 끝나면 신부는 대부모가 안고 있는 아이를 데리고 세례샘(pila bautismal)으로 간다. 세례를 받는 동안 대부모가 아이를 안는다. 신부는 아이 이름을 부르면서 성수(聖水, agua bendita)를 머리에 뿌린다. 성유(聖油, aceite santisma)로 이마, 관자놀이(sien), 가슴, 목뒤에 십자가를 긋는다. 부모와 대부모 4명이 함께 아이의 앞날을 밝히는 촛불을 들고, 여자 아이일 경우에 대부모가 결혼하기 전까지 처녀성을 지키라는 뜻으로

산 살바도르 축일에 대부모의 품에 안겨 세례를 받는 모습(2006년)

하얀색 천을 씌운다. 신부는 신의 말을 잘 말하라고 입에 십자가를 긋는다. 신부가 대부모와 부모에게 몇 가지 당부를 하면서 세례 미사는 끝이 난다. 아기의 세례명은 가톨릭 관습에 따라 태어난 날의 성인이나 세례를 받은 날의 성인 이름으로 지어주기도 한다. 그런데 아이들의 이름이 자신이 태어난 날의 성인 이름과 동일하기 때문에, 이름과 세례명이 같은 사람들이 많다.

　세례가 끝나면 모든 사람들은 아이의 부모 집으로 가서 점심 식사를 한다. 점심에는 대부모 외에 가족, 친구, 이웃들이 초대된다. 음식은 특별히 정해진 것이 없고 몰레, 따말, 바베큐, 비스텍 등으로 다양하다. 세례가 끝난 뒤 친부모는 포도주와 음식을 가지고 대부모를

성체례를 하는 모습(2006년)

방문하여 감사의 뜻을 전한다. 세례는 다른 개인의례와 달리 세례 대부모 외에 다른 대부모가 거의 없으며, 있다고 하더라도 사진을 담당하는 대부모 정도이다. 또한 밴드를 불러 음악과 춤을 추는 경우도 매우 드물다. 단지 3세 생일 때 세례를 받는 경우에는 케이크, 밴드 등이 있어 음악에 맞추어 춤을 추기도 한다.

3세 생일은 예수를 찾아내려고 당시 3살짜리 남자 아이들을 축제에 초대해 죽인 일에서 비롯되었다고 한다. 원래 남자 아이에게만 하는 것인데, 산 안드레스에서는 남녀 구분 없이 모든 아이들의 3세 생일을 크게 한다. 그런데 이 개인의례는 약 10여 년 전부터 시작되었

310

다고 한다. 이 경우에는 많은 대부모가 있는데 보통 케이크, 옷, 음악, 기념품, 음료수 등을 담당하는 대부모로 나뉜다.

세례를 받은 아이가 해야 할 다음 의례는 성체례이다. 성체례는 7성사 가운데 가장 중심이 되는 것으로 성찬례를 통하여 예수의 희생제의에 함께 하게 된다. 즉, 그리스도의 몸[밀떡(ostia)]과 피[포도주(vino)]를 모시는 영성체를 통하여 그리스도와 교회 공동체와 일체감을 이루게 된다. 가톨릭 신도들은 죽을 때까지 성체성사를 중심으로 신앙생활을 영위하는 만큼, 성체성사는 매우 중요하다고 할 수 있다.

산 안드레스에서 성체례는 보통 8~10살이 될 무렵에 한다. 물론 이 나이에 해야 한다고 정해진 것은 아니다. 개별적으로 성체례의 날을 정해서 하는 경우도 있다. 그렇지만 특정한 날에 세례를 하는 것을 곧잘 볼 수 있는 반면에 특별하게 날을 잡아 성체례를 하는 것은 보기가 매우 드물다. 보통 성체례는 1월의 산 살바도르 축제와 11월 산 안드레스 수호성인 축제 때 주로 많이 한다. 물론 이 또한 의례 비용을 절약하기 위해서이다. 2005년 11월 축제에서는 20명의 어린이가 성체례를 하였다. 원래 11월 축제는 11월 30일인데, 그날이 평일인 목요일이어서 그 전 일요일(11월 27일)에 성체례를 하고, 대부모와 친인척을 초대하는 축하연은 11월 30일에 하였다.

성체례를 받아야 할 어린이는 매주 토요일과 일요일에 두 시간씩 까떼끼스따와 함께 성경과 종교생활에 대해 공부해야 한다. 이 공부는 10개월 동안 계속되는데, 다른 지역에서는 약 2년 동안 성경 공부를 하기도 한다. 둘세 파띠마는 9세가 되던 해 1월부터 그해 10월까지 마을의 까떼끼스따인 노에미(Noemi), 도냐 루피나(Doña Rufina) 등과 함께 성경 공부를 하였다고 한다. 부모들은 먼저 까떼끼스따가 정한 날에 두 번의 피정(避靜, retiro)을 해야 한다. 피정은 각 토요일 아침 9시부터 오후 3시까지 교구신부가 정한 교회에서 하는데, 보통 그해 견진례를 받을 사람들이 많은 지역의 교회에서 한다. 점심은 준비해 가서 함께 먹는다. 두 번째 피정은 부모, 어린이, 대부모 등 모두가 함께 참여한다. 이때 교구신부와 신부들이 참석하는데 어린이와 부모, 대부모는 이들에게 고해성사를 한다. 그런 다음 증명서를 수여하고 피정은 끝이 난다. 이렇게 함으로써 사람들은 성체례를 할 수 있는 자격을 얻게 된다.

성체례 대부모도 보통 부모들이 정한다. 대체적으로 세례 대부모가 성체례 대부모가 되는 경우가 많다. 앞에서 예로 든 마리아의 경우 견진 대부모는 세례 대부모 까를로스와 이레네이었다. 일부는 다른 사람을 대부모로 선택하기도 한다. 그리고 아이들도 많이 컸기 때문에 자신이 스스로 대부모를 선택하기도 한다. 대부모는 대자녀에게 의례복, 면사포(velo), 속옷, 신발, 초, 성경, 묵주 등을 선물한다. 성체례는 그렇게 성대하게 치러지지 않으며, 그 과정도 세례와 큰 차이가 없다. 다만 미사에서 성체례를 치른 사람은 처음으로 영성체를 받으며, 다음 미사 때마다 영성체를 받을 수 있게 된다.

성체례가 끝난 뒤에는 신앙을 굳건하고 성숙하게 하는 견진례를 하게 된다. 견진례는 말과 행동으로 신앙을 전파하며 참된 그리스도인으로 살아가겠다는 것을 약속하는 의례로 종교적 측면에서 매우 중요하다. 따라서 견진례는 자신의 삶에 대하여 결정을 할 수 있는 연령이 되어야 할 수 있는 의례로, 산 안드레스에서는 보통 10살 이후에 한다. 견진례를 하고자 하는 사람은 성체례의 경우처럼 1~2년에 걸쳐 성경 공부와 피정을 해야 하고, 대부모도 선택한다. 견진례는 꾸에르나바까 대주교 성당에서 하는 것이 원칙이라고 한다. 그렇지만 보통 떼뽀스뜰란 교구성당에서 하고, 드물게 견진례를 받는 사

대부모와 함께 서서 견진례를 하는 모습(1995년)

람들이 많을 경우에는 마을에서 하기도 한다. 떼뽀스뜰란 교구성당에서 견진례를 할 경우에는 떼뽀스뜰란 무니시삐오 안의 모든 마을에서 견진례를 받는 사람들이 모여 함께 의례를 한다. 견진례에서는 대주교와 주교 또는 신부가 미사를 집전하는데, 신부는 견진례를 받는 사람의 머리에 손을 얹고 축복을 해 준다.

아이는 세례, 성체례, 견진례와 같은 의례를 치르는 과정에서 대부모를 만나 대부자 관계를 맺게 된다. 대부자 관계를 맺는다는 것은 종교·의례 측면에서만 아니라 사회관계 측면에서도 매우 중요한 의미를 지닌다. 이때 맺는 관계를 통칭하여 보통 '꼼빠드라스고(compadrazgo)'*라고 하는데, 꼼빠드라스고는 멕시코 농민사회를 특징짓는 사회구조의 한 측면을 보여 준다.** 세례 등을 통한 꼼빠드라

* 꼼빠드라스고는 정확하게 규정하면 '공부모 관계'만을 말하는데, 보통 공부모 관계와 대부자 관계 등을 포함하여 이 제도를 통칭하기도 한다. 이 글에서는 제도 전체를 말할 때는 꼼빠드라스고, 둘째 유형만을 말할 때는 공부모 관계라고 구별하겠다.
** 꼼빠드라스고에 대한 내용은 김세건(2001)을 참조하였다.

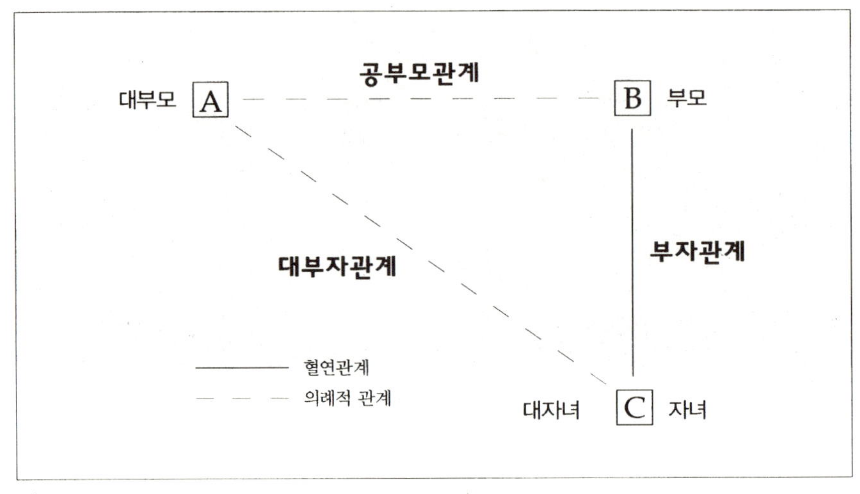

스고는 두 가지 유형의 관계를 형성한다. 도표로 보면 위와 같다.

첫째는 대부모와 대자녀 사이의 관계, 이른바 대부자 관계이다. 대부자 관계는 가톨릭을 믿는 사회 어디에서나 나타나는 전형적인 관계이다. 식민지 초기의 꼼빠드라스고 관계는 오늘날처럼 안정되기 전에는 서구의 가톨릭 국가처럼 종교적 측면이 중요시되어, 세례·성체례·견진례·결혼 등 성사(聖事) 의례에서 형성되는 대부자 관계가 중심이었다. 물론 오늘날에도 꼼빠드라스고가 종교적·의례적 속성에 바탕을 두고 있는 한 대부자 관계는 여전히 꼼빠드라스고 체계의 기본 틀을 제공한다. 대부모는 제2의 부모로 의례적·정신적 부모이다. 즉 대부모는 대자녀들에게 가톨릭 교리를 교육시키며 종교적으로 건강한 사람으로 자라날 수 있도록 보호하고 보살펴야 한다. 그리고 친부모가 죽는 경우처럼 위급한 상황에서는 대자녀들을 키우기도 해야 한다. 일부 대부모는 대자녀에게 재산을 상속하기도 한다. 반면에 대자녀는 대부모에게 존경의 의무를 다해야 한다. 산 안드레스의 촌로들에 따르면 옛날에 대자녀는 대부모에게 깍듯이 존경을 표하였는데, 길거리에서 만나면 대자녀는 대부모의 손에 키스하였다고 한다. 그러나 지금은 이러한 모습을 볼 수 없다.

둘째는 대부모와 대자녀 친부모 사이의 관계, 즉 꼼빠드라스고라고 불리는 공부모 관계이다. 공부모 관계는 서구 가톨릭의 대부자 관계를 넘어 형성되는 새로운 관계로, 멕시코에서 꼼빠드라스고가 독특한 사회구조의 양태로 자리잡게 하는 핵심이자 멕시코화된 가톨릭의 특징을 잘 보여 준다. 물론 이는 멕시코에만 한정된 것이 아니라 라틴아메리카 전역에서 나타난다. 스페인 같은 서구 가톨릭 국가에서는 대부자 관계가 중시되며, 공부모 관계는 종교제도의 측면을 넘지 않는다. 그러나 멕시코에서는 공부모 관계를 더욱더 중시하며, 이 관계는 종교적 측면을 넘어 사회제도의 역할을 한다. 멕시코의 다른 마을들처럼, 산 안드레스에서도 공부모 관계가 대부자 관계보다 좀더 기능적이며 중요성을 지닌다.

대부모와 친부모는 서로를 꼼빠드레[compadre : 공부(共父)] 또는 꼬마드레[comadre : 공모(共母)]라고 부른다. 쌍방은 기본적으로 존경심을 나타내고자 '우스뗏(Usted : 당신)'이라는 호칭을 사용하며, 상호 호혜적인 존경과 신뢰를 바탕으로 한 관계를 맺는다. 권리와 의무에서 대부모와 친부모가 비대칭적이지만, 장기적 측면에서는 상호 호혜적이고 대칭적이라고 할 수 있다. 다시 말해 산 안드레스에서 자녀의 친부모 대부분은 반대로 대부모 자녀들의 대부모가 되어 서로 꼼빠드라스고를 통해 밀접한 관계를 맺는 경우가 많다. 결혼을 하면 신랑과 신부의 부모들의 관계도 꼼빠드레화되듯이, 꼼빠드라스고를 통해 한 개인은 가족의 범주를 넘는 관계망을 형성하게 되는 것이다. 산 안드레스에서 이 관계망은 후원자와 친부모뿐만 아니라 양자(兩者)의 형제, 조부모까지 확장된다. 한 예로 아이의 삼촌과 조부모도 후원자를 만나면, 꼼빠드레 또는 꼬마드레라고 부르며 존경을 표한다.

꼼빠드라스고는 단순히 개인들 사이의 쌍대적(雙對的) 관계를 맺는 에고 중심적(ego-centric) 구조를 넘어, 친척이나 2·3세로 확장되기도 한다. 다시 말해 꼼빠드라스고는 쌍대적(dyadic) 관계라기보다는 다대적(plural) 관계를 형성하며, 바로 이 점이 사회 관계망을 형성하는 데 꼼빠드라스고를 더욱더 유용한 제도로 만든다. 이런 상황에서 마을 사람들 모두가 의례적 대부모 관계로 복잡하게 얽혀있다고 해도 지나친 표현은 아니며, 꼼빠드레 또는 꼬마드레라는 호칭을 일상에서 흔하게 들을 수 있다. 이 경우 실제적인 꼼빠드라스고 관계를 형성하고 있는 경우도 있지만, 그렇지 않는 경우도 있다. 상호 존경의 표현이기도 하지만, 젊은이들 사이에서는 친근감의 표현으로 '꼼빠(compac : compadre의 약칭)'이라고 부르기도 한다.

더욱이 산 안드레스를 비롯한 멕시코에서 나타나는 꼼빠드라스고의 특징 가운데 하나는 가톨릭의 본래 유형을 넘어선 다양한 형태들이 확산되어 나타난다는 점이다. 그 예로 사람뿐만 아니라 물체, 행사 등을 매개로 하여 꼼빠드라스고가 형성된다. 집의 수호성인, 집 건축, 새 차 장만, 예수상 및 성인상 장식, 졸업식, 축구부 후원, 하리뻬오, 독립기념일 기념품 등과 관련하여 다양한 형태의 의례적 대부모들이 존재한다. 산 안드레스에는 정확하게 몇 가지 꼼빠드라스고 유형이 존재하는지 꼬집어 말할 수는 없지만, 수십 종의 유형이 존재하는 것은 틀림없다.

게다가 산 안드레스에서 세례, 결혼식과 같이 큰 경비를 필요로 하는 축제에서는 한 명이 아니라 여러 명의 대부모가 있다. 즉 전형적이고 대표적인 미사 대부모 외에도 반지, 아라쓰(arras : 축복의 돈), 라

소(laso : 사랑의 줄), 부케, 스카프, 웨딩 케이크, 주류, 음료수, 사진, 비디오, 음악 등으로 나뉘어 저마다의 대부모가 있다. 따라서 결혼식에서 한 개인은 수십 명의 대부모를 가질 수 있다.

이처럼 꼼빠드라스고는 외연적 확장을 하게 된다. 사실 이런 변화가 왜, 언제 일어났는지는 명확하게 규명되지 않았다. 보통 꼼빠드라스고의 현재적 체계가 17세기 중반에 형성되었고, 스페인의 정복 후 소멸된 원주민의 친족 조직 등의 공백을 메우면서 원주민 사회에서 보편화되었다고 한다. 꼼빠드라스고는 그 용어나 역할 관계, 후원, 불가분적(不可分的)이고 지속적인 관계와 도덕적 의무의 공리(公理), 때로는 근친금혼이 꼼빠드레 관계에까지 확대된다는 사실에서 잘 드러나듯이, 원주민 공동체의 친족을 상징적 모델로 하고 있다고 지적한다.

한마디로 꼼빠드라스고는 원주민과 스페인, 두 문화가 융합된 산물이다. 무엇보다 꼼빠드라스고의 가장 큰 특징은 안정되고 일정한 유형을 가지고 있는 것이 아니라 시간의 흐름 속에서 지속적으로 변화·적응할 수 있다는 열린 가능성일 것이다. 이렇게 멕시코인들은 새롭게 도입된 서구의 사회문화 구조와 가톨릭에 수동적으로 적응하기보다는 적극적으로 대응하여 멕시코만의 독특한 사회·문화적 체계를 만들어 내었다.

3. 이제 어른이 되어요! : 성인식

　여자는 15세가 되면 성인식(quinceañera)을 한다. 이와 달리 남자는 특별하게 성인식이라고 하는 의례가 없다. 여성의 성인식이 언제부터 시작되었는지 알 수 없다. 멘도사 사본(Códice Mendoza)[*]에 따르면, 고대 아스떼까 사회에서는 15세를 사리분별이 가능한 나이로 생각하였다. 따라서 남자는 사제(司祭) 학교, 여자는 음악 학교에 들어가서 종교 의례, 군사 훈련, 악기 연주, 카누 항해, 별자리 읽기 등 다양한 활동을 배웠다.[14] 일반적으로 이것을 오늘날 성인식의 기원으로 보지는 않지만, 멕시코에서 15세를 성인의 시작점으로 보는 시각은 오래된 전통을 갖고 있음을 알 수 있다. 다른 한편으로 성인식 때 입는 의복이나 춤 등에 비추어 볼 때 멕시코의 성인식은 유럽 특히 프랑스의 영향을 받은 것으로 추정하기도 한다. 유럽 합스부르크 왕가의 막시밀리아노(Maximiliano) 황제가 멕시코를 통치했던 19세기 중엽에 프랑스 문화가 멕시코에 많이 들어왔다. 막시밀리아노 체제가

---

[*] '새 스페인'(Nueva España:지금의 멕시코)의 부왕(el virrey:'새 스페인'의 최고 통치자) 안또니오 데 멘도사(Antonio de Mendoza)는 1541년 아스떼까 사람들의 생활 모습을 상세하게 그려 스페인 국왕 까를로스 5세에게 보냈다. 아스떼까 화가가 그린 그림에 스페인 신부가 설명을 달았다. 이 사본은 역사·경제·종교·일상생활 등 여러 내용을 담고 있는데, 특히 사람의 일생을 연령별로 자세하게 설명하고 있어 아스떼까 사람들의 일상생활을 연구하는 데 매우 중요하다.

붕괴된 이후에도 프랑스 문화는 오랜 시간 동안 지역 문화와 결합하며 변형되었다. 그 가운데 하나가 성인식이라는 것이다.

성인식은 자신의 생일에 하는 것이 보통이다. 그렇지만 생일이 평일인 경우 사람들이 많이 오지 못하기 때문에, 생일 전 주의 주말에 하기도 한다. 성인식은 여자 아이가 태어나고 자라는 과정에서 더 이상 어린아이가 아니라 자신의 삶을 스스로 결정할 수 있는 성인이 되었음을 축하하는 의례이다. 대체적으로 산 안드레스 사람들은 성인식을 결혼할 수 있는 성인이 되었다는 것을 알리는 행사라고 생각한다. 부모들은 가능하면 딸의 성인식을 해주고 싶어 하지만, 비용이 만만치 않기 때문에 누구나 하는 것은 아니다. 예로 2005년 1월 20일 성인식을 했던 마리아(María Luisa)의 경우에는 경비로 한국 돈으로 최소 1000만 원이 들었다고 한다. 물론 경제적 사정에 따라서 성인식 규모를 작게 할 수도 있고, 무엇보다 친인척과 대부모 등이 비용을 분담해 주기 때문에 그만큼 부담이 적어질 수도 있다. 친인척과 대부모들은 아이가 12~13세가 될 때부터 성인식에 도움을 줄 것을 약속하며 성인식에 사용할 비용을 마련하기 시작한다. 산 안드레스에서 친인척 또는 대부모가 "네가 성인식을 할 때 무엇을 해 줄게"라고 아이에게 약속을 하는 모습을 곧잘 볼 수 있다. 이런 약속을 하면서 아이는 하루하루 화려한 성인식의 꿈을 살포시 키워간다. 그렇지만 경제적 사정이 넉넉하지 못한 부모들은 성인식 하는 것을 주저할 수밖에 없으므로 고민 또한 깊어간다.

성인식 준비는 교회에 나가 성경 공부를 하면서 본격적으로 시작된다. 이때 부모는 아이와 함께 대부모를 선정한다. 산 안드레스에서 성인식의 대부모는 가능하면 세례의 대부모가 되는 것이 바람직하다고 여긴다. 물론 현실적으로 대부모가 돌아가셨거나 서로 관계가 멀어져 그렇지 못한 경우도 있지만, 가능한 한 이것을 지키려고 한다. 무엇보다 성인식 자녀의 부모가 돌아가셨거나 아버지 또는 어머니만 계실 경우에는 대부모가 친부모의 빈자리를 대신한다. 미사 대부모 외에도 드레스, 왕관(corona), 마지막 인형, 축배잔(las copas del brindis), 케이크, 음악, 기념품, 음료수, 행사장 장식, 사진, 비디오 등 많은 대부모가 정해지는데, 이들 가운데 일부는 오래 전에 정해져 있기도 하다.

성인식의 주인공이 할 일은 참벨란(chambelán : 도우미)과 함께 성인식 날에 출 왈츠(vals)를 준비하는 것이다. 참벨란은 주인공과 비슷한 또래의 남성들이다. 이들은 주인공의 춤 파트너가 된다. 왈츠는 성인식에서 가장 중요한 행사로 가능하면 좋은 안무 선생을 초대하여 몇 주일 전부터 연습을 한다. 마리아는 자신만의 왈츠를 위해 4천 뻬소를 주고 떼뽀스뜰란에 살고 있는 안무 선생을 초대하여 3주 전부터 7명의 참벨란과 함께 연습을 하였다. 부모들이 할 일 중 가장 큰 일은 음식 준비이다. 이때 기본적인 음식은 몰레 로호이다.

성인식 전날에는 식탁이 준비된다. 식탁은 일반적으로 떼뽀스뜰란 등 행사를 담당하는 곳에서 빌린다. 식탁 하나를 빌리는 데 20뻬소 정도가 든다. 참벨란과 왈츠를 출 무대를 준비하고 장식한다. 보통 왈츠는 마당에서 추기도 하지만, 별도로 무대를 만들기도 한다. 집·무대·교회 등 행사장을 꽃으로 장식하는데, 여기에도 장식 대부모가 있다. 마리아 성인식의 무대장식 대모는 도냐 펠릭스(Doña Félix)이었다. 무대뿐만 아니라 식탁 등을 꾸밀 꽃과 장식품도 준비한다.

성인식의 본격적인 시작은 미사다. 성인식을 위한 특별미사인 경우에 시간은 신부와 행사 일정에 따라 정해진다. 보통 사람들이 많이 참석할 수 있는 오후 시간에 맞춰 시작하지만, 주말에는 낮 시간대에

성인식 미사를 위해 대부, 참벨란과
교회를 들어서는 주인공 마리아 루이사 일행(2006년)

미사 장면(2006년)

도 많이 한다. 마리아의 성인식 미사는 낮 12시에 있었다. 미사에 가기 전에 성인이 되는 주인공은 화장을 하고, 드레스로 갈아입는다. 드레스의 색깔은 대개 분홍색이며, 흰색은 입지 않는다. 미사에 참여하기 위해 집을 나서 교회까지 가는 장면도 참으로 장관이다. 부모와 대부모가 성인식 자녀의 옆에 서고, 그 뒤로 턱시도를 멋지게 차려입은 참벨란들이 따른다. 참벨란 뒤에는 초대받은 사람들이 함께 걸어간다. 사정이 허락되면 악대가 뒤따른다.

특별히 모셔 온 신부는 성당 입구에서 일행을 맞이한다. 성당의 중앙에는 주인공을 위한 자리가 마련되어 있고, 바로 뒤의 좌석에는 참벨란, 조부모와 부모, 대부모들이 차례차례 앉는다. 산 살바도르 성당이 좁아 일행들은 성당 밖에 마련된 자리에 앉는다. 미사는 한 시간 동안 진행되는데, 진행 과정과 내용은 일반 미사와 큰 차이가 없다. 다만 성인식이기 때문에 설교의 내용이 주인공과 관련되어 있다. 신부는 주인공에게 하느님과 그동안 보살펴 준 부모님께 감사해야 한다는 말을 하고, 부모들도 성인이 되는 아이에게 앞으로 어떻게 가르칠 것인가에 대하여 설교하며 기도와 찬송 등으로 미사를 이끈다. 부모는 미사 중간에 자신들이 딸을 키워 오면서 느꼈던 소회(所懷)와 자녀에게 바라는 점을 이야기한다. 그리고 주인공이 마지막으로 부모, 대부모, 가족에게 감사의 인사를 전하며 미사가 끝난다. 그 뒤로 부모와 대부모, 친인척, 참석자 등의 기념촬영이 이어진다.

미사를 마치면 다시 집까지 행진한다. 이때는 미사에 참석한 축하객도 함께 행진하기 때문에 미사에 올 때보다 행렬이 훨씬 길다. 집에 도착하여 주인공이 참벨란 등과 축하식장의 자리에 앉고, 주인공의 이름을 부르며 축하하는 참석자들의 환호와 함께 축하 파티의 첫 장이 열린다. 축하객들은 주인공에게 선물을 주고 덕담을 나눈다. 그리고 축하객들에게 점심이 제공된다. 몰레 등의 음식, 맥주, 떼낄라, 럼주, 음료수 등이 나온다. 식사 시간 내내 음악이 흐르고, 흥에 겨운 사람들은 이따금 춤을 춘다. 음악이 있는데 가만히 앉아 있을 사람들이 아니다. 한두 사람에서 시작된 춤은 어느덧 모든 사람들의 춤판이 되었다. 물론 주인공은 쉴 틈이 없다. 이 사람 저 사람이 주인공에게 춤을 청하고, 주인공 또한 거절함이 없다. 춤판이 무르익고 해도 저물어가지만, 사람들은 돌아갈 생각을 하지 않는다. 아직까지 성인식은 시작도 하지 않았다.

해질 무렵 이제 주인공이 공식적으로 성인이 되는 본격적인 의례가 시작된다. 춤판은 정리되고, 모든 사람들은 성인식이 행해질 무대 주변에 둘러앉는다. 의례는 먼저 왕관을 수여하는 것으로부터 시작된다. 아버지, 대부 또는 삼촌이 주인공과 함께 무대에 입장한다. 마치 결혼식의 신부 입장과 비슷하다. 주인공은 무대 중앙에 마련된 의자에 앉는다. 그리고 왕관 대부모가 준비한 왕관을 가지고 입장하여 주인공 머리 위에 씌워 준다. 이날 주인공은 여왕이 되는 것이다. 왕관이 수여된 뒤, 부모가 감사의 말을 전한다. 15년 동안 보살펴 준 신께 감사하고, 성인이 되는 딸이 행복하고 건강한 삶을 살기를 기원한다는 말이 중심이다. 부모가 과거를 떠올릴 때는 종종 참석자들이 눈물을 훔치기도 한다.

그런 뒤 마지막 인형 전달식이 있다. 인형 대모는 대개 같은 또래의 아이가 맡는다. 예로 마리아는 친구인 엘리사벳(Elizabet)이 인형 대모가 되었다. 이 의례는 이제 성인이 되었기 때문에 인형을 가지고 놀 나이가 아닌, 곧 성인이 되었음을 뜻한다. 따라서 오늘 받는 인형은 어린이로서 받는 마지막 인형으로, 주인공은 어린 시절의 아쉬움을 마지막 인형에 담아 오랫동안 간직한다.

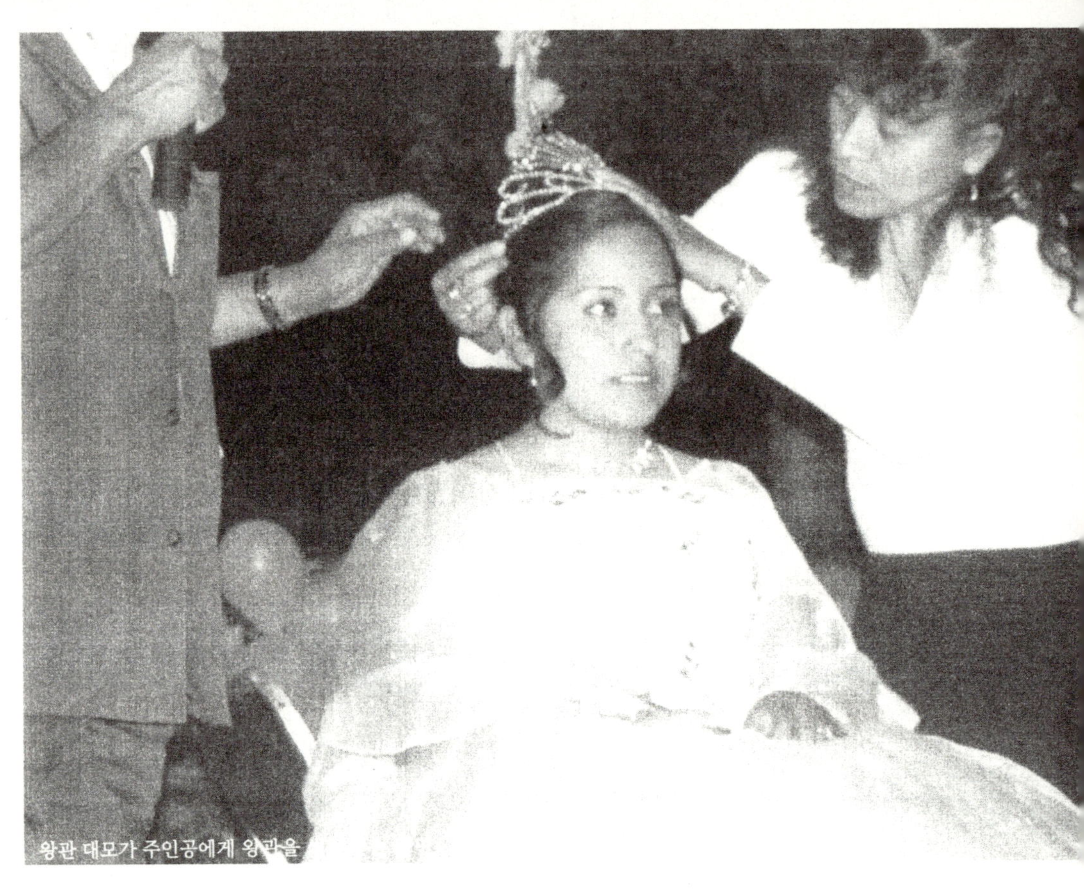

　　마지막 인형 전달식이 있은 뒤, 수십 일 전부터 준비한 왈츠가 시작된다. 성인식의 하이라이트라고 할 수 있다. 주인공과 참벨란들이 만들어 내는 집단 왈츠에는 15세 소녀의 꿈과 환상이 담겨 있다. 마을 사람들은 왈츠를 추는 사람의 수는 지역에 따라 다르다고 한다. 일부 지역에는 남자 15명, 여자 14명의 참벨란과 주인공을 더하여 남녀 각각 15명이 서로 짝을 지어 왈츠를 춘다. 또 다른 지역에서는 남자 7명, 여자 7명 그리고 주인공을 더한 총 15명이 왈츠를 추기도 한다. 그렇지만 산 안드레스에서 이런 경우는 없었고, 단지 남자 참벨란 15명이 함께 하는 것이 가장 이상적인 것이라 한다. 숫자 15는 주인공

대모로부터 마지막 인형을 받는 장면

몇 주 동안 준비한 왈츠를 추는
주인공과 참벨란들

의 나이를 상징한다고 한다. 그러나 이 또한 비용이나 사람을 구하는 것이 만만치 않기 때문에 참벨란 수가 많이 줄어들어 보통 4~5명이 참여한다. 마리아의 경우에는 7명의 참벨란이 참여하였다. 집단 왈츠는 주인공을 중심으로 이루어지며, 멋진 장면이 연출될 때마다 사람들은 환호한다. 왈츠는 보통 30분에서 1시간 가량 진행된다.

참벨란에게는 주인공의 부모가 닭 또는 칠면조 한 마리, 몰레, 쌀밥 등을 통에 담아 선물한다. 참벨란들은 이것을 집에 가져가 가족들과 함께 먹는다. 물론 이것은 참벨란에 참여해 준 가족에 대한 감사의 표시이다.

축하 케이크를 바라보는 주인공

　왈츠가 끝나면 케이크 절단식이 있다. 케이크는 마리아의 둘째 이모 아라셀리(Araceli)가 5천 뻬소를 들여 산 것으로 5단이다. 자른 케이크는 참석자 전원에게 나누어 준다. 케이크를 먹은 후 또다시 춤판이 벌어진다. 주인공과 참벨란이 중심이 된 왈츠의 무대는 모든 사람들이 참여하는 춤의 무대로 바뀐다. 춤판은 먼저 주인공의 오늘을 있게 한 부모, 대부모, 가족 등을 차례차례 불러 주인공과 함께 왈츠를 추는 것으로 시작한다. 주인공은 보통 아버지와 함께 첫 왈츠를 춘다. 축제를 도와준 사람들이 많기 때문에 함께 춤은 추는 시간은 보통 1분을 넘지 않지만 전체적으로는 오랜 시간이 걸린다. 함께 춤을 추면서 대부모는 주인공에게 축하의 말을 전하고, 자녀는 대부모 등에게 감사의 말을 전한다.

　이것이 끝나면 이제 화려한 밤의 축제가 시작된다. 다음날 일이 있는 사람들은 자리를 뜨기도 하지만, 많은 참석자들은 남아 때로는 주

인공을 중심으로 집단 무극을 보이기도 하고 때로는 연인, 부모, 친구 등과 어울려 쌍쌍 춤을 선보인다. 어린이도 함께 하는 것은 물론 말할 필요가 없다. 산 안드레스의 어느 축제에도 남녀노소 구분은 없다. 이 춤은 밤늦게까지 진행되다 새벽 1시 무렵에 끝이 난다.

성인식은 끝났다. 이제 주인공은 더 이상 어린이가 아니다. 그러나 이제 막 성인이 된 주인공의 가슴에서 성인식은 끝나지 않았다. 아마 잠을 못 이루는 밤을 보낼 것이다. 이 환희는 평생을 가며 삶의 길잡이가 될 것이다. 마리아 성인식에 참여했던 한국인 후배는 결혼하면 자기 딸도 이렇게 성인식을 해주고 싶단다.

"나도 그러고 싶다!"

4. 우리 하나가 되어요! : 결혼

결혼은 개인의례 가운데 세례와 더불어 가장 중요한 의례이다. 대체로 15세, 즉 성인식을 거치고 나면 남녀는 결혼할 수 있다. 그렇지만 어느 사회나 그렇듯이 산 안드레스에서 결혼하는 연령은 다양하다. 레드필드는 떼뽀스뜰란에서는 보통 18~24세 사이에 결혼하는 것과 달리 산 안드레스에서는 12~16세 사이에 한다고 하였다.[15] 다시 말해 산 안드레스의 여성들은 12살 무렵, 남자들은 14~15세에 결혼하여 떼뽀스뜰란의 다른 마을 사람들보다 다소 이르다. 그러나 필자가 현지연구를 하는 동안 산 안드레스에서 12살에 결혼하는 사람은 한 명도 없었다. 다만 14세 여자가 동거를 한 경우가 있었을 뿐이다. 보통 남녀들은 스무 살을 넘겨 결혼을 하였다. 교육 기간의 연장, 직장 생활, 경제적 사정 등으로 말미암아 결혼 연령이 높아지고 있는 것이다.

일반적으로 산 안드레스는 명백한 단계 혈통으로 조직된 씨족 또는 종족을 형성하기 어려운 사회로, 개인은 출계(出系, descent)*에 따르는 어떤 친척조직도 형성하지 않는다. 산 안드레스에서 가족·친척

---

* 세대 사이의 관계, 즉 부모와 자식 간의 관계 또는 조상과 자손과의 관계를 추적하여 혈통을 따지고, 개인을 그 혈통에 따라 형성된 친족 집안의 일원으로 귀속시키는 것(한상복·이문웅·김광억, 1988, 《문화인류학개론》, 서울대출판부, 143쪽)

관계를 보완해 주는 것이 앞에서 말한 꼼빠드라스고이다. 따라서 산 안드레스에서 가족은 혈연관계로 구성된 유일한 조직으로, 개인이 나 마을의 사회관계는 가족을 중심으로 이루어진다.

이런 현상은 스페인의 식민지 지배에서 한 원인을 찾을 수 있다. 스페인의 정복자들이 원주민 사회의 깔뿔리(*Calpulli*) 또는 씨족을 해 체하고, 그 토지 소유권과 다른 기능을 새로 만들어진 마을 당국에 이전하였다. 스페인의 정복 전 원주민 사회는 깔뿔리를 중심으로 이 루어졌다. 깔뿔리가 혈연에 바탕을 둔 친척조직인가 아니면 정부에 의해 노동력과 공물을 집합시키고자 만든 정치적 지역조직인가에 대 한 논쟁이 아직 많지만, 보통 친척조직으로 본다. 깔뿔리는 출생에 따라 소속감을 갖는 친척 그룹으로 이루어졌다. 깔뿔리의 주요 직책 이 계층화된 일정한 계통의 후손에 이어졌지만, 성원들은 상대적으 로 평등하였다. 이들은 모두가 인지하고 있는 공동 조상신인 깔뿔떼 오틀(*Calpultéotl*)을 믿음으로써 정체성을 형성하였으며, 조상신에 대 한 믿음은 깔뿔리의 결속력을 유지하는 바탕이었다. 일반적으로 이 들은 내혼(內婚)적 경향을 지녔으며 주로 확대가족을 형성하였다. 가 구(家口)는 생산의 기본 단위로 자신만의 토지를 가지고 있었지만, 원칙적으로 토지는 깔뿔리에 따라 분배·통제되었다. 정부와도 토지 분배 등에서 독립성을 유지하였다. 즉 커다란 정치 단위에 흡수되어 도 여전히 깔뿔리는 정치·행정·군사·의례·경제의 단위로서 제 구 실을 하였다. 그러나 깔뿔리에 바탕을 둔 원주민 공동체는 스페인의 정복자들에 의해 형성된 마을과 동질화되면서, 깔뿔리는 차츰 지연 (地緣) 공동체적 성격을 지닌 바리오(barrio)로 대체되었고, 친척조직 도 사라졌다.[17] 바로 기존 조직의 해체에 대한 방어적 반작용의 결과 로 가족, 특히 핵가족주의의 특성이 떼뽀스뜰란에 많이 나타나게 되었다.[18] 따라서 식민지 이후 농촌사회에서 가족은 혈연관계에 따라 구성된 유일한 조직으로, 개인 및 마을의 사회조직과 행위는 가족 중심으로 이루어진다. 가족의 구성은 결혼으로 시작된다.

산 안드레스에서 결혼은 내혼적 성격이 강하여 최근까지도 마을 안 사람들 사이에서 혼인이 많이 이루어졌다. 따라서 인구가 적은 산 안드레스에서 내혼제가 몇 세대에 걸쳐 일어나면, 대부분 주민들은 서로 친인척 관계를 이루게 된다. 내혼제는 사회적 관계망의 확산보다는 끊임없이 관계가 재생되는 측면이 두드러지는 특징이 있다. 주민들은 같은 성을 가지고 있지 않으면 결혼을 할 수 있다고 생각한다. 산 안드레스 사람들은 자신들의 이름에 부계와 모계의 양성을 함께 사용한다. 그런데 여자들은 결혼하면 부계 성 다음에 위치하는 모계 성 자리에 남편의 부계 성을 쓴다. 결국 부계 성만 이어지므로 여자 형제들은 그녀들의 손자 때에 이르면 같은 성을 잃어버린다. 부계와 모계의 양성 가운데 같은 성을 가지고 있느냐 없느냐를 결혼 대상의 범주를 정하는 기준으로 두는 것에서 보이듯이, 일상적으로 사람들이 말하는 '나의 가족(mi familia)'의 범위도 같은 성을 가지는 사람까지라고 할 수 있으며, 따라서 친척에 관한 용어도 양변적(兩邊的, bilateral)이다. 우리는 삼촌하면 외삼촌을 제외하지만, 산 안드레스 사람들은 삼촌하면 친삼촌과 외삼촌을 다 포함한다. 이는 사촌에서도 마찬가지다. 그런데 이것도 보통 3세대를 지나면, "성은 같지만 서로 다른 가족"이라고 말하여 서로를 경계 지우기도 한다.

이처럼 산 안드레스에서는 혈통에 따른 어떤 친척조직도 형성하지 않으며, 일반적으로 가계(家系)에 대한 관념이 희박하여 증조부, 심지어는 조부가 누구인지도 모르는 사람도 많다. 사실 이런 측면은 11월 1일의 사자의 날에 제사의 대상이 본인과 친밀 관계가 있었던 사람에 국한된다는 점에서도 드러난다. 즉 할아버지의 얼굴도 모르면 대부분은 할아버지에 대한 제사를 지내지 않고, 오히려 혈연관계는 없지만 자신과 친분이 많았던 사람에게 제를 올린다. 산 안드레스에서는 가족으로 여기는 범위를 넘어서는 친척 관계보다는 상대적으로 꼼빠드라스고 같은 개인이 맺은 사회적 관계가 더욱 중요성을 지닌다고 할 수 있다. 따라서 마을에서는 6촌(2º primo) 사이에도 결혼이 많이 이루어지기도 하고, 드물게 사촌(primo) 사이의 결혼도 성사된다. 물론 산 안드레스 사람들은 근친 사이의 혼인을 바람직한 것이라고 생각하지 않으며, 오히려 부끄러운 것으로 여겨 쉬쉬하기도 한다. 그러나 부끄러움이 뜨거운 남녀 간의 사랑을 막을 수는 없다.

1970·1980년대를 지나면서 차츰 마을 외부인과 결혼이 늘어나기 시작하였다. 이는 "괜찮은 남자는 다 친척이라 마을에는 결혼 상대자가 없었다"는, 마을에서 가장 성원이 많은 성씨 가운데 하나인 리베라(Rivera) 집안의 까멜리아(Camelia)의 말처럼, 대부분 다른 성씨의 가족과 친척 관계이어서 결혼 대상이 축소되었다는 데서 그 이유를 찾을 수 있다. 그러나 무엇보다도 외부인과 결혼이 증가한 것은 산 안드레스 정치·경제적, 사회·문화적 환경의 변화를 반영하고 있다. 토마토 재배가 활성화하면서 인근의 뿌에블라 주, 게레로 주 등지에서 일자리를 찾아 산 안드레스로 들어온 사람들 가운데 일부는 마을 사람들과 결혼하여 그 마을에 정착하였다. 특히 마을 사람들이 학교, 일, 상업 등으로 외부인과 접촉이 잦아지면서 마을 외부 사람들과 결혼은 꾸준히 증가하였다.

결혼 풍습도 세월에 따라 많이 변하였다고 한다. 한마디로 말하면 예전에 견주어 부모의 의견보다는 결혼 당사자들의 의사가 중심이 되었다. 전통적으로 산 안드레스에서 결혼은 '세 번의 청혼'의 과정을 거쳐 이루어진다.

첫 번째는 남자가 여자를 만나 공식적인 연인관계(noviazgo)로 발전하는 단계이다. 1930~1940년대까지만 해도 때로는 결혼 당사자도 모르는 사이에 부모들 사이에 결혼 약속이 이루어졌다. 이달리아(Idalia)에 따르면, 그녀의 고모 도냐 발렌띠나 리베라(Valentina Rivera)는 남편의 얼굴도 모른 채 양가 부모의 약속으로 또마스 플로레스(Tomas Flores)와 결혼했다고 한다. 먼저 남자 측 부모가 여자 측 아버지에게 결혼 여부를 묻는 편지를 보낸다. 신부의 아버지는 남자 측의 제안이 맘에 들면 남자 측이 방문할 수 있는 날짜를 적어 보내는데, 보통 8일에서 한 달 이내라고 한다. 그러나 마음에 들지 않으면 답장을 하지 않거나 방문 날짜를 멀리 미루기도 한다.

이렇게 부모들 사이에 이루어지던 혼인은 1950년대로 넘어서면서 조금씩 사라지고, 연인들의 의사가 중심이 되는 연애결혼이 일반화했다. 1940년대와 1950년대에 떼뽀스뜰란을 조사한 루이스는 "오늘날 연애를 하거나 연애편지를 보내는 것은 다반사이며 13살이 넘은 소녀나 15살 이상의 소년들 가운데서 애인이 없는 경우는 거의 없다. 이 지역 사제는 이러한 상황을 제때 파악하여 한 사람의 연인을 가지는 것은 죄가 아니며 고해성사를 할 필요가 없다고 공언하였다. 그러나 연애는 여전히 아주 은밀하게 이루어지며 소녀들은 벌을 받을까봐 두려워한다"고 말하였다.[18] 물론 1960~1970년대까지만 하여도 연애를 할 수 있는 시공간은 많지 않았고, 특히 여성들의 바깥출입은 많은 제약을 받았다. 좋아하는 여자를 한 번이라도 만나기 위해 그녀의 집 앞, 우물가, 상점, 교회 등을 서성거리는 것이 그때의 풍습이었다.

돈 에스떼반(Don Esteban Rivera)은 부인 마리아 루이사(María Luísa Desaida)를 만나려고 그녀의 옆집에 사는 친구이자 루이사의 사촌인

이뽈리또 데사이다(Ipolito Desaida)에게 그녀가 집에서 나오면 연락해 줄 것을 부탁하였다. 어느 날 루이사가 상점에 심부름 가고 있다는 신호를 받은 에스떼반은 쏜살같이 상점으로 달려갔다. 그리고 루이사에게 다짜고짜 "너, 나의 애인이 될래? 아니면 너를 훔쳐갈까?"라고 말했다고 한다. 놀란 루이사는 아무 말도 못하고 집으로 들어가, 그 이후 10여 일 동안 집 밖으로 나오지 못하였다. 그러다 루이사가 조심스럽게 집 밖에 아무도 없는 것을 확인하고 다시 나왔을 때, 친구로부터 연락을 받은 에스떼반은 다시 그녀 앞에 섰다. 이런 에스떼반의 행동은 금세 마을에 소문이 났다. 에스떼반이 루이사를 괴롭힌다(?)는 소문을 들은 루이사의 아버지는 몹시 화를 내었다. 그는 부잣집 아들인 에스떼반이 결혼할 마음도 없이 가난한 자신의 딸을 놀린다고 생각하였다. 루이사 아버지가 자신의 행동에 화를 많이 냈다는 소식을 들은 에스떼반은 직접 루이사의 부모를 찾아가 허락을 구하였다. 그리고 허락을 받아 사귄 이 둘은 1955년에 결혼하였다.

이처럼 어렵게 만나던 남녀들은 점차 근대화의 물결과 더불어 좀 더 자유롭게 학교, 축제 등에서 만나 서로 연인이 된다. 산 안드레스에서 초등학생도 노비오(novio : 남자 애인) 또는 노비아(novia : 여자 애인)가 있다고 말하고 소개하는 것은 그리 낯선 일이 아니다. 물론 이들의 관계가 반드시 결혼으로 연결되는 것은 아니다. 그렇지만 남녀가 만나고 연인이 되는 것이 자신들의 할아버지, 아버지 세대보다 훨씬 더 자유로워진 점은 사실이다. 만남이 자유로워질수록 딸을 가진 부모들의 걱정(?)도 깊어진다. 따라서 축제의 춤판에서 과년한 딸을 감시하고자 춤판이 끝날 때까지 딸 곁을 떠나지 않는 부모들을 가끔 볼 수 있다.

이렇게 사귀다가 결혼을 하기로 결정하면 남자는 여자 친구의 부모를 찾아가 결혼 허락을 구한다. 여자의 부모는 이 남자가 정말 자신의 딸을 좋아하는지, 일순간의 감정에 사로잡혀 결혼을 결정한 것은 아닌지 등을 확인한다. 이를 위해 여자의 부모는 남자 친구에게 딸과 결혼하는 것을 다시 심사숙고할 것을 요구하며 며칠 시간을 주기도 한다. 남자 친구가 결혼에 대하여 신념이 확고하면, 이때부터 집을 방문하도록 하고, 파티에 초대하며, 서로 자유롭게 만날 수 있는 허락이 떨어진다. 이러면 그들 사이에 연인 관계가 성립된다.

두 번째 과정은 양가 부모의 상견례이다. 여자 쪽 부모의 허락이 떨어지면, 남자 쪽 부모가 날을 잡아 여자 쪽 집을 공식 방문하여 청혼한다. 이는 양가가 이들이 연인 관계임을 인정하고 공식화하는 단계이다. 방문은 보통 토요일 또는 일요일 오후 6~7시쯤에 주로 이루어진다. 이는 만에 하나라도 잘못되어 청혼이 이루어지지 않았을 때 생길 소문을 방지하기 위한 것이다. 물론 어떻게 하더라도 주변의 수많은 눈과 귀를 막을 수 없다는 사실을 잘 알고 있지만, 그래도 나름대로 최선을 다해보는 것이다. 서로 마주한 양가의 부모는 가벼운 일상사로 이야기를 시작하여 자식들의 혼사 이야기로 넘어간다. 남자의 부모가 자신의 아들이 당신의 딸과 결혼하기를 원한다고 이야기한다. 그러면 여자의 부모는 남자의 부모들, 특히 시어머니 될 사람에게 딸의 부족함을 이야기하는 것이 보통이다. 딸이 아무리 음식을 잘 할지라도, "우리 딸이 아직 어리고 미숙하여 또르띠야도 잘 만들지 못한다"고 대답한다. 그러면 시어머니는 "내가 잘 가르치겠다"고 답해 준다. 이렇게 이야기가 순조롭게 진행되면 두 사람의 결혼은 점점 현실화된다. 그러나 이 자리에서 결혼에 대한 확답을 주는 경우는 거의 없으며, 남자도 청혼이 받아들여질 것이라고 기대하지 않는다. 여자 측 부모들은 청혼에 대하여 생각해 보겠다고 대답하는 것이 일반적인 관습이다. 남자 친구가 마음에 들더라도 여자의 부모들은 아이의 세례 대부모, 할아버지, 할머니, 삼촌, 고모, 이모 등 가까운 친척들과 의논해 보겠다고 며칠 기다리라고 말하며 결혼 결정을 다음으로 미룬다. 물론 결혼을 할 생각이라면 결정을 미루는 것은 그저 하나의 형식이며, 확답을 주기 위한 다음 만남은 보통 1주일에서 2주일 이후로 약속된다.

레드필드에 따르면, 떼뽀스뜰란에서는 1주일의 여유를 주는 것이 일반적이라고 한다.[19] 1~2주일 뒤에 남자 측 사람들이 다시 방문하였을 때, "예"라고 하면 청혼은 성립하게 된다. 그러나 남자가 마음에 들지 않으면, 다음 방문 기간은 한 달 이후로 연기되는데, 이렇게 되면 결혼은 성사되지 못한다. 만약 1년 동안 기다리라고 하면 거절의 뜻이 깊다고 한다.

결혼이 결정되면, 공식적인 결혼 날짜를 잡는 세 번째의 단계로 넘어간다. 이때는 남자의 부모뿐만 아니라 대부모, 가까운 친인척, 형제자매 등이 함께 방문한다. 이때 예비 신랑은 예비 신부에게 꽃을 준비해 가고, 장모에게는 롬뽀뻬·우유·빵·초콜릿·포도주·설탕 등을 넣은 바구니를 준비해 간다. 레드필드에 따르면, 떼뽀스뜰란에서는 결혼 여부가 결정되고 일주일 뒤 신랑 측의 부모와 대부모는 신부 집을 다시 방문하여 신부 집 제단의 성인 앞에 꽃과 양초를 바친다고 한다.[20] 또한 초콜릿, 와인, 빵이 든 치끼우이떼(*chiquihuite*)를 성인 앞에 놓는다. 양가 가족은 먼저 결혼 날짜를 정한 뒤 남자 가족이 준비해 온 롬뽀뻬, 포도주 등을 마시며 축하한다.

그러나 결혼이 결정되지 못하면 여자 훔치기가 이루어지기도 한다. 혁명기 이후 약탈혼이 급격히 증가하였고, 1942~1943년에 모든 결혼은 약탈혼으로 시작되었다고 한다.[21] 사실 약탈혼은 전혀 모르는 상태에서 이루어지는 경우도 있다고 하지만, 실제 그런 경우는 거의 없다. 그냥 서로가 눈이 맞았는데, 부모가 허락하지 않거나 또는 빨리 결혼하고 싶을 때 일단 살림살이를 차리는 것이다. 이는 현재도 심심치 않게 일어난다.

1998년 겨울 무렵 산드라(Sandra)가 갑자기 사라졌다. 훌리오(Julio)와 눈이 맞아서 마을 안에 있는 훌리오의 집에 함께 살림을 차린 것이다. 그런데 그 사실을 알고 있는 산드라의 부모, 형제 어느 누구도 그녀를 집으로 데려오려고 하지 않았다. 그렇게 약탈혼을 인정하는 것이다. 물론 이들의 혼인이 공식적으로 성립한 것은 아니다. 진짜 부부가 되기 위해서는 마지막으로 결혼식을 남겨두고 있다. 남·녀의 만남이 시공간적으로 자유로운 오늘날에는 '청혼의 3단계'를 거치지 않고, 사실혼이 많이 이루어지기도 한다. 오히려 청혼의 3단계를 거치는 것이 이상하다.

멕시코에서는 보통 법정(civil) 결혼과 종교(religión) 결혼, 곧 두 번의 결혼식을 올린다. 일반인들은 법정 결혼보다는 종교 결혼을 중요시한다. 법정 결혼은 군청에서 판사의 주재 아래 신랑신부, 양가 부모 그리고 두 명의 증인 등이 참석하여 결혼 서약을 하고 서명을 하는 혼인의 법적 등록 절차이다. 종교 결혼은 법적인 효력은 없으나 현실적 효력이 있다. 법정 결혼은 했으나 종교 결혼을 하지 않았으면 결혼을 했다고 생각하지 않는다. 일반 사람들은 종교 결혼을 해야 진짜 결혼을 했다고 생각한다. 법정 결혼은 단순히 법적인 절차로 생각하여, 산 안드레스에서 법정 결혼은 종교 결혼이 있는 일주일 전에 하는 통과의례처럼 치르는 것이 보통이다. 따라서 사람들은 법정 결혼을 종교 결혼에 견주어 윤리적·종교적 책임감이 덜한 것으로 생각한다.

앙헬라(Angela) 경우를 예로 들 수 있다. 그녀는 초등학교 교사인 헤수스(Jesús)와 법정 결혼 상태로 이 둘 사이에는 아들이 있었다. 현지연구 기간에 필자는 이들이 종교 결혼을 하지 않는 상태인지 몰랐다. 그런데 2006년 1월 산 안드레스에 방문했을 때, 갓난아기를 안고 있는 앙헬라를 마을 광장에서 만났다. 필자는 당연히 헤수스의 아이인 줄 알고 헤수스의 안부를 물었다. 그런데 뜻밖에도 그녀는 이혼하고 결혼을 다시 했다고 말하였다. 그리고 묻지도 않았는데 교회에서 결혼식도 했다고 하였다. 그래서 공식적으로 재혼식을 교회에서는 허락하지 않는 것으로 알고 있는 필자는 앙헬라에게 이혼하고 다시 교회에서 재혼식을 할 수 있냐고 물었다. 그녀는 헤수스와 법적으로 결혼한 상태였지 교회에서 종교 결혼은 하지 않았기 때문에, 교회에서 결혼을 해도 문제가 없다고 말하였다. 즉 그녀는 자신 생애에 처음으로 진짜 결혼식, 종교 결혼을 한 것이었다.

몇 번의 만남을 통해 결혼식 날짜가 정해지면, 양부모는 바로 교회의 신부에게 알려 일시를 잡는다. 종교 결혼의 신부는 자신이 사는 교구의 신부가 맡지만, 굳이 교구신부로 제한되지 않는다. 평소에 자신이 좋아하는 신부가 있으면 그에게 결혼 미사를 부탁할 수 있다. 결혼 일시가 정해지면 떼뽀스뜰란 교구신부는 마을뿐만 아니라 교구 내 마을들의 미사에서 두 사람이 결혼하게 될 것이라는 소식을 알린다. 이것은 두 사람이 결혼을 해도 문제가 되지 않는 것인지를 마을 사람들로부터 확인하는 과정이다. 다시 말해 두 사람이 이전에 다른 사람과 결혼하거나 동거를 한 적이 있었는지 등을 확인하는 작업이 대개 결혼하기 3개월에서 1개월 사이에 이루어진다. 지금은 떼뽀스뜰란 주 성당의 입구에 앞으로 결혼할 대상자들의 사진과 이름이 공고되어 있다. 이런 과정에서 남녀 중 한 명이라도 기혼 또는 동거 여부 등이 밝혀지면 교회 결혼은 이루어질 수 없게 된다.

이런 확인 과정과 함께 예비 신랑·신부는 종교 결혼을 위해 요구되는 세 번의 설교대화와 레띠로(retiro)를 해야 한다. 설교대화는 보통 토요일 오후에 떼뽀스뜰란 성당에서 1~2시간에 걸쳐 모범적인 부부를 초청하여 함께 결혼 생활에 대하여 이야기하는 것이다. 여기에는 머잖아 결혼을 하기로 되어 있는 떼뽀스뜰란 무니시뻬오 안의 모든 예비 신랑·신부들이 참여한다. 세 번의 설교대화를 마친 뒤 꾸에르나바까 대교구성당에서 하루 내내 레띠로를 한다. 이때에는 모렐로스 주의 모든 예비 신랑·신부들이 참여한다. 이렇게 교회가 요구하는 모든 요건이 충족되면 결혼 1주 또는 2주 전에 결혼증명서(acta de matrimonio)를 작성한다.

종교 결혼을 하기 전에 법정 결혼이 이루어진다. 종교 결혼식 1~2주일 전에 법정 결혼을 하는 것이 일반적이지만, 어떤 경우는 오전에 법정 결혼을 하고 오후에 종교 결혼을 하기도 한다. 법정 결혼이 성립하기 위해서는 종교 결혼처럼 요구되는 서류를 준비해서 제출해야 한다. 크게 두 사람이 혈연관계가 없음을 확인하는 확인서(comprobante de sangre)와 신랑·신부 측의 증인 각 2명씩 4명의 신상명세서를 제출한다. 비혈연관계 확인서는 떼뽀스뜰란 읍과 꾸에르나바까의 검사소에서 검사를 받고 그 결과를 제출하면 된다. 그리고 증인들은 예비 신랑·신부들이 다른 사람과 결혼 또는 동거한 적이 없으며 서로 친척이 아님을 확인하는 사람들로, 그들의 신상명세서와 증명서를 제출한다. 증인은 가까운 친인척이나 이웃 사람인 경우가 일반적이지만, 이따금 신랑·신부의 친구들이 증인을 서기도 한다.

법정 결혼은 떼뽀스뜰란 군청의 주민등록 담당판사(Juéz del registro civil)가 주관한다. 군청에서 법정 결혼식을 할 때에는 보통 500뻬소 정도의 주례비를 낸다. 물론 무료로 행해지는 경우도 있다지만 이는 매우 드물다. 만일 종교 결혼식 바로 직전에 결혼식장인 성당에서 법정 결혼을 하고 싶거나 다른 장소에서 법정 결혼식을 하고 싶을 경우 판사에게 별도의 출장비를 지불하는데, 이는 약 2천 뻬소에 이른다.

법정 결혼식은 매우 간소하다. 먼저 탁자 중앙에 판사가 앉아 있고, 판사를 마주하고 신랑은 오른쪽, 신부는 왼쪽에 앉는다. 이때 신랑·신부의 의복은 간단한 편이다. 신부도 드레스를 입지 않으며, 보통 새로 산 평상복 차림이다. 그리고 신랑·신부의 각 옆에는 부모 또는 대부모가 앉고, 신랑·신부의 뒤에는 각 2명의 증인이 앉는다. 그리고 뒤로 법정 결혼에 초대된 사람들이 자리를 잡는다. 준비된 서류를 검토하고, 모든 것이 완비되면 먼저 판사는 신랑·신부로부터 사인과 양손 엄지손가락의 지문을 받고, 다음에는 부모와 증인의 사인을 받는다. 이렇게 법정 결혼식이 마무리되는 데 보통 30분 정도 걸린다. 법정 결혼식이 끝나면 신랑·신부의 부모들은 증인과 초대된 사람들에게 식사를 대접한다. 물론 밴드를 불러 춤을 추는 경우도 있지만, 이는 매우 드물다. 식사도 몰레 로호 등 축제 음식이 나오기도 하지만 빵과 치즈, 음료수 등 간단한 음식이 대접된다. 이때 신랑·신부 측 손님들을 한곳에서 모두 대접하는데, 이때 드는 비용은 신랑 측이 책임지는 것이 보통이다. 그러나 최근에 들어서 법정 결혼식 축하연 비용은 신부 측, 종교 결혼식 축하연 비용은 신랑 측이 부담하는 경향이 늘고 있다고 한다.

법정 결혼식 때 결정해야 하는 중요한 문제가 부부 사이의 재산관리 방식의 선택이다. 결혼을 하는 데 산 안드레스뿐만 아니라 멕시코 전역에서는 한국과 달리 신랑과 신부가 재산관리 방식에서 둘 가운데 하나를 선택하게 되어 있다. 하나는 공동재산제(mancomunado)이고, 다른 하나는 분할재산제(separación de bienes)이다. 공동재산제는 말 그대로 모든 재산을 공동의 소유로 하는 것이다. 만일 이혼 등의 사유로 부부가 헤어지는 경우, 부부가 소유하고 있는 모든 재산을 두 사람이 50 대 50으로 동등하게 나눈다. 분할재산제는 결혼할 때 각자가 지참한 재산을 개인의 소유로 인정한다. 두 사람이 이혼할 경우에도 이 재산은 분할의 대상이 되지 않으며, 오직 결혼 뒤 두 사람이 함께 축적한 재산에 대해서만 분배를 하는 제도이다. 대부분의 멕시코인들은 결혼할 때 분할재산제를 채택한다고 한다.

결혼식 전날 예비 신부는 '마지막 밤(el último de velación)'을 보낸다. 이날 신랑은 부모, 대부모, 형제자매, 가까운 친인척 등과 함께 신부의 집을 방문한다. 이때는 밴드를 앞세우고 브링꼬 등 춤을 추며 오기도 한다. 신랑은 결혼식에서 신부가 입을 드레스, 신발, 부케, 면사포 등 신부의 용품과 장인·장모에게 드릴 롬뽀뻬, 포도주, 빵, 등의 마지막 선물(obsequio)을 가져온다. 어떤 경우에는 새끼 돼지를 가져오기도 한다. 먼저 신부 집의 제단에 꽃을 바치고, 신부의 부모에게 신부 용품과 선물을 건넨다. 예전에는 시어머니가 결혼하기 한 달 전 8일 동안 매일 예비 신부가 이름을 딴 성인에게 꽃과 양초를 바쳤다고도 한다. 그런 뒤 신부의 부모는 신랑 측 손님들과 마을 사람들에게 커피, 아뚤레, 빵 등의 음식을 대접하고 축제가 벌어진다. 이날은 신랑·신부에게 처녀·총각으로서 마지막 날로, 신랑은 다른 처녀들과 신부는 다른 총각들과 춤을 추며 처녀·총각으로서 마지막 날을 만끽한다. 춤을 추는 과정에서 신부는 신랑이 가져온 드레스, 면사포, 부케 등을 공개한다.

최근 들어 신부는 독신에 작별을 고하는 '처녀 작별 파티(despedida de la soltera)'를 갖기도 한다. 신부의 사정에 따라 날이 정해지고 신부 친구, 동네 여성 등 여자만 초대된다. 이때는 연애 과정에 대한 이

아버지와 함께 입장하는 신부(2007년 5월, 이들은 멕시코시티에 사는 사람들
로 산 안드레스 성당을 빌려 결혼식을 하였다.)

야기를 하고 신부에게 첫날밤에 대한 조언도 해 준다. 이날의 백미는 단연 남성 중심의 성문화에서 쉽게 드러낼 수 없었던 성적 유희이다. 참가자들은 의도적으로 신부에게 짓궂은 성적 장난을 시켜 신부를 곤경에 빠뜨린다고 한다.*

흥겨운 브링꼬 음악과 함께 결혼식 날이 밝는다. 신부는 목욕을 하고 화장을 한다. 대모는 아침 일찍 신부가 목욕하고 드레스를 입는 것을 도와준다. 마을에 사는 신부는 양쪽에 부모의 팔짱을 끼고 결혼식장인 성당으로 향한다. 물론 신랑은 먼저 와서 기다리고 있다. 신랑의 복장은 평상복과 크게 차이가 없다. 검정색 면바지 심지어는 청바지에 하얀색 셔츠를 입기도 한다. 멕시코시티 등의 도시에서는 양복 또는 턱시도를 입은 신랑을 쉽게 볼 수 있지만, 농촌인 산 안드레스에서는 그렇지 않다. 이는 의상 비용이 비싸기 때문일 것이다. 하객들도 미리 와서 성당 안에 자리를 잡고 앉아 있다. 신부는 본 성당 문 앞까지 나와 신랑과 신부를 맞이한다. 그런 뒤 교회 신부가 성당 안으로 입장하고, 그 뒤를 신랑이 부모와 함께 뒤따른다. 그 다음 신부가 아버지의 팔짱을 끼고 입장한다. 아버지는 제단 앞에 마련된 자리에서 신랑에게 신부를 인계한다. 그들과 함께 결혼식, 반지, 아라스(arras), 라소(laso : 사랑의 줄) 등의 대부모들이 뒤따른다. 성당의 중앙에 위치한 성상을 바라보고 오른쪽에는 신랑, 왼쪽에는 신부가 앉는다. 그리고 각각 신랑·신부의 뒤편에 신랑과 신부의 부모와 대부모들이 앉는다. 미사가 시작되면서 결혼 서약이 이루어지고, 이때 반지를 교환한다. 반지 대부모는 신랑·신부에게 반지를 건네주고, 반지를 받은 신

---

* 도시에서 하는 처녀 작별 파티는 남자 스트리퍼들의 스트립쇼로 끝나기도 한다고 한다. 2003년에 나온 멕시코 영화 〈Lady's Night〉는 스트리퍼와 사랑에 빠지는 신부의 이야기를 다루었다(http://blog.daum.net/latinolover).

랑과 신부는 상대방의 가운데 손가락에 반지를 끼워준다. 다음에는 13개의 동전, 이른바 아라스를 준다. 대부모로부터 13개의 아라스를 받은 신랑은 신부의 양손에 아라스를 차례로 조심스럽게 건네준다. 아라스는 보통 통용되는 10센따보(centavo, 크기는 한국의 1원짜리 동전과 비슷하다) 동전을 금으로 도금한 것이다. 마을 사람들은 아라스를 건네는 것은 사는 동안 부족함이 없이 살기를 기원하는 의미라고 한다.* 루이스는 13개의 동전은 신랑이 신부에게 주는 의례 신부대(新婦貸) 성격이 강하다고 해석하였다.[22] 그런데 산 안드레스 마을 사람들 가운데 아라스를 의례적 신부대로 해석하는 사람은 없었다. 아마 이는 산 안드레스에서 신부대를 건네는 풍습이 강하지 않아서 그런 것으로 추측된다.

물론 산 안드레스 등의 떼뽀스뜰란에서 신부대를 지불하는 풍습이 전혀 없었던 것은 아니다. 루이스에 따르면 옛날에는 형식적인 신부대, 즉 신부를 키워준 엄마의 젖 값이라는 뜻의 치치또민(*chichitomin*)이 있어서, 신랑이 매우 적은 액수의 돈을 신부의 부모에게 주었다고 한다.[23] 어떤 경우에는 예비 신랑은 장래의 처가에 1~2년 동안 나무를 해 주고 물도 길어 주었고, 또는 신랑의 부모는 청혼한 날부터 결혼식까지 주일마다 초콜릿·빵·포도주를 예물로 보내야 했다고 한다. 그러나 루이스가 조사할 당시에 이러한 관습이 더 이상 행해지지 않았다고 한다. 아무튼 산 안드레스 사람들은 예전이나 지금이나 신부대가 없었다고 말한다.

아라스의 개수가 왜 13인지에 대해서도 해석이 분분하였다. 어떤

---

* 스페인에서는 혼인 예식이 진행되는 동안 신랑이 신부를 영원히 보살피겠다는 상징으로 13개의 금전을 상자에 넣고 성직자의 축도를 받는다[이 마이클(Yi Michael), 2003, 《세계의 축제 문화기행》, 평단, 145쪽].

신부가 아라스를 들고 기도문을 읽고 있는 모습(2007년)

사람들은 아라스의 13은 예수와 12제자를 합한 것이라고 하기도 하며, 또 다른 사람은 1년 12달과 평생을 뜻하는 1을 더한 것이라고도 하였다. 아라스를 건네주는 도중 떨어지면 결혼이 오래가지 못한다는 속설이 있다고 한다. 신부는 아라스를 평생 동안 보관한다. 그리고 아라스 전달식이 끝나면, 8자형으로 되어 있는 하얀색 라소, 이른바 '사랑의 줄'을 신랑·신부의 목에 거는 의례를 한다. 라소 대부모는 각각 신랑과 신부의 양옆에 서서 새롭게 인생을 출발하는 신랑·신부가 죽는 날까지 함께 하기를 바라며 라소를 신랑과 신부의 어깨에 걸친다. 라소가 어깨에 걸쳐지지 않고 밑으로 처지면, 그 사람이 자신의 짝보다 먼저 죽는다는 속설이 있다고 한다. 다음 성체례를 하는데, 첫 밀떡과 포도주는 신부와 신랑에게 제공되고 그다음 참석자 가운데 원하는 사람들에게 나누어준다.

344

라소를 걸친 채 성찬례를 하는 신랑·신부들(2006년)

결혼 미사가 끝나면 신랑·신부는 손을 잡고 성당 문까지 행진한다. 교회 문을 나서는 순간, 문 앞에서 기다리고 있던 하객들은 쌀을 던진다. 이 쌀은 다산(多産)을 기원하는 의미가 있다. 어떤 사람은 쌀처럼 평생 동안 풍족하게 살라는 뜻도 있다고 한다. 그러나 최근 들어 빈곤과 기아의 문제가 심각해지면서 신랑·신부에게 쌀을 던지는 것은 금지되었다. 따라서 지금은 쌀 대신 하얀색 꽃을 던지는 것이 일반적이다. 결혼식이 끝나면 축하객들은 신부의 집으로 자리를 옮겨 본격적으로 결혼 축제를 즐긴다. 하객들에게 몰레 로호, 따말 등의 음식이 제공되고, 조금씩 분위기가 무르익어 가면 춤이 시작된다.

춤은 먼저 결혼식을 위해 물심양면으로 도와준 대부모를 불러 함께 추는 것으로 시작된다. 신랑은 대모, 신부는 대부와 더불어 약 1분 정도 춤을 추며 다음 차례의 대부모에게 인계되는데, 보통 대부모는

교회문을 나서는 신랑·신부에게 작은 나비를 날리는 하객들(2007년)

10여 명을 넘는 것이 일반적이다. 결혼 예복(드레스, 신발 등), 반지, 아라스, 라소, 성체와 포도주, 케이크, 음료수, 사진, 비디오 등 많은 대부모들이 존재하는 것이 산 안드레스의 풍습이다. 즉 결혼으로 말미암아 새로운 인척 관계가 형성된다. 이때 신랑과 신부의 부모뿐만 아니라 대부모들도 공부모 관계를 형성하게 된다. 물론 앞에서 말한 것처럼 이런 특징은 산 안드레스에만 국한되는 것이 아니라 떼뽀스뜰란, 멕시코 나아가 라틴아메리카에 전체적으로 나타나는 현상이다. 대부모에게 감사드리는 춤이 끝나면 본격적인 춤이 시작되고, 무엇보다 비보라 데 라 마르(vibora de la mar : 직역하면 '바다뱀') 놀이는 결혼식 축하연에서 빠지지 않는다. 이 놀이는 한국에서 어린이들이 많이 하는 '남대문 놀이'와 비슷하다. 신랑·신부가 의자 위에 서로 마

346

주보고 손을 잡고 서 있고, 그 밑을 사람들은 서로 뒤를 잡고 〈비보라 데 라 마르〉라는 노래에 맞춰 빙글빙글 돈다. 그러다 노래가 끝나면 여자들은 신랑, 남자들은 신부를 넘어뜨리려고 한다. 이때 몇몇 사람들은 신부와 신랑을 에워싸고 신랑과 신부를 보호한다.

이 춤이 끝난 뒤, 신부는 자신을 에워싼 미혼녀들에게 라모(ramo : 부케)를 던진다. 라모를 받은 사람은 빨리 결혼할 수 있다고 하여 서로 받으려고 한다. 이렇게 축하연이 끝나면 신혼 첫날밤이 다가온다. 산 안드레스에서 그럴듯한 신혼여행이라는 것은 없다. 대부분의 신혼부부는 신랑의 집, 신혼집 또는 인근의 호텔 등지에서 첫날밤을 보낸다. 물론 축하연이 무르익다 보면 신랑은 이미 곤드레만드레가 되어 있는 경우가 다반사이다. 이렇게 부부 생활이 시작된다.

산 안드레스에서 신혼부부는 보통 신랑 부모의 집에 거주한다. 다시 말해 신부는 신랑의 집에서 시부모를 모시고 살며 신혼살림을 시작한다. 산 안드레스에서는 아직까지 이른바 부처제(父處制, patrilocal) 거주가 바람직한 것이라고 여겨지며, 굳이 따지면 모계보다는 부계 혈통을 우선시하는 가부장제 사회이다. 따라서 상속은 아들을 중심으로 이루어지는 경향이 있다. 더욱이 "늦게 태어나서 부모의 사랑을 적게 받은" 막내아들에게 부모가 살던 집을 물려주는 것이 보통이다. 그런데 요즘 젊은 사람들이 미국과 캐나다 등지에서 돈을 벌어 결혼하기 전에 자신의 집을 마련하는 경우가 많아, 결혼함과 동시에 분가를 하는 부부가 차츰 늘어나고 있다. 그렇지만 여전히 "시어머니와 잘 지내는 며느리가 좋은 며느리이다"라는 생각은 변함이 없다. 사실 산 안드레스에서 남자가 "자유롭게 울 수 없는"[24] 처가살이를 하는 것은 비웃음을 살 일이고 바람직한 것으로 보지 않는다. 그렇지만 처가살이를 하는 사람은 과거에도 많았고, 지금도 많다. 한 예로 1940년대에 떼뽀스뜰란 읍에는 "모든 기혼자들의 20퍼센트 이상이 모처제(母處制, matrilocal) 거주를 하였다. 이 경우 남편들 대부분은 가난한 젊은이, 고아 등으로 자신들보다 훨씬 연령이 많은 여자나 사회·경제적으로 높은 위치에 있는 여성과 결혼한 남자들이었다."[25] 현실적으로 아들 우선의 상속이 이루어지기는 하지만, 많은 집에서 여성도 상속의 대상에서 제외하지 않는 경우가 많기에 여성이 거주지로 적당한 땅을 상속받게 되면 그곳에 집을 짓고 산다. 지금은 처가 덕을 보는 것이 부끄러운 일은 아니라고 생각하기도 한다. 특히 미국·캐나다 등지로 떠나는 일시 이민이나 이혼 등의 영향으로 어머니와 자녀가 함께 사는 가정이 증가하고, 나아가 모(母) 중심의 가정생활이 많이 이루어지고 있어서 모처(母處) 가구가 늘어나고 있다. 양변적 친척 체계는 혈통에 따라 잘 구조화된 단계적(單系的, unilineal) 친척 체계보다는 환경의 변화에 좀더 적응력이 뛰어나다고 한다. 산 안드레스에서 양변적 거주지 유형은 일정 정도 충분한 자원을 가지지 못한 가구들이 생존하는 데 큰 구실을 해 왔다. 이렇게 결혼을 통해 하나가 된 부부가 그들만의 세상을 만들고, 또 그렇게 그들의 문화를 이어갈 것이다.

5. 땅으로 돌아가기 : 죽음

죽음! 영원할 것 같은 삶의 순환에서 불쑥 찾아오는 불청객. 어떤 이는 죽음이 삶에 새로운 의미를 부여하고 전환을 가져와 삶을 더욱 풍요롭게 한다고 말한다. 아스떼까 원주민들은 죽음을 사람의 순환 고리 가운데 한 부분으로 인식하고, 죽는다는 것을 크게 두려워하지 않았다고 한다.[26] 그렇지만 한 평생을 영위해 온 이 세상과 함께 한 사람들과 이별해야 하고, 무엇보다 이승이 아닌 미지의 저승으로 길을 떠나야 하는 죽음은 결코 반가운 손님이 아닐 것이다. 이것이 나만의 생각일까?

현지연구를 하던 3년여 동안 마을에 살면서 가능하면 빠지지 않고 참석했던 의례 가운데 하나가 장례식이었다. 필자는 장례식에 참여하면서 망자의 관을 메는 것도 주저하지 않았다. 물론 장례식을 연구하려고 한 행동은 아니었다. 이것은 짧은 기간이었지만 망자와 맺은 인연에 대한 필자의 마지막 인사였다. 귀국한 뒤에도 매년 마을을 방문할 때마다 필자는 함께 했던 많은 마을 사람들과 이별을 해야 했다. 어떤 이는 필자가 한국에 있는 동안, 어떤 이는 필자가 멕시코에 머무르는 동안 세상을 등졌다. 필자가 마을에 머무는 동안 장례식에 참석하고, 묘지[panteón : 보통 주민들은 깜뽀 산또(campo Santo), 이른바 '신성한 땅'이라고 부른다]에 들릴 때 최근에 생긴 묘지의 묘비를 보면 망자와의 추억이 떠올라 눈물짓곤 하였다.

특히 2007년 5월 8일은 잊을 수 없다. 필자는 5월에 많이 이루어
지는 동굴기우제 등의 생산의례를 살펴보고자 마을에 머무르고 있었
다. 그런데 이날 필자가 1996년 산 안드레스에 도착해서 공부를 마
치고 한국에 귀국할 때까지 내 집처럼 지내던 집의 안주인인 도냐 마
리아 루이사(Doña María Luisa)가 저혈당으로 갑작스럽게 세상을 떠
났다. 그녀가 해 준 음식을 먹으며 생활하였던 필자는 그녀의 자녀와
손자들처럼 그녀를 '마마 루이사(mamá Luisa)'라고 불렀다. 정말 그
녀는 필자에게 멕시코 어머니였다. 필자는 장례식 날까지 밤을 새고
눈물도 많이 흘렸다. 그리고 장례식이 끝난 뒤에는 이별의 아픔을 심
하게 앓았다.

마을에서 누군가가 죽으면, 이 소식은 산 안드레스 교회의 종소리
를 통해 온 마을로 전해진다. 종소리는 느리고 여운이 남도록 울려
퍼진다. 보통 큰 종과 작은 종을 번갈아 치는데, 작은 종의 은은한 종
소리를 들으면 가슴이 에인다. 사람들은 이 종소리를 들으면서 최근
에 많이 아픈 사람들 가운데 한 명이 세상을 떠났을 것이라고 추측하
며, 망자가 누구인지 알아보고자 마을을 향해 귀를 기울인다. 고인의
친인척과 가까운 이웃들은 망자의 집으로 가서 애도를 하고 장례 준
비를 돕는다. 이들은 상가(喪家)에 도움을 주기 위해 옥수수, 콩, 커
피, 설탕, 초, 식용유, 음료수, 꽃 등과 같은 물건을 가지고 가는데,
산 안드레스에서는 보통 1~2꾸아르띠요(cuartillo : 곡식량의 단위)의
옥수수와 한 묶음의 꽃, 초 등을 가져간다. 이들은 자신들이 가져온
초를 켜 놓고, 마지막으로 관 속의 고인의 얼굴을 바라보며 마지막
작별 인사를 하기도 한다.

사람이 죽으면 먼저 고인을 나무 탁자 또는 뻬따떼(petate)에 눕힌

다. 때로는 죽음이 임박한 것을 알고 자신이 누울 자리에 뻬따뻬를 깔아 주기를 자식들에게 부탁하기도 한다. 뻬따뻬는 야자수 잎으로 만든 돗자리로 평소 잠자리 등으로 이용된다. 산 안드레스 가정집의 방바닥은 보통 흙이나 시멘트로 되어 있다. 잠을 잘 때 뻬따뻬를 깔고 그 위에 몸을 누인다. 요즘은 침대가 일반화하면서 뻬따뻬를 잠자리로 사용하는 가정이 점점 사라지고 있다. 뻬따뻬는 또한 옥수수, 콩 등의 곡물과 먹고 남은 또르띠야 등을 말릴 때 사용되기도 한다. 뻬따뻬를 잠자리로 사용해 왔던 산 안드레스 사람들은, 자신의 뻬따뻬 위에서 죽길 원한다고 말하는데, 이는 자신의 집에서 평온한 죽음을 맞이하기 바란다는 뜻이다.

뻬따뻬를 깔고 죽음을 맞이하는 자리는 보통 망자의 관이 놓이는 거실이나 테라스이다. 가족들은 시신을 침대에서 거실의 뻬따뻬 또는 나무 탁자로 옮기고 물과 알코올로 망자의 몸을 깨끗하게 닦는다. 그리고 면으로 된 새 옷으로 갈아입힌다. 새 옷을 준비하지 못했으면 평소에 즐겨 입던 옷 가운데 깨끗한 면 옷을 입히기도 한다. 발에는 종이로 만든 신발을 신긴다. 그리고 관이 준비되기 전까지 흰 천으로 시신을 덮어 뻬따뻬나 탁자 위에 안치한다. 관이 준비되면 시신을 관으로 옮긴다.

고대 아스떼까 사회에서는 사람이 죽으면 제일 먼저 망자의 영혼이 들어 있는 머리꼭대기의 머리카락을 잘랐다고 한다. 그리고 이것은 이 사람이 태어날 때 잘라 두었던 머리카락과 함께 관 속에 넣었다고 한다.[27] 하지만 이 의례는 사라진 지 너무 오래되었다. 그리고 망자의 입에 옥(jade)이나 흑요석(obsidiana)을 넣고 얼굴에는 가면을 씌웠다고 하는데, 이 또한 아주 오래전의 전통일 뿐이다.

관에는 십자가(야자수 잎 십자가), 성모상, 소금, 옥수수, 콩, 떼스끼떼(*tesquite* : 일종의 돌소금), 성수 호리병, 물을 담아 먹을 히까라 (*jicara* : 박으로 만든 종지) 등을 넣는다. 십자가, 성모상 등은 망자를 지켜주는 길잡이다. 옥수수, 콩, 성수, 히까라는 망자가 지하세계로 가면서 먹을 것들이다. 소금과 떼쓰끼떼는 망자가 천국으로 가는 길목에서 마주치는 소, 돼지, 말 등의 동물들을 위한 것이다. 산 안드레스 사람들은 동물이 망자가 가는 길을 방해한다고 믿는다. 따라서 동물들에게 먹이를 주어 이를 먹는 동안 망자가 제 길을 간다고 생각하는 것이다. 멕시코에서는 소, 말과 같은 동물들에게 옥수수, 콩 등의 곡물뿐만 아니라 소금과 떼스끼떼를 준다. 그 밖에 망자가 평소에 즐겨 입던 옷, 액세서리 등을 관에 넣기도 한다. 보통 남자는 모자 또는 신발(huarache), 여성은 레보소(rebozo : 숄)를 넣는다. 관은 곧바로 닫지 않고 뚜껑을 열어 놓아 조문객들이 마지막으로 망자와 작별 인사를 할 수 있도록 한다. 관 뚜껑은 다음날 장례미사를 위해 성당으로 향하기 직전에 닫는다.

　망자가 1미터 높이의 나무 탁자에 안치되면 가장 먼저 하는 일이 망자의 시신 바로 밑에 '영혼의 십자가'를 만드는 것이다. 가족들에 의해 선택된 십자가의 대부나 대모는 관의 밑에 모래와 석회로 십자가를 만들고, 그 십자가 위에 글라디올라, 부간비야(buganvilla) 등의 꽃을 놓는다. 예전에 거실 바닥이 흙인 경우 바닥에 뻬따떼를 깔고 그 위에 신문지를 놓고 모래와 석회로 십자가 형상을 만들기도 하였다. 그렇지만 요즘 거실 바닥 등이 거의 콘크리트로 포장되면서 바닥 위에 십자가를 만든다. 산 안드레스에서 영혼의 십자가 대부모는 고인과 관계가 깊었던 사람 가운데서 선택되는 것이 일반적이다. 이 십자가는 고인의 그림자라고 생각되며, 나무 십자가를 일으키는 날 (noveno : 망자가 세상을 떠난 지 9일째 되는 날)까지 유지된다. 모래 십

집 안의 거실에 마련된 망자의 관과 영혼의 십자가. 관 밑에 보이는 꽃이 영혼
의 십자가이다(2007년).

자가 위의 꽃은 십자가 대모의 경제적 사정에 따라 종류가 다르며,
십자가를 일으키는 날까지 매일 새로운 꽃을 위에 놓는다. 꽃은 주변
에서 쉽게 구할 수 있는 부간비야 또는 글라디올라 꽃잎을 많이 사용
한다. 그리고 관의 네 귀퉁이에는 큰 촛대를 놓고 9일 동안 불을 밝
힌다. 망자의 시신 주변에는 철야기도 등에 참여할 가족과 방문객들
을 위한 의자가 놓인다.

　망자가 세상을 떠난 첫날 밤에는 가족과 가까운 친인척들이 밤새
십자가를 지키며 망자와 마지막 밤을 보낸다. 보통 첫날에는 여러 번
의 기도회(rosario)가 이루어지는데 고인과 가까운 친인척, 지인 등

이 함께 참여하기도 한다. 기도회는 마을 또는 마을 밖의 레산도르 (rezandor) 또는 레산도라(rezandora)가 집도한다. 로사리오는 9일 동안 계속된다. 첫날에는 여러 번의 기도회가 있지만 장례가 끝난 뒤에는 하루에 한 번, 보통 오후 7시쯤에 있다. 예전에는 하루에 두 번씩 독경을 철야로 했다고 한다. 이때부터 가족뿐만 아니라 마을 사람들이 함께 한다. 호상(好喪)이고 경제적 사정이 허락하면 밴드를 불러 연주를 하기도 한다. 철야기도 첫날에는 가족은 물론이고 친인척과 마을사람들이 많이 참여한다. 보통 새벽 1~2시 무렵이 되면 대부분의 사람들이 자신들의 집으로 돌아가고, 친인척 가운데 일부가 남아 가족과 함께 망자 곁에서 밤을 지새운다.

이때 방문객들에게 빵과 커피 그리고 몰레 베르데(mole verde) 또는 살사 베르데 꼰 우에보(salsa verde con huevo)와 콩, 음료수, 술 등을 대접한다. 식사 때마다 망자에게 음식을 바친다. 그리고 조문객들에게 줄 새로운 빵과 커피, 몰레 베르데 등을 준비하게 되면 우선 망자의 제단에 올린 다음 조문객들에게 음식을 대접한다. 장례식 동안에는 붉은색을 띤 고기, 즉 쇠고기와 돼지고기는 먹지 않으며, 이는 9일째 십자가를 세우는 날까지 지켜진다. 닭고기는 먹을 수 있다고 하지만 닭고기도 먹지 않는 경우가 보통이다. 장례식 음식 장만에는 가족을 비롯한 가까운 친인척과 마을 사람들이 참여한다.

산 안드레스에서 망자의 가족, 즉 상주들은 특별한 장례복을 입지 않으며, 방문객을 맞이할 때에도 특별한 의식이 없다. 평상시 방문객을 맞이하는 것처럼 인사를 하고 조문객을 망자의 관이 놓인 곳으로 안내한다.

멕시코에서는 장례를 보통 2일장으로 치른다. 돌아가신 그날 하룻밤은 철야기도를 하고, 다음날에 매장한다. 물론 장례 수속이 늦어지면 장례가 1~2일 늦어지기도 한다. 산 안드레스에서는 병원이나 가정에서 고인이 사망하게 되면 의사를 불러서 사망확인서를 발급받고, 이를 관할 무니시삐오 정부에 가져가 판사로부터 장례확인서를 받아야 매장을 할 수 있다. 이때 사망 원인이 불분명하면 장례확인서를 받는 데 시간이 걸리기도 한다. 산 안드레스 사람들은 보통 24시간에서 48시간 이내 장례를 치르면 별 문제가 없다고 말한다. 왜 2일장을 하는지, 48시간을 넘기면 무슨 문제가 있는지는 명확하게 설명하기 힘들다. 고대 아스떼까 사회에서는 4일 동안 장례식을 하고, 해질 무렵(자연사인 경우) 또는 자정(전쟁에서 죽은 경우)에 화장을 했다고 한다.[28]

장례식은 미사 시간에 따라 결정된다. 다시 말해 신부의 사정에 따라 장례미사 시간이 결정되고, 그 시간에 따라 장례식이 치러지는 것이다. 미사 시간이 되면 교회 종소리는 장례미사가 있음을 몇 차례에 걸쳐 알린다. 이때 종소리는 보통 미사 종소리와 별반 차이가 없고, 단지 고인을 애도하는 작은 종이 나지막한 소리로 울린다.

장례미사 시간이 다가오면 가족들은 관의 열려 있는 부분으로 가서 고인에게 마지막 작별 인사를 하는데, 이때 장례식장은 울음바다가 된다. 작별 인사를 할 때마다 가족들은 망자의 편안한 영세(永世)를 위해 성수를 망자의 몸 위에 뿌리며 십자가를 긋는다. 작별 인사를 마지막으로 관이 닫히고, 망자는 장례미사를 위해 성당으로 향한다. 일반적으로 산 안드레스에서 장례미사는 산 안드레스 성당에서 이루어진다. 장례 행렬에서 보통 도냐 펠릭스 또는 도냐 마르가리따가 꼬빨 향료를 들고 앞장서고, 그 뒤에 관이 따른다. 한국과 달리, 망자의 영정이나 혼백을 모시는 영여(靈輿)는 없다. 관은 처음에는 망자들의 자식이나 친인척들이 메는 것이 보통이다. 관의 크기에 따라 4~6명의 남성들이 어깨에 짊어지고 가는데, 망자의 머리 부분이

가족들과 작별하는 모습(2007년, 위), 교회로 향해 가는 장례 행렬(2007년, 아래)

뒤쪽을 향하게 한다. 관을 중심으로 하여 양쪽으로 조문객들이 장례 기간에 들어온 꽃들을 들고 길게 늘어서서 관을 뒤따른다. 떼뽀스뜰란 읍내 장례식의 경우에는 운구 행렬이 가장 앞서고 모든 사람들은 관의 뒤를 따라가지만, 산 안드레스에서는 운구 행렬이 조문객들의

중간에 위치한다. 관 뒤에는 가족과 친인척이 따른다. 그리고 행렬
의 마지막에는 악대가 연주를 하며 뒤따른다. 교회에 가는 동안 관을
멘 사람들은 힘이 들기 때문에 서로 번갈아 교대한다. 즉 관의 옆에
서 사람들이 조를 이루어 운구 행렬과 보조를 맞춰가며 걷다가 적당
한 시기에 교체하며 운구를 한다. 성당에 이르면, 성당 입구에서 신
부가 고인에게 성수를 뿌리며 맞이한다. 고인의 머리가 제단을 향하
게 한 뒤 제단 앞에 관이 안치된다. 신부는 조금만 관의 뚜껑을 열고
거울을 망자의 코 부분에 대어 마지막으로 망자의 사망 여부를 확인
한다. 그리고 미사가 시작된다. 장례미사는 약 1시간 동안 지속되는
데, 신부는 떼뽀스뜰란 교구의 신부가 담당하기도 하지만 사정에 따
라서 다른 교구의 신부가 오기도 한다.

　장례미사가 끝난 뒤 산 안드레스 성당을 나선 고인의 관은 일반적
으로 산 살바도르 성당에 들러 작별을 고한다. 묘지로 가기 전 고인
은 자신의 가족들이 사는 집에 들러 마지막 인사를 한다. 자신이 지
금까지 살았던 집뿐만 아니라 자신이 태어난 곳, 자신의 형제자매가
살고 있는 집에 들러 작별 인사를 한다. 이른바 노제(路祭)를 지낸다.
집 앞에 관이 도착하면 고인의 가족은 관을 향해 꼬빨 향로로 십자가
를 긋고 성수를 뿌린다. 특히 본인이 살던 집에 들러 자신의 부인 또
는 남편, 자식이 마지막 인사를 할 때 온 동네 사람들은 눈물을 훔친
다. 마지막 인사를 한 뒤 장례 행렬은 곧바로 마을의 북쪽에 위치한
공동묘지로 간다. 멕시코에는 성당의 마당이 공동묘지인 마을들이
많으나, 산 안드레스의 경우 성당 마당을 공동묘지로 사용하지 않는
데, 언제부터 그랬는지는 알 수 없다. 혁명 이전에도 지금의 자리에
공동묘지가 위치해 있었다고 한다. 운구 행렬이 공동묘지에 이르면
공동묘지의 중앙에 있는 십자가 탑 앞에 서서 운구 행렬은 자세를 낮

추어 인사를 한다. 그리고 묘지 옆에 관을 내려놓고 레산데로의 주도 아래 매장기도를 한다.

묏자리는 돌아가신 날 공동묘지에 가서 위치를 정한다. 묘지의 위치는 공동묘지의 빈자리이지만, 대개는 망자의 가족들이 묻혀 있는 묘지의 주변이다. 장례식 전날 또는 장례식 당일 아침에 묘지를 파기 시작한다. 이 일은 마을의 젊은 사람들이 품앗이처럼 참여하며, 이들에게 식사와 음료, 담배 등이 제공된다. 산 안드레스 묘의 가장 큰 특징은 관이 위치할 무덤을 상당히 깊게 판다는 점이다. 보통 2~3미터 이상의 깊이로 땅을 판다. 멕시코 일부 지역에서는 깊게는 5미터까지 땅을 파기도 하는데, 산 안드레스에서는 아직까지 그렇게 깊게 파는 경우는 없었다고 한다. 우리나라 묘와 다른 큰 특징은, 한 묘에 보통 2개 많게는 4개까지 공동으로 묘를 쓴다는 점이다. 합장은 수평으로 나란히 관을 배치하는 것이 아니라, 한 구덩에 관을 수직으로 쌓는 방식이다. 그래서 땅을 아주 깊게 파서 묘를 쓸 필요가 있다. 대개 가족들은 사망하는 순서대로 묘를 쓰는데, 깊이 파인 구덩의 밑바닥을 시멘트로 바르기도 하고, 관을 놓은 정도의 높이로 벽을 쌓기도 한다. 그리고 나서 경제적 사정에 따라 나무, 화강암 또는 대리석으로 만든 관을 놓게 된다. 이후 '로사(loza)'라 불리는 뚜껑을 덮고 다시 시멘트로 밀봉한 뒤 흙으로 덮어서 묘를 쓴다. 두 번째 관을 쓸 때에는 다시 흙을 파고 시멘트 바닥이 나오면, 또 관을 하나 놓을 정도의 벽면에 시멘트를 바르고 다시 관을 놓고 뚜껑을 덮는 방식을 취하게 된다. 이러한 적재 방식의 묘 쓰기는 공동묘지의 자리가 부족해지면서 최근 점차 늘어나고 있다.

관이 도착하기 전까지 나쁜 기운이 들어가지 않도록 묘지 위에 막대기로 십자가를 만들어 걸쳐 놓는다. 관이 도착하면 십자가를 치우

매장하고 장례 기간에 들어온 꽃을 놓은 장면(2007년)

고, 먼저 꼬빨 향로로 묘지 안을 정화하고 성수로 십자가를 긋는다. 그리고 관의 양쪽에 줄을 이용하여 관을 내린다. 관 옆으로는 고인이 쓰던 모자 등을 넣기도 한다. 그런 다음 별다른 의식 절차 없이 흙을 덮는다. 굳이 가족이 먼저 흙을 덮지 않을 뿐만 아니라 한국에서 보이는 '회다지기' 같은 의례도 없다. 또한 묘지의 봉분도 없다. 묘지를 파면서 나온 흙으로 다시 덮으면 매장은 끝난다. 묘지를 파고 그 자리에 관이 들어갔기 때문에 흙이 다 덮이면 자연스럽게 봉분이 생긴다. 그 봉분 위로 사람들은 가져온 꽃들을 가지런히 놓는다. 건기에는 깡통과 같은 통에 물을 담아 꽃을 꽂아 놓는다. 봉분은 비가 오면 천천히 다져져 평지처럼 된다.

이렇게 매장을 마치면 장례식은 끝이 나고, 가족 가운데 한 명이

악대가 장례가 끝나고 공동묘지에 남아 연주를 하고 있다(2007년).

나서서 장례식에 참여한 모든 사람들에게 감사의 말을 건네면서 식사에 초대한다. 종종 악대는 마지막까지 남아 연주하며 고인을 애도한다. 하객들은 상가(喪家)에 가서 몰레 베르데 또는 로메로로 식사를 한다. 그리고 각자 집으로 돌아간다.

장례식이 끝나면 고인의 가족들도 일단 한숨을 돌리며 그동안 지친 몸을 달랜다. 그러나 망자의 육신의 장례식은 끝이 났지만, 아직 영혼의 장례식은 끝이 나지 않았다. 한국에서는 일반적으로 장례식 때 육신뿐만 아니라 혼백을 모시는 영여도 함께 가기 마련이다. 그런데 멕시코에서 망자의 영혼을 상징하는 석회와 꽃의 십자가는 여전히 집에 머무르고 있으며, 영혼의 장례식은 망자가 사망한 날로 9일째가 되는 날인 노베라리오(noverario)에 이루어진다. 모렐로스 북부 지역을 연구한 잉함은 9일에 걸쳐 장례식을 하는 것은 성탄절 전 9일 동안 뽀사다를 하는 의례에서 비롯되었다고 하였다.[29]

360

아직까지 망자의 영혼이 집에 머무르고 있기 때문에, 가족 가운데 최소 한 사람은 고인의 영혼의 십자가가 놓여 있는 장소를 지켜야 한다. 이 장소는 망자의 관이 놓여 있었던 곳이다. 이 일은 영혼의 장례식 날까지 계속된다. 따라서 가족들은 순번을 정해 매일 밤 영혼의 십자가 옆에 자리를 펴고 잠을 자며 영혼과 함께 한다.

장례식 다음날부터 보통 밤 7시 또는 8시쯤에 망자의 영혼을 위로하는 기도회가 시작된다. 기도회는 고인이 돌아가신 날부터 8일째가 되는 날, 즉 영혼의 십자가를 세우는 날까지 매일 반복된다. 여기에는 가족, 친인척뿐만 아니라 마을 사람들도 참여한다. 마을 사람들 대부분은 빈손으로 오기도 하지만, 일부는 벨라도라(컵에 든 초)를 가져와서 영혼의 십자가 옆에 불을 밝히기도 한다. 기도회는 레산데로가 진행하며 약 1시간 정도 걸린다. 로사리오에서는 7개의 기도문(7 misterios)을 암송하고 찬송가를 부른다. 로사리오에 참석한 사람들에게는 빵과 커피, 아똘레, 따말 등이 제공된다. 8일째가 되는 기도회, 곧 십자가를 일으켜 세우는 마지막 로사리오에 사람들은 첫 장례식장에 조문을 올렸을 때처럼 꽃과 초를 가지고 온다. 고인이 영면(永眠)을 한 때에 모래, 석회, 꽃으로 장식한 십자가를 일으켜 세운다. 만약 새벽에 고인이 숨을 거두었으면 그 시각에 맞춰 십자가를 세운다.

십자가를 세우기 30분 전 먼저 마지막으로 고인에게 제물(ofrenda), 즉 따말·몰레 베르데·초콜릿·빵·접시·컵·포크와 수저·휴지 등을 올린다. 여자인 경우는 광주리(canasta), 남자인 경우에는 망태(*chiquihuite*) 또는 아야떼(ayate) 위에 음식과 그릇 등을 놓는다. 이때 올리는 모든 용기는 새것이다. 루이스에 따르면, 제물을 12시간 동안 진설한다고 하는데, 이는 사자에게 일 년 동안 먹을 음식을 바친다는 의미라고 한다.[30]

그런 다음 기도회가 시작된다. 기도회에서 가장 중요한 의례는 십자가를 세우는 일이다. 십자가 대부모는 8일째 기도회를 시작하기 전에 나무로 만든 십자가를 모래와 꽃 십자가 위에 놓아둔다. 그리고 기도회가 끝날 무렵에 천천히 나무 십자가를 일으켜 세운다. 그리고 고인이 돌아간 날부터 고인의 영혼의 그림자였던 모래·석회·꽃으로 만든 십자가를 깨끗하게 쓸어 담는다. 고인이 영면한 후 빗질을 하는 것이 금해지는데, 이날 새 비를 이용하여 모래와 꽃, 초 등을 쓸어 담는다. 루이스에 따르면, 떼뽀스뜰란에서는 십자가를 올리기 위해서 고인과 친척 관계가 없는 소년과 소녀를 십자가 대부모로 선정한다고 한다.[31] 기도문이 낭송되고 난 다음 대부모로 뽑힌 아이들은 새 빗자루로 모래와 생석회를 무덤에 가져갈 수 있도록 깨끗이 쓸어서 접시에 담는다. 그러나 산 안드레스에서는 보통 어른이 십자가 대부모를 한다. 대부모는 십자가를 세워, 이를 가족에게 인계한다. 그러면 가족과 원하는 사람들은 돌아가며 성호를 긋고 십자가에 입맞춤을 한다. 기도회가 끝나면 가족들은 장례식을 하기 전날처럼 밤을 새우며 십자가를 지킨다. 내일에 영혼의 장례식이 있기 때문이다.

망자가 사망한 날로부터 9일째가 되는 날 미사 시간에 맞추어 십자가를 앞세우고 교회로 간다. 이때는 장례식과 마찬가지로 노베라리오 기간에 들어온 모든 꽃과 초 등을 가져간다. 미사가 끝나면 꼬빨 향로를 앞세우고 묘지로 가는데, 이때 음악은 없고 단지 기도와 찬송만 한다. 묘지에 도착하면 묘지 앞에 십자가를 세운다. 그런데 만약 망자가 교통사고나 총격 등의 사고로 죽은 경우, 묘지 외에 망자가 죽은 장소에도 십자가를 세운다. 그곳에 망자의 영혼이 머물고 있다고 믿기 때문이다. 멕시코를 여행하다 보면 길가에 세워진 조그만 십자가를 볼 수 있는데, 바로 이것들이 망자의 영혼을 위로하는

산 안드레스 마을 들어가는 길가에서 망자를 위로하는 십자가(2007년)

십자가이다. 십자가를 세운 다음 참석한 사람들에게 몰레 베르데와 따말로 식사를 대접한다. 이때 로메로는 만들지 않는다. 대신 망자의 가족들은 몰레 로호를 만들어 조문을 온 사람들에게 이를 작은 용기에 담아 감사를 표한다. 이로써 장례식은 끝이 난다. 그리고 '사자의 날' 의례에서 말했듯이, 영혼도 자신의 사망 원인에 따라 제 갈 길로 간다.

산 안드레스 사람들은 어린이가 죽었을 경우, 어른의 장례 절차와 커다란 차이가 없지만, 어른의 죽음과 아이의 죽음이 지니는 의미에 대한 생각, 연주되는 음악과 사용되는 용품들의 색감 등에서 차이가 난다고 한다. 산 안드레스 사람들은 어른과 달리 어린이들은 죽어서 천사가 된다고 생각한다. 필자는 아직까지 산 안드레스에서 어린이 장례식을 본 적이 없다. 의료 수준이 높아져 어린이가 죽는 경우가 거의 없기 때문이기도 하지만, 실제로 어린이가 죽었을 경우 조용히 장례를 지내서 모른 채 지나가기 때문이다. 하여튼 어른과 아이 장례식에는 차이가 있으며, 이 점을 레드필드는 멕시코 장례의 특징 가운데 하나로 꼽는다.

레드필드는 멕시코 장례 의례는 다음과 같은 독특한 두 가지 특징이 있다고 말한다.[32] 첫째는 원주민적이기보다는 가톨릭적이며 부드러운 주신제(酒神祭)와 같은 철야제이다. 장례 의식에는 원주민적 요소가 거의 남아있지 않는데, 단지 망자의 발에 종이 신발을 신기고, 망자 옆에 물 호리병과 음식을 넣어 주는 것 정도가 약하게 남아 있다. 둘째는 앞에서 말했듯이 어른과 아이의 장례식 사이에 큰 차이가 있다는 점이다. "아이는 즉시 천사가 된다"고 생각하기 때문에, 아이 장례식에는 기쁜 상징들이 동원된다. 이와 달리 어른의 장례식은 매우 어둡다. 어른과 어린이 장례식의 차이는 멕시코 전역에서 다양한 방식으로 나타나는 것 같다. 예로 멕시코시티에서 양자의 차이는 관의 색깔로 분명하게 드러나는데, 즉 아이의 관은 하얀색이고 어른의 관은 검은색이다. 떼뽀스뜰란의 남쪽 방향에 있는 소소꼬뜰라(Xoxocotla) 무니시삐오에서는 아이 장례식에 폭죽을 터트리고, 게레로 주의 일부 마을에서는 춤 파티를 열기도 한다.

망자가 사망한 지 1년이 되면 다시 기도회가 시작된다. 기도회는 돌아가신 날로부터 8일 전에 시작한다. 먼저 첫날 고인이 돌아가신 날에 십자가를 세울 수 있도록 십자가 대부모가 영혼이 머물렀던 그 자리에 모래, 석회, 꽃으로 십자가를 만든다. 그 십자가에 성수를 뿌린 뒤, 꼬빨 향로로 십자가를 그으며 정화한다. 매일 기도회를 시작하기 전에 십자가 대부모는 새로운 꽃을 가져다가 영혼의 십자가 위에 놓는다. 장례식 때와는 달리 이 기도회에서는 가족들이 밤을 새워

산 안드레스 공동묘지 전경(2007년)

가며 십자가를 지키지 않는다. 참석자들에게는 빵과 커피, 아똘레, 따말 등이 제공된다. 역시 8일째 되는 날 십자가를 세우기 위한 마지막 기도회를 여는데, 사람들은 글라디올라와 초를 가지고 온다. 십자가 대부모는 철로 만든 십자가를 만들어 꽃 십자가 위에 놓는다.

9일째가 되는 날, 다시 말해 고인이 세상과 이별한 날 그 시간에 십자가를 세운다. 십자가 세우기 약 30분 전에 먼저 고인의 묘지에 제물을 놓는다. 십자가 대부모가 천천히 십자가를 세운다. 십자가를 세운 뒤 가족과 참석자들은 차례로 십자가에 입을 맞춘다. 미사 시간에 맞추어 십자가를 앞세우고 교회로 가서 미사를 한다. 그런 뒤 십자가를 묘지에 가지고 가 나무 십자가와 함께 세운다. 망자가 사고로 죽은 경우에는 묘지뿐만 아니라 사고 장소에도 철 십자가를 가져간다. 고인이 세상을 뜬 지 1년이 지났을 때 여유가 있는 집에서는 묘지 위를 대리석으로 장식하기도 한다. 과달루뻬 성모상, 예수상 등 가족들이 원하는 모양의 조형물을 만들어 봉분처럼 묘지 위에 세운다. 큰 도시의 공동묘지에 가면 마치 공동묘지가 조형물의 전시장처럼 화려하기 그지없다.

망자가 죽은 지 5년이 되는 해에는 대리석 십자가(la cruz de granito)를 세우는 기도회를 연다. 이는 1주기가 되었을 때 철의 십자가를 세우는 것과 똑같은 방식으로 진행되는데, 다만 십자가가 철이 아닌 대리석으로 만들어진다는 점이 다를 뿐이다. 사실 마지막 5주기 제사를 지내지 않는 경우도 많다. 5주기 제사를 받을 수 있는 망자는 행복한 사람이다. 특히 젊어서 죽은 경우 5주기 제사를 받는 일은 매우 드물다. 길가에 세워진 십자가 가운데 나무 십자가만 세워진 채 버려진 곳도 많다. 5주기 제사가 끝나면 망자의 영혼을 위한 제사는 11월 사자의 날로 넘어간다. 물론 5주기 제사 이전에도 사자의 날에 망자를 위한 제물이 진설된다. 영혼은 이 세상과 영원히 분리되는 것이 아니라 사자의 날에 다시 이승을 방문하여 산 사람과 함께한다. 이렇게 삶과 죽음은 순환한다.

1 Van Gennep, Arnold, 1909, *Les rites de passage*, 전경수 옮김, 1994, 《통과의례: 태어나면서부터 죽은 후까지》, 을유문화사, 265쪽 참조.

2 위의 책.

3 Redfield, Robert, 1930, *Tepoztlan, a Mexican Village*, Chicago: University of Chicago Press. p. 133.

4 위와 같음.

5 Lewis, Oscar, 1963, *Life in a Mexican Village: Tepoztlán Restudied*, Urbana: University of Illinois Press; Lewis, Oscar, 1976, *Tepoztlán: un pueblo de México*, México: Joaquín Mortiz, 이덕성 옮김, 1994, 《떼뽀스뜰란 마을: 멕시코 농민 문화》, 교문사.

6 Lewis, Oscar, 1963, *Life in a Mexican Village: Tepoztlán Restudied*, Urbana: University of Illinois Press. p. 353~426; Lewis, Oscar, 1976, *Tepoztlán: un pueblo de México*, México: Joaquín Mortiz, 이덕성 옮김, 1994, 《떼뽀스뜰란 마을: 멕시코 농민 문화》, 교문사, 143~172쪽.

7 Lewis, Oscar, 1976, *Tepoztlán: un pueblo de México*, México: Joaquín Mortiz, 이덕성 옮김, 1994, 《떼뽀스뜰란 마을: 멕시코 농민 문화》, 교문사, 146~147쪽.

8 Redfield, Robert, 1930, *Tepoztlan, a Mexican Village*, Chicago: University of Chicago Press, p.136.

9 Lewis, Oscar, 1976, *Tepoztlán: un pueblo de México*, México: Joaquín Mortiz, 이덕성 옮김, 1994, 《떼뽀스뜰란 마을: 멕시코 농민 문화》, 교문사, 147쪽.

10 Matos Moctezuma, Eduardo, 2003, "Embarazo, parto y niñez en el México prehispánico", *Arqueología Mexicana* 60, pp. 18.

11 Lewis, Oscar, 1976, *Tepoztlán: un pueblo de México*, México: Joaquín Mortiz, 이덕성 옮김, 1994, 《떼뽀스뜰란 마을: 멕시코 농민 문화》, 교문사, 150쪽.

12 박일영, 2009, 〈천주교 일생의례의 종교적 특성과 세계관〉, 《아시아 일생의례의 비교연구》, 2009년도 비교민속학회 춘계학술대회 발표논문집, 182쪽.

13 Redfield, Robert, 1930, *Tepoztlan, a Mexican Village*, Chicago: University of Chicago Press. p. 137; Lewis, Oscar, 1976, *Tepoztlán: un pueblo de México*, México: Joaquín Mortiz, 이덕성 옮김, 1994, 《떼뽀스뜰란 마을: 멕시코 농민 문화》, 교문사, 156쪽.

14 León-Portilla, Miguel, 2003, "Niñez y Juventud entre los Nahuas", *Arqueología Mexicana* 60, pp. 28.

15 Redfield, Robert, 1930, *Tepoztlan, a Mexican Village*, Chicago:

University of Chicago Press, p. 60·139.

16 김세건, 2001, 〈멕시코 농촌에서 꼼빠드라스고의 구조와 역할〉, 《비교문화연구》 7권 2호, 9~10쪽 참조.

17 Lewis, Oscar, 1976, *Tepoztlán: un pueblo de México*, México: Joaquín Mortiz, 이덕성 옮김, 1994, 《떼뽀스뜰란 마을: 멕시코 농민 문화》, 교문사, 107.

18 위의 책, 160~161쪽.

19 Redfield, Robert, 1930, *Tepoztlan, a Mexican Village*, Chicago: University of Chicago Press, p. 140.

20 위와 같음.

21 Lewis, Oscar, 1976, *Tepoztlán: un pueblo de México*, México: Joaquín Mortiz, 이덕성 옮김, 1994, 《떼뽀스뜰란 마을: 멕시코 농민 문화》, 교문사, 166쪽.

22 위의 책, 165쪽.

23 위와 같음.

24 Redfield, Robert, 1930, *Tepoztlan, a Mexican Village*, Chicago: University of Chicago Press, p. 140.

25 Lewis, Oscar, 1976, *Tepoztlán: un pueblo de México*, México: Joaquín Mortiz, 이덕성 옮김, 1994, 《떼뽀스뜰란 마을: 멕시코 농민 문화》, 교문사, 129쪽.

26 Zarauz López, Héctor L., 2004, *La fiesta de la muerte*, México: CONACULTA, p. 12.

27 Johansson Patrick K., 2004, "La muerte en Mesoamérica", *Arqueología Mexicana* 60, pp. 51.

28 위의 책, pp. 52.

29 Ingham John, 1989, *Mary, Michael and Lucifer*, Austin: University of Texas, p. 189.

30 Lewis, Oscar, 1976, *Tepoztlán: un pueblo de México*, México: Joaquín Mortiz, 이덕성 옮김, 1994, 《떼뽀스뜰란 마을: 멕시코 농민 문화》, 교문사, 171쪽.

31 위와 같음.

32 Redfield, Robert, 1930, *Tepoztlan, a Mexican Village*, Chicago: University of Chicago Press. p. 142.

나가며

산 안드레스는 멕시코의 여느 마을처럼 축제의 땅이다. 농촌 사람들의 삶 속에서 축제는 일상이다. 물론 필자가 처음 산 안드레스에 들어갔던 1995년 당시의 축제와 오늘날의 축제에는 많은 차이가 보이고, 그 의미도 변하고 있다. 이런 변화는 오늘만의 모습이 아니다. 1920년대 후반에 떼뽀스뜰란을 조사했던 레드필드도 당시에 떼뽀스뜰란에서 펼쳐지고 있는 축제들이 차츰 그들만의 특별한 의례를 상실하고 있음을 지적하였다.[1] 다시 말해 축제들이 특정한 상징 없이 그 행위와 의미가 모두 비슷해지고 있으며, 나아가 도시의 관광객을 위해 상업화하고 의식적으로 개조되고 있다.

현대에 들어 더욱더 관광지로 변하고 있는 떼뽀스뜰란에서 이런 경향은 아직도 계속되고 있다. 산 안드레스도 예외는 아니어서 동굴 기우제, 수호성인 축제 등에서 '의미 없는 신화의 재현'[2]이 일어나고 있다. 무엇보다 직업의 다양화와 농업기술의 변화 등으로 옥수수 농업생산 활동에 바탕을 두었던 생산의례는 사라졌거나 사라지고 있다. 또한 가톨릭에 바탕을 둔 축제들도 점점 하나의 독립적이고 세속적인 축제로 변화되는 경향을 보인다. 이에 견주어 20세기에 들어 멕시코 국민정체성(nacionalism) 형성이 중요한 이슈가 되면서 독립기념일과 같은 축제들이 큰 의미를 지니게 되었다. 산 안드레스 사람들의 일상과 생산 현장에서 자연스럽게 펼쳐졌던 축제보다는, 애국심과 복종을 강요하는 국가의례가 중요성을 지니면서, 축제는 차츰 창조성을 잃고 국가 이데올로기의 도구가 되어가고 있다.

이처럼 산 안드레스의 축제는 변화하고 있고, 과거의 축제와 오늘의 축제는 많은 차이를 보이고 있다. 그러나 그 변화와 차이를 걱정스럽게 바라볼 필요는 없을 것이다. 차이는 생성의 바탕이다. 그것이 축제와 의례의 생명력이다. 그 생명력의 가장 큰 원천 가운데 하나가 가톨릭 종교와 밀접하게 연관된 산 안드레스 사람들의 일상에 있다. 물론 오늘날 가톨릭의 신성성과 엄격성은 많이 약화되었다. 그렇지만 일상에 깊게 뿌리 내린 멕시코 가톨릭은 여전히 우주, 인간과 신 사이의 관계를 새롭게 설정하며 끊임없이 세속적인 삶을 되돌아보게 하고 있다. 이 일상의 힘은 결코 산 안드레스에 국한되지 않는다. 멕시코 나아가 라틴아메리카의 모든 마을과 사람들에게서도 그대로 나타난다.

필자는 2007년 4월 17일 모렐로스 주와 인접한 게레로 주의 꼬빤나또약(Copanatoyac) 무니시삐오의 뽀또이찬(Potoichan) 마을에서 한 신부를 만났다. 그는 한국에서 신학대학을 마치고 캐나다로 유학을 갔다가 그곳에 남아 토론토 교구 소속 신부가 되어 활동하였다. 그는 4년 전에 멕시코 사회를 경험하기 위해서 이곳에 들어왔다. 다음은 그의 이야기인데, 멕시코 농촌의 축제와 가톨릭의 특성이 잘 드러난다.

이곳의 가장 큰 축제는 산 후안 바우띠스따(San Juán Bautista, 6월 24일)인데 정말 대단하다. 한 번 축제를 하려면 필요한 비용이 소 한 마리 1만 뻬소, 초·꽃·폭죽 등이 1만 뻬소, 까스띠요 2만 뻬소, 음식·음료수 1만 뻬소 등으로 최소 5만 뻬소가 든다. 마요르도미아의 성원들이 저마다 기부를 하지만 부담이 크기는 마찬가지이다. 한 예로 까스띠요

게레로 주의 뽀또이찬 마을 성당의 미사 장면. 제단 주변은
꽃대문 장식 등으로 가득 차 있다(2007년).

는 약 2만 뻬소가 소비된다. 지금은 마요르도모 세 명이 다 채워지지 못
해서 한 명이 감당하기 힘든 경우도 많다. 까스띠요를 할 때 몇 사람이
보지도 않는데 그렇게 돈을 낭비하는 것을 보면 이해가 안 될 때도 있
다. 관습이기 때문에 계속하는 것이다. 이곳은 신부가 없을 때가 많았
기 때문에 가톨릭이 관습화되어서 잘 유지되고 있다. 내가 오기 전까
지는 깐또르(Cantor：산 안드레스의 레산도르라고 할 수 있다)가 심지어 미
사를 집전하였다. 깐또르는 찬송가를 부르며 기도를 지도하는 사람으
로 모든 의례를 주관하였다. 신부들보다 이들의 영향력이 더 셌다. 그

들 나름대로 신앙 생활을 한다. 그래도 어떻게 보면 이들이 요즘 단지 머리로 신학을 배운 신부보다 낫다. 유럽은 지성으로 신앙을 바라본다. 신학이니 하는 것들이 다 유럽의 산물이다. 지금 유럽 가톨릭은 다 죽었다. 껍데기도 내용도 다 죽었다. 여기는 관습으로 신앙생활을 한다. 우리는 지성만으로는 살 수 없다는 점을 잊어버리고 산다. 이곳 사람들은 이것을 가르쳐준다. 유럽은 신학이란 이름으로 아버지와 어머니를 이론화시켜서 이들을 다 죽어버렸다. 주교는 사목(司牧) 경험도 없고 조금 공부한 사람으로 그저 머리로 행정을 한다. 그래서 관습으로 이어지는 이 사람들의 신앙을 이해하지 못한다. 현대 사회가 위험한 것은 이런 것이 제도화되었기 때문이다. 교회는 예수를 경험하는 장이 되어야 하는데, 교회를 유지하는 수단으로 신앙을 가르친다. 이것이 우리의 위기이다. 나도 처음 이곳에 와서 성당이 이렇게 더러울 수 있는 것인지를 이해할 수 없었다. 나는 성당은 항상 깨끗해야 한다고 생각했다. 성당에 처음 들어갔을 때에는 무섭기도 하고, 귀신이 나올 것 같았다. 그러나 지금은 오히려 이곳이 편안하고 자유롭다. 내 종교생활 동안 이렇게 자유롭고 여유롭고 행복한 시간을 가진 적이 없다. 처음 3개월 동안은 이렇게 놀면서 지내도 되는 것인지 조급증도 들었다. 그런데 점점 바뀌었다. 더럽고 어지러운 속에서도 질서가 있고 사람들이 살아있다. 여기에서는 돼지, 닭, 개, 고양이, 인간 등 다양한 생물들이 다 같이 산다. 차이를 인정하지 않는 사회는 정말 힘들다. 차이가 인정되는 사회는 통일성(unidad), 다양성(diversidad) 그리고 인내심(paciencia)이 있어야 한다. 인내심을 갖지 않으면 차이가 인정되는 사회를 만들 수가 없다. 여기서 내가 자기 인내심을 가지지 않으면 내가 살 수가 없다.

신학만 남은 서구의 가톨릭 사회는 콕스가 지적했던 모습일는지 모른다.[3] "서구의 기독교는 성실한 노동자, 책임감 있는 가정인으로서의 인간을 강조함으로써 산업화를 촉진시켰다. 진실로 프로테스탄트적 윤리학과 중세기의 스콜라 철학이 없었더라면 서구의 과학문명은 아예 발전하지 못했을지도 모른다. 기독교는 인간을 노동자와 도구 제작자, 이성인과 사유인으로 인식하였다. 그러는 동안 기독교는 인간의 다른 중요한 영역에 대해서는 충분한 주의를 기울이지 못하였다. 결국 서구 산업인은 축제와 환상을 가지는 능력을 상실하였다." 이 과정에서 종교에서 축제성과 환상성은 분리되고 의례적 엄격성만 남았다. 신의 세계와 인간의 세계는 차츰 서로로부터 멀어졌다.

그러나 뽀또이찬 사람들처럼 산 안드레스 사람들도 그들 나름대로 가톨릭 신앙 생활을 한다. 스페인의 정복자와 함께 들어온 가톨릭은 다양한 멕시코 원주민 사회와 문화를 해체하고 나아가 그들의 삶을 억압하고 규율하는 가장 중요한 기제였다. 한마디로 가톨릭은 멕시코 사람들에게 인종주의, 백인 우월주의, 서구 중심주의에 바탕을 둔 근대 유럽의 식민주의를 강제하고 각인시키는 영혼의 정복자였다. 영혼의 정복은 오늘날까지 멕시코에서 맹위를 떨치며 '유럽화 된 멕시코'를 꿈꾸며 서구화에 매진하는 힘으로 작동하고 있다. 하여튼 서구사회에서 가톨릭이 비서구사회에 대한 정복의 기술이 되어 가면서 차츰 서구인들의 일상으로부터 멀어졌다. 이와 달리 멕시코 사회는 가톨릭 안에서 존재할 수밖에 없었고, 멕시코 사람들은 가톨릭을 자신의 삶과 의례 속으로 받아들여 일상 생활화하였다. 일상화한 '멕시코 가톨릭' 속에서, 부정되어야만 했던 원주민 전통 문화도 가톨릭 신앙에 나름대로 적응하고 융합하고 창조하며 끈질긴 생명력을 이어 왔다. 이렇게 '멕시코 가톨릭 신앙'은 일상에서 탄생하고 유지되고 있다.

무엇보다 멕시코 가톨릭의 구심점인 과달루뻬 성모는 멕시코에서 많은 축제와 의례들이 성행할 수 있는 바탕이 된다. 멕시코 교회 안에 어지럽게 널려 있는 한 송이의 야생화, 초, 옥수수 등에는 이 땅에 살고 있는 사람들의 기쁨, 소망, 미래가 담겨 있다. 사람마다 마을마다 일상화된 가톨릭 신앙은 갖가지 차이의 문화를 낳고 서로가 공존할 수 있도록 하였다. 새마을 운동과 근대화 과정에서 '미신' 등의 이유로 당(堂)과 같은 마을 신앙의 중심을 잃어버린 한국의 농촌과 달리, 멕시코의 농촌에서 수많은 축제가 지속될 수 있었던 것은, 이른바 일상의 가톨릭 신앙에 바탕을 둔 종교적 신성성에 있다고 하겠다. 물론 세속화·탈종교화·도시화 등이 특징이 된 현대 사회에서 축제가 가지고 있는 종교적 신성성은 그 실제적 공감대와 중요성이 많이 희미해지고 있으며, 성스러운 영역이 점차 세속적인 영역 속으로 편입되어 가는 경향이 더해지되고 있다.[4] 그럼에도 여전히 산 안드레스 나아가 멕시코에서 가톨릭 신앙에 바탕을 둔 종교적 신성성은 세속화로 변질되는 축제를 지탱하는 힘이자 의미를 창조하는 원동력이다. 또한 반대로 멕시코 가톨릭 신앙은 주민들의 일상에 다양한 축제와 의례를 배치하고 실현함으로써 종교적 힘을 유지하고 있다.

예로 1995년 골프장 투쟁 때 분열되었던 떼뽀스뜰란 마을들을 하나로 이은 것도 다름 아닌 가톨릭 신앙이었다. 떼뽀스뜰란 교구신부는 골프장 건설과 그 반대 투쟁의 과정에서 서로 갈라진 마음을 치유하고 마을들을 한데 모으고자 주민들의 독실한 가톨릭 신앙과 축제의 기부 문화를 활용하였다. 이웃 마을에 축제가 열릴 때면 공동체의 상징인 수호성인의 깃발을 가져가서 온 마을을 순례하며 하나가 되었다. 순례의 한마당에는 골프장 건설 과정에서 생긴 반목과 질시뿐만 아니라 사회계층의 구분도 큰 의미가 없었다. 마치 모두가 하나되어 새로운 희망의 세계를 향해 행진해 갔다. 이제 순례 의례는 마을 수호성인 축제의 가장 중요한 의례 과정으로 자리매김하여 마을과 마을, 사람과 사람을 하나로 이어주는 가장 중요한 장이 되었다.

또한 멕시코 축제와 의례의 중요한 구실 가운데 하나로 상호 소통과 동질성 형성을 빠뜨릴 수 없다. 축제와 의례에서 어렵게 모은 돈을 물 쓰듯이 '허비'하는 멕시코 사람들을 가리켜 덜 근대화된 인간이라고 손가락질하기도 한다. 그러나 인간은 돈과 노동만으로 살 수 없으며, 무엇보다 그것들이 인생의 지상 목표일 수 없다. 어떻게 보면 자신의 존재 바탕인 사회관계를 형성·유지하며 더불어 살아가는 것보다 더 중요한 것은 있을 수 없다. 멕시코 사람들은 함께 즐기는 것이 삶의 이유라는 듯이 축제와 의례를 위해 돈을 모으고 준비하고 마음껏 소비한다. 그렇게 그들은 축제를 통해 일상의 무미건조함과 단조로움을 깨뜨리고, 때로는 기존의 질서를 무너뜨린다. 축제 한마당에서 멕시코 사람들은 현실 세계를 한바탕 웃음으로 유쾌하게 전복하고 새로운 미래의 세계를 꿈꾼다. 바로 이 순간에 신이 인간에게 준 최대의 선물인 상상력과 환상은 활짝 나래를 편다. 그리고 사람들은 서로 가까이 다가가며 하나가 된다.

산 안드레스 나아가 멕시코에서 가족, 친척, 친구, 동료, 이웃 등은 축제와 의례에 함께 참여하는 것은 자연스러운 일이다. 더욱이 멕시코 사람들은 축제와 의례에서 대부모·공부모라는 새로운 의사(擬似) 친척 및 사회 관계망을 만들어 낸다. 나아가 마을 주민들은 쁘로메사라는 상호부조를 통해 자기 마을만의 독특한 축제를 구성하며 마을 정체성을 형성한다. 축제와 의례를 통한 동질감 형성은 한 가족, 한 마을로 제한되지 않는다. 산 안드레스를 포함하여 떼뽀스뜰란 무니시삐오를 구성하는 각 바리오와 마을들은 다른 마을의 축제 때마다 쁘로메사를 가져가며 축제를 공유한다. 이렇게 사람들은 세계를 축제화하며 대화하고, 또 그렇게 축제를 통해 새로운 미래 세계로 나아가며 더불어 살아갈 세상을 꿈꾼다.

이처럼 축제는 정적인 마당이 아니라 끊임없이 새로움을 창조하는 역동의 마당이었다. 이것이 산 안드레스 나아가 멕시코 문화의 한 측면을 만들어 낸다. 무언가를 함께 축복하고 즐기며 사는 것, 그것이 멕시코 사람들의 삶이다. 멕시코 사람들은 축제 속에 살며 축제를 통해 자연, 역사 그리고 문화와 소통한다. 그렇기에 멕시코 문화는 생기를 유지하고 있다. 바로 축제로 재현된 일상의 힘으로 멕시코 사람들은 유럽인들의 정복과 수백 년 동안 구조화된 질곡 속에서도 그들만의 사회·정치·경제·문화·가치를 창조해 내었다. 이 힘은 갖가지 문화가 지니는 차이를 자본주의 가치로 동질화해 가는 신자유주의적 세계화 시대에도 자신들만의 문화를 향유할 수 있는 '멕시코의 길'을 찾는 바탕이 되고 있다.

1 Redfield, Robert, 1930, *Tepoztlan, a Mexican Village*, Chicago: University of Chicago Press, p. 95.

2 Kim Lim, Segun, 1999, *El cambio, sus características y el ecosistema en un pueblo campesino mexicano*, la tesis de dectorado en antropología, Universidad Nacional Autónoma de México.

3 Cox, Harvey, 1969, *The Feast of Fools*, 김천배 옮김, 1977, 《바보祭 : 제축과 환상의 신학》, 현대사상사, 30~31쪽 참조.

4 류정아, 1999, 《전통성의 현대적 발견 : 남프랑스 마을의 축제문화》, 서울대학교출판부, 24쪽 참조.

부록

까르고 체계(cargo sistema)

까르고 체계는 공동체를 유지하는 종교·정치·경제·사회·윤리적 과정과 역할이 긴밀한 방식으로 연결되어 있는 종교·시민·행정 조직이다. 까르고 체계는 스페인의 식민지 지배 과정에서 가톨릭교회와 식민지 권력에 의해 형성되었는데, 차츰 농촌공동체의 기본 사회 구조로 자리 잡았다. 종교 조직인 마요르도미아, 공식 행정 조직인 아유단띠아, 공동토지위원회 등이 상호 통합되어 위계적인 까르고 체계를 구성한다. 마을의 성인 남자이라면 의무적으로 일정 기간 까르고 체계 안의 직책 하나를 맡아 보수를 받지 않고 봉사해야 한다. 까르고 체계는 멕시코 농촌 사회에서 일률적으로 나타나는 것은 아니며 지역마다 구성과 운영 원리들이 다르다.

까스띠요(castillo)

사전적으로 '성(城)'을 뜻한다. 멕시코 축제에서 빠지지 않는 폭죽 놀이의 일종이다. 까스띠요는 보통 마을의 수호성인 축제의 마지막 날 밤에 많이 행해진다. 폭죽을 설치한 조그만 구조물을 차곡차곡 쌓아 커다란 구조물을 만드는데, 이 구조물이 마치 성탑(城塔)과 비슷하다고 하여 '까스띠요'라고 부른다. 까스띠요는 그 어떤 행사보다

돈이 많이 드는데, 한 번 까스띠요를 하는 데 보통 3만~5만 뻬소가
들어간다.

꼰체로(conchero)

꼰체로는 이른바 아스떼까 전통 춤을 추는 사람들을 일컫는다. 꼰
체로라는 이름은 이들이 사용하는 만돌리나(mandolina)를 장식한 아
르마디요(armadillo : 아메리카 갑옷 쥐)의 등껍질(concha)에서 비롯되
었다고 한다. 멕시코의 유명 관광지나 고고학 유적지에 가면 어린이
부터 어른까지 수십 명이 둥그렇게 모여 큰북, 만돌리나 등의 장단에
맞춰 전통 춤을 추는 꼰체로를 만날 수 있다. 남자들의 복장은 알몸
에 짧은 팬티형 치마만 걸치고, 여자는 하얀색 원피스를 입는다. 머
리에는 깃털을 꽂고, 발목에는 방울을 단다.

꼼빠드라스고(comopadrazgo)

꼼빠드라스고, 즉 공부모(共父母) 관계는 세례·성체례·견진례·
결혼 등의 성사(聖事) 의례를 하는 사람(대자녀)의 대부모와 친부모가
맺는 관계를 말한다. 꼼빠드라스고는 원래 가톨릭의 대부자 관계, 즉
대자녀와 대부모 사이의 관계에서 비롯되었다. 그런데 꼼빠드라스
고는 서구 가톨릭의 대부자 관계를 넘어 대부모와 친부모 사이에 형
성된 새로운 사회관계로, 멕시코를 비롯한 라틴아메리카에서 독특
한 사회구조로 자리 잡았다. 이 책에서는 꼼빠드라스고와 공부모 관
계 용어를 분리하여 사용하였다. 즉 대부자 관계를 포함한 제도 전체
를 통칭할 때는 '꼼빠드라스고', 친부모와 대부모 사이의 관계를 말
할 때는 '공부모 관계'라고 하였다.

꾸란데로(curandero)

꾸란데로는 전통적인 방식으로 치료하는 민간 치료사를 일컫는다. 남성은 꾸란데로(curandero), 여성은 꾸란데라(curandera)이고 통칭을 할 때에는 꾸란데로라고 부른다. 산 안드레스에는 꾸란데로보다는 꾸란데라가 전통적으로 많은 편이다. 이들은 약초, 떼마스깔(한증막) 등을 이용하여 질병을 치료한다. 특히 이들은 아이 출산을 돕는 산파 역할을 많이 하였다. 그리고 계곡 등에서 부정한 기운을 쫓는 씻김굿도 한다.

노베라리오(noverario)

산 안드레스를 비롯한 멕시코에서 장례식은 육신의 장례식과 영혼의 장례식으로 나뉜다. 보통 사망하고 2일 뒤에 육신의 장례식을 지내는데, 영혼의 장례식은 망자가 사망한 날로 9일째 되는 날에 지낸다. 바로 9일째 되는 날을 노베라리오라고 한다. 노베라리오 날까지 매일 망자의 영혼을 위한 기도회를 갖으며, 기도회는 보통 레산데로가 주도한다.

니뇨 디오스(El Niño Dios)

니뇨 디오스는 '아기 신'이라는 뜻으로 아기 예수를 일컫는다. 니뇨 디오스는 2월 2일 성모 깐델라리아 축일과 밀접한 관계가 있다. 성탄절 전야인 12월 24일 저녁 성당에서 탄생 축복을 받은 뒤 40일 동안 가정의 구유에 옷을 입지 않은 채 얇고 긴 색종이 등으로만 덮여 있던 아기 예수는 성모 깐델라리아 축일에 대부모가 장만한 새 옷을 입고 교회의 미사에 참석한다. 따라서 성모 깐델라리아 축일은 성모 마리아가 아기 예수를 처음으로 성전(聖殿)에 봉헌하였다고 하여 '주님봉헌축일'이라고도 한다. 미사를 마친 뒤 가정의 제단에 모셔지는데, 산 안드레스에서 니뇨 디오스를 모시지 않는 집은 거의 없다.

닉스따말(nixtamal)

닉스따말은 옥수수 알곡의 껍질을 벗겨 내고자 물과 석회를 넣고 끓인 옥수수이다. 옥수수에 석회 넣어 끓이는 것은 고전기 마야시대부터 내려오는 아주 오래된 조리법이다. 석회는 옥수수에 부족한 니아신을 보충해 주어 옥수수만 계속 먹었을 때 생기는 펠라그라병을 막아준다고 한다. 닉스따말을 빻아 멕시코의 주 음식인 또르띠야(tortilla)를 위한 반죽을 만든다.

레띠로(retiro)

레띠로, 즉 피정(避靜)은 일상생활에서 벗어나 성당이나 수도원 같은 곳에 가서 오랫동안 조용히 자신을 살피며 기도하는 일을 일컫는다. 산 안드레스는 세례·결혼 등 성사의례와 관련하여 당사자, 특히 친부모나 대부모가 대교구성당 등지에서 신부들과 설교대화를 하며 자신의 역할에 대하여 배우고 생각하는 시간을 갖는다.

레산데로(rezandero, 남) 또는 레산데라(rezandera, 여)

레산데로는 사전적으로 기도를 드리는 사람을 뜻한다. 레산데로는 까예스(Plutarco Elías Calles) 정부(1926~1929년)가 펼친 반(反) 교회 정책의 산물이다. 즉 정부의 반 교회 정책과 이에 대한 기독교인들의 반란 등으로 많은 신부들이 마을을 떠났는데, 그들을 대신하여 등장한 사람이 바로 레산데로이다. 레산데로는 마을에서 벌어지는 다양한 축제와 의례를 이끌었고, 막강한 힘을 가지고 종교 활동을 좌지우지하기도 하였다. 오늘날 레산데로는 예전처럼 신부를 대신한다기보다는 보조하는 측면이 강하지만, 여전히 일상의 종교 활동에서 큰 역할을 하고 있다.

마요르도미아(mayordomía)

마요르도미아는 평상시 교회 관리에서 수호성인 축제의 준비와 진행에 이르기까지 교회에서 행해지는 모든 활동을 맡아서 하는 조직이다. 마요르도미아는 조직의 대표인 마요르도모(mayordomo), 부-마요르도모 그리고 후원자로 구성된다. 마요르도모는 보통 1년 단위로 교체된다. 그런데 마요르도모 직책을 수행하는 데에는 많은 비용과 시간이 들기 때문에 지원자가 많지 않아 한 사람이 몇 년 동안 계속 일을 하기도 한다. 수호성인 축제와 관련해서는 교회 마요르도미아 외에 음악을 담당하는 마요르도미아, 까스띠요를 담당하는 마요르도미아가 별도로 구성된다.

무니시삐오(municipio)

무니시삐오는 연방 → 주 → 무니시삐오로 이어지는 멕시코 행정체계의 최하위 단위로 한국의 시(市) 또는 군(郡)에 해당된다. 떼뽀스뜰란 무니시삐오는 총인구가 3만 6천 135명(2005년)으로 우리나라의 군 정도의 규모이다. 무니시삐오 정부를 지역에 따라 아윤따미엔또(ayuntamiento), 무니시빨리닷(municipalidad), 알깔디아(alcaldía) 등으로 부르고, 무니시삐오 자치단체장을 보통 쁘레시덴떼 무니시빨(presidente municipal)이라고 한다.

바리오(barrio)

바리오는 시와 읍의 기초 구역 단위로 한국의 통(統)이나 동(洞)에 해당한다고 하겠다. 떼뽀스뜰란에서는 바리오보다 작은 단위를 보통 꼴로니아(colonia)라고 부른다. 바리오는 스페인 식민지 과정의 산물로 지연 공동체적 성격이 강하며, 그 중심에는 교회가 있다.

브링꼬(brinco)

폴짝폴짝 뛴다는 뜻으로 카니발 때 추는 춤을 일컫는다. 음이 매우 경쾌하다.

뻬리꼰(pericón)

뻬리꼰은 들판에 피는 노란 야생화이다. 멕시코 농촌에서는 9월 28일 뻬리꼰으로 십자가를 만들어 옥수수 밭의 중앙과 사방에 달아 성장한 옥수수 등 곡물을 나쁜 비바람으로부터 보호하는 의례를 지낸다. 사람들은 경작지뿐만 아니라 집의 현관문과 창문, 자동차 등에도 뻬리꼰 십자가를 매단다. 뻬리꼰 십자가는 닳아 없어질 때까지 걸어 둔다. 특히 폭풍우가 세차게 칠 때, 그때까지 남아 있는 뻬리꼰 십자가를 태우면 폭풍우가 잠잠해진다고 한다.

뽀사다(posada)

뽀사다는 12월 16일부터 성탄 전야인 24일까지 9일 동안 날마다 반복되는 의례를 말한다. 뽀사다는 마리아와 호세가 예수를 잉태하고 베들레헴에 이르렀던 여정에서 하룻밤 신세 질 집을 구한 것에서 비롯되었다고 한다. 뽀사다 의례가 행해지는 9일의 각 하루는 한 달을 나타내는 것으로 예수가 9개월 동안 태중에 있었음을 뜻한다. 뽀사다 축제는 스페인의 안달루시아 지역으로부터 유래했다고 말하기도 하지만, 멕시코에서 주로 행해지고 있다는 점을 고려한다면 매우 멕시코적인 의례라고 할 수 있다. 멕시코의 뽀사다 축제는 1857년 멕시코시티에서 87킬로미터 떨어진 산 아구스띤 데 아꼴만(San Agustín de Acolman)에서 시작되었다. 산 아구스띤 데 아꼴만 교구의 디에고 데 소리아(Diego de Soria) 신부는 교황 식스또 5세(Sixto V)로부터 해마다 12월 16일부터 24일까지 연말 미사(Misas de Aguinaldo)를 시행하라는 교서를 받았다. 이 기간에 우이찔로뽀츠뜰리의 탄생제를 여는 원주민들을 가톨릭으로 순화시키고자 미사를 드리기 시작했다고 한다.

쁘로메사(promesa)

쁘로메사는 사전적으로는 '약속'이라는 뜻을 가지고 있는데, 개인·집단·마을과 성당, 정확하게 말하면 성당의 수호성인 사이에 맺어지는 약속 관계를 일컫기도 한다. 개인·집단·마을은 수호성인에게 자신 또는 가족의 건강·성공·쾌유 등을 기원하고, 이 기원에 대한 수호성인의 응답에 보답하고자 보통 수호성인의 축일 때 꽃·화분·초 등을 바친다. 개인·집단·마을은 쁘로메사를 통해 돈독한 사회관계를 형성하게 된다.

사우메리아(sahumeria)

사우메리아는 도기로 만든 작은 항아리 모양의 향로(香爐)로, 향로에는 숯과 꼬빨(copal)이 담겨 있다. 특별한 날과 의례 때 꼬빨 향을 피운다. 꼬빨은 일종의 나무진으로 숯불 위에 놓으면 독특한 향과 연기가 난다. 사람들은 꼬빨 향과 연기가 악하고 나쁜 기운을 없애고 정화한다고 믿는다. 의례를 행할 때 제일 먼저 사우메리아, 즉 꼬빨 향로를 들어 꼬빨 향과 연기로 제단이나 사람들을 향해 성호를 그으며 정화의식을 한다.

셈빠소칠(zempaxochil)

일명 금잔화이다.

아시엔다(hacienda)

아시엔다는 대농장을 뜻하며, 아시엔다의 주인을 아센다도(hacendado, 남성) 또는 아센다다(hacendada, 여성)라고 한다. 아시엔다는 경작지, 목초지뿐만 아니라 아센다도의 거주지, 소작인의 거주지와 숙소, 교회 등으로 구성되어 있다. 아시엔다는 15~16세기 스페인 안달루시아 지역에서 나타나기 시작해서, 스페인 정복자들과 함께 멕시코에 도입되었다. 17~18세기부터 멕시코에 많은 아시엔다가 등장하였다. 아시엔다의 생산품은 지역에 따라 목축·사탕수수·에네껭(henequén) 등으로 다양한데, 떼뽀스뜰란이 속해 있는 모렐로스 주에는 사탕수수 아시엔다가 발달하였다.

아유단띠아(ayudantía)

아유단띠아는 마을의 공식적 행정조직으로 무니시뻬오 정부, 이른바 아윤따미엔또(ayuntamiento)의 하부 조직이다. 아유단띠아는 마을을 대표하는 아유단떼(ayundante), 부-아유단떼(suplente ayudante), 총무, 재판관, 순찰관 등으로 구성된다. 보통 아유단떼와 부-아유단떼는 주민들의 직접 투표로 선출된다.

알깐시아(alcancía)

알깐시아는 일종의 헌금함이다. 산 안드레스 마을의 경우, 산 살바도르 성당의 알깐시아는 30cm×20cm×20cm 크기로, 상자의 중앙에는 수호성인인 조그만 십자가의 예수상이 있다. 알깐시아는 평상시에 마요르도미아 집의 제단에 보관되어 있다가 교회 수호성인의 축제일 전날에 교회 제단의 중앙에 놓인다. 축제가 끝나면 다시 마요르도모의 집으로 모셔간다.

엘로떼(elote)

옥수수(maíz)는 성장 시기에 따라 다른 이름으로 불린다. 이제 막 옥수수 알곡이 생기기 시작한 상태는 힐로떼(jilote), 여린 알이 꽉 차 있는 상태는 엘로떼(elote), 엘로떼가 마른 상태는 마소르까(mazorca)라고 부른다. 그리고 옥수수 알곡을 털고 남은 대는 올로떼(olote)라 한다.

하리뻬오(jaripeo)

이른바 멕시코 로데오(rodeo)다. 하리뻬오는 날뛰는 소 등에 타고 얼마나 오랫동안 버티는가를 겨루는 놀이다. 멕시코 하리뻬오는 우리에게 잘 알려진 미국 서부지역 로데오의 원조라고 할 수 있다. 하리뻬오는 스페인의 정복자들이 멕시코에 소와 말을 가지고 들어오면서 시작되었다고 한다. 하리뻬오는 소와 함께 살아가는 농촌 사람들, 더욱이 젊은이들이 자신의 남성성을 드러낼 수 있는 대표적인 놀이다. 그렇지만 하리뻬오에서 소를 잘 타면 찬사와 부러움의 대상이 되지만, 잘 타지 못하면 크게 다칠 수 있어 누구나 쉽게 할 수 있는 놀이는 아니다.

2. 산 안드레스의 축제 음식

산 안드레스 축제와 의례에 자주 등장하는 대표 음식으로 몰레 로호(mole rojo), 몰레 베르데(mole verde), 따말(tamal), 뽀솔레(pozole) 등을 들 수 있다. 이 음식들도 축제와 의례에서 나타나는 것처럼, 원주민과 서구의 음식 문화가 여러 세대를 거치면서 혼합된 결과물이다. 식민지 지배는 정신세계뿐만 아니라 일상생활에도 커다란 영향을 미쳤다. 그 가운데 물질문화, 특히 먹거리의 변화를 빼놓을 수 없다. 유럽에서 돼지·닭·말·소·밀 등이 들어오면서, 소고기·돼지고기·닭고기·설탕·계란·쌀·우유 등이 주요 먹거리로 자리잡게 되었다. 이 것들은 옥수수를 중심으로 한 원주민 음식과 결합하면서 매우 다양한 먹거리를 만들어 냈다.

1. 또르띠야(tortilla)

또르띠야(tortilla : 옥수수 전병)는 축제 음식이라기보다는 수천 년 전부터 전해 오는 일상 음식이다. 산 안드레스 나아가 멕시코 사람들은 평소에 또르띠야에 콩·호박·고기 등을 넣어 먹는다. 또르띠야가 없으면 멕시코의 어떤 음식도 만들 수 없다고 할 정도로 또르띠야는 다양한 음식에 쓰인다. 예로 따꼬(taco), 께사띠야(quesadilla), 엔칠라다(enchilada) 등의 대중 음식들은 또르띠야에 고기, 치즈, 고추 등을 넣어 익히거나 기름에 뛰긴 것이다. 무엇보다 또르띠야는 그 자체로도 완성된 음식이다. 생활이 넉넉하지 못한 가정에서는 또르띠야와 삶은 콩을 주로 먹으며, 심지어 또르띠야에 소금만 발라서 한 끼를 때우기도 한다. 또한 몰레, 비스텍, 뽀솔레 등 다른 음식을 먹을 때에도 한 손에는 또르띠야를 들고 있다. 산 안드레스에서 어떤 음식을 먹든지 식탁의 중앙에는 뜨끈한 또르띠야가 담겨 있는 보자기(servilleta)나 통이 있다. 사람들이 음식을 먹기 위해 제일 먼저 하는 일은 다름 아니라 바로 또르띠야를 잡는 것이다. 또르띠야에 주 음식을 싸서 먹기도 하고, 또르띠야로 고기를 찢기도 하고, 국물(소스)을 떠먹기도 한다.

일상이든 축제이든 음식에는 언제나 또르띠야가 있어야 한다. 따라서 또르띠야를 준비하는 것은 여성들에게 가장 중요한 일이다. 한마디로 여성들의 식사 준비는 또르띠야로 시작해서 또르띠야로 끝이 난다고 할 수 있다. 여성들은 또르띠야를 만드는 것을 어려서부터 배운다. 멘도사 사본(Codices Mendoza)에 따르면, 아스떼까 아이들은 13세가 되면 여자는 또르띠야를 만드는 법, 남자는 장작을 패는 법을 배웠다고 한다.[1] 오늘날에도 이는 크게 변하지 않았으며 또르띠야를 잘 만들어야 시집을 갈 수 있다고 한다. 예로 멕시코 중부에 있는 뜰락스깔라(Tlaxcala) 주에서는 신부가 결혼식을 올리기 전에 이웃 여성들 앞에서 '떼마이딸리스뜰리(temaitaliztli : 손을 시험해보는 것)'라고 하는 공식 시험을 보는데, 여기에서 신부는 제분하고 또르띠야를 만드는 것을 보여준다고 한다.[2]

먼저 또르띠야를 만들기 위해서는 옥수수에 석회를 넣어 끓인다.

옥수수에 석회를 넣고 끓여 닉스따말을 만드는 장면(2006년, 마리아 루이사 성인식)

이른바 닉스따말(nixtamal)을 만든다. 속이 깊은 솥에 마른 옥수수 알갱이를 넣고 물과 소량의 석회를 넣고 끓인다. 1킬로그램의 옥수수에 약 두 스푼 정도의 석회를 넣는다. 옥수수에 석회를 넣는 것은 고전기 마야 시대 때부터 내려오는 아주 오래된 조리법이다. 옥수수는 우수한 영양식품이지만 옥수수만 계속 먹으면 건강에 심각한 문제가 생긴다고 한다. 옥수수는 니아신을 만드는 필수아미노산인 트립토판의 함량이 다른 곡물에 비해서 매우 낮다. 따라서 옥수수를 주식으로 하는 사람들은 니아신 결핍으로 고생하다가 결국 펠라그라 병에 걸려 죽게 된다. 라틴아메리카를 정복한 뒤 옥수수가 널리 퍼진 유럽

392

과 미국 등지에서 많은 사람들이 펠라그라 병으로 죽었다.[3] 그렇지만 유럽인들보다 아주 오래전부터 옥수수를 주식으로 한 라틴아메리카 원주민은 이 병에 걸리지 않았는데, 그 비밀은 다름 아닌 석회에 있었다. 다시 말해 옥수수를 석회 물에 담가 두거나 끓이면 니아신 성분이 강화되어 펠라그라 병에 걸리지 않게 된다. 반면에 옥수수를 가져갔지만 생석회의 비밀을 배우지 못했던 유럽인들은 많은 희생을 치러야 했다. 또한 석회는 옥수수의 껍질을 쉽게 벗겨지게 하여 옥수수가 연해지도록 한다. 두 손가락으로 문질러서 옥수수 껍질이 잘 벗겨질 정도가 될 때까지 끓인다. 끓이는 중간 중간에 옥수수가 눌어붙지 않도록 저어 준다. 닉스따말을 만드는 데에는 꽤 오랜 시간이 걸려 보통 하루 전날에 닉스따말을 만든다. 따라서 상대적으로 잘 산다고 하는 집들도 연료비를 아끼고자 닉스따말을 만들 때에는 장작불을 사용한다. 많은 양의 또르띠야가 필요한 축제를 제외하고 평소에는 또르띠야 가게에서 닉스따말을 빻은 마사(masa), 즉 옥수수 반죽을 사 온다.

닉스따말을 식힌 다음 옥수수를 건져 물로 씻는다. 그리고 이를 빻는다. 제분기가 들어오기 전까지는 메따떼(metate : 멧돌)를 이용하여 옥수수를 빻았다. 떼뽀스뜰란에는 1920년 무렵 멕시코시티 소치밀꼬(Xochimilco) 사람이 운영한 증기제분기가 들어왔다.[4] 레드필드가 현지연구를 하던 1920년대 후반 당시 떼뽀스뜰란 여성들은 제분소를 거의 이용하지 않았는데, 그 이유로 세 가지를 들고 있다.[5] 첫째 약간의 비용이 들고, 둘째 남편들이 제분기로 간 반죽으로 만든 또르띠야의 맛이 형편없다고 말하고, 셋째 자신의 메따떼를 팽개치고 제분소를 규칙적으로 들락거리는 여성을 이웃들이 낮추어 본다는 것이다. 즉 여성들은 그녀의 메따떼의 제분 능력에 대하여 자부심을 갖

닉스따말을 건져 빻는 장면(2006년, 위), 또르띠야 가게에서 압축기로 또르띠야를 만들고 꼬말에 익히는 모습(2006년, 아래)

고 있으며, 이 메따떼를 얼마나 능력껏 사용하는지가 또르띠야의 맛을 결정하기 때문이다. 따라서 메따떼의 이용은 1940년대에 기계 제분소가 도입되고서도 한참 동안 계속되었다. 레드필드는 그 당시 여성들은 하루에 두세 번 제분을 하였고, 평균 가구의 경우 하루에 약 6시간이 이에 소요되었으며, 또한 축제 때에는 전날 밤새 제분을 하였다고 한다.[6] 물론 떼뽀스뜰란은 말할 필요도 없고 산 안드레스에서 메따떼를 이용하여 옥수수를 제분하는 가정은 이제 한 집도 없다. 산 안드레스에는 현재 5개의 제분소가 있다.

이렇게 하여 마사(masa : 옥수수 반죽)가 만들어지는데, 이 반죽으로 다양한 음식들이 만들어진다. 가장 기본적인 것이 이른바 또르띠야이다. 압축기(aplaston)가 일반화되기 전에는 손으로 또르띠야를 만들었다. 반죽을 조금 떼서 이를 두 손 사이에서 굴려가며 작은 공처럼 만든다. 공 모양의 반죽을 양손으로 손뼉을 치듯이 때려가며 얇고 큰 동그라미를 만든다. 그러나 오늘날에는 압축기를 사용한다. 또르띠야 압축기는 나무나 금속으로 된 두 개의 원형판을 붙여놓은 것으로, 위의 판에 손잡이가 달려 있다. 아래 원형판에 작은 공 모양의 반죽을 놓고 위의 원형판을 누르면 얇고 큰 동그라미가 만들어진다. 이 크기는 용도에 따라 매우 다양하지만, 보통 지름이 20~30센티미터이다. 이것을 장작불 또는 가스불로 잘 달구어진 꼬말(comal)에 올려 굽는다. 꼬말은 원판으로 예전에는 흙으로 만들었으나, 지금은 열이 잘 전달되는 철로 만든다. 꼬말 위에는 석회 가루를 발라 옥수수 반죽이 눌어붙는 것을 방지하였다. 손바닥보다 크고 얇은 동그라미 반죽을 꼬말에 놓는 일이 가장 어렵다. 이따금 반죽이 손에 달라붙어 모양이 망가지기도 한다. 이럴 경우에는 처음부터 다시 만들어야 한다. 또르띠야가 익을 때까지 두세 번 정도 뒤집어 준다. 반죽에 포함

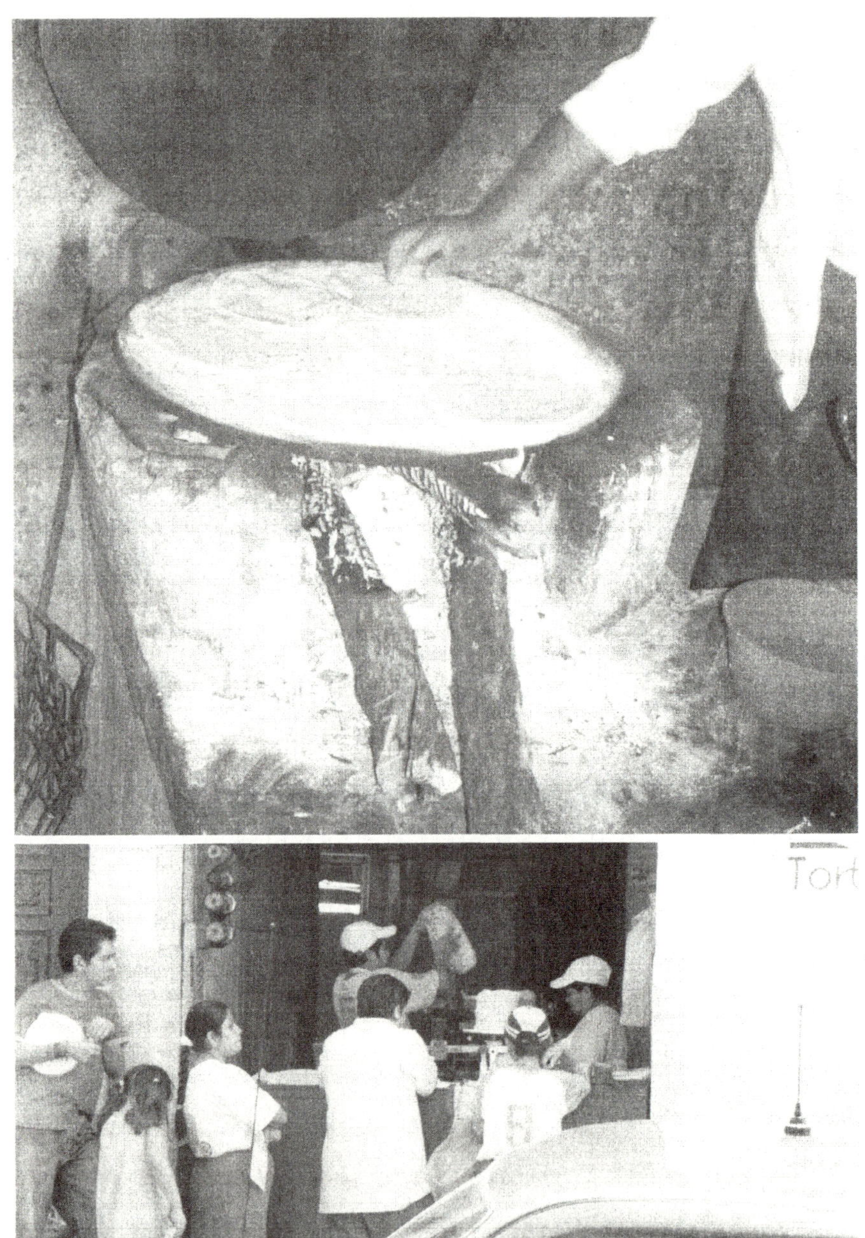

한 가정집 부엌의 꼬말에서 또르띠야를 만드는 장면(2006년, 위)
꾸에르나바까 또르띠야 가게에서 또르띠야를 사려고 줄을 선 모습(2004년, 아래)

된 수분이 증발하면서 타원형으로 부풀어 오르다가 점차 공기가 빠지면서 평평해진다. 그러면 다 익은 것이다. 이렇게 막 구워 낸 또르띠야 맛은 정말 고소하다. 한마디로 입에 짝 달라붙는다. 또르띠야는 빨리 식지 않도록 조그만 보자기(servilleta)에 싸서 바구니나 또르띠야 통에 넣어 식탁에 놓는다. 또르띠야는 식으면 맛이 없기 때문에 한 번에 다 만들지 않고 식사가 끝날 때까지 조금씩 계속 만든다. 축제 때처럼 손님들이 많을 경우에는 몇 명의 여성이 쉬지 않고 또르띠야를 만들어야 한다.

물론 지금은 산 안드레스의 많은 가정은 또르띠야 가게(tortillería)에서 또르띠야를 사다 먹는다. 가게는 마사를 넣어주기만 하면 또르띠야가 만들어져 나오는 기계로 만든다. 기계식 또르띠야를 사다 먹는 경우에도 또르띠야가 식어 맛이 떨어지기 때문에 식사를 하면서 또르띠야를 꼬말에 한 번 데워 먹는다. 도시에서는 보통 또르띠야를 사다 먹는데, 식사 시간 무렵이면 멕시코의 어느 도시에서든지 또르띠야를 사기 위해 줄을 서 있는 사람들을 볼 수 있다.

그런데 산 안드레스 사람들은 기계로 만든 또르띠야는 맛이 없다고 좋아하지 않는다. 사실 미각이 예민하지 않는 필자가 먹어 봐도 같은 옥수수 반죽을 사용하는데 꼬말에서 구워 만든 또르띠야와 기계식 또르띠야의 맛은 하늘과 땅 차이이다. 산 안드레스 사람들은 또르띠야를 사서 먹더라도 손으로 만들어 파는 또르띠야를 선호한다. 2006년 1월에 마을을 방문했을 때 두 개였던 기계식 또르띠야 가게는 거의 폐업 상태였고, 직접 손으로 또르띠야를 만들어 파는 또르띠야 가게가 네 개나 생겼다. 멕시코의 '정숙한' 여성의 상징이자 굴레였던 또르띠야가 이제는 경제적 여건을 호전시키는 좋은 부업거리가 되고 있다.

산 안드레스 사람들은 도시 사람들이 미국에서 수입된 '사료용 노란' 옥수수로 만든 또르띠야를 먹지만, 자신들은 직접 생산한 '하얀' 옥수수로 또르띠야를 손수 만들어 먹는다고 자랑한다. 또르띠야는 옥수수의 색깔에 따라 파란색·흰색·노란색·붉은색 등이 있다. 하얀 옥수수도 옅은 노란색을 띠고 있지만, 미국에서 수입된 옥수수가 상대적으로 더 노란 편이다. 하여튼 하얀색과 노란색의 대비나 수입한 옥수수에 사료용이라고 낙인을 찍는 것은 산 안드레스 농민들의 마지막 남은 자존심의 표현이라고 할 수 있다.

2. 몰레(Mole)

몰레는 뽀솔레, 따말과 더불어 가장 대표적인 멕시코의 전통 음식으로 축제, 의례 등에 빠지지 않는다. 몰레는 옥수수, 초콜릿, 고추 등 수십여 종의 재료로 만드는 '소스'와 비슷한 것으로 닭, 칠면조와 같은 고기에 섞어 먹는다. 몰레는 크게 두 종류, 몰레 로호(mole rojo : '붉은 몰레')와 몰레 베르데(mole verde : '파란 몰레')로 나뉜다. 흰색 옥수수를 사용하는 몰레 로호는 생일 파티나 축제 때 많이 먹는다. 파란색 옥수수를 사용하는 몰레 베르데는 몰레 로호보다 재료가 단순하고, 산 안드레스에서는 동굴기우제·사자의 날·장례식 같은 엄숙한 의례 때 많이 먹는다.

1) 몰레 로호(Mole Rojo)

몰레 로호는 보통 '몰레 뽀블라노(mole poblano)'로 알려져 있는데, 산 안드레스에서는 몰레 뽀블라노보다는 '몰레 로호'라는 이름으로 더 많이 불린다. 몰레 뽀블라노라고 불리는 것은 이 음식이 뿌에블라 (Puebla) 주에서 비롯되었기 때문이다. 뽀블라노는 뿌에블라의 형용사이다. 몰레의 역사는 식민지 이전까지 올라간다. 아스떼까 사람들은 중요한 사람을 대접할 때 물리(*mulli*), 곧 '잡탕(potaje 또는 mezcla)'이라는 음식을 준비했다고 한다. 그렇지만 오늘날 멕시코인들이 먹는 몰레는 식민지 시기에 만들어졌다고 할 수 있다. 몰레의 기원에 대해서 많은 이야기들이 전해져 내려온다. 예로 뿌에블라의 산따 끌라나(Santa Clara) 수도원의 한 수녀가 다양한 고추와 재료들을 메따떼에 갈고 있었다. 당시 이 수도원의 수녀들은 침묵 수련을 하고 있는데, 이 요리에서 풍기는 맛있는 향기에 취해 부엌으로 가서 수녀에게 "자매님, 무엇을 빻고 있나요(Hermana, ¡que bien mole(muele)!)"라고 물어보았는데, 여기에서 몰레의 이름이 비롯되었다고 한다. 또 다른 이야기도 있다. 어느 날 새 스페인(Nueva España : 지금의 멕시코)의 부왕 후안 데 빨라폭스(Juan de Palafox)와 뿌에블라의 대주교가 뿌에블라의 한 수도원을 방문하였다. 수도원 요리사였던 빠스꾸알(Pascual) 신부가 이들을 대접하고자 칠면조 요리를 준비하였는데 긴장한 나머지 실수로 초콜릿, 고추 등 다양한 재료들을 칠면조 요리를 하고 있던 솥에 넣어 버렸다. 이것이 몰레의 시작이 되었다고 한다.[7] 사실 몰레가 우연히 발명되었는지 모르지만, 몰레는 멕시코의 역사와 사회, 문화를 잘 반영하고 있다고 하겠다. 다시 말해 아스떼까 사회의 요리였던 물리(*mulli*)는 식민지 시기에 스페인 사람들과 함께 들어온 여러 가지 재료들과 결합되면서 몰레로 완성되었다. 몰레는 멕시코 모든 지역의 특산물과 결합하여 지역마다 독특한 맛을 내며 가장 대표적인 축제와 의례 음식으로 자리잡게 되었다.

산 안드레스도 예외는 아니어서 몰레의 요리법은 정해진 것이 없다고 말할 만큼 가정마다 자신들만의 조리법을 가지고 있다. 가정마다 몰레 로호의 맛이 조금씩 다르며, 몰레 로호가 그 집의 맛을 상징한다고 할 수 있다. 산 안드레스에서는 몰레 로호가 여성들의 음식 솜씨를 겨루는 기준이 되기도 한다. 따라서 가정은 자신들만의 몰레 맛을 만들어내려고 노력한다. 축제 때 초대받아 몰레를 먹고, "몰레가 아주 맛있다"는 말을 빼놓아서는 안 된다. 물론 매우 맛있다는 말을 하지 않을 수 없다. 몰레를 대접하고 나서 주인이나 안주인이 손님에게 몰레 맛이 어떠냐고 물어보지 않으면 이상할 정도로, 모든 가정은 자기 집의 몰레 맛을 확인하고자 손님들에게 질문을 던진다. 어느 누가 그 면전에서 "맛이 없다"고 당당하게 말할 수 있겠는가?

경제적 사정에 따라 몰레에 넣은 재료가 다를 수 있는데, 산 안드레스의 몰레 로호의 조리법은 대체로 다음과 같다. 몰레에는 많게는 30여 가지 재료가 들어간다. 주요 재료는 피망고추(chile ancho), 고추 빠시야(chile pasilla), 고추 물라또(chile mulato), 후추(pimienta), 튀긴 마른 또르띠야, 튀긴 빵가루, 아몬드, 초콜릿, 계피(canela), 참깨(ajonjoli), 잣(piñones abellanas), 견과류, 땅콩, 마늘, 양파, 건포도, 토마토 등이다. 이 재료들은 시간을 두고 하나씩 준비한다. 무엇보다 고추는 가장 중요하고 많이 들어가는 재료인데, 고추를 손질하는 것은 보통 일이 아니다. 고추의 머리꼭지, 씨, 힘줄(veneno) 등을 제거하고 고추 표면을 젖은 수건으로 잘 닦아야 한다. 사람들이 둘러앉아 고추의 매운 기운 때문에 눈물과 콧물을 흘려가며 일하는 모습은 웃음을 자아낸다.

이 재료들이 다 준비되면 한곳에 모은다. 일반적으로 고추는 따로 두고, 다른 재료들은 한 통에 넣는다. 그리고 이를 함께 빻아야 한다. 지금은 제분소에서 몇 분이면 갈지만, 예전에는 몰까헤떼

몰레의 재료들(2006년, 위), 몰레의 가장 중요한 재료인 고추(2006년, 아래),
몰레 재료를 빻는 장면(2006년, 오른쪽)

(molcajete : 절구)나 메따떼(metate : 맷돌)에 하루 내내 갈아야 했다. 재료를 가지고 떼뽀스뜰란 읍내의 방앗간(molino)으로 가지고 간다. 운반이 쉽지 않기 때문에 이 일은 남자가 도와주어야 한다. 또르띠야·빵·참깨·아몬드 등을 먼저 간 다음, 고추를 마지막에 간다. 방앗간에서 갈아 온 재료와 고추를 물에 섞어 희석화한다. 재료를 물과 함께 섞으며 뭉치지 않도록 손으로 잘 저어주는 것이 매우 중요하다.

그런 다음 재료를 큰 솥(cazuela)에 넣고 끓인다. 잘 끓이지 않으면 설사 등의 원인이 된다고 한다. 몰레를 끓이는 데에는 보통 4시간 정도 걸린다. 끓일 때 이것이 눌어붙지 않도록 계속 저어주는 것이 중요하다. 그러나 장작불 옆에서 4시간 정도 큰 솥을 젓는 일은 결코 만만

빻은 몰레 가루에 물을 넣고 끓이는 장면(2006년, 왼쪽),
닭고기를 넣고 몰레를 끓이는 장면(2006년, 오른쪽)

하지 않다. 만드는 몰레의 양이 적다면 가족들이 돌아가며 저을 수 있
지만, 축제 때문에 많은 양을 준비할 때에는 혼자서 이 일을 하는 것이
꽤 어렵다. 그래서 축제를 할 때는 이를 도와주는 사람을 고용하기도
한다. 2006년 1월에 있었던 마리아(María) 성인식의 경우, 약 700명분
의 몰레를 준비하였다. 이때 마을 청년 4명이 큰 솥 두 개를 서로 돌아
가며 저었다. 몰레에서 기포가 생기면 거의 다 익은 것이다.

다른 한편에서는 몰레에 넣을 고기, 돼지, 닭, 칠면조 등을 준비한
다. 어떤 집에서는 집에서 키운 가축을 잡기도 하여 산 안드레스와 산
살바도르 마을 축제 때 돼지나 닭을 잡는 소리를 마을 곳곳에서 들을
수 있다. 일반적으로 몰레에는 닭고기가 많이 들어간다. 고기에서 잔
털과 기름기를 제거한다. 이를 깨끗하게 정리한 다음, 다음날 몰레에
넣기 전까지 신선도를 유지하기 위해 냉장고에 넣어둔다. 닭고기는 떼
뽀스뜰란, 꾸에르나바까, 야우떼뼥 등지에서 사 온다. 마리아의 경우,
야우떼뼥의 닭고기 전문 체인점에서 닭고기를 사 왔는데, 1킬로그램당
20뻬소로 떼뽀스뜰란의 닭집보다 약 10뻬소가 싸다고 하였다.

축제 당일에 몰레가 든 큰 솥에 손질한 닭고기를 넣고 약 3~4시간 동안 다시 끓인다. 이때도 몰레가 눌어붙지 않도록 계속 저어주어야 한다. 닭고기가 다 익으면 닭고기를 꺼내어 별도의 큰 솥에 옮겨 담는다. 이렇게 하면 몰레 준비가 끝난 것이다.

축제 날 사람들이 오면 몰레를 대접한다. 먼저 그릇에 닭고기 조각을 놓고 그 위에 몰레를 얹는다. 그리고 보통 몰레와 함께 삶은 콩(frijol)과 볶은 쌀밥(arroz)도 놓는다. 쌀밥은 쌀을 씻은 뒤, 큰 솥에 식용유를 넣고 익을 때까지 볶아서 만든다. 쌀이 익기 시작하면 토마토를 갈아 넣어 맛을 내기도 한다. 물론 몰레를 먹을 때도 또르띠야는 기본이다. 또르띠야로 닭고기, 몰레 등을 싸서 먹는다.

2) 몰레 베르데(mole verde)

몰레 베르데는 일반 축제 때 준비하기도 하지만 장례식, 사자의 날 같은 특정한 날에 주로 먹는다. 몰레 로호에 비해 재료가 매우 간단하여 비용도 적게 들 뿐만 아니라, 요리하는 데 드는 시간도 매우 짧다. 따라서 몰레 베르데는 장례가 생긴 경우, 조문하러 온 사람들을 대접하기 위해 급히 만드는 가장 대표적인 음식이다. 장례식 날에는 로메로를 만들지라도 장례식 이전에는 몰레 베르데를 준비하여 조문객을 대접한다. 몰레 베르데의 재료는 파란 고추와 파란 토마토가 주를 이룬다. 먼저 말린 파란 고추(chile jalapeño)에서 씨와 힘줄을 제거한 뒤, 천 등으로 깨끗이 닦아서 믹서에 간다. 이에 실란뜨로(cilantro : 향초), 양파, 마늘과 호박씨 등을 함께 넣고 믹서에 간다. 그리고 이것을 물과 섞은 뒤 식용유를 얇게 바른 큰 솥에 넣어 끓인다. 끓일 때는 눌어붙지 않도록 계속 저어야 한다. 몰레 베르데 소스 전체에 기포가 생길 때까지 끓인 뒤 고기 등을 넣는다. 축제 때에는 닭고기보다는 돼지고기를 주로 먹는다. 그런데 장례식 때에는 고기, 더욱이 붉은색 고기를 먹을 수 없기 때문에 고기 대신 치즈를 넣어 다시 기포가 생길 때까지 끓인다. 감자와 계란을 함께 식용유에 익힌 다음 살사 베르데와 섞어 끓이기도 하는데, 이 요리를 '계란이 있는 몰레 베르데(mole verde con huevos)'라고 부른다. 몰레 베르데를 대접할 때에는 보통 따말이 함께 나온다.

3. 로메로(romero)

몰레 베르데와 더불어 대표적인 장례식 음식으로 로메로를 들 수 있다. 로메로는 몰레 베르데에 비해 돈과 시간이 많이 들기 때문에 경제적으로 넉넉하지 못하면 준비하는 것이 쉽지 않다고 한다. 그럼에도 산 안드레스에서는 되도록 로메로를 준비하려고 한다. 로메로 만드는 과정은 몰레 로호를 조리하는 과정과 같다.

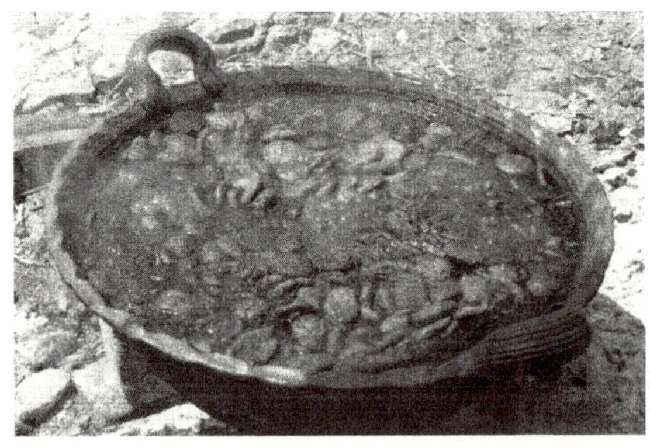

도냐 마우라 장례식 때 만든 로메로(2007년)

404

먼저 몰레 로호를 만든다. 앞에서 말했듯이 장례식에서는 고기, 특히 붉은색 고기를 먹을 수 없기 때문에 고기 대신 로메로, 빠빠 깜쁘라이(papa cambrai : 작은 감자), 선인장(nopal), 새우 동그랑땡(tortita de camarón), 아바(haba) 콩을 몰레 로호에 넣는다. 파란색 채소인 로메로를 다듬어 미지근한 물에 넣어 데친다. 선인장도 잘게 썰어 데친다. 마른 새우를 갈아서 기름에 튀겨 조그마한 동그랑땡을 만든다. 그리고 감자와 아바는 씻어 다듬어 놓는다. 몰레 로호가 만들어지면 로메로, 선인장, 빠빠 깜쁘라이, 마른 새우, 새우 동그랑땡을 차례로 넣어 다시 끓인다. 그러면 로메로가 된다.

4. 따말(tamal)

따말은 '옥수수 빵'이라고 할 수 있는데 몰레와 더불어 대표적인 축제 음식이다. 나아가 축제 음식 가운데 가장 오래된 역사를 가지고 있다고 하겠다. 따말은 멕시코뿐만 아니라 라틴아메리카의 여러 나라에서 먹는 음식이다. 특히 멕시코 고대사회에서 따말은 일상에서뿐만 아니라 종교의례 등에서도 많이 만들어졌다. 산 안드레스에서 행해지는 동굴기우제에서도 따말은 매우 중요한 제물이다. 식민지 이전부터 지금까지 다양한 의례에서 진설되고 있는 따말은 옥수수에 바탕을 둔 원주민의 세계관이 지속될 수 있는 매개체가 되었다.

따말리(*tamalli*)는 나우아뜰어로 '싼(envuelto)'을 뜻한다. 따말은 옥수수 껍질 또는 바나나 잎에 옥수수 반죽을 넣고 싸서 찐 음식이다. 산 안드레스에는 대부분 옥수수 껍질을 사용하고 드물게 바나나 잎을 이용하기도 한다. 오아하까, 유까딴, 치아빠스 등 멕시코 남부지역에서는 바나나 잎을 많이 쓴다. 또한 지역에 따라 옥수수 잎과 바나나 잎 외에도 아구아까떼(aguacate : 아보카도) 잎, 마게이(maguey : 용설란) 잎 등을 사용한다. 멕시코에는 라틴아메리카 국가 가운데서도 가장 많은 종류의 따말이 있는데 적게는 500여 종, 많게는 5천여 종이 있다.[8]

따말을 만들려면 또르띠야를 만드는 과정에서 살펴본 것처럼 일단 옥수수 반죽을 만든다. 그리고 물에 적셔 부드럽게 한 옥수수 껍질 안에 반죽을 넣고 싼다. 옥수수 반죽 외에 아무것도 넣지 않기도 하지만 반죽과 함께 돼지고기, 닭고기, 몰레, 고추, 버섯, 콩, 마늘, 야채 등을 넣는다. 그리고 솥 안에 따말을 넣고 찐다.

따말은 옥수수 반죽과 옥수수 껍질만 있으면 쉽게 만들 수 있어서 몰레 로호, 뽀솔레 등에 비해 소량으로 자주 해 먹는 음식이다. 또한 멕시코시티 등 길거리 포장마차 등에서 출퇴근 시간에 식사 대용으로 많이 팔기도 한다. 서너 개의 따말과 아똘레 한 잔이면 거뜬히 한 끼의 식사가 된다. 무엇보다 따말은 생일, 장례 기도회 등 다양한 축제와 의례에서 간소하게 손님을 접대하기 위한 음식으로 자주 식탁 위에 오른다.

산 안드레스를 비롯한 농가에서 따말용 옥수수 껍질의 판매는 중요한 부수입 가운데 하나이다. 옥수수 알곡을 덮고 있는 옥수수 껍질은 마른 옥수수인 마소르까에서 채취한다. 따말용이 아니라면 옥수수 껍질은 가축 먹이로 사용하거나 그냥 쓰레기로 버려진다. 그렇지만 따말용 옥수수 껍질 1마노(mano : 덩어리, 100여 장)의 가격은 거의 옥수수 1꾸아르띠요(cuartillo : 약 2리터)와 같다. 이런 까닭에 농민들, 특히 토지가 많지 않은 농민들은 가능하면 따말용 옥수수 껍질을 채취할 수 있는 옥수수 종을 심는 경향이 있다. 이른바 토종인 옥수수

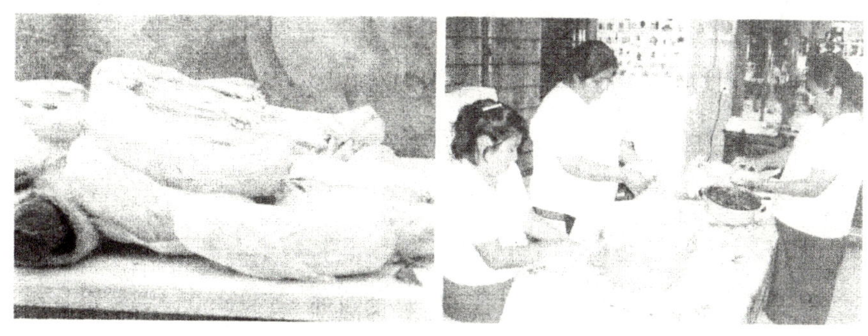

따말용 옥수수 껍질 묶음(2006년, 왼쪽), 따말을 만드는 모습(2006년, 오른쪽)

안초(ancho)는 잎이 얇고 부드러워서 따말용 껍질로 많이 이용된다. 개량종 옥수수 잎은 두껍고 거칠어서 따말용 껍질로는 잘 사용되지 않는 편이다. 최근 들어 경작하기 어려운 안초의 경작 물량이 적어지면서 개량종 옥수수의 잎을 따말용 껍질로 사용하기도 한다. 그렇지만 개량종 옥수수 껍질은 거칠어서 온전하게 벗겨지지 않고 쉽게 찢어져 쓸 수 있는 양이 많지 않다. 오늘날 농민들은 개량종 옥수수의 재배 면적을 늘려가고 있지만 여전히 뽀솔레, 따말, 맛 좋은 또르띠야를 얻기 위해 적은 양이라도 꼭 토종 옥수수를 심는다.

5. 뽀솔레(pozole)

뽀솔레는 몰레 로호와 더불어 대표적인 축제 음식이다. 몰레 로호에 비해 비용도 적게 들고 요리 방법도 간단해서 축제 때, 특히 생일이나 졸업식 등과 같은 행사 때 많이 먹는다. 뽀솔레는 옥수수, 고추, 돼지고기 또는 닭고기 등을 넣어 만든 '탕(caldo)'인데 보통 굵고 큰 옥수수 알갱이를 재료로 쓴다. 따라서 뽀솔레용 옥수수는 다른 옥수수보다 비싸다. 먼저 옥수수에 석회를 넣어 끓여 닉스따말을 만든다. 닉스따말에서 석회를 제거하고 옥수수를 씻는다. 그리고 다시 물을 부어 옥수수 알갱이가 터지고 국물이 묽어질 때까지 끓인다. 이때 꽤 많은 시간이 걸린다. 이와는 별도로 돼지고기 또는 닭고기를 익혀 잘게 잘라 놓는다. 음식을 내올 때 뽀솔레에 준비한 고기를 얹는다. 뽀솔레에 잘게 썬 양상추(lechuga)와 무(rábano), 아구아까떼, 치즈, 꽃박하(orégano) 가루, 고춧가루, 소금, 레몬(limon)즙 등을 자신의 기호에 맞게 넣어 먹는다. 이따금 털이 삐죽삐죽 남아 있는 돼지고기가 목에 걸리기도 하지만 맛은 그야말로 최고이다.

6. 아똘레(atole)

아똘레는 대표적인 마실 거리이다. 아똘레의 어원인 아똘리(*atolli*)는 나우아뜰어로 '물에 탄'이라는 뜻이다. 지금은 산 안드레스에서 커피와 콜라 등의 음료수에 밀리고 있지만, 아똘레는 축제·뽀사다·생일 등에서 손님을 접대할 때 등장하는 전통적인 마실 거리이다. 사람들은 아똘레를 따말이나 빵과 함께 먹는다. 아똘레도 매우 종류가 많다. 산 안드레스에서는 보통 옥수수 가루에 물을 타서 끓이는데, 이는 가장 기본적인 것이다. 옥수수 가루 대신에 밀가루와 쌀가루를 넣기도 한다. 그리고 설탕, 꿀 등을 넣어 먹기도 한다.

3. 떼뽀스뜰란의 축제력

떼뽀스뜰란 무니시뼤오에 속해 있는 마을(pueblo), 바리오(barrio), 꼴로니아(colonia) 등에서 열리고 있는 축제와 의례를 월별로 정리하였다. 이 자료는 레드필드[9], 루이스[10], 에체베리아[11] 등의 책을 바탕으로 구성하였다.

1월

1일 신년 축제

산따 마리아 축제(Santa María de Tepoztlán)

5일 떼뽀스뜰란 읍의 나띠비닷 교회에서 12월 24일 아기 예수(El Niño Dios) 달래기를 했던 대부모들이 참석하여 철야기도를 한다.

6일 동방박사 축일 : 로스 레예스 바리오의 수호성인 축제.

12일 산또 도밍고(Santo Domingo) 바리오와 산 미겔(San Miguel) 바리오의 축제 : 성처녀 과달루뻬가 후안 디에고에게 발현한 것을 기념한다.

산따 까따리나(Santa Catarina) 마을 축제 : 산따 까따리나는 떼뽀스뜰란 읍 다음으로 인구가 많은 마을이다. 이곳은 원주민 문화와 공동체성이 가장 강하게 남아 있는 마을로 유명하다.

축제는 12일이 들어 있는 일요일까지 이어지며, 떼뽀스뜰란 무니시뻬오의 마을뿐만 아니라 꾸에르나바까, 야우떼뻭 등지에서도 사람들이 많이 온다.

20일 산 세바스띠안(San Sebastian) 바리오 축제 : 세바스띠안 바리오의 축제는 거의 일주일 동안 이어진다. 특히 축제 기간인 일요일과 다음주 월요일·화요일까지 춤과 브링꼬가 행해지는데, 이것은 사순절 초기에 떼뽀스뜰란 읍의 광장에서 열릴 카니발의 전초전이라고 할 수 있다.

2월

2일 깐델라리아 성모 축일 : 모든 마을, 바리오, 꼴로니아의 교회에서 아기 예수를 축복한다. 엘 떼소로(El Tesoro) 꼴로니아의 축제.

미정 떼뽀스뜰란읍의 카니발 : 재의 수요일 전의 3일 동안 행해진다. (이에 대한 자세한 내용은 이 책의 부활절 의례를 참조)

3월

미정 미초아깐(Michoacán) 주의 산 후안 뉴에보(San Juán Nuevo) 마을로부터 오는 기적의 예수의 방문이 있다. 떼뽀스뜰란 읍의 바리오마다 행진과 경축 행사가 있다.

9일 산 호세(San José) 축일 : 산 호세 바리오[라 오하(la hoja)라고 불리기도 한다]의 수호성인 축제로 집집마다 몰레, 또또막스뜰레로스(totomaxtleros)를 만들고, 아엔데 거리에 있는 성당에서는 음악을 연주하고 밤에는 춤을 춘다.

410

4월

미   정   사순절 마지막 주 : 부활의 일요일(Domingo de Pascua) 의
례와 작은 카니발이 있다.

29~30일   산 뻬드로(San Pedro) 바리오 축제 : 마을의 어린이들은
'단시따스(dancitas)'라는 전통 춤 경연에 참여한다. 레드
필드[12]에 따르면, 산 뻬드로 바리오 축제는 두 종교의 춤
이 경연되어 중요하다. 하나는 산또 도밍고 마을에서 온
이슬람 종교를 믿는 아랍계 무어족(Los Moros)의 춤이다.
또 다른 하나는 '춤꾼들(Los danzantes)'이 추는 가톨릭 전
통의 춤이다. 춤꾼들의 구성원들은 떼뽀스뜰란 모든 바
리오들에서 뽑힌 어린이들이다. 산 뻬드로 바리오는 규
모가 작아 이곳의 아이들로 팀을 구성할 수 없기 때문에,
모든 바리오에서 아이들을 모집한다. 그리고 산 뻬드로
바리오의 선생이 이들에게 춤을 가르친다. 춤꾼들은 수
놓은 치마를 입고, 실크 목수건을 하고, 검은색 타조 깃
털로 장식한 종이 왕관을 쓴다. 이들은 큰 장대에 매단 다
양한 색의 리본을 서로 교차하며 춤을 춘다. 그러나 노래
를 하지는 않는다.

5월

3일   십자가의 날 : 마을마다 십자가 의례를 한다.
산따 끄루스(Santa Cruz) 바리오 축제 : 멕시코 주의 산 미겔 알
마야(San Miguel Almaya)에서 투우사(arriero)가 제물(ofrenda)을
가지고 온다. 밤에 까스떠요 놀이가 있다.

두 번째 일요일 우일로떼뻭(Huilotepec)과 띠에르라 블랑까(Tierra Blanca) 꼴로니아 축제.

8일 산 미겔(San Miguel) 바리오 축제 : 음악이 있으며 밤에는 까스 띠요가 있다.

이스까떼뻭(Ixcatepec) 축제의 시작일이다. 이 축제는 떼뽀스뜰 란 무니시삐오 마을 축제 가운데 가장 중요한 축제 가운데 하나 로 일주일 동안 이어진다. 이 기간에는 다수의 쁘로메사가 있고 하리뻬오, 난장 등이 열린다.(이에 대한 자세한 내용은 이스까떼뻭 순례의 절을 참조)

15일 산 이시드로 축일(San Isidro Labrador) : 아밀싱고(Amilcingo) 들 판에서 씨앗 축원과 미사가 있다. 음악과 오케스트라 연주가 있다. 이 축제는 17세기부터 이어져오고 있다고 한다.

29일 아마뜰란(Amatlán) 마을의 께짤꼬아뜰(Quetzalcóatl) 축제.
산 후안 뜰라꼬뗑꼬(San Juán Tlacotenco) 마을의 축제가 있다.
이 축제는 3일 동안 이어지며 하리뻬오, 춤 등이 있다.

6월

미정 산띠시마 뜨리니닷(La Santísima Trinidad) 축일 : 라 산띠시마 바리 오의 축제로 몰레, 음악 그리고 밤에 까스띠요가 있다.(12일 무렵)

24일 산 후안(San Juán)의 축일 : 산 후안 뜰라꼬뗀꼬 마을의 수호성 인 축제.

29일 산 뻬뜨로(San Pedro) 축일 : 산 뻬드로 바리오의 축제.

22일 산따 막달레나(Santa Magdalena) 축일 : 산따 막달레나는 아마뜰
    란 마을의 수호성인으로, 아마뜰란의 수호성인 축제가 열린다.

25일 산띠아고 떼뻬뜰라빠(Santiago Tepetlapa) 마을의 축제.

8월

4일 산또 도밍고(Santo Domingo) 바리오의 축제.
    산또 도밍고 오꼬띠뜰란(Santo Domingo Ocotitlán) 마을의 수
    호성인 축제.

6일 산 살바도르(El Salvador) 축일 : 산따 끄루스 바리오와 이스까
    떼뻭(Ixcatepec) 마을의 수호성인 축제.

15일 아순시온 성모(La Asunción de María) 축일 : 산 세바스띠안
    (San Sebastián) 바리오의 축제.

9월

8일 나띠비닷 성모(La vírgen de Natividad)의 축일 : 이날은 떼뽀스뜰
    란 마을의 수호성인 라 나띠비닷의 축일이면서 동시에 스페인
    정복 전 떼뽀스뜰란의 전설적인 시조신(始祖神)인 떼뽀스떼까뜰
    (Tepoztécatl)의 축제 날이기도 하다. 떼뽀스뜰란 무니시뻬오에
    서 열리는 축제 가운데 규모가 가장 크다. 축제는 7일 밤에 본격
    적으로 시작된다. 7일 밤에 사람들은 떼뽀스떼까뜰이 살았던 피
    라미드에 오른다. 그리고 피라미드에서 밤을 훤히 비추며 날을
    샌다. 떼뽀낙스뜰레(*teponaxtle*), 고동 피리(caracol), 기타 등 전

통 악기와 서양 악기가 어울린 연주 소리가 울려 퍼진다. 읍내
광장인 쁠라사(plaza)에 나무로 만든 피라미드, 즉 신전 떼오깔
리(*téocalli*)가 세워진다. 이곳에서 떼뽀스떼까뜰 주변의 7개 마
을의 공격으로부터 떼뽀스뜰란을 방어하는 연극이 펼쳐진다.
로스 레예스(Los Reyes) 바리오 축제.

28일 뻬리꼰 십자가(El Pericón)의 날 : 경작지와 집에 뻬리꼰 십자
가를 세우고, 첫 엘로떼 수확을 하여 구워 먹는다.

29일 산 미겔 대천사(San Miguel Arcángel)의 날 : 산 미겔 바리오 수
호성인 축제.

10월

7일 로사리오 성모(La Vírgen del Rosario) 축일 : 산따 끄루스(Santa Cruz)
바리오의 성처녀 로사리오 축제.

28일 사자의 날 : 사고로 죽은 사람들을 위한 제사.

31일 사자의 날 : 어려서 죽은 자들을 위한 제사.

11월

1~2일 사자의 날 : 모든 성인을 위한 제사

8일 사자의 날 : 옥따바(Octava de muertos)

22일 산따 세실리아(Santa Cecilia) 축일 : 산따 세실리아 꼴로니아의 축제.

25일 산따 까따리나(Santa Catarina) 축일 : 산따 까따리나 마을의 수
호성인 축제.

30일 산 안드레스 축일 : 산 안드레스 데 라 깔 마을의 수호성인 축제.

12월

8일   성모 꼰셉시온(Purísima concepción de la Virgen) 축일.

12일   성모 과달루뻬 축일 : 모든 마을에서 의례가 이루어진다. 특히 라 산띠시마(La Santísima) 바리오에서는 음악, 닭싸움, 까스띠요 등이 행해진다.

16~23일   뽀사다(Posada) 기간 : 모든 마을에서 행해진다.

24일   성탄절 전야 : 아기 예수 달래기 의례가 모든 교회에서 행해진다.

25일   성탄절(La Navidad) : 라 나띠비닷 꼴로니아의 축제

31일   새해.

란초 누에보(Rancho Nuevo) 꼴로리아의 미사와 축제.

1 León—Portilla, Miguel, 2003, "Niñez y Juventud entre los Nahuas", *Arqueología Mexicana 60*, pp. 7.

2 Redfield, Robert, 1930, *Tepoztlan, a Mexican Village*, Chicago: University of Chicago Press, p. 87.

3 이성형, 2003,《콜럼버스가 서쪽으로 간 까닭은?》, 까치, 255쪽 참조.

4 Redfield, Robert, 1930, *Tepoztlan, a Mexican Village*, Chicago: University of Chicago Press, p. 86.

5 위의 책, p. 49·87.

6 Redfield, Robert, 1930, *Tepoztlan, a Mexican Village*, Chicago: University of Chicago Press, p. 87.

7 http://es.wikipedia.org/mole poblano 참조.

8 http://es.wikipeida.org/tamal 참조.

9 Redfield, Robert, 1930, *Tepoztlan, a Mexican Village*, Chicago: University of Chicago Press.

10 Lewis, Oscar, 1976, *Tepoztlán: un pueblo de México*, México: Joaquín Mortiz, 이덕성 옮김, 1994,《떼뽀스뜰란 마을: 멕시코 농민 문화》, 교문사.

11 Echeverría, Eugenia, 1994, *Tepoztlán, ¡Qué viva la fiesta!*, Dirrección General de Culturas populares Unidad Regional Morelos.

12 Redfield, Robert, 1930, *Tepoztlan, a Mexican Village*, Chicago: University of Chicago Press, p.117~118.

참고문헌

문헌 자료

고혜선, 1998, 《메스티소의 나라들: 중남미 문화의 이해》, 단국대학교 출판부.

김세건, 1999, 〈옥수수 다루기를 통해서 본 멕시코 농촌근대화〉, 《아시아태평양지역연구》 1권 2호, 57~79쪽.

______, 2000a, 〈멕시코 한 농촌의 농업의례와 인식체계의 변화〉, 《한국문화인류학》 33권 1호, 117~160쪽.

______, 2000b, 〈성모 과달루뻬 신앙의 형성과 그 의미〉, 《라틴아메리카 연구》 13권 1호, 135~164쪽.

______, 2000c, 〈북을 향하여: 멕시코 농민들의 미국, 캐나다로의 일시이민과 사회문화적 변동의 제양상〉, 《한국사회과학》 22권 2호, 159~198쪽.

______, 2001, 〈멕시코 농촌에서 꼼빠드라스고의 구조와 역할〉, 《비교문화연구》 7권 2호, 3~35쪽.

______, 2003, 〈메소띠소와 원주민 사이에서: 멕시코 국민주의와 원주민 종족성〉, 《한국문화인류학》 36권 2호, 3~36쪽.

______, 2004, 〈멕시코 농촌 가구와 친척관계의 구조 및 변화양상: 떼뽀스뜰란의 한 농촌 마을 사례를 중심으로〉, 《라틴아메리카 연구》 17권 2호, 85~116쪽.

______, 2006, 〈멕시코 정치변동기의 마을정치의 변화와 그 특징〉, 《라틴아메리카 연구》 19권 2호, 127~158쪽.

김세건, 2007, 〈지방정치 중심으로써의 무니시삐오의 변화와 특징 : 떼뽀스뜰란 무니시삐오를 중심으로〉, 《이베로아메리카》 9권 2호, 45~76쪽.

______, 2009, 〈멕시코 떼뽀스뜰란 지역의 신화와 특징〉, 임봉길 외, 《세계 신화의 이해》, 소화, 207~240쪽.

남덕현, 2006, 〈문화이론을 통해 본 축제의 의미 : 문화적 정체성과 열린 축제의 문제를 중심으로〉, 유럽사회문화연구소 엮음, 《축제와 문화적 본질》, 연세대학교 출판부, 3~26쪽.

박일영, 2009, 〈천주교 일생의례의 종교적 특성과 세계관〉, 《아시아 일생의례의 비교연구》, 2009년도 비교민속학회 춘계학술대회 발표논문집, 179~190쪽.

박종욱, 2006, 《라틴아메리카 신화와 전설》, 도서출판 바움.

류정아, 1999, 《전통성의 현대적 발견 : 남프랑스 마을의 축제문화》, 서울대학교출판부.

______, 2007, 《축제인류학》, 살림.

서병훈, 1991, 〈라틴아메리카 연구의 경향과 과제〉, 서병훈 엮음, 《라틴아메리카의 도전과 좌절》, 나남, 15~31쪽.

송영규, 2001, 《프랑스의 세시풍속》, 도서출판 만남.

안문기, 2008, 《은혜로운 계절 축제》, 가톨릭출판사.

이 마이클(Yi Michael), 2003, 《세계의 축제 문화기행》, 평단.

이성형, 2003, 《콜럼버스가 서쪽으로 간 까닭은?》, 까치.

주종택, 2004, 〈라틴아메리카의 사회변화와 축제 : 겔라겟사와 카니발의 사례〉, 《라틴아메리카연구》 17권 3호, 131~161쪽.

______, 2005, 〈라틴아메리카〉, 오명석 외, 《세계의 풍속과 문화》, 한국방송통신대학교 출판부, 335~369쪽.

정혜주, 2004, 《멕시코시티 : 아스떼까 문명을 찾아서》, 살림.

크레머 마크 지음, 김경하 옮김, 2005, 《멕시코》, 도서출판 휘슬러.

한상복 · 이문웅 · 김광억, 1988, 《문화인류학개론》, 서울대출판부.

Adams Dennis, Philip, 1990, *Conflictos por tierras en el Valle de Oaxaca*, México: INI.

Barros, Cristina y Marcos Buenrostro, 1997, "El maíz nuestro sustento", *Arqueología Mexicana* 25, p. 6~15.

Bartra, Roger, 1987, *La jaula de la melancolía: Identidad y metamorfosis de mexicano*, México: Grijalbo.

Bonfil Batalla, Guillermo, 1989, *México profundo: una civilzación negada*, México: Consejo Nacional para la Cultura y las Artes/Grijalbo.

Brading, David, 1993(1973), *Los orígenes del nacionalismo mexicano*, México: Era.

Cancian, Frank, 1965, *Economía y prestigio en una comunidad maya*, México: INI/CNCA.

Cosío Villegas, Daniel, etc., 1973, *Historia mínima de México*, México: El Colegio de México, 고혜선 옮김, 1996, 《멕시코의 어제와 오늘》, 단국대학교 출판부.

Cox, Harvey, 1969, The Feast of Fools, 김천배 옮김, 1977, 《바보祭: 제축과 환상의 신학》, 현대사상사.

De la Peña, Guillermo, 1980, *Herederos de promesas: Agricultura, política y ritual en los altos de Morelos*, México: La Casa Chata.

Dussel, Enrique, 1992, 1492, *El encubrimiento del otro: El origen del "mito de la modernidad"*, Santafé de Bogotá, D.C.: Ediciones Antropos.

Duvignaud, Jean, 1973, *Fêtes et civilisations*, Weber, 류정아 옮김, 1998, 《축제와 문명》, 한길사.

Echeverría, Eugenia, 1994, *Tepoztlán, ¡Qué viva la fiesta!*, Dirrección General de Culturas populares Unidad Regional Morelos.

Eliade, Mircea, 1957, *Das Heilige und Das Profane*, Rowohlt Taschenbuch Verlag GmbH, 이은봉 역, 2008, 《성과 속》, 한길사.

Florescano, Enrique, 1994, *Memoria Mexicana*, México: Fondo de Cultura Económica.

Florescano, Enrique, 1996(1993), *El mito de Quetzalcóatl*, México : Fondo de Cultura Económica.

Frank, Andre Gunder, 1998, *ReOrient : Global Economy in the Asian Age*, University of California Press, 이희재 옮김, 2003, 《리오리엔트》, 이산.

Foucault, Michel, 1971, *L'ordre du discours*, Callimard, 이정우 옮김, 1995, 《담론의 질서》, 새길 신서.

Fuentes, Carlos, 1992, *El espejo enterrado*, México : Fondo de Cultura Económica, 서성철 옮김, 1997, 《라틴아메리카의 역사》, 까치.

Gallegos Devéze, Marisela, "Las fiestas religiosas entre los Matlatzincas de San Francisco Oxtotilpan", en Efraín Cortés Ruiz(coords.), *Las fiestas a los santos : el culto familiar y comunal entre los otomianos y nahuas del Estado de México*, México : CONACULTA-INAH, pp. 157~202.

Gallo, Joaquín, 1994, *Tepoztlán : personajes, descripciones y sucedidos*, Mexico : Talleres Gráficos de Cultura.

García Canclini, Néster , 1990, *Culturas híbridas : estrategia para entrar y salir de la modernidad*, México : Grijalbo.

Grisby, Thomas, 1992, "Xilonen in Tepoztlan : A Comparison of Tepoztecan and Aztec Agrarian Ritual Schedules", *Ethnohistory* 39(2), pp. 108~147.

Gutiérrez Castillas, José, 1984, "La organización de la iglesia en la Nueva España", *Historia general de la iglesia en América Latina*, Tomo V, México : Paulinas, pp. 55~93.

Gutiérrez de Liebana, Juán, 1905, "Relación hecha el 19 de septiembre de 1580 por el corregidor de la villa", Francisco del Paso y Troncoso, *Papeles de Nueva España. Segunda Serie. Geografía y Estadística T. VI*, Madrid : Tipográfico Sucesores de Rivadenenyra.

Huberman, Leo, 1936, *Man's Worldly Goods : The Story of the Wealth of*

Nations, New York and London : Monthly Review Press, 장상환 옮김, 2004, 《자본주의 역사 바로 알기》, 책벌레.

Huicochea, Liliana, 1997, "Yeyecatl-Yeyecame : petición de lluvia en San Andrés de la Cal", in B. Albores & J. Broda (coords.), *Graniceros : cosmovisión y meteorología indígena de Mesoamérica*, México : Cologio Mexiquense/UNAM, pp. 233~254.

Huizinga, Johan, 1987, *Homo Ludens*, Harlem, 김윤수 옮김, 1998, 《호모 루덴스》, 까치.

Hurbon Laénnec, 1997, *Les mystères de vaudou*, 서용순 옮김, 1999, 《부두교 : 왜곡된 아프리카의 정신》, 시공사.

Iglesias y Cabrera, Sonia C., 2001, *Navidades mexicanas*, México : CONACULTA.

Ingham, John, 1989, *Mary, Michael and Lucifer*, Austin : University of Texas.

Johansson Patrick K., 2004, "La muerte en Mesoamérica", *Arqueología Mexicana 60*, pp. 46~53.

Kim Lim, Segun, 1999, *El cambio, sus características y el ecosistema en un pueblo campesino mexicano*, la tesis de dectorado en antropología, Universidad Nacional Autónoma de México.

Krauze, Enrique, 1997, *Biografía del poder*, Ray-Gude Mertin, 이성형 옮김, 2005, 《멕시코혁명과 영웅들》, 까치.

Lafaye, Jacques, 1993, *Quetzalcóatl y Guadalupe : la formación de la conciencia nacional en México*, México : Fondo de Cultura Económica.

León-Portilla, Miguel, 1993(1961), *Los antiguos mexicanos*, México : Fondo de Cultura Económica.

__________________, 2003, "Niñez y Juventud entre los Nahuas", *Arqueología Mexicana 60*, pp. 22~29.

Lewis, Oscar, 1963, *Life in a Mexican Village : Tepoztlan Restudied*, Urbana : University of Illinois Press.

__________, 1976, *Tepoztlán : un pueblo de México*, México : Joaquín Mortiz, 이덕

성 옮김, 1994, 《떼뽀스뜰란 마을 : 멕시코 농민 문화》, 교문사.

Lomnitz-Adler, Claudio, 1982, *Evolución de una sociedad rural*, México : Fondo de Cultura Económica.

López Austin, Alfredo, 1994, *Tamoanchan y Tlalocan*, México : Fondo de Cultura Económica.

_________________ y Leonardo López Luján, 1996, *El pasado Indígena*, México : Fondo de Cultura Económica.

_________________, 1997, "Ofrenda y comunicación en la tradición religiosa mesoamericana" en X. Noguez & Alfredo López Austin (coords.), *De hombres y dioses*, México : Colegio de Michoacán y Colegio Mexiquense, pp. 209~227.

Matos Moctezuma, Eduardo, 2003, "Embarazo, parto y niñez en el México prehispánico", *Arqueología Mexicana 60*, pp. 16~21.

Medina, Andres, 1996, "Prólogo", en Leif Korsbaek, *Introducción al sistema de cargos*, México : Universidad Autónoma del Estados de México, pp. 7~29.

Mindek, Dubravka, 2001, *Fiestas de gremios ayer y hoy*, México : CONACULTA.

Nuño Gutiérrez, María, 1996, "La relación naturaleza-cultura en una comunidad Purépecha a través de sus expresiones orales", en Luisa Paré & Martha Sánchez (coords.), *El ropaje de la tierra*, México : UNAM/Plaza y Valdés, pp. 29~82.

Nutini, Huge & Betty Bell, 1980, *Ritual Kinship*, Princeton : Princeton University Press.

O'Gorman, Edmundo, 1993(1958), *La invención de América : investigación acerca de la estructura histórica del nuevo mundo y del sentido de su devenir*, México : Fondo de Cultura Económica.

Paz, Octavio, 1993, *La Laberinto de la Soledad*, México : Fonde de Cultura Econonica.

_________, 1996, "The Sons of La Malinche", Ana Castillo(ed.), Goddess of the Americas, *La Diosa de las Américas: Writings on the Virgin of Guadalupe*, New York: Riverhead Books, pp. 197~208.

Poole, Stafford, 1996, *Our Lady of Guadalupe: The Origins and Sources of a Mexican National symbol, 1531-1797*, Tucson: University of Arizona Press.

Redfield, Robert, 1930, *Tepoztlan, a Mexican Village*, Chicago: University of Chicago Press.

Ruiz, César & Thomas Grigsby, *Culto ofrenda y cosmovisión en San Andrés de la Cal*, 미발표 초고.

Rojas, Teresa, 1988, *Las siembras de ayer: la agriculutra indígena del siglo XVI*, México: Secretaría de Educación Pública.

Sahagún, Bernardino, 1992, *Historia general de las cosas de Nueva España*, México: Editorial Porrúa.

Taube, Karl A. 1993, *Aztec and Maya Myths*, The Trustees of the British Museum, 이응균·천경효 옮김, 1998, 《아즈텍과 마야신화》, 범우사.

Turner, Victor, 1969, *The Ritual Process: Structure and Anti-Structure*, Chicago, Illinois: Aldine Pub., 박근원 옮김, 2005, 《의례의 과정》, 한국심리치료연구소.

Van Gennep, Arnold, 1909, *Les rites de passage*, 전경수 옮김, 1994, 《통과의례: 태어나면서부터 죽은 후까지》, 을유문화사.

Varela, Roberto, 1984, *Expansión de sistemas y relaciones de poder*, Universidad Autónoma Metropolitana.

Quiroz Malca, Haydée, 2002, *El Carnaval en México: abánico de culturas*, México: CONACULTA.

Wolf, Eric, 1958, "The Virgin of Guadalupe: A Mexican National Symbol", *Journal of American Folklore*, pp. 34~39.

__________, 1959, *Suns of the Shaking earth*, University of Chicago.

Zarauz López, Héctor L., 2000, *México: Fiestas cívicas, familiares, laborales y nuevos festejos*, México: CONACULTA.

Zarauz López, Héctor L., 2004, *La fiesta de la muerte*, México : CONACULTA.

인터넷 자료

http : //blog.daum.net/latinolover

http : //blog.joins.com/novaland

http : //es.wikipedia.org/wiki/